# 国家教师资格考试专用教材
# 地理学科知识与教学能力
# （初级中学）

中公教育教师资格考试研究院◎编著

世界图书出版公司
北京·广州·上海·西安

图书在版编目（CIP）数据

地理学科知识与教学能力. 初级中学／中公教育教师资格考试研究院编著. —北京：世界图书出版公司北京公司，2012.7（2021.12重印）
国家教师资格考试专用教材
ISBN 978-7-5100-4704-6

Ⅰ.①地… Ⅱ.①中… Ⅲ.①中学地理课-教学法-中学教师-聘用-资格考试-自学参考资料 Ⅳ.①G633.552

中国版本图书馆CIP数据核字（2012）第091643号

| 书　　名 | 国家教师资格考试专用教材·地理学科知识与教学能力（初级中学） |
| --- | --- |
|  | GUOJIA JIAOSHI ZIGE KAOSHI ZHUANYONG JIAOCAI·DILI XUEKE ZHISHI YU JIAOXUE NENGLI（CHUJI ZHONGXUE） |
| 编　　著 | 中公教育教师资格考试研究院 |
| 责任编辑 | 夏　丹 |
| 特约编辑 | 闫怀德 |
| 出版发行 | 世界图书出版公司北京公司 |
| 地　　址 | 北京市东城区朝内大街137号 |
| 邮　　编 | 100010 |
| 电　　话 | 010-64038355（发行）64037380（客服）64033507（总编室） |
| 网　　址 | http://www.wpcbj.com.cn |
| 邮　　箱 | wpcbjst@vip.163.com |
| 销　　售 | 各地新华书店 |
| 印　　刷 | 肥城新华印刷有限公司 |
| 开　　本 | 889 mm×1194 mm　1/16 |
| 印　　张 | 21.5 |
| 字　　数 | 516千字 |
| 版　　次 | 2012年7月第1版 |
| 印　　次 | 2021年12月第22次印刷 |
| 国际书号 | ISBN 978-7-5100-4704-6 |
| 定　　价 | 54.00元 |

**如有质量或印装问题，请拨打售后服务电话010-82838515**

# 前 言

### ※ 他们的故事，你可曾知道

很久以前，信心满满，买书，计划，想要努力备考。

事与愿违，美食、美景，世界万般美好，重重阻挠。

考完科一，开始没素质的自嘲；考完科二，惊叹自己如此擅长胡编乱造。

朋友圈发图配文：天气不错，教室很大，老师很好，下次再考。

我就想简简单单地考过，谁能告诉我诀窍……

### 整体的考情，你需要明了

中学学段的笔试科目有三科：综合素质、教育知识与能力、学科知识与教学能力。

地理学科知识与教学能力的考试时间为 120 分钟，满分为 150 分。试卷的题型、题量和分值稳定，包括 25 道单项选择题（每题 2 分）、2 道简答题（两题分别为 10 分和 14 分）、3 道材料分析题（前两题每题 16 分，第三题 20 分）、1 道教学设计题（24 分）。

地理学科知识与教学能力的考查内容主要有自然地理、人文地理、区域地理等学科专业知识，以及课程标准、教学知识和教学设计。

## 备考的方法，我们全程指导

### 1. 明确考情

在本书每章甚至每节下都有考情分析的内容，点明了核心考点、考查题型、考查方式、重要性等内容。这样，考情明了，知己知彼。

### 2. 掌握考点

在本书考点精讲版块，精选了核心考点，对理论知识进行了总结和提炼并以简明透彻的方式进行讲解，用下划线标注了关键内容。

在本书备考点拨版块，点明了相应考点的考查角度、备考方向、备考重点、作答规律与方法等。

### 3. 听课、练习

本书配套同步精讲课程，采用直播+回放的形式，按阶段设计，重难点突出。按时听课，消除疑惑。

在本书中，精选了与各章节考点配套的习题。及时练习，查漏补缺。

### 4. 搞定主观题

主观题在考试中分值占比大，其得分多少是能否通过考试的关键。本书设立了独立一节，对教学材料分析的主观题进行了专门讲解，包括部分作答思路、作答策略、作答技巧、举例分析等内容。

诚邀您打开知识的请柬，享受一场学习的盛宴。祝您学习快乐！

欢迎您给我们提出宝贵意见和建议，使图书更好地帮助更多的人。

中公教育教师资格考试研究院

2021年12月

# 目 录

## 第一部分　学科专业知识与运用

### 第一章　自然地理 / 2

考情分析 / 2

考点精讲 / 3

　第一节　地球仪与地图 / 3

　第二节　行星地球 / 11

　第三节　地球上的大气 / 29

　第四节　地表形态的塑造 / 47

　第五节　地球上的水 / 65

　第六节　自然地理环境的整体性和差异性 / 71

　第七节　自然地理环境对人类活动的影响 / 74

### 第二章　人文地理 / 82

考情分析 / 82

考点精讲 / 83

　第一节　人口 / 83

　第二节　城市（城镇）/ 90

　第三节　产业 / 99

　第四节　交通运输 / 115

　第五节　区域合作 / 119

　第六节　地理信息技术的应用 / 123

　第七节　人地协调发展 / 127

### 第三章　区域地理 / 136

考情分析 / 136

考点精讲 / 136

　第一节　世界地理概况 / 136

　第二节　世界地理分区 / 142

　第三节　中国地理概况 / 167

　第四节　中国地理分区 / 190

### 第四章　其他地理知识 / 201

考情分析 / 201

考点精讲 / 201

　第一节　旅游地理与自然灾害 / 201

　第二节　地理学发展概述 / 209

　第三节　自然地理学 / 212

　第四节　人文地理学 / 223

　第五节　经济地理学 / 228

　第六节　地图与地理信息系统 / 239

# 第二部分　课程标准与教学知识

**第一章　初中地理课程标准及解读 / 250**

考情分析 / 250

考点精讲 / 250

　　第一节　《义务教育地理课程标准（2011年版）》的内容 / 250

　　第二节　课程标准解读 / 266

**第二章　地理教学知识 / 272**

考情分析 / 272

考点精讲 / 272

　　第一节　地理教学方法 / 272

　　第二节　地理教学技能 / 282

　　第三节　地理教学媒体 / 303

　　第四节　地理教学评价与反思 / 307

　　第五节　教学材料分析题的作答思路与技巧 / 311

**第三章　地理教学设计 / 318**

考情分析 / 318

考点精讲 / 318

　　第一节　地理教学设计概述 / 318

　　第二节　地理教学设计的构成要素 / 320

**中公教育·全国分部一览表 / 338**

# 第一部分 学科专业知识与运用

**考纲要求** ▶ 考试大纲中的考试目标要求考生了解地理科学的特点，掌握地理科学的基础知识、基本技能、基本方法和基础理论，运用空间思维等地理科学的方法观察、分析和解决地理问题。

**历年考情** ▶ 在历次考试中，本部分考查内容所占分值接近整体分值的一半，主要考查题型为单选题和材料分析题，在简答题和教学设计题中也有涉及，主要考查地理学科专业方面的基本知识与技能。

**本部分内容** ▶ 本部分内容包括四章，分别为自然地理、人文地理、区域地理和其他地理知识，精心整理并编写了学科专业知识的大部分考试内容，有一定的结构和体系，有详有略，精讲考点，进行了考情分析，提供了备考点拨，力求帮助考生更好地备考。

# 第一章 自然地理

## 考情分析

| 本章考点 | 核心考点 | 主要考查题型 |
| --- | --- | --- |
| 地球仪与地图 | 地图的基本知识,如地图投影、比例尺和方向等 | 单选题、简答题、材料分析题 |
| | 经纬网地图的判读 | |
| | 等高线地形图的判读和绘制 | |
| 行星地球 | 地球自转和公转特征 | 单选题、简答题 |
| | 地球自转的地理意义,如时间的计算、晨昏线 | |
| | 地球公转的地理意义,如太阳直射点、昼夜长短、正午太阳高度、日出和日落、二十四节气等 | |
| 地球上的大气 | 等压线分布图和气候统计图的判读 | 单选题、简答题、材料分析题 |
| | 天气系统的类型及其天气特征 | |
| | 气候的类型、特征、分布和成因 | |
| 地表形态的塑造 | 岩石,如岩石类型及特征 | 单选题、材料分析题 |
| | 地质构造,如褶皱 | |
| | 板块,如板块分布、运动及其对地貌的影响 | |
| | 地貌,如地貌类型及其成因 | |
| 地球上的水 | 水循环,如水循环的环节,人类活动对水循环的影响 | 单选题、材料分析题 |
| | 洋流,如洋流的分布及影响 | |
| | 河流的水文特征 | |
| 自然地理环境的整体性和差异性 | 三种地域分异规律的表现和成因,自然带分布 | 单选题、材料分析题 |
| 自然地理环境对人类活动的影响 | 气候、地形对人类活动的影响 | 单选题、材料分析题 |

## 考点精讲

# 第一节　地球仪与地图

本节的主要考查内容是地图的相关知识,如等高线地形图的判读、经纬网地图的判读、地图投影、比例尺的计算、方向的判读等,其中等高线地形图的考查频率较高,地图投影知识在第四章的地图内容中。这些知识需要考生掌握。

## 一、地球仪与经纬网

### (一)地球与地球仪

#### 1.地球的形状与大小

地球是一个赤道略鼓、两极略扁的不规则球体。

地球赤道半径约为6378千米,极半径约为6357千米,平均半径约为6371千米,赤道周长大约为4万千米,表面积约为5.1亿平方千米。

#### 2.地球仪

为了便于认识地球,人们仿照地球的形状,按照一定的比例将其缩小,制作了地球的模型——地球仪。

地心:地球的球心,即图1-1-2所示的O点。

地轴:地球自转所围绕的假想的轴,经过地心,北端始终指向北极星。

两极:地轴与地球表面的两个交点。其中指向北极星的一端为北极,另一端是南极。

赤道:垂直于地轴的地球大圆(地球大圆是环绕地球一周以地心为圆心的圆)。

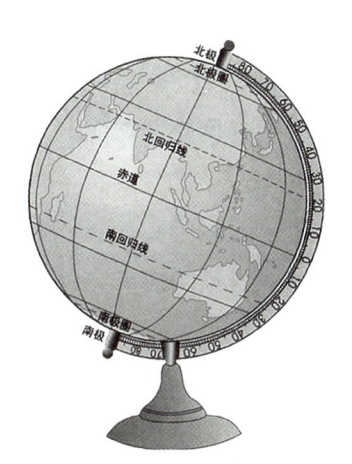

图1-1-1　地球仪

### (二)经纬网

#### 1.纬线与纬度

纬线:与地轴垂直、环绕地球一周的圆圈。纬线间相互平行,长度自赤道向两极递减。

纬度相当于为区分各条纬线而命的名字。将赤道定为0°纬线。某地到地心的连线与赤道所在平面的夹角的度数即为当地纬度的大小(见图1-1-2)。自赤道向两极纬度值增大。

赤道将地球分为南、北两半球。赤道以北称北纬,用"N"表示,向北纬度值增大。赤道以南称南纬,用"S"表示,向南纬度值增大。南、北纬的范围各为90°。北极点的纬度为90°N,南极点的纬度为90°S。低、中、高纬度的划分见图1-1-3。

图1-1-2　经度和纬度的定义

## 2.经线与经度

经线:南北两极之间最短距离的连线,又称子午线,是地球大圆的一半。所有经线长度都相等。

经度相当于为区分各条经线而命的名字。将经过伦敦格林尼治天文台的经线定为本初子午线,即0°经线。某地经线所在平面与本初子午线所在平面之间的夹角的度数即为当地经度的大小(见图1-1-2)。自0°经线向两侧经度值增大。

0°经线以东为东经,用"E"表示,向东经度值增大;0°经线以西为西经,用"W"表示,向西经度值增大。东、西经的范围各为180°。东、西经180°经线重合。

20°W经线和160°E经线构成经线圈,为东西半球的分界线。20°W经线以东至160°E经线是东半球,20°W经线以西至160°E经线是西半球。

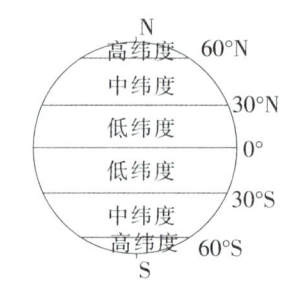

图1-1-3 低、中、高纬度的划分

## 3.经纬网的形成

地球仪上的经线和纬线共同组成了经纬网。地球上任何一点的位置,都可以用相应的经纬度来表示,如北京的地理坐标是(40°N,116°E)。

## 4.经纬网的应用

### (1)定位

利用经纬网可以确定地球上任何一点的位置。经纬度位置表示地理事象的绝对位置。

### (2)确定方向

经线指示南北方向。指向北极的方向为向北,指向南极的方向为向南。

纬线指示东西方向。顺地球自转的方向(自西向东)为向东,反之向西,但是所经过的经度范围须小于180°。

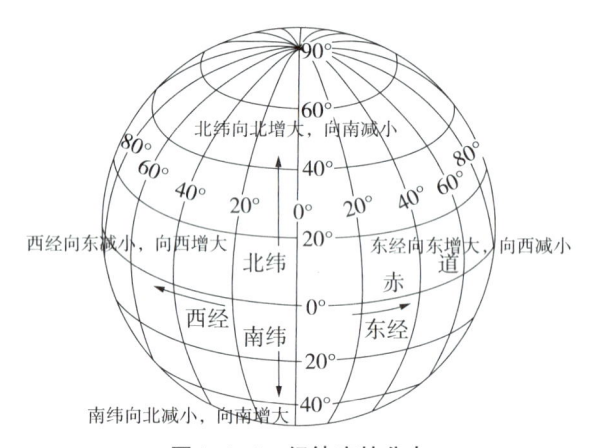

图1-1-4 经纬度的分布

**备考点拨**

根据纬度确定方向:北纬增大的方向为北,南纬增大的方向为南。北半球纬度值大的地方在北,南半球纬度值大的地方在南。

根据经度确定方向:东经经度值增大的方向为东,西经经度值增大的方向为西。同为东经则经度值大的地方在东,同为西经则经度值大的地方在西。分属于东西经,两地经度之和小于180°,属于东经的地方在东;两地经度之和大于180°,则属于东经的地方在西;两地经度之和等于180°,则无东西之分。

### (3)计算距离

地球大圆包括赤道和各经线圈,周长约为4万千米,赤道上经度共等分为360°,各经线圈纬度共等分为360°，所以赤道上经度相差1°的两点之间的距离及任何经线上纬度相差1°的两点之间的距离均约为40 000/360 km，即111 km（见图1-1-5）。

纬度越高，纬线的长度越小，纬线上经度差相同的两点之间的距离越小。同一纬线上经度相差1°的两点之间的距离约为111×cos φ° km，其中φ°为当地的纬度值（见图1-1-5）。这样同一纬线上的两地只要给出其经度差n°和所在纬度φ°，即可算出两地在纬线上的距离为n×111×cos φ° km。

同一经线上，若已知两点之间的纬度差n°，则可算出两点之间的距离为n×111 km。任意两点南北向的距离也可这样根据两点纬度差计算得出。

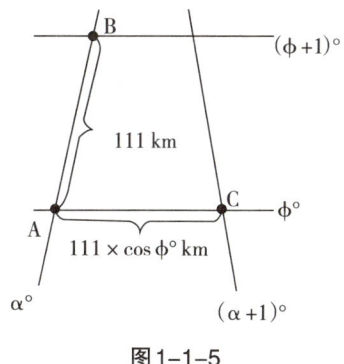

地球表面两点之间的最短距离为两点所夹的经过这两点的大圆的劣弧长度。

（4）对称问题

①关于赤道对称的两个纬线圈的纬度值相同，所在南北半球相反。

②关于地轴对称即相对的两条经线恰好构成一个经线圈，其经度值之和为180°，东西经相反。

③地表关于地心对称的两点为对跖点。对跖点的纬度值相同，南北纬相反；经度值之和为180°，东西经相反。例如，地球表面A点（40°N，100°W）与B点（40°S，80°E）互为对跖点。对跖点同时是位于地球直径两端的点，是地表距离最远的两点，相距约两万千米（地球大圆一半的长度）。

## 二、地图

### （一）地图的概念

地图是运用各种符号将地理事物按照一定的比例缩小以后表示在平面上的图像。

地图的种类很多，其根据不同的需求有不同的类型，包括地形图、政区图、人口图、交通图等。

**经典真题**

（2016上·单选）下列选项中，符合"地图"定义的是（　　）。

A.素描图　　　　　　B.地形图　　　　　　C.卫星影像　　　　　　D.风景照片

【答案】B。

### （二）地图三要素

地图上的方向、比例尺、图例和注记是地图较为重要的三个要素。

**1.方向**

地图上方向的判读方法：①有经纬网的，依据经纬网进行判读。②有指向标的，指向标箭头所指方向一般为北方。③无特殊说明的，按照上北下南、左西右东判断。

**2.比例尺**

（1）概念和公式

比例尺表示图上距离比实际距离缩小的程度。计算公式：比例尺＝图上距离/实际距离。

图上面积与实际面积的比为比例尺的平方,即如果实际距离是图上距离的n倍,则实际面积是图上面积的n²倍。

**经典真题**

(2021下·单选)若某块耕地面积为6.25平方千米,其在图上面积为25平方厘米,则该图的比例尺是(　　)。

A.1∶10 000　　　　B.1∶50 000　　　　C.1∶100 000　　　　D.1∶500 000

【答案】B。解析:该耕地的图上面积与实际面积的比为25 cm²/6.25 km²,进行开方计算可得比例尺为1∶50 000。

(2)表示形式

数字式:用数字的比例式或分数式表示比例尺的大小,如1∶100 000。

线段式:在图上用线段标出图上1厘米代表实地距离多少千米,如 0　50　100千米。

文字式:用文字表述,如图上1厘米代表实地距离1千米。

(3)比例尺大小与表示范围和内容详略的关系

比例尺大小即图上距离与实际距离之比的大小。

比例尺越大,其分数表示的分母越小,表示内容越详细,精度越高,图幅相同时表示范围越小,表示范围相同时图幅面积越大。

比例尺越小,其分数表示的分母越大,表示内容越简单,精度越低,图幅相同时表示范围越大,表示范围相同时图幅面积越小。

3.图例和注记

图例是地图上用符号和色彩等表示地理事物的释义和说明。

注记是在地图上起说明作用的各种文字或数字等,如地理事物名称的文字标注,海拔和气压等的数字标注等。右图中右侧的为图例,图中的海拔和经纬度等为注记。

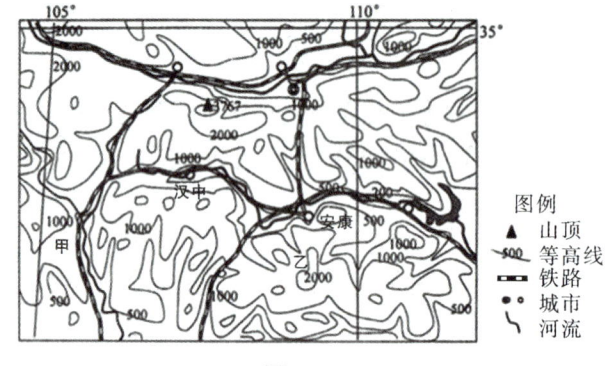

图1-1-6

### (三)等高线地形图

等高线地形图属于典型的等值线图。等值线图还包括等压线图、等温线图、等深线图、等降水量线图等。

**1.相关概念**

(1)海拔和相对高度

海拔也叫绝对高度,是指某个地点高出海平面的垂直距离。相对高度是指某个地点高出另一个地点的垂直距离,即两个地点的绝对高度之差。

(2)等高线

等高线是在地图上将海拔相同的各点连成的线。用等高线表示地面高低起伏的地图即等高线地形图。等高线上的数字为海拔值。

等高线的基本特征如下。

①同线等高:同一等高线上的各点海拔相同。

②同图等距:同一幅地图中,等高距(相邻两条等高线之间的高差)相同。

③闭合曲线:等高线是闭合曲线,由于图幅限制会出现部分不闭合的现象。

④不同等高线之间不相交、不重合、不分支,陡崖和悬崖(等高线重合)除外。

2.判读

**(1)海拔的判读**

等高线地形图上,若某地在等高线上,则其海拔就是其所在等高线的数值;若不在等高线上,则其海拔在相邻两条等高线的数值范围内。

特殊的等高线如图1-1-7所示。300 m闭合等高线内海拔低于300 m;500 m闭合等高线内海拔高于500 m。规律口诀是"大于大的,小于小的"。

**(2)坡度的判读**

同一幅图中,等高线越密集,表示坡度越大;等高线越稀疏,表示坡度越小。在图上看不出密集与稀疏时,可根据相对高度与水平距离之比越大,坡度越大来确定。

**(3)具体地形的判读**

山峰:等高线闭合,且数值从中心向四周逐渐变小。

盆地或洼地:等高线闭合,且数值中心小、四周大。

鞍部:两个山顶中间的低地,形似马鞍。

陡崖:几条不同的等高线相交在一起的地方。

山脊:等高线弯曲,向海拔低处凸出,为分水线。

山谷:等高线弯曲,向海拔高处凸出,为集水线。

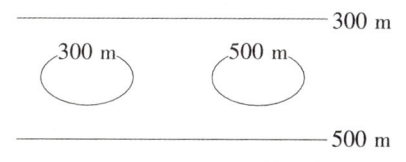

图1-1-7 特殊的等高线

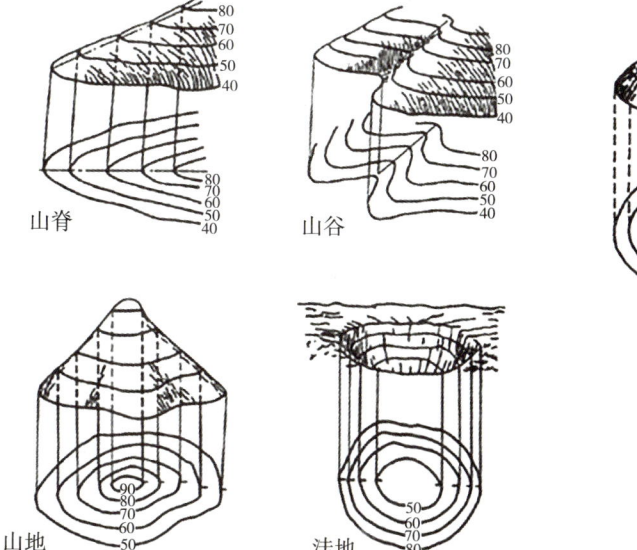

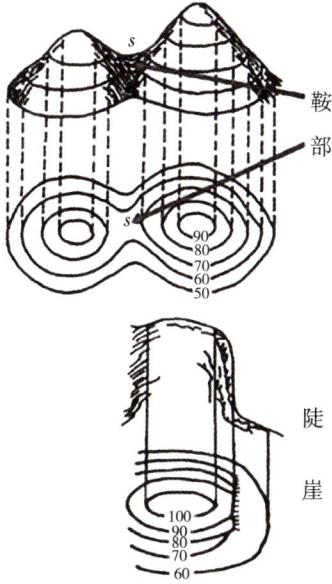

图1-1-8 具体地形的等高线

### 知识拓展

示坡线是垂直于等高线的短线(见上图中的山峰和洼地等高线示意图),指示斜坡降低的方向。示坡线通常绘在沿山脊及山谷线的方向上。它总是指向海拔较低的方向,有时也叫作降坡线。通过示坡线可以区别山地和盆地。

**(4)基本地形的判读**

平原:海拔200米以下,等高线稀疏。

丘陵:海拔500米以下,相对高度小于100米。

山地:海拔500米以上,相对高度大于100米,等高线密集。

盆地:海拔中间低、四周高;等高线中间稀疏,四周密集。

高原:海拔高,相对高度小;等高线在边缘十分密集,而在内部明显稀疏。

**(5)是否通视的判读**

利用等高线地形图在两点之间作地形剖面图,可知两点之间是否可通视。若在地形剖面图上,两点之间的连线(视线)没有被障碍物(如山峰、山脊等)阻挡,则两点可通视。

从山顶向四周,若等高线先密后疏,则为"凹形坡",可通视;若等高线先疏后密,则为"凸形坡","凸形坡"挡住视线,不可通视。一般山谷通视,山脊不可通视。

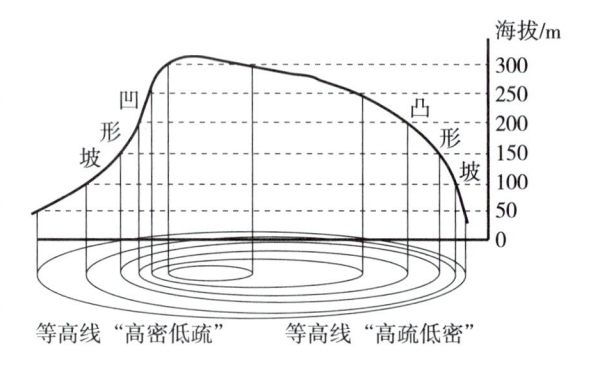

图1-1-9 凹形坡和凸形坡剖面示意图

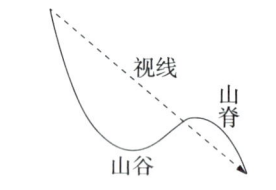

图1-1-10 山谷和山脊是否通视示意图

### 3.相对高度的计算

等高线地形图上两点高差或某点相对高度(该点与另一点的高差)H的范围:$(n-1)d<H<(n+1)d$。(注意两点均不在等高线上)

陡崖高度 H 的范围为$(n-1)d \leq H<(n+1)d$。陡崖崖顶海拔的范围为$H_大 \leq H_顶 < H_大 + d$。陡崖崖底海拔的范围为$H_小 - d < H_底 \leq H_小$。

注:n 表示相隔或相交的等高线的条数,d 表示等高距,$H_大$表示重合等高线中数值最大的,$H_小$表示重合等高线中数值最小的。

### 4.判读和计算举例

图1-1-11为某山地等高线,图上等高距为200米。

黑三角表示山顶,甲山和乙山的海拔分别为1150米和1320米。

虚线DC位于山脊,表示山脊线,即分水线。虚线EF位于山谷,表示山谷线,即集水线。河流位于山谷。A处为鞍部。

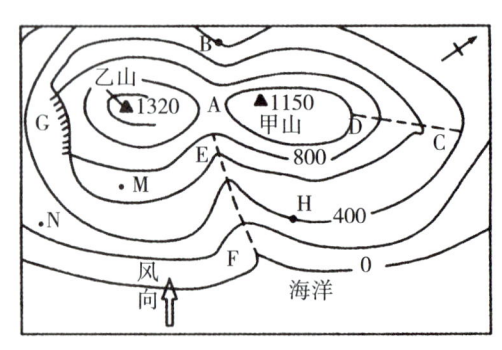

图1-1-11

B点和H点的海拔均为400米。总体看B点附近坡度比H点附近坡度陡。M点海拔范围为600~800米,N点海拔范围为200~400米。M点和N点两地的高差或M点相对于N点的相对高度为(2-1)×200~(2+1)×200米,即200~600米(相隔等高线为2条,代入公式计算可得)。这里也可用十字交叉法计算,为(600-400)~(800-200)米即200~600米。

G处为陡崖,有2条等高线重合,代入公式可得陡崖的高度范围为(2-1)×200~(2+1)×200米,即200~600米,有可能等于200米,但一定小于600米。根据公式或观察图,可知崖顶的海拔为800~1000米,有可能等于800米,但一定小于1000米。崖底的海拔为400~600米,有可能等于600米,但一定大于400米。

5. 应用

（1）选址应用

水库多选择在河谷、山谷地区或口袋形的洼地,需避开断层,少占耕地（图1-1-12中阴影处为水库,加黑处为水库最佳坝址）。

港口的选址要考虑海域条件（港阔水深、避风海湾、避开含沙量大的河流）和陆域条件（地形平坦、地质结构稳定、交通便利、经济腹地大）。港口最好建在等高线稀疏、等深线密集的海湾地区。

交通线尽量选择在地势平、坡度缓的地方,尽量沿等高线修筑,以降低工程难度和成本,保证安全。

引水线路避免越过山脊,尽量由高处向低处修建,使水自流。

露营地应远离河谷,以免遭遇洪水;还要避开陡崖、陡坡,以防崩塌、落石;应选在地势较高较平缓的地方。图1-1-14中应选择在B地宿营。

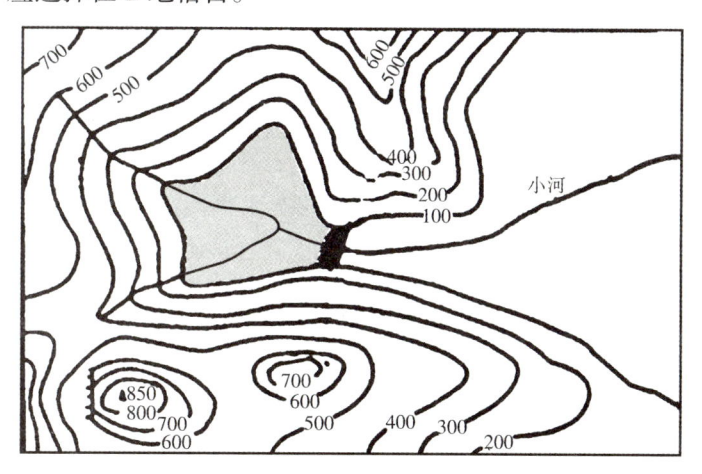

图1-1-12　水库选址的等高线示意图

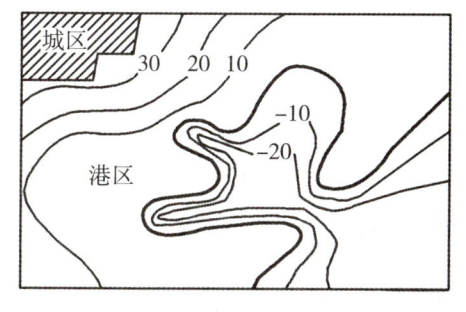

图1-1-13　港口选址图

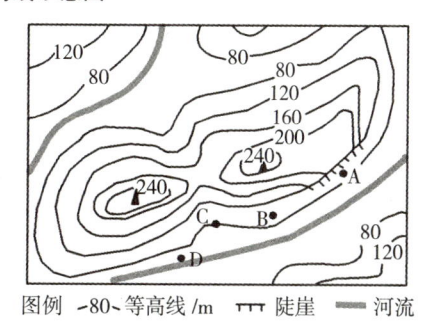

图1-1-14　露营地的选址图

### （2）农业生产布局

农业生产应因地制宜。山区宜发展林业，平原宜发展种植业，缓坡丘陵可开发梯田。

### （3）水系、水文特征的判断

山地的水系呈放射状，而盆地呈向心状。山脊常形成河流的分水岭，而山谷常有河流发育，河流流向与等高线凸出的方向相反。一般来说，等高线密集的河谷，河流流速大。陡崖处常形成瀑布。

**备考点拨**

考试对等高线的相关内容时有考查，考查内容主要涉及海拔的判读、地形和地形部位的判读、相对高度的计算、通视问题等，涉及的题型有选择题、材料分析题和简答题。考生要重点掌握这些内容。地形的等高线判读，需要根据海拔的范围和等高线的疏密程度来判断地形的类型，具体地形部位需要根据等高线的形状和数值来判读。

这里需要注意的是可以根据地形和其他地理要素的联系来判断地形和海拔等，例如，有河流分布的地形部位一定是山谷，利用河流可以判断山谷的位置，根据河流自高处向低处流的特点，可以判断地势的高低或海拔的分布。

**经典真题**

1.（2020下·单选）下图为某区域等高线地形图。据此完成1~2题。

1. 图中河流的基本流向为（　　）。

A. 由西北流向东南

B. 由东北流向西南

C. 由东南流向西北

D. 由西南流向东北

【答案】D。解析：河流从高处向低处流，山谷常有河流发育，在等高线地形图中河流流向与等高线凸出的方向相反。根据等高线的分布和方向标可以判断，图中河流总体上是由西南流向东北，D项正确。

2. 图中陡崖的高度范围是（　　）。

A. 0~50 m　　　　B. 50~100 m　　　　C. 100~200 m　　　　D. 200~300 m

【答案】C。解析：图中的陡崖有3条等高线重叠，等高距为50米。根据陡崖高度的计算公式（n-1）d≤H<（n+1）d（n为重叠的等高线条数，d为等高距，H为陡崖高度），可得陡崖的高度范围为100~200 m，C项正确。

（2018下·单选）右图为我国南方某地等高线地形图。读图回答3~4题。

3. 该地区地形类型主要是（　　）。

A. 丘陵　　　　B. 高原

C. 山地　　　　D. 平原

【答案】A。解析：由图可知，该地区等高

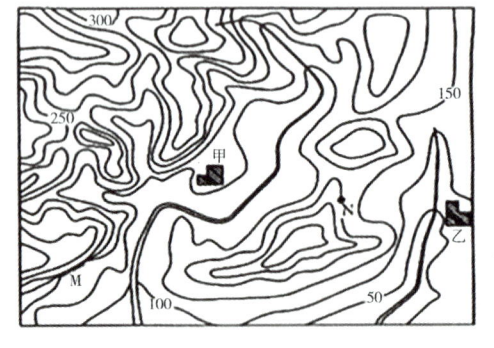

线密集且最高海拔在500米以下,所以为丘陵地形。

4.若图中陡崖M在甲村正南方,则乙村旁河流的大致流向为(　　)。

A.自北向南　　　　　　　　　　B.自东向西

C.自东北向西南　　　　　　　　D.自西北向东南

【答案】D。解析:根据题目中陡崖M在甲村正南方,可以确定地图上的方向。沿甲村—陡崖M的直线方向为南北方向。河流分布于山谷,由高处流向低处。据此可以判断乙村旁的河流自西北流向东南。

# 第二节　行星地球

本节内容中,地球运动这部分内容是十分重要的考点,主要以选择题的形式考查,偶尔考查绘图。考生需要重点掌握。

## 一、地球的宇宙环境

### (一)天体及天体系统

**1.天体**

宇宙间物质的存在形式称为天体,包括星云、恒星、行星、卫星、彗星、流星体和星际物质等。宇宙中最基本的天体是星云和恒星。

**2.天体系统**

宇宙中运动着的天体相互吸引、相互绕转,形成天体系统。天体系统具有不同级别。总星系是目前人类所能观测到的宇宙部分,称为"可见宇宙",是最高级别的天体系统。地球所处的天体系统的层次见图1-1-15。

**图1-1-15　天体系统的层次**

### (二)太阳系

**1.组成**

太阳系指由太阳和围绕它运动的天体构成的体系及其所占有的空间区域,包括太阳(恒星)、行星及其卫星、小行星、彗星、流星体和行星际物质等。

**2.八大行星的分类**

太阳系有八颗大行星。它们按照距离太阳的远近,由近到远依次为水星、金星、地球、火星、木星、土星、天王星、海王星。

按照距日远近、质量、体积等特征,通常将行星分为类地行星、巨行星和远日行星三类。

表1-1-1 三类行星距日远近、质量和体积等的比较

| 类型 | 包括的行星 | 距日远近 | 质量 | 体积 | 表面温度 |
| --- | --- | --- | --- | --- | --- |
| 类地行星 | 水星、金星、地球、火星 | 近 | 小 | 小 | 高 |
| 巨行星 | 木星、土星 | 中 | 大 | 大 | 中 |
| 远日行星 | 天王星、海王星 | 远 | 中 | 中 | 低 |

3.八大行星的运行特征

（1）同向性:绕日公转方向均为自西向东。

（2）共面性:绕日公转轨道几乎在同一平面上。

（3）近圆性:绕日公转轨道近似圆形。

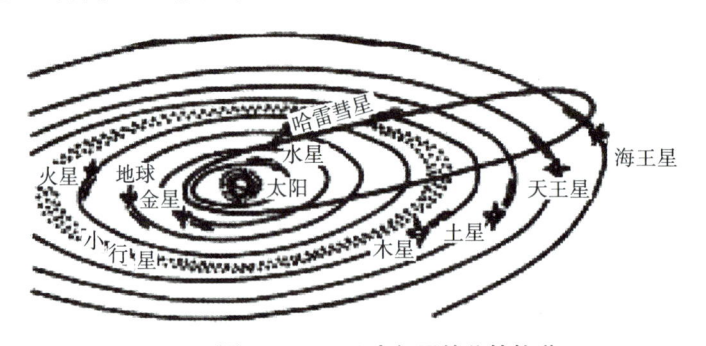

图1-1-16 八大行星的公转轨道

地球是太阳系中的一颗普通行星,在距日远近、公转、质量和体积等特征方面,地球并没有特殊性。

4.地球存在生命的条件

地球的特殊性在于地球是目前已知唯一一颗存在生命的行星,具有安全的宇宙环境,适宜的温度、大气和水等条件。

**（1）外部条件——宇宙环境**

地球具有安全的宇宙环境。①安全是因为太阳系中大小行星各行其道、互不干扰,运行环境安全。②稳定主要指太阳光照稳定。

**（2）自身条件**

①地表温度适宜,原因在于日地距离适中,公转和自转周期适宜。

②适合生物生存的大气,原因在于地球质量和体积适中。

③液态水的存在。

### （三）地月系

1.地月系组成

地月系是最低一级的天体系统,由行星地球和其卫星月球构成。

2.月球概况

月球的质量约为地球质量的1/81,月球平均半径约为地球的1/4,体积约为地球的1/49,月球的重力约为地球的1/6。

### 3.月球的地貌特征

月球的地貌类型主要有月陆、环形山、山脉、月海、月谷和月溪等。

月陆就是观察月亮时所见的明亮的部分。月陆为月球上的高地,被大面积的熔融结晶的岩石覆盖。

环形山,又称"月坑",是月球上最显著的特征。天文学家认为,环形山是被陨星撞击而形成的。年轻的环形山周围还保留有清晰的辐射状溅射物,称为"辐射纹"。

月球表面上有一些山脉,与地球上的山脉类似,且借用地球上的山脉名字来命名,如阿尔卑斯山脉、高加索山脉等。

月海为肉眼所见的月面上的暗色区域。月海是月面上广阔的低平原,被火山类岩石(玄武岩)覆盖。

在月球表面不少地区可以看到一些暗色的大裂缝,它们看起来很像地球上的沟谷,其中较宽的被称为月谷,较细长的被称为月溪。

**经典真题**

(2017上·单选)美国提出在2043年实现人类宇航员在火星生活一年的实验目标。下表为"地球与火星物理状态的比较表"。读表完成1~2题。

**地球与火星物理状态的比较表**

| 行星 | 距太阳(地球=1) | 质量(地球=1) | 体积(地球=1) | 表面平均温度 | 自转周期 |
|---|---|---|---|---|---|
| 地球 | 1.00 | 1.00 | 1.00 | 22℃ | 23小时56分 |
| 火星 | 1.52 | 0.11 | 0.15 | −23℃ | 24小时37分 |

1.表中信息显示,与地球相比,人类难以在火星上生存的原因之一是火星( )。

A.距太阳近,平均温度高　　　　　　B.体积与质量小,大气稀薄

C.自转周期长,昼夜变化大　　　　　　D.公转周期短,季节变化不明显

【答案】B。解析:从题中得知,火星与太阳的距离是地球与太阳距离的1.52倍,A项错误;火星的自转周期与地球相近,C项错误;表中未显示火星的公转周期,公转也不能必然导致季节变换,D项错误;比较图中数据可知,火星的体积与质量比地球小,引力小,导致大气稀薄,人类难以生存。

2.按实验目标,登陆火星的宇航员将脱离的天体系统是( )。

A.地月系　　　　　　　　　　　　　　B.太阳系

C.银河系　　　　　　　　　　　　　　D.总星系

【答案】A。解析:地月系指地球和月球组成的天体系统。宇航员若想登陆火星,就要脱离地月系。

3.(2015上·单选)月球表面大面积的低洼平原叫月海。覆盖月海的岩石是( )。

A.石灰岩　　　　　　　　　　　　　　B.玄武岩

C.花岗岩　　　　　　　　　　　　　　D.大理岩

【答案】B。解析:月球岩石主要是岩浆冷却形成的各类火成岩,没有发现与流水作用有关的沉积岩(包括砂岩、页岩和石灰岩等)。月表岩石主要分成月表高地岩石、月海玄武岩、克里普岩和角砾岩四大类。月海一般为玄武岩。

## 二、太阳对地球的影响

### （一）太阳辐射对地球的影响

#### 1.太阳辐射

太阳的主要成分为氢和氦，表面温度约为6000 K，太阳源源不断地以电磁波的形式向外辐射能量即太阳辐射。太阳的能量来源于内部的核聚变反应。太阳辐射大部分集中在可见光区域，属于短波辐射。

#### 2.太阳辐射对地理环境和人类的影响

太阳辐射是地球表面最主要的能量来源，对地球和人类的影响不可估量。

**经典真题**

（2021下·单选）地球表层系统最主要的能量来源是（　　）。

A.地热　　　　　B.生物能　　　　　C.核能　　　　　D.太阳能

【答案】D。

（1）对地理环境的影响

①太阳辐射直接为地球提供了光热资源，地球上生物的生长发育离不开太阳。②太阳辐射维持着地表温度，是促进地球上水和大气运动及生物活动的主要动力。③太阳辐射是地质作用中外力作用的主要能量来源，各种外力作用共同改变着地表形态。④太阳辐射从低纬向高纬递减的规律，形成了地域分异规律之一，即纬度地带性。

（2）对人类生产和生活的影响

①作为工业生产主要能源的煤、石油、天然气等矿物燃料，是地质历史时期生物固定以后积累下来的太阳能。②太阳辐射是我们日常生活和生产所用的太阳灶、太阳能热水器、太阳能电站的主要能量来源。③水能发电站利用的水能多由太阳能转化而来。人类日常生活离不开的生物能也是由太阳能转化来的。④大棚农业是为了充分利用太阳辐射而发展起来的。

#### 3.影响太阳辐射的因素

太阳辐射量的多少取决于太阳辐射强度和日照时间。

（1）纬度

太阳辐射强度总体上由低纬向高纬递减。纬度越低，太阳高度越大，太阳辐射越强。

（2）地形（主要为海拔）

海拔越高，空气越稀薄，大气透明度越好，大气削弱作用越弱，太阳辐射越强。

阳坡比阴坡的太阳辐射强。地形通过影响气候影响太阳辐射，如山地的背风坡降水少，太阳辐射较多。

（3）气候

若天气晴朗则太阳辐射强。若降水少，晴天多，则太阳辐射多。

（4）昼长

白昼越长，日照时间越长，太阳辐射越多。

**备考点拨**

我国太阳辐射的分布规律是西北多、东南少，主要原因是西北较干旱，晴天多，日照时间长，太阳辐射多。

我国太阳辐射分布最多的地区是青藏高原。原因：①海拔高，空气稀薄，空气中水汽少、尘埃少，大气透明度好，太阳辐射强（主因）；②纬度较低，正午太阳高度角较大，太阳辐射强；③天气以晴天居多，太阳辐射强。

我国太阳辐射分布最少的地区是四川盆地，原因是四川盆地阴雨天气多，云量大，晴天少，太阳辐射弱。

### （二）太阳活动对地球的影响

#### 1.太阳的大气

太阳的大气层是人类能够观测到的太阳，自内向外依次分为光球、色球和日冕三层。太阳大气层的这三层自内向外厚度增大、亮度减小。太阳大气层的结构见图1-1-17。

#### 2.太阳活动的表现

太阳大气经常发生大规模的运动，称为太阳活动。黑子和耀斑是太阳活动的重要标志，往往同步出现。太阳活动的周期约为11年。

图1-1-17 太阳的结构

表1-1-2 太阳活动的表现

| 表现形式 | 出现的位置 | 概念 |
| --- | --- | --- |
| 黑子 | 光球 | 光球表面的暗黑斑点；因温度比周围低，所以显得暗一些；其多少和大小可作为太阳活动强弱的标志 |
| 耀斑 | 色球 | 色球某些区域突然出现的大而亮的斑块，释放出巨大的能量；是太阳活动最激烈的显示 |

太阳风是来自太阳的高能带电粒子流。太阳活动剧烈时，太阳风增强。

#### 3.太阳活动对地球的影响

太阳活动对地球的影响见表1-1-3。

表1-1-3 太阳活动对地球的影响

| 影响方面 | 具体影响 |
| --- | --- |
| 电离层 | 太阳活动增强时发出的电磁波和高能带电粒子流增强，强烈干扰地球大气的电离层，影响无线电短波通信，甚至使其暂时中断 |
| 磁场 | 太阳活动强烈时抛出的高能带电粒子流会扰乱地球磁场，产生"磁暴"，使罗盘指针剧烈颤动而不能正确指示方向 |
| 极光 | 高能带电粒子流进入两极地区，高速"轰击"高空大气，出现极光（多在高纬地区的夜晚出现） |
| 气候 | 太阳活动影响区域气候，与一些气候异常有关；太阳黑子活动强烈时气候异常概率增加 |
| 自然灾害 | 许多自然灾害的发生与太阳活动有关；太阳活动强烈时，自然灾害频发，如地震、水旱灾害等 |

## 三、地球的运动

地球的运动包括自转运动和公转运动两种基本形式。

### (一)地球的自转特征

地球绕其自转轴的旋转运动为地球自转。地球自转轴简称地轴,实际不存在。地轴的北端始终指向北极星附近。

#### 1.方向

地球自转的方向为自西向东,从北极上空看呈逆时针方向,从南极上空看呈顺时针方向。

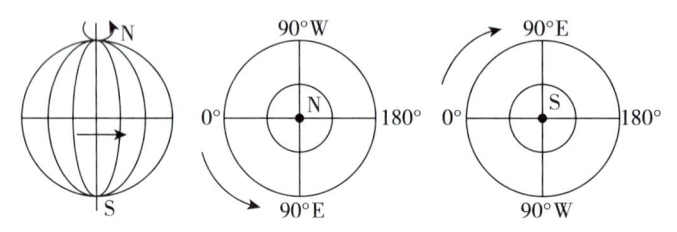

图1-1-18 地球自转的方向

#### 2.周期

地球自转的周期为一日。如果以距离地球遥远的某一恒星为参考点,则周期为一恒星日,时间为23小时56分4秒;如果以太阳为参考点,则周期为一太阳日,时间为24小时。

#### 3.速度

地球自转的速度包括角速度和线速度。除南北两极点外,任何地点的角速度均为15°/h。线速度自赤道(1670 km/h)向两极逐渐减小。

图1-1-19 地球自转的速度

### (二)地球的公转特征

地球公转是地球绕太阳的运动。

#### 1.公转轨道

地球的公转轨道为椭圆形,其中太阳位于椭圆的一个焦点上。轨道上地球距离太阳最近的点叫近日点,反之为远日点。地球运行到近日点约在1月初,运行到远日点约在7月初。

#### 2.方向、周期与速度

地球公转的方向是自西向东,从北极上空看按逆时针方向绕日公转。

地球公转的周期为一年。若以某一恒星为参照,则周期为1恒星年(真正周期),时间为365日6时9分10秒。若以春分点为参照,则周期为1回归年(太阳年),时间为365日5时48分46秒。

随着日地距离的细微变化,地球公转速度随之变化,在近日点速度最快,在远日点速度最慢。

**备考点拨**

地球的公转运动特征是考查频率较高的内容。考生需要掌握地球公转示意图及相关内容。

## （三）黄赤交角与太阳直射点的移动

### 1.黄赤交角

地球自转的同时也在绕日公转。地球赤道所在平面为赤道平面，公转轨道所在平面为黄道平面。赤道平面与黄道平面之间存在一个夹角即黄赤交角，大小为23°26′。地轴与黄道平面斜交呈66°34′的夹角。

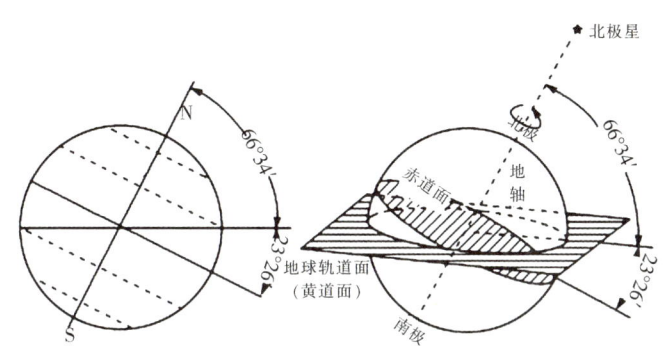

图1-1-20　黄赤交角

### 2.太阳直射点的回归运动

黄赤交角的存在导致了地球上太阳直射点的位置不断变化。北半球夏至日（6月22日前后）太阳直射北回归线（23°26′N），之后南移。到了秋分日（9月23日前后），太阳直射赤道。冬至日（12月22日前后）太阳直射南回归线（23°26′S），之后北返。春分日（3月21日前后），太阳直射赤道。到了夏至日，太阳再次直射北回归线（23°26′N）。这样太阳直射点在南、北回归线之间往返运动，形成太阳直射点的回归运动。太阳直射点回归运动的周期，称为回归年。（见图1-1-21和图1-1-22）

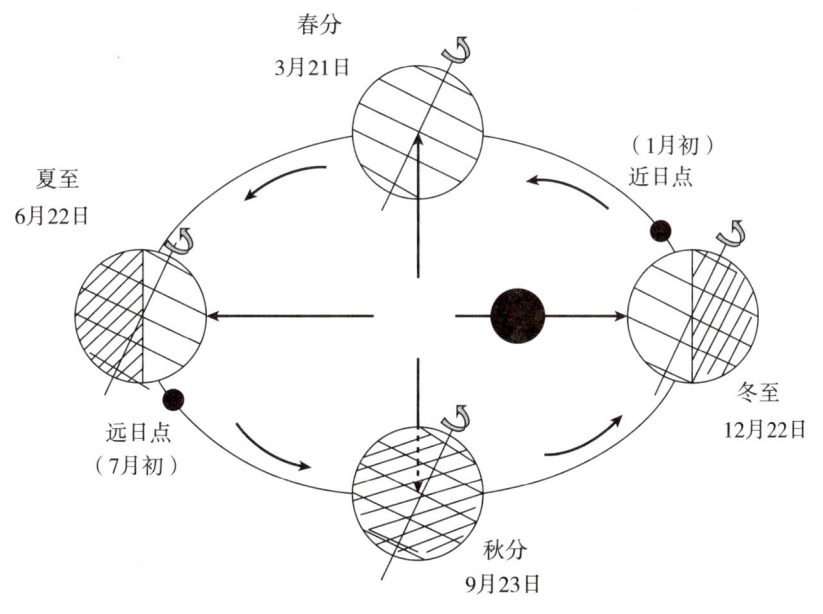

图1-1-21　地球公转示意图

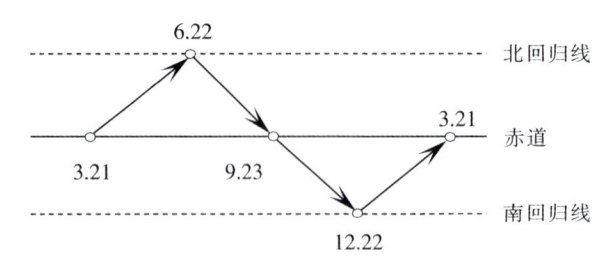

图 1-1-22 太阳直射点的回归运动

> **知识拓展**

星空上的大部分天体为恒星,它们距离地球十分遥远。从地球上看,它们在星空上的位置是相对不变的。

由于地球的自转,星空(可指天球)呈现东升西落运动,即围绕沿地轴无限延伸的方向进行旋转,这种现象称为周日(视)运动。星空的周日运动周期为恒星日。太阳也有周日运动,周期为太阳日。

由于地球的公转,在地球上看,太阳在星空的位置是相对变化的,即沿着地球公转轨道黄道在星空上的投影运动,也就是做周年(视)运动。视太阳中心连续两次通过黄道上同一恒星的时间间隔是恒星年。

赤道在星空的投影为天赤道,将星空分为南北两部分。黄道与天赤道有两个交点,其中视太阳中心从南向北经过的交点为春分点,经过时的日期为春分日,另一个是秋分点,视太阳中心由北向南经过,日期为秋分日。

我国有二十四节气,即将黄道360°圆周分为24段,每段跨15°为一个节气,全年共24个节气,且两个节气点之间相差15天左右。二十四节气歌为"春雨惊春清谷天,夏满芒夏暑相连。秋处露秋寒霜降,冬雪雪冬小大寒"。下图为二十四节气划分图(注意节气分布顺序要按地球公转方向)。图中标注的节气时间和实际可能不同,但最多相差一两天。

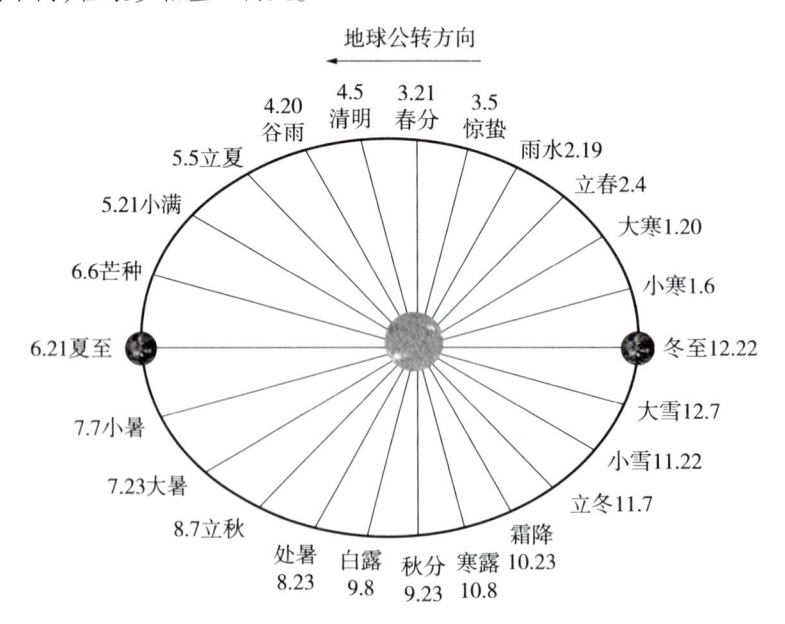

图 1-1-23 二十四节气划分图

第一部分　学科专业知识与运用　19

**备考点拨**

地球运动这部分经常会考查二十四节气的内容,除了二分二至日,考生还需要掌握其他节气的顺序和时间点等知识。

**经典真题**

(2021下·单选)二十四节气是我国古代劳动人民智慧的结晶,具有很高的历史文化价值,是世界非物质文化遗产。下图为地球在公转轨道上的位置与二十四节气的对应示意图(北半球)。读图完成下面两题。

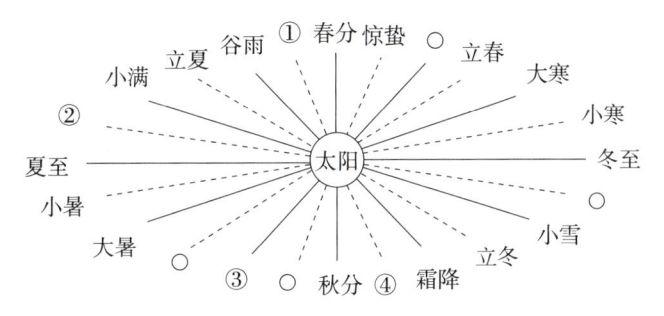

1.图中①②③④代表的节气,正确的是(　　)。

A.清明、芒种、处暑、寒露　　　　　　　　B.清明、白露、立秋、寒露

C.雨水、芒种、处暑、大雪　　　　　　　　D.雨水、白露、立秋、大雪

【答案】A。

2.小暑期间,下列地理现象的叙述,正确的是(　　)。

A.印度半岛盛行东北风　　　　　　　　　B.旧金山地区温和多雨

C.巴西高原草木茂盛　　　　　　　　　　D.长江流域进入汛期

【答案】D。解析:小暑在北半球夏至日后约半月,日期为7月7日前后,为北半球夏季。此期间印度半岛受来自海洋的西南季风影响,盛行西南风;旧金山位于北纬30°~40°大陆西岸,为地中海气候,此时炎热干燥;巴西高原位于南半球且主要气候类型为热带草原气候,此时为干季,草木枯黄;此时我国长江流域受夏季风影响,高温多雨,进入汛期。

3.(2015下·单选)视太阳中心连续两次通过黄道上同一恒星的时间间隔是(　　)。

A.太阳日　　　　　B.恒星日　　　　　C.回归年　　　　　D.恒星年

【答案】D。解析:恒星年是视太阳中心连续两次经过地球与黄道上某一恒星(认为它在天球上固定不动)连线的时间间隔。它是地球公转的真正周期,约为365.2564天。

### (四)地球自转的地理意义

**1.昼夜更替**

**(1)昼夜更替的成因和周期**

地球是一个不发光、不透明的球体,太阳只能照亮地球的一半,这导致了地球昼夜现象的出现。地球的自转产生了昼夜不断更替的现象。昼夜更替的周期是1个太阳日(24小时)。

### (2)晨昏线(晨昏圈)

昼夜半球的分界线为晨昏线。晨昏线把其经过的纬线分割成两部分,其中位于昼半球的部分称为昼弧,位于夜半球的部分称为夜弧。

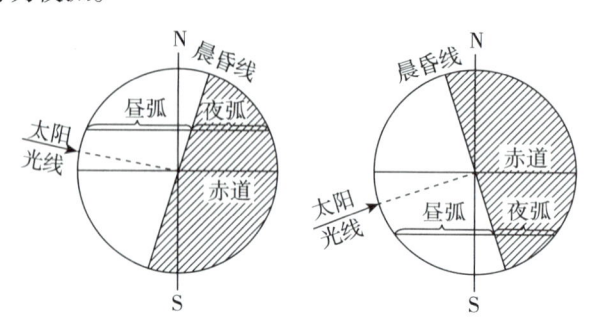

图1-1-24 昼弧和夜弧

晨昏线分为晨线和昏线。自西向东,从夜半球进入昼半球经过的是晨线,从昼半球进入夜半球经过的是昏线。

晨昏圈的特点如下。

①晨昏圈所在平面始终与太阳光线垂直,平分地球,是圆心为地心的大圆,始终平分赤道。

②和晨昏圈相切的纬线的纬度值与太阳直射点的纬度值之和为90°。相切纬线到极点范围内出现极昼或极夜。

③由于地球自转,一天中晨昏圈在地球上的位置不断变化,相对于地球自东向西移动。

④由于地球公转,一年中晨昏圈与经线圈的夹角发生变化。春分和秋分,太阳直射赤道,晨昏圈与经线圈重合,全球昼夜平分;冬至和夏至,太阳直射南、北回归线,晨昏圈与经线圈的夹角达到最大23°26′,晨昏圈与极圈相切,极圈内出现极昼或极夜现象。

### 2.产生时差

#### (1)地方时

由于地球自西向东自转,在同一纬度地区,东边的地点比西边的地点先看到日出,这样时间就有早晚之分。同一时刻,东边地点的时间要比西边地点早。这种因经度不同而不同的时刻即为地方时。同一经线上的地方时是相同的。

某地点太阳高度最大的时刻为该地地方时12时。将两个相邻12时之间的时间间隔等分为24小时。

#### (2)时区和区时

为了时间使用的方便,人们实行分区计时,将全球划分为24个时区,每个时区跨经度15°。各时区以本时区中央经线的地方时作为本时区的区时。相邻时区的区时相差1小时。

各国实际使用的时间根据本国的实际情况而定,如我国东西跨东五区至东九区五个时区,但为了方便统一使用的是北京时间,即北京所在的东八区的区时。

**备考点拨**

北京时间:东八区区时,120°E经线的地方时,注意区别于北京的地方时(116°E经线的地方时)。

伦敦时间:零时区或中时区的区时,0°经线的地方时,国际标准时间。

纽约(华盛顿)时间:西五区区时,75°W经线的地方时。

旧金山时间:西八区区时,120°W经线的地方时。

澳大利亚东部时间:包括堪培拉、悉尼和墨尔本等城市,均采用东十区的区时,即150°E经线的地方时。

### (3)日界线

日界线两侧日期变更,包括人为日界线和自然日界线。

人为日界线即国际日界线(为了确定日期而设置)大致和180°经线重合。由西向东跨越国际日界线,日期要减一天;由东向西跨越国际日界线,日期要加一天。国际日界线西侧附近和东侧附近分别是地球上时间最早和最晚的地区。

自然日界线即地方时0时或24时所在的经线。它在地球上的位置是不断变动的。自西向东跨过0时经线,日期加一天。

### 3.水平运动的物体方向发生偏转

地球自转导致地表水平运动的物体方向发生偏转。这个促使物体水平运动方向偏转的力被称为地转偏向力,其只改变物体运动的方向,不影响速度。纬度和高度越高,地转偏向力越大。

沿物体水平运动的方向,北半球向右偏,南半球向左偏,赤道上不偏转。

地转偏向力对气流和水流的大规模水平运动影响显著,如对风向、洋流偏向、河流流向(笔直河流偏转的一侧为侵蚀岸,另一侧为沉积岸)的影响。

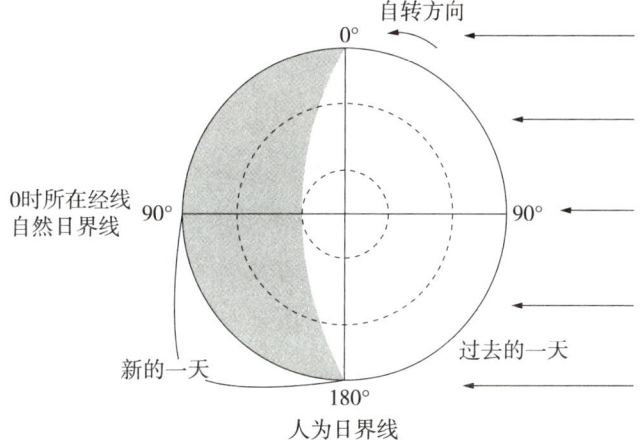

图1-1-25 日界线和日期的划分

## (五)地球公转的地理意义

太阳直射点的移动使地表接受的太阳辐射发生时空变化,具体表现为昼夜长短(反映日照时间)和正午太阳高度(反映太阳辐射强度)的时空变化。

### 1.昼夜长短的变化

### (1)空间变化

①太阳直射点位于北半球时即春分日至秋分日期间为北半球的夏半年。期间,北半球各地昼长夜短,且纬度越高,昼越长,夜越短。此时北极附近出现极昼现象,极昼范围为北纬(90-直射纬度值)以北地区。其中,夏至日北半球昼最长,夜最短,北极圈以北到处出现极昼现象。南半球相反。

图1-1-26 地转偏向力的影响

②太阳直射点位于南半球时即秋分日至春分日期间为北半球的冬半年。期间,北半球各地昼短夜

长,且纬度越高,昼越短,夜越长,北极附近出现极夜现象,极夜范围为北纬(90-直射纬度值)。以北地区。其中,冬至日北半球夜最长,昼最短,北极圈以北到处出现极夜现象。南半球相反。

③春分和秋分日,太阳直射赤道,全球昼夜等长,均为12小时。

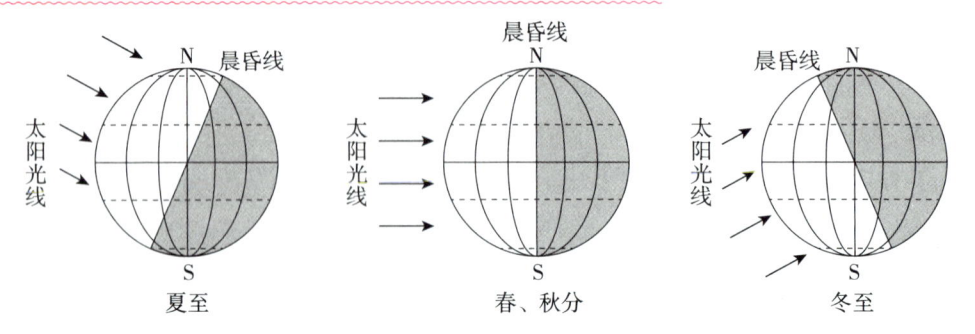

图 1-1-27　二分二至日地球昼夜长短的变化

> 备考点拨

考题中的绘图题对太阳光照图进行过考查。考生需要掌握上面图1-1-32中的二分二至日的太阳光照图,能够根据太阳照图判断地球公转示意图中二分二至日的位置,能够绘制太阳光照图。

> 经典真题

(2018下·简答)(1)绘制夏至日太阳照射地球示意图(要求:绘制太阳光线、地球自转方向、南北回归线、南北极圈、晨昏线、昼夜半球)。(6分)

(2)简述讲解"夏至日太阳照射地球示意图"的教学要点。(8分)

【参考答案】

(1)夏至日太阳照射地球示意图如右图所示。

(2)教学要点如下。

①夏至日太阳直射北回归线。

②晨昏圈平分地球,与太阳光线垂直,此时与极圈相切。

③此时,北极圈及其以北地区出现极昼,南极圈及其以南地区出现极夜。

④此时,北半球昼长夜短,且白昼时间达到最长;南半球昼短夜长,且白昼时间达到最短;赤道上昼夜等长。

⑤此时,北回归线及其以北地区正午太阳高度达到最大,南回归线及其以南地区正午太阳高度达到最小。

**(2)时间变化**

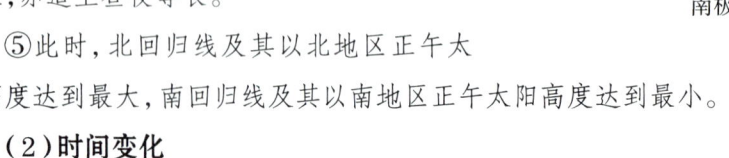

①太阳直射点向北(南)移动时,北(南)半球各地昼渐长,夜渐短,北(南)极地区极夜范围缩小或极昼范围扩大;此时,南(北)半球各地昼渐短,夜渐长,南(北)极地区极夜范围扩大或极昼范围缩小。

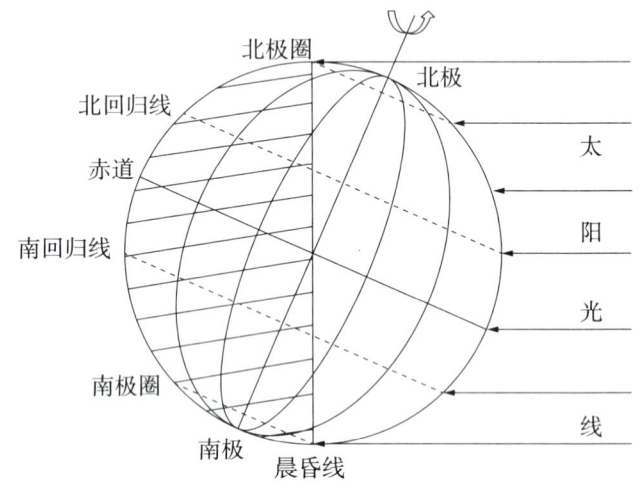

②赤道地区全年昼夜等长，昼夜长短不变。纬度越高的地区，昼夜长短的变化越大。

**备考点拨**

昼夜长短与日出、日落时间和方向紧密联系。一般，白昼时间越长，日出时间越早，日落时间越晚。太阳直射北（南）半球时，全球日出东偏北（南），日落西偏北（南）。太阳直射赤道，则全球日出正东，日落正西。见图1-1-28。

**2.正午太阳高度的变化**

太阳高度是太阳高度角的简称，表示太阳光线与地平面的夹角。正午太阳高度是一天中最大的太阳高度，也是当地地方时12时的太阳高度。太阳直射点的太阳高度最大，为90°，也是直射点所在纬度的正午太阳高度。

**（1）空间变化**

正午太阳高度由太阳直射点所在的纬度地区向南北两侧递减（离太阳直射点的纬度越近，正午太阳高度越大）。同一纬度地区，正午太阳高度相等。

图1-1-28 北回归线以北某地太阳视运动轨迹和正午太阳高度的变化

夏至日，太阳直射北回归线，正午太阳高度由北回归线向南北两侧递减。此时北回归线及其以北各地区，正午太阳高度达到一年中的最大值；南半球各地，正午太阳高度达到一年中的最小值。

冬至日，太阳直射南回归线，正午太阳高度由南回归线向南北两侧递减。此时南回归线及其以南各地正午太阳高度达到一年中的最大值；北半球各地正午太阳高度达到一年中的最小值。

南北回归线之间的地区被太阳直射时，正午太阳高度最大。

**（2）时间变化**

某一纬度当太阳直射点距离其越来越近时，正午太阳高度增大；当太阳直射点距离其越来越远时，正午太阳高度减小。见图1-1-28。

**经典真题**

（2021下·单选）下图为120°E上的北半球不同纬度三地夏至日正午太阳高度，据图完成1~2题。

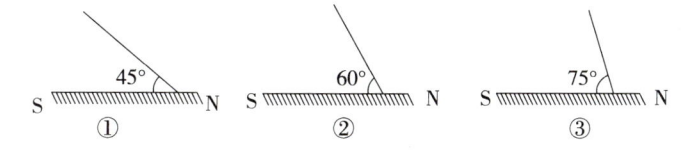

1.图中①②③三地的纬度从高到低的排序，正确的是（　　）。
A.①②③　　　　B.①③②　　　　C.③①②　　　　D.③②①

【答案】A。解析：图中三地正午太阳都位于正南方，北半球夏至日，太阳直射北回归线，故三地均位于北回归线以北地区。正午太阳高度角H=90°-|φ-δ|°，即取当地地理纬度（φ）与太阳直射点纬度（δ）的纬度差的余角。已知夏至日太阳直射点地理纬度为23°26′N，三地均位于北半球，将三地正午太阳高度角数值代入公式可以得出，①地纬度为68°26′N，②地纬度为53°26′N，③地纬度为38°26′N。所以三地纬度由高到低的排序为①②③。

2.此日,三地昼长时间从短到长的排序,正确的是(　　)。
A.①②③　　　　　B.①③②　　　　　C.③①②　　　　　D.③②①
【答案】D。解析:夏至日,北半球昼长夜短,且纬度越高,昼越长夜越短,由上题可知三地纬度从高到低排序为①②③,故此日,三地昼长从短到长排序为③②①。

### 3.四季和五带

全球同一纬度地区(赤道除外),太阳辐射在一年中呈有规律的变化,形成四季。不同纬度地区,太阳辐射从低纬向高纬有规律地递减。据此可将全球划分为五带。

**(1)四季的更替**

从天文含义来看,夏季是一年中白昼最长、正午太阳高度最大的季节,也是获得太阳辐射最多的季节。冬季相反。春季和秋季是冬、夏两季的过渡季节。南北半球的季节正好相反。

从气候上来看,北温带的大多数国家普遍将3、4、5月划分为春季,6、7、8月划分为夏季,9、10、11月划分为秋季,12、1、2月划分为冬季。南北半球相反。

**(2)五带的划分**

五带就是五个热量带,即热带,南、北温带和南、北寒带,其界线是南北回归线和南北极圈。热带有太阳直射现象;南、北温带无太阳直射现象,也无极昼、极夜现象;南、北寒带有极昼、极夜现象。五带的划分反映了年太阳辐射总量从低纬度地区向高纬度地区递减的规律。

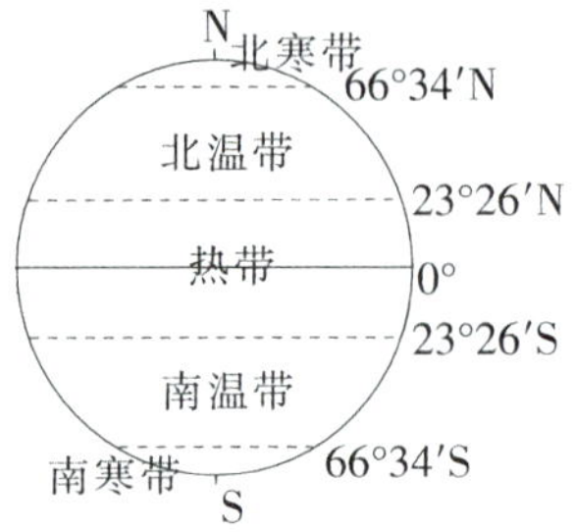

## (六)有关的地理计算和判读

### 1.时间和经度的计算

**(1)地方时的计算**

地球自转一周的时间为24小时,则经度每隔15°,地方时相差1小时;经度每隔1°,地方时相差4分钟。

图1-1-29 五带的划分

已知两地经度及其中一地地方时,求另一地地方时的方法:求出两地经度差→求出两地时间差→看两地的相对位置→求出地方时(东早西晚,东加西减)。

**(2)时区和区时的相关计算**

①某时区中央经线的经度值=时区数×15°。

②已知经度求时区的方法:用已知经度除以15看余数,若余数<7.5,则商数即为所求的时区数;若余数>7.5,则商数加1即为所求的时区数。所求地是东经,属东时区;所求地是西经,属西时区。

③根据时区求区时差:同为东时区或西时区,则时区数相减为区时差;东西时区不同时,则时区数相加为区时差,单位为小时。

④已知某一时区及其区时,求另一时区的区时:所求地区时=已知地区时+/-两地区时差(东早西晚,东加西减)。

**备考点拨**

时间的计算按照东早西晚、东加西减的原则,即所求地若在已知地的东方则时间要早,为已知地时间加两地时差;若在西方,则时间要晚,为已知地时间减两地时差。东方是沿地球自转方向到达的。

若时间得数>24,则减24,差为所求地时间,日期加1天。若时间得数<0,则加24,和为所求地时间,日期减1天。

注意使用本书的时间计算方法时,跨越180°经线要变更日期,因为180°经线附近是国际日界线。

**经典真题**

(2019上·单选)张先生前往太平洋的某小岛旅游,手表时间仍显示北京时间。据此完成1~2题。

1.当小岛地方时为中午12点时,手表显示时间为6时40分,该地经度是(　　)。

A.160°E　　　　　　B.160°W　　　　　　C.40°E　　　　　　D.80°W

【答案】B。解析:小岛的地方时为中午12时时,北京时间即120°E的地方时是6时40分,又因为太平洋小岛位于北京的东边,所以小岛的地方时比北京要早5小时20分(16/3小时)。时间相差1小时,经度相差15°。则两地的经度差为15°×(16/3)=80°。自120°E向东经过80°所在的经度应为160°W。

2.该地所在的时区是(　　)。

A.东十一区　　　　B.东三区　　　　C.西十一区　　　　D.西五区

【答案】C。解析:此题考查时区的计算,解题的关键为根据经度算时区。时区的计算方法为某地经度数除以15,如果没有余数,则商为该地时区数,且该地所在的经线为这个时区的中央经线;如果有余数,余数大于7.5,则商加1为该地时区数,若余数小于7.5,则商为该地时区数。小岛的经度位置为160°W。由160°/15°的计算可知,商为10,余数为10大于7.5,则小岛所在时区为西十一区。

(2018下·单选)北京时间2015年9月20日上午7时30分,第35届北京马拉松比赛从天安门广场鸣枪开跑。据此完成3~4题。

3.布宜诺斯艾利斯(西四区)华人观看北京马拉松开跑时的现场直播时,当地时间是(　　)。

A.9月19日18时30分　　　　　　　　B.9月20日19时30分

C.9月20日18时30分　　　　　　　　D.9月19日19时30分

【答案】D。解析:布宜诺斯艾利斯(西四区)比北京时间(东八区)晚12个小时,所以用北京时间减去时差12个小时可得当地时间为9月19日19时30分。

4.北京马拉松比赛结束至国庆节期间,关于布宜诺斯艾利斯地理现象的叙述正确的是(　　)。

A.白昼时间等于黑夜时间　　　　　　B.白昼时间逐渐变短

C.正午太阳高度逐渐变大　　　　　　D.日出时间逐渐推后

【答案】C。解析:北京马拉松比赛结束至国庆节期间,即从9月21日到10月初(秋分前后),太阳直射点从北半球赤道附近开始向南半球移动。此时布宜诺斯艾利斯(约位于34°S)距离太阳直射点越来越近,正午太阳高度逐渐变大,白昼时间越来越长并且会长于黑夜时间,日出时间越来越早。

(3)经度的计算

某地区的经度可借助地方时进行计算。例如,已知两地的地方时及其中一地经度,可求另一地经度。

方法:求出两地地方时时差→求出两地经度差→看两地的相对位置→求出经度(东早西晚,根据东西经度分布求经度）。

### 2.昼夜长短的计算和判断

（1）根据昼（夜）弧来计算

某地昼（夜）长＝该地所在纬线的昼（夜）弧度数/15°×1小时。

某地昼（夜）长＝24小时×该地所在纬线昼（夜）弧在纬线圈中所占的比例。

（2）利用已知的日出和日落时间来求算

昼长＝（日落时间－12）×2小时＝（12－日出时间）×2小时。

夜长＝（日出时间－0）×2小时＝（24－日落时间）×2小时。

（3）根据昼夜分布特点判断

同纬度各地的昼夜长短相同。

南北半球的昼夜长短情况相反，即北半球各地的昼（夜）长等于南半球纬度值相同地区的夜（昼）长。如北纬40°地区的昼长是15小时，那么此时南纬40°地区的夜长就为15小时。

赤道地区的昼长永远是12小时。极昼区、极夜区的昼长分别是24小时和0小时。

### 3.正午太阳高度的计算

①正午太阳高度H的计算公式：H＝90°－纬度差（这里的纬度差是指当地纬度和太阳直射点所在纬度之间相隔的纬度数）。太阳直射点的太阳高度是90°（也是正午太阳高度）。

②可利用垂直物体的日影计算正午太阳高度。cot H＝正午影长/物体长度。

③太阳能热水器的采光面与楼房顶面的夹角为（90°－H）。

④南北半球中纬度地区楼房间隔L的计算：L＝楼高×cot H′（H′即当地全年最小的正午太阳高度，北半球为冬至日的正午太阳高度）。

⑤一个地区一年中正午太阳高度的最大差值：赤道地区是23°26′；热带地区介于23°26′和46°52′之间，具体值＝当地纬度＋23°26′；温带和寒带地区是46°52′。

### 4.日出、日落时间的计算

利用已知昼长计算：日出时间＝（12－昼长÷2）时＝（夜长÷2）时，日落时间＝（12＋昼长÷2）时。

利用日照图上晨昏线与当地所在纬线交点的地方时确定。

北京天安门广场的升旗时间为北京当地日出时间（注意这个时间是北京的地方时，非北京时间）。

### 5.纬度的计算

已知某地的正午太阳高度和太阳直射点的位置，就可利用正午太阳高度的计算公式及该地所处的南北半球和纬度范围得出该地的纬度。

利用北极星的仰角计算：北极星的仰角＝当地纬度（此法只适用于北半球）。

### 6.日照图的判读

（1）确定南、北半球或南、北极

经纬网的侧视图，通常是上北下南（特例除外）。

极点俯视图从自转方向上看，逆时针自转为北半球，顺时针自转为南半球。从经度变化上看，东经由小到大变化的方向和西经由大到小变化的方向为地球自转方向。

可利用海陆轮廓确定南北半球。

**（2）确定太阳直射点的位置**

太阳直射点位于昼半球的中心。

太阳直射点的纬度可根据正午太阳高度的计算公式通过某地的纬度及其正午太阳高度计算来确定；也可利用与晨昏线相切的纬线确定，即直射点的纬度值=90°－相切纬线的纬度值，若北半球昼长夜短则太阳直射北半球。

太阳直射点所在的经线地方时是12时，可根据已知经线的时间来确定太阳直射点所在的经线。

直立物体影长为零的地方为太阳直射点所在地。

**（3）确定时间**

晨线与赤道交点所在经线的地方时是6时，而昏线与赤道交点所在经线的地方时是18时。

同一纬度太阳高度最大的点所在经线时间是12时。太阳直射点所在经线的时间是12时。

昼半球主要中央经线的地方时为12时。夜半球主要中央经线的地方时为24（0）时。

若晨昏线与纬线圈的切点所在经线（平分昼半球或夜半球）的大部分位于昼半球则该经线的地方时为12时，若大部分位于夜半球则该经线的地方时为24（0）时。

**（4）确定季节或日期**

季节或日期的确定可利用太阳直射点的位置及相关的地理现象（如昼夜长短等）确定。

**（5）确定太阳高度**

晨昏线上的太阳高度等于0°。

太阳直射点的太阳高度最大，为90°，也是直射点所在纬度的正午太阳高度。

**备考点拨**

地球运动的内容几乎每次考试必考，考查形式主要是选择题，偶有简答题和教学设计题。考点涉及时间的计算、太阳直射点、正午太阳高度、昼夜长短、日出和日落、二十四节气、晨昏线、自转和公转的特征、太阳光照图（绘图）等内容。

考生需要利用题干中的文字和示意图信息，如时间、地点、位置等，才能解题；需要能够判读太阳光照图、经纬网地图、地球公转图等；掌握地球自转和公转特征及意义；掌握时间的计算；掌握太阳光照图的绘制；熟悉世界各地的地理位置和与季节相关的地理现象。注意南北半球季节相反。

**经典真题**

（2017下·单选）"数九"期间，下列现象描述正确的是（　　）。

A.地球公转速度加快　　　　　　　　B.北极极夜范围持续扩大

C.北京昼长短于海口　　　　　　　　D.北印度洋洋流自西向东流

【答案】C。解析："数九"就是从冬至日12月22日左右算起，每9天算一"九"，一直数到第81天。"九尽桃花开"，天气就暖和了。地球公转速度最快出现在1月初，因此"数九"期间地球公转速度先变快后变慢。"数九"期间，太阳直射南半球并向北移动，因此北极极夜范围缩小，北京昼长短于海口，北印度洋洋流自东向西流。

## 四、地球的圈层结构

### 1.地球的内部圈层

目前,我们主要通过地震波来了解地球内部的结构。地震波分为纵波(P)和横波(S)。纵波传播速度较快,可以通过固体、液体、气体传播,使地表上下颠簸;横波的传播速度慢,只能通过固态物质传播,使地表左右晃动。

在地球内部,地震波波速发生突然变化的面叫作不连续面。在地下平均33千米深处,地震波的横波和纵波的传播速度都明显增大,这个不连续面称为莫霍界面。在地下约2900千米深处,横波消失,纵波传播速度突然下降,这个不连续面称为古登堡界面。以莫霍界面和古登堡界面为界,可以将地球内部划分为地壳、地幔和地核三个圈层。

地壳是地球的坚硬外壳,其厚度不一,平均厚度是17千米,其中大陆地壳厚度较大,平均为33千米。高山、高原地区地壳更厚,可达70千米;平原、盆地地壳相对较薄。大洋地壳则远比大陆地壳薄,厚度只有几千米。

表1-1-4　地球的内部圈层

| 圈层名称 | | 不连续面 | 组成物质及特征 |
| --- | --- | --- | --- |
| 地壳 | | 莫霍界面(平均深33 km) | 由岩石组成;固体外壳;厚度最小,其中陆壳较厚,洋壳较薄 |
| 地幔 | 上地幔 | | 由含铁、镁的硅酸盐类组成;固态,其中上地幔上部存在一个软流层,其物质处于熔融状态,被认为是岩浆的主要发源地;温度、压力、密度增大 |
| | 下地幔 | 古登堡界面(深约2900 km) | |
| 地核 | 外核 | | 由铁、镍组成;温度很高,压力和密度很大;外核呈熔融状态,内核呈固态 |
| | 内核 | | |

地壳和上地幔顶部(软流层之上),由岩石组成,构成了岩石圈。它与地球的外部圈层一起构成了地球的四大圈层结构。

### 2.地球的外部圈层

地球的外部圈层包括大气圈、水圈和生物圈。各圈层之间相互联系、相互制约,形成人类赖以生存和发展的自然环境。

(1)大气圈

大气圈是包裹在地球外面的气体层,由气体及其中的悬浮物构成,其厚度可达2000~3000千米。它的主要成分是氮气和氧气。大气为生命的呼吸提供了氧气,为植物的光合作用提供了二氧化碳,深刻影响着天气与气候,是地球自然环境的重要组成部分。

(2)水圈

水圈是地球表层水体构成的连续但不规则的圈层。水圈的水包括海洋水、陆地水、大气水和生物水等,处于不断的循环运动之中。水是构成地理环境的基本要素,是生命存在的基本条件,也是地理环境发展演化的动力。

### (3) 生物圈

生物圈是地球表层生物及其生存环境的总称。在地理环境中，生物圈并不是单独占有空间，而是占有水圈的全部、大气圈的底部和岩石圈的上部。其他圈层是由无机物组成的，而生物圈是由生物构成的，是一个非常活跃的圈层。

## 第三节　地球上的大气

大气部分的内容每次必考，且考查较多，主要考查内容为天气系统。此外，气候的类型、特征和成因也是考查频率比较高的内容。考查形式包括选择题、绘图题和材料分析题。

天气系统的内容是考试的重点内容，一般结合等压线分布图考查天气系统的类型及其天气特征，如气压、气温、降水、风力和风向等。

考生需要掌握常见天气系统的特征及其对天气的影响，能够结合气压分布图进行分析；需要掌握气候统计图的判读，掌握世界主要气候类型的特征和分布，能够根据气候统计图判读气候类型和特征，分析某区域的气候特征及成因等。

### 一、大气的受热过程

太阳辐射是地球大气最重要的能量来源。太阳辐射是地面增温的直接热源，而地面辐射是近地面大气增温主要、直接的热源。大气对太阳辐射具有削弱作用，对地面具有保温作用。

**1. 大气对太阳辐射的削弱作用**

（1）吸收作用

臭氧吸收紫外线。水汽和二氧化碳吸收红外线。二氧化碳等温室气体增多会导致气温升高。

（2）反射作用

云层和较大的尘埃将各种波长的部分太阳辐射反射回宇宙空间。

（3）散射作用

空气分子和微小尘埃散射波长较短的蓝光和紫光，使得晴朗的天空呈现蔚蓝色。

大气对太阳辐射的削弱作用主要为反射作用。一般云层越厚，云量越大，反射越强，大气的削弱作用越强。

**2. 大气的增温过程**

①太阳短波辐射经过大气的小幅削弱后，大部分到达地表。地面吸收太阳辐射增温。

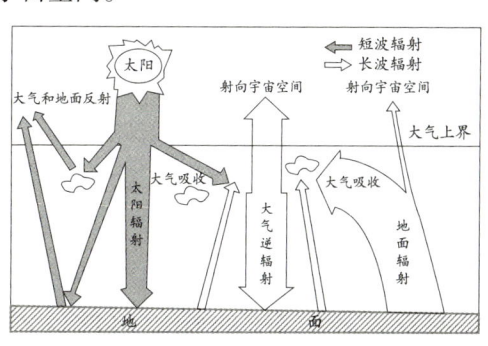

图 1-1-30　大气的受热过程

②地面吸收太阳辐射增温的同时，以传导和辐射的形式向大气传递能量。地面放出的长波辐射绝大部分（75%~95%）被对流层大气中的水汽和二氧化碳等吸收，极少部分透过大气射向宇宙空间。大

气吸收地面长波辐射增温。

### 3.大气对地面的保温作用

大气增温的同时也向外放出长波辐射,其中大部分朝向地面。朝向地面的大气长波辐射因辐射方向与地面辐射相反,被称为大气逆辐射。大气逆辐射把部分热量还给地面,在一定程度上补偿了地面辐射损失的热量,对地面起到了保温作用,这种作用也称为温室效应。

## 二、热力环流

### 1.热力环流的形成

地表冷热不均形成的空气环流称为热力环流,它是大气运动最简单的形式。下面以图1-1-31为例说明热力环流的形成过程。

假设A地受热较多,B、C两地受热较少,则A地空气受热膨胀上升,到达上空聚积起来,使上空的空气密度增大,形成高气压;B、C两地由于受热较少,空气相对冷却收缩下沉,上空空气密度减小,形成低气压。这样在上空出现水平气压差,空气由气压高的A地向气压低的B、C两地流动。在近地面,A地空气上升后向外流出导致空气密度减小,形成低气压;B、C两地因气流下沉,有空气流入,空气密度增大,形成高气压。这样在近地面出现了水平气压差,空气由B、C两地流回A地,以补充A地流出的空气,从而形成了热力环流。

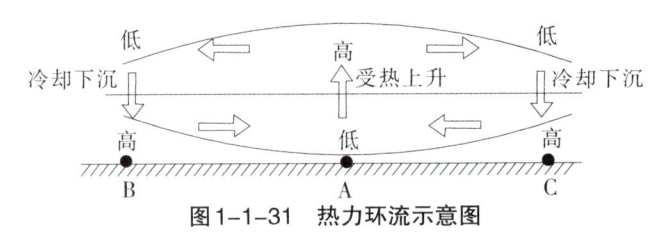

图1-1-31 热力环流示意图

### 2.常见的局部热力环流

海陆风形成过程:由于海陆热力性质差异,白天陆地比海洋升温快、气温高、气压低,风从海洋吹向陆地,吹海风;夜晚陆地比海洋降温快、气温低、气压高,风从陆地吹向海洋,吹陆风。

影响:海陆风使滨海地区气温日较差减小,降水增多。

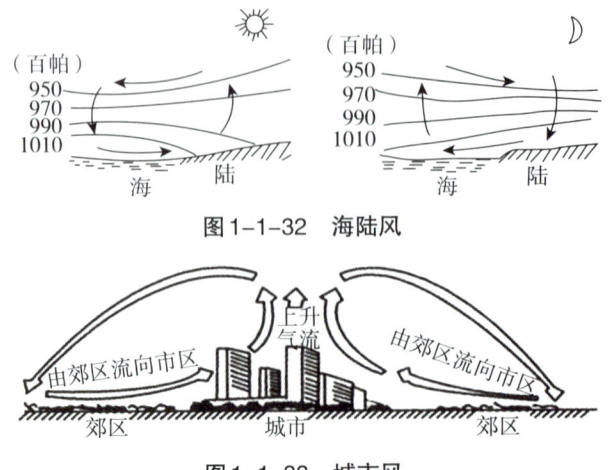

图1-1-32 海陆风

图1-1-33 城市风

城市风形成过程:市区受人为热源多影响,气温比郊区高,空气膨胀上升,气压比郊区低,风从郊区吹向市区。

影响:一般将绿化带布局在气流下沉处以及下沉距离以内,而将卫星城或污染较重的工厂布局在下沉距离以外。

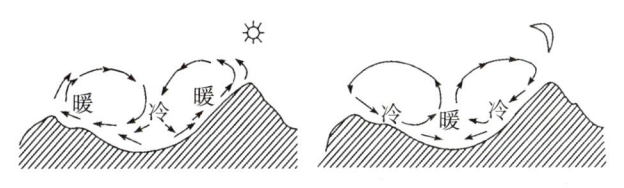

图1-1-34 山谷风

山谷风形成过程:白天山坡比山谷升温快、气温高,空气膨胀上升,山谷的空气沿山坡向山顶补充,形成谷风;夜晚山坡比山谷降温快、气温低,空气冷却下沉,顺山坡流入山谷,形成山风,山谷较暖空气被迫抬升流向山顶上空。

影响:在山谷和盆地,常因夜间冷的山风吹向谷底,谷底和盆地内易形成逆温层,阻碍空气的垂直运动,易造成大气污染;谷底和盆地多夜雨。

**备考点拨**

关于热力环流的成因和形成过程要点总结如下。

①热力环流的形成原因:地表冷热不均。

②热力环流的形成过程:近地面冷热不均→空气的垂直运动(上升或下沉)→同一水平面上产生气压差→空气的水平运动→形成热力环流。

③热力环流的判读技巧:热上升、冷下沉——近地面热则空气上升,近地面冷则空气下沉。热低压、冷高压——近地面冷形成高压,近地面热形成低压。近地面和高空气压情况相反——近地面为高压,其高空为低压;近地面为低压,其高空为高压。水平方向上气流从高压流向低压。高压和低压是在同一水平面上进行对比。高空气压低于近地面。

## 三、大气的水平运动——风

**1.风形成的原因**

风形成的原因是地表的冷热不均,直接动力是水平气压梯度力。

**2.风形成的作用力**

**(1)水平气压梯度力**

地表受热不均,导致空气上升和下沉的垂直运动,进而使同一水平面上的气压产生差异。单位距离间的气压差叫作气压梯度。只要水平面上存在着气压梯度,就会产生促使大气由高气压区流向低气压区的力,这个力称为水平气压梯度力。在水平气压梯度力的作用下,大气由高气压区向低气压区做水平运动,形成风。

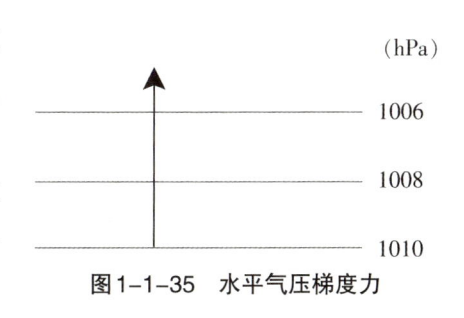

图1-1-35 水平气压梯度力

水平气压梯度力垂直于等压线,由高压指向低压,既影响风向,又影响风速。一般,同一图中等压线越密集,水平气压梯度力越大,风速越大。

**(2)地转偏向力和摩擦力**

大气一旦水平运动起来,还受到地转偏向力和摩擦力的作用。

地转偏向力始终与风向垂直,只影响风向(北半球向右偏,南半球向左偏),不影响风速。

摩擦力是地面与空气之间及运动状况不同的空气层之间相互作用产生的力,与风向相反,影响风速和风向。

下图为近地面,受水平气压梯度力、地转偏向力和摩擦力共同作用下的北半球风向示意图。

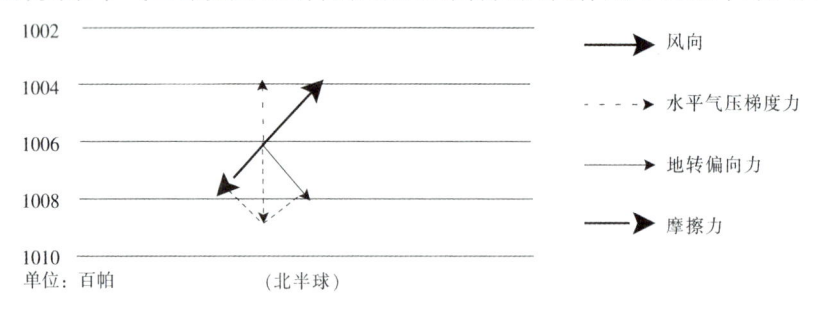

图1-1-36 北半球风形成的作用力及风向

## 四、气压带和风带

### (一)气压带和风带的形成

全球性的有规律的大气运动称为大气环流。高低纬之间由于获得的太阳辐射不同而产生的热量差异,会驱使大气不断地运动,进而输送和交换热量。

**1.三圈环流**

假设地球表面是均匀的,则影响大气运动的因素是高低纬之间的受热不均和地转偏向力。以北半球为例,大气运动状况的分析如下(见图1-1-37)。

赤道及其附近接受太阳辐射最多,空气受热膨胀上升,与热力环流原理相同,近地面气压降低形成赤道低气压带。赤道上空空气增多形成高压,而两极地区空气受冷下沉在上空形成低压。赤道地区上升的暖空气,在水平气压梯度力的作用下流向两极,过程中受地转偏向力影响,在30°附近上空偏转成西风,并在这里不断堆积下沉,使近地面气压升高,形成副热带高气压带。从副热带高气压带流出的气流,一支流向赤道低气压带。该气流在地转偏向力的影响下,逐渐向右偏转形成东北风,称为东北信风。其与南半球在相同原因下形成的东南信风在赤道地区辐合上升。这样,在赤道与南北纬30°之间便形成低纬环流圈。

在近地面,从副热带高气压带向北流出的一支气流,在地转偏向力的作用下逐渐向右偏转成西南风,称为盛行西风。北极及其附近地区接受的太阳辐射最少,终年寒冷,空气下沉,近地面形成极地高气压带。从极地向南流出的气流(北风),在地转偏向力的影响下逐渐向右偏转形成东北风,称为极地东风。它与较暖的盛行西风在北纬60°附近相遇,暖而轻的气流爬升到冷而重的气流之上,形成副极地上升气流。上升气流到高空,又分别流向副热带和极地上空,从而形成了中纬环流圈和高纬环流圈。由于副极地上升气流到高空即向南北方向流走,致使北纬60°附近的近地面气压降低,形成副极地低气压带。

在南半球,同样会形成低纬、中纬和高纬三个环流圈,其形成原理与北半球相同。这样全球共形成7个气压带和6个风带。三圈环流与全球气压带和风带的分布见图1-1-37。

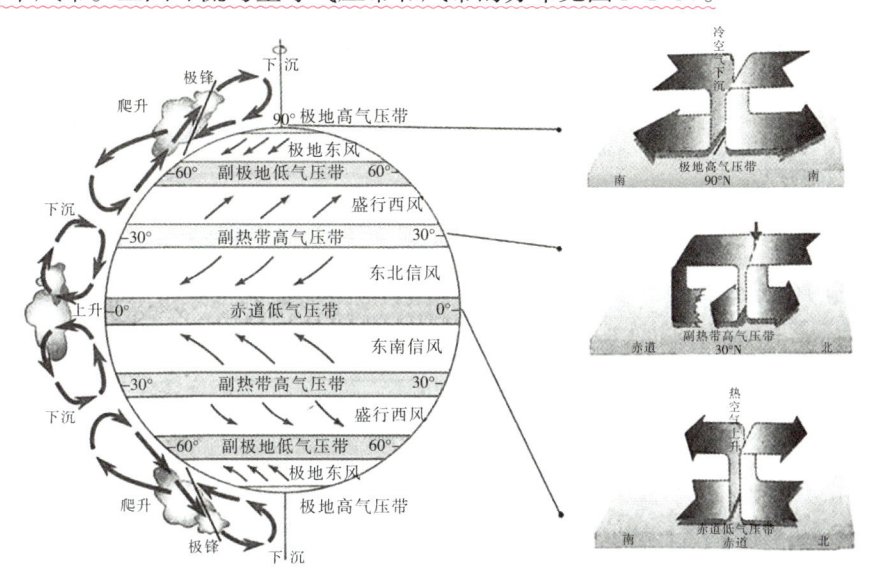

图1-1-37 三圈环流与全球气压带和风带的分布

全球气压带和风带的分布及形成见表1-1-5。

表1-1-5 全球气压带和风带的分布及形成

| 环流圈 | 气压带或风带 | 分布范围 | 形成 |
| --- | --- | --- | --- |
| 低纬环流圈 | 赤道低气压带 | 南北纬5°之间 | 接受太阳辐射最多,气温高,近地面空气受热膨胀,气流上升,气压下降 |
| | 信风带 | 副热带高气压带与赤道低气压带之间 | 从副热带高气压带吹向赤道低气压带的定向风,受地转偏向力的作用,北半球形成东北信风,南半球形成东南信风 |
| 中纬环流圈 | 副热带高气压带 | 南北纬30°附近 | 气流在高空堆积下沉,使低空空气密度增大,气压升高 |
| | 西风带 | 南北纬40°~60° | 从副热带高气压带吹向副极地低气压带的风,在地转偏向力的作用下偏转为偏西风 |
| | 副极地低气压带 | 南北纬60°附近 | 盛行西风与极地东风相遇,暖空气爬升,近地面形成低气压带 |
| 高纬环流圈 | 极地东风带 | 极地高气压带与副极地低气压带之间 | 从极地高气压带吹向副极地低气压带的风,在地转偏向力作用下,偏转为偏东风 |
| | 极地高气压带 | 南、北极附近 | 接受太阳辐射最少,气温低,空气受冷下沉,气压升高 |

### 2.气压带和风带的季节性移动

由于太阳直射点的南北移动,气压带和风带在一年内进行周期性的季节性移动。在北半球,与平均位置相比,气压带和风带的位置夏季偏北,冬季偏南,移动幅度为5~10个纬度。气压带和风带的季节性移动影响着全球的气候。气压带和风带的季节性移动见图1-1-38。

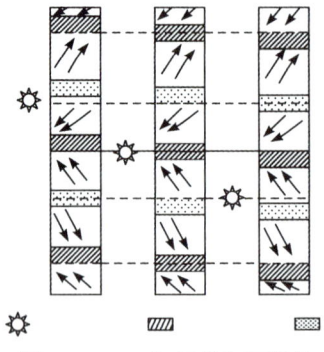

图1-1-38 气压带和风带的季节性移动示意图

**经典真题**

(2018上·单选)下图为二分二至日气压带和风带的分布示意图。读图完成1~2题。

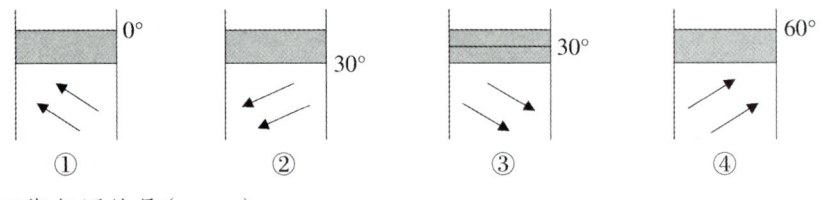

1.图中所示日期相同的是( )。

A.①② B.①④ C.②③ D.③④

【答案】B。解析:图中气压带和风带向南移动的是①和④,并且移动的范围均达到最大,可判断此时太阳直射南回归线。②的气压带和风带向北移动,且范围达到最大,可判断此时太阳直射北回归线。③中气压带和风带的位置为太阳直射赤道时的位置。所以综合以上分析可知日期相同的是①和④。

2.对北印度洋海区洋流方向产生影响的风带是( )。

A.① B.② C.③ D.④

【答案】A。解析:对北印度洋洋流的流向产生影响的是西南季风和东北季风。其中西南季风是东南信风随太阳直射点北移越过赤道,由于地转偏向力发生变化,风向改变而形成的。从图中来看,图①是东南信风带。

### (二)海陆分布对地面气压带的影响与季风环流

#### 1.海陆分布对地面气压带的影响

实际中由于受到海陆分布和地形等因素的影响,地表性质并不均匀。由于海陆热力性质的差异,陆地增温和冷却的速度快于海洋,海陆气温有差异,所以全球气压带被一个个高、低压中心切断。北半球的冬季和夏季分别形成了不同的高压中心与低压中心,见表1-1-6。

表1-1-6 北半球的高压中心与低压中心

| 时间 | 被切断的气压带 | 成因 | 高压中心 | 低压中心 |
| --- | --- | --- | --- | --- |
| 1月份 | 副极地低气压带 | 海陆热力性质差异,亚欧大陆冷却快 | 蒙古—西伯利亚高压(亚洲高压) | 阿留申低压(北太平洋上的低压中心)、冰岛低压(北大西洋上的低压中心) |

(续表)

| 时间 | 被切断的气压带 | 成因 | 高压中心 | 低压中心 |
|---|---|---|---|---|
| 7月份 | 副热带高气压带 | 海陆热力性质差异,亚欧大陆升温快 | 夏威夷高压(北太平洋上的高压中心)、亚速尔高压(北大西洋上的高压中心) | 印度低压(亚洲低压) |

#### 2.季风环流

大范围地区的盛行风随季节变化而有显著改变的现象称为季风,以东亚季风和南亚季风最为典型。

1月份,大气由蒙古—西伯利亚高压区向阿留申低压和赤道低压区运动,在东亚季风区(我国东部、日本和朝鲜半岛等地)形成寒冷、干燥的西北风,在南亚季风区(印度半岛、我国西南部、中南半岛等地)形成低温、干燥的东北风。

7月份,大气由北太平洋副热带高压区向亚洲低压区运动,在东亚季风区形成温暖、湿润的东南风。在南亚季风区,由于太阳直射点北移,赤道以南的东南信风跨越赤道在地转偏向力的作用下向右偏转形成暖湿的西南风(风来自赤道附近的印度洋)。

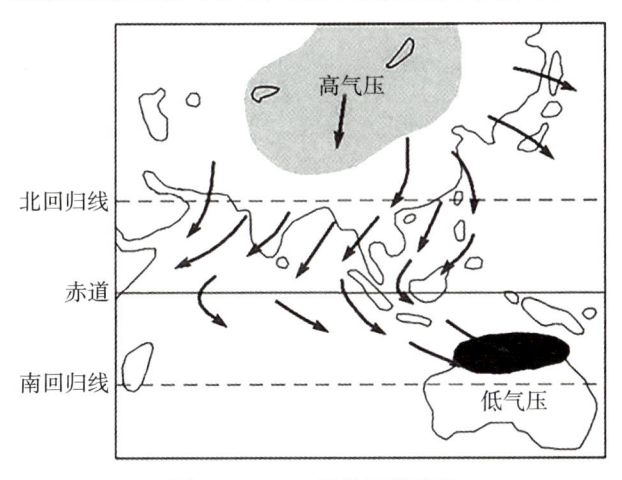

图1-1-39　1月份亚洲季风　　　图1-1-40　7月份亚洲季风

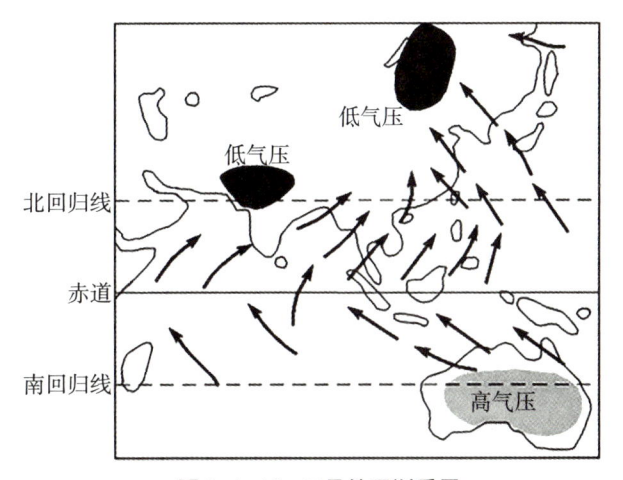

东亚季风中冬季风和夏季风的成因均为海陆热力性质差异,其中冬季风强于夏季风。南亚季风中冬季风的成因是海陆热力性质差异,但夏季风的成因是气压带和风带的季节性移动,其中夏季风强于冬季风。

### (三)气压带和风带对气候的影响

气压带和风带促进高低纬之间、海陆之间的水热交换,影响各地的气候形成和天气变化。

表1-1-7　气压带和风带对陆地气候的影响

| 气压带和风带 | 对气候的影响 | 影响规律 |
|---|---|---|
| 赤道低气压带 | 盛行上升气流,全年高温多雨 | 气压带的空气盛行垂直运动。盛行上升气流,气温降低,水汽易凝结,降水多;盛行下沉气流,情况相反 |
| 副热带高气压带 | 盛行下沉气流,降水少,气候干燥 | |
| 副极地低气压带 | 有极锋,气流上升,气旋活动频繁,多阴雨天气 | |
| 极地高气压带 | 气流下沉,气候严寒,降水稀少 | |

(续表)

| 气压带和风带 | 对气候的影响 | 影响规律 |
|---|---|---|
| 信风带 | 一般少雨，但大陆东岸风从海上吹来，降水较多，如马达加斯加岛和澳大利亚东侧；大陆中部和西部，信风从高纬和陆地吹来，降水少 | 风从海洋吹来，水汽多，降水多；从陆地吹来，水汽少，降水少 |
| 西风带 | 大陆西岸，风从海上吹来，降水丰富，向内陆降水逐渐减少 | 风从低纬吹来，气温降低，水汽易凝结，降水多；从高纬吹来情况相反 |
| 极地东风带 | 严寒，少雨，烈风 | |

表1-1-8 气压带和风带控制下的气候类型

| 分类 | 气候类型及对应的气压带或风带 |
|---|---|
| 受单一气压带控制形成的气候类型 | 热带雨林气候—赤道低气压带<br>热带沙漠气候—副热带高气压带<br>冰原气候—极地高气压带 |
| 受单一风带影响形成的气候类型 | 热带沙漠气候—信风带<br>温带海洋性气候—西风带 |
| 受气压带和风带交替控制形成的气候类型 | 热带草原气候—赤道低气压带和信风带<br>地中海气候—副热带高气压带和西风带 |

## 五、气候相关知识

### （一）天气与气候

**1. 概念**

天气是一定区域短时间内的大气状态（如冷暖、风雨、干湿、阴晴等）及其变化的总称。气候是指某一地区多年间大气的平均状态及其变化特征。

目前采用30年的平均资料作为描述气候特点的基本时段资料。近年来科学家提出了气候系统的概念，气候系统由大气圈、海洋、冰冻圈、岩石圈和生物圈五个部分耦合而成。大气圈是气候系统的主体。海洋是气候系统的热量储存库。冰冻圈对气候变化具有指示作用和反馈作用。岩石圈变化的时间尺度在气候系统中最长。生物圈对气候变化敏感，同时影响气候。因此气候的形成受多种因素的影响。

**2. 影响气候的因素**

**（1）太阳辐射**

太阳辐射是影响气候的基本因素。太阳辐射在地表的分布因纬度不同而不同，所以也将太阳辐射这个因素看作是纬度因素。不同的纬度，由于获取的太阳辐射不同，所以获得的热量不同，形成了不同的温度带，导致地表气候的差异。

**（2）下垫面**

下垫面是对流层大气热量与水汽的主要来源，直接影响大气的水热状况。下垫面对气候的影响主要体现在海陆分布、地形、洋流和地表性质等方面。

①海陆分布

海洋和陆地的热力性质差异,造成相同纬度上海陆的水热状况不同,形成海洋性和大陆性两种不同类型的气候。海洋性气候区的气温年较差、日较差比大陆性气候区小。海洋性气候区的降水多且全年分布较均匀,而大陆性气候区降水少且全年分布较集中。在海陆分布的影响下形成了季风环流。

②地形

地形对气候的影响体现为形成水热的再分配。

地形对气温的影响举例:气温随海拔升高而降低;冬季风的山地迎风坡和背风坡气温不同;山地的阴坡和阳坡气温不同。

地形对降水的影响举例:山地迎风坡气流上升冷却带来降水(地形雨);背风坡气流下沉,干燥少雨(出现雨影区)。

③洋流

暖流对流经的沿岸地区有增温增湿的作用。寒流对流经的沿岸地区有降温减湿的作用。

④地表性质

不同的下垫面(岩石、土壤、水面、冰雪和植被)对太阳辐射的吸收率和反射率不同,从而影响气候。例如,南极气温低与冰面反射作用强有关。

**(3)大气环流**

大气环流促进高低纬地区、海陆之间进行热量和水分的交换,调节全球热量和水分的分布。大气环流对气候的影响包括三个方面:①气压带和风带直接影响气候,如赤道低压带终年高温多雨;②季风环流、盛行风带影响降水,如西风带大陆西岸多降雨;③气压带和风带的移动形成一些气候类型,如热带草原气候、地中海气候。

**(4)人类活动**

人类通过释放废热、改变大气成分、改变下垫面等活动,越来越多地影响着气候。

### (二)气温

**1.概念**

大气的温度叫气温。我国采用摄氏温标,以℃为单位,读作摄氏度。

**2.气温的影响因素**

影响某地气温高低的因素如下。

(1)地面—大气系统的热量收入(太阳辐射)和支出(由于地面辐射、反射和大气反射、散射和辐射而射向宇宙空间的能量)状况。

(2)地面状况,如比热容大小(水体比热容大,陆地小)、地形等。

(3)大气运动与洋流的热能输送和交换情况。

(4)人类活动(改变大气成分、地面状况,释放人为废热等)。

### 3.气温的时间变化

气温取决于地面储热量的多少,其变化落后于太阳辐射的日变化与年变化。

**(1)气温的日变化**

一天中,若无明显天气过程的干扰,最低气温出现在日出前后,最高气温出现在午后2时(即当地地方时14:00)左右。

一天中的气温最高值和最低值之差称为气温日较差。地理纬度、季节、地表性质、天气状况等不同,气温日较差不同。一般规律:低纬大于高纬;夏季大于冬季,在中纬度地区尤其明显,但最大值并不出现在夏至日,而是在初夏;陆地大于海洋;晴天大于阴天;高原大于同纬度平原;谷地和盆地大于山地上部,这是因为受地形影响,谷地和盆地白天不易散热,晚上冷空气沿山坡下滑聚集在底部。

**(2)气温的年变化**

一年中气温的最高值和最低值出现的时间分别比太阳辐射最强和最弱的时间晚1~2个月。北半球大陆上的最高气温出现在7月份(海洋上为8月份),最低气温出现在1月份(海洋上为2月份)。(注意:赤道附近地区气温的年变化为双波型,最高出现在4、10月份,最低出现在1、7月份)

一年中月平均气温的最高值与最低值的差值称为气温年较差。气温年较差的大小也随纬度、地面性质、地形等条件的变化而变化。一般,纬度越高,气温年较差越大,如西沙群岛的气温年较差约为6℃,而南京约为26℃,海拉尔达46.7℃。

此外,海洋上的气温年较差小于陆地;沿海小于内陆;植被覆盖地小于裸地;高原的气温年较差大于周围自由大气;谷地或盆地大于山地上部;云雨多的地方气温年较差小;海拔越高气温年较差越小。

气温的日变化和年变化是气温的周期性变化,但大气的不规则运动可使这种变化发生改变,如冷空气活动使气温骤降、暖空气来临使气温回升等。

### 4.气温的垂直分布

对流层大气离地面愈远,吸收的长波辐射愈少,因此气温随海拔升高而降低。对流层气温垂直递减率:海拔每升高1000米,气温下降6℃左右。

> **知识拓展**
>
> **逆温**
>
> 若对流层局部出现气温随高度增加降低很慢甚至增加的情况,即某一高度气温高于正常值,称为逆温。
>
> 逆温现象有利有弊。逆温层上热下冷,阻碍空气垂直对流的发展。因此,逆温可以抑制沙尘暴的发生,在高空有利于飞机平稳地飞行,但是不利于烟尘、污染物、水汽凝结物的扩散,易导致雾的形成并使能见度变差,加剧大气污染。

## (三)气压

### 1.概念

从地球表面延伸至高空的空气的重量,使地球表面附近的物体单位面积上所受的力称为大气压强,即气压。气象学上气压的单位为百帕(hPa)。1标准大气压=760毫米汞柱的压强=$1.013 \times 10^5$帕斯卡(Pa)。

## 2.气压的分布与变化

气压的大小与高度、大气温度、大气密度等有关,一般随高度升高按指数规律递减。气压有日变化和年变化。一年之中,冬季比夏季气压高。气压日变化幅度较小,并随纬度增加而减小。气压变化与天气关系密切,因而是重要的气象因子。

同一高度上,高气压区的气压值高于低气压区的气压值。同一地点,高度越高,气压值越低。

## 3.等压线

### (1)概念

等压线是在同一时间某一水平面上将气压值相同的点连接而成的线,表示水平方向上的气压变化情况。

**知识拓展**

等压面是指气压相同的面。可用等压面表示气压的垂直变化。在垂直方向上随着高度的升高,气压变小,等压面的数值变小。如果地面的性质是均一的,大气的性质也是均一的,那么等压面就是互相平行的。实际上,由于同一高度,各地气压不相等,等压面在空间上不是平面,而是像山地一样高低起伏。某地等压面若向高处凸出,则该地气压高于周围地区;若向低处凸出,则该地气压低于周围地区。

### (2)判读

如果等压线是闭合的,数值由中心向四周变小的为高压中心,又叫反气旋;数值由中心向四周变大的为低压中心,又叫气旋。

等压线由高压值向低压值处弯曲形成高压脊(同等高线图中的山脊)。

等压线由低压值向高压值处弯曲形成低压槽(同等高线图中的山谷)。

### (3)应用

①等压线与天气

水平方向上,近地面高压区盛行下沉气流,天气晴朗;低压区盛行上升气流,多阴雨天气。

②等压线与风

风力:风力大小取决于水平气压梯度力。在同一幅图中,等压线越密集,水平气压梯度力越大,风力越大;反之,等压线越稀疏,风力越小。

风向:北半球近地面气压场中风向是由高压指向低压并向右斜穿等压线。南半球近地面气压场中风向是由高压指向低压并向左斜穿等压线。在高空中,风向与等压线平行。

**备考点拨**

等压线的判读与应用是常考内容,需结合后面常见天气系统的内容学习。

## (四)世界气温和降水的分布

### 1.世界气温的分布规律

世界气温从低纬向高纬逐渐降低;同纬度地区夏季陆地气温高于海洋,冬季相反;同纬度地区高山、高原的气温比平原、丘陵低(海拔每升高100米,气温约降低0.6℃)。

#### 2.世界降水的时空分布

**(1)降水的时间分布类型**

世界降水的时间分布类型见表1-1-9。

表1-1-9 世界降水的时间分布类型

| 类型 | 分布地区 | 典型气候类型 |
| --- | --- | --- |
| 全年少雨型 | 内陆、两极地区及回归线附近的大陆西岸 | 温带大陆性气候、热带沙漠气候、极地气候 |
| 全年多雨型 | 赤道附近 | 热带雨林气候 |
| 夏季多雨型 | 南北纬10°~20°之间<br>南北纬20°~55°的大陆东岸 | 热带草原气候,热带、亚热带、温带季风气候 |
| 冬季多雨型 | 南北纬30°~40°的大陆西岸 | 地中海气候 |
| 常年湿润型 | 南北纬40°~60°的大陆西岸 | 温带海洋性气候 |

**(2)降水的空间分布**

世界年降水量的地区分布规律是"三多三少",即赤道地区多,两极地区少;回归线两侧的大陆东岸多,大陆西岸少;温带地区沿海地区多,内陆地区少。

世界降水的空间分布见表1-1-10。

表1-1-10 世界降水的空间分布

| 地区 | 降水特点 | 原因 |
| --- | --- | --- |
| 赤道地区 | 多雨 | 受赤道低压控制,气流上升冷却,容易成云致雨 |
| 两极地区 | 少雨 | 受极地高压控制,气流下沉增温,不易成云致雨 |
| 回归线附近地区 | 东侧多雨 | 受季风影响,夏季风来自海洋,带来水汽 |
| | 西侧少雨 | 受副高控制,气流下沉;或受信风控制,风来自陆地,较干燥 |
| 中纬度地区 | 沿海多雨 | 受来自海洋的湿润气流的影响大 |
| | 内陆少雨 | 距海远,海洋湿润气流难以到达 |
| 山地 | 迎风坡多雨 | 暖湿气流爬升,形成降水 |
| | 背风坡少雨 | 气流下沉,不易形成降水 |

#### 3.降水的类型

降水的分类方法很多,根据降水的成因(主要是气流上升特点),可将降水分为以下四个基本类型。

**(1)对流雨**

近地面低层空气受热或高层空气强烈降温,促使低层空气上升,水汽冷却凝结而形成的降水称为对流雨。暖季空气湿度较大,加上近地面空气强烈受热发生对流易形成对流雨。

这类降水多以暴雨的形式（降雨范围小，雨时短，但强度较大）出现，并伴有雷电现象，故又称热雷雨。全球赤道地区全年以对流雨为主。我国西部的西南季风区也以热雷雨为主，但通常见于夏季。此类降水还表现为我国很多地区夏季午后的暴风骤雨。

**（2）地形雨**

暖湿空气水平运动时遇到山地阻挡而被抬升，绝热冷却，水汽凝结，在迎风坡形成的降水称为地形雨。

因此，山地的迎风坡常成为多雨的中心；背风坡因气流的水汽早已凝结降落且气流下沉增温，降水很少，形成雨影区。世界上降水量最多的地方基本上都和地形雨有关系。

**（3）锋面雨**

两种物理性质不同的气团相遇时，暖湿空气沿交界面上升，发生绝热冷却、水汽凝结，由此形成的降水叫锋面雨。由于气团的水平范围很广，上升速度缓慢，所以锋面雨具有雨区广、持续时间长的特点。温带地区锋面雨占有主要地位。锋面雨是我国东部季风区降水的主要形式。

**（4）台风雨**

台风是产生于热带海洋上的空气涡旋，是热带气旋强烈发展的结果。

台风中大量的暖湿空气上升可产生强度较大的降水，称为台风雨。台风雨和对流雨性质较为相似，但是对流雨强度较弱、范围较小，而台风扰动剧烈，范围极大，半径可达数百千米甚至上千千米。台风的影响仅限于夏秋两季。

## （五）世界的主要气候类型

世界的主要气候类型见下表。

表1-1-11 世界的主要气候类型

| 类型 | 分布规律 | 典型地区 | 主要特点 | 形成原因 | 植被 |
| --- | --- | --- | --- | --- | --- |
| 热带雨林气候 | 南北纬10°之间 | 亚马孙平原、刚果盆地、马来群岛 | 终年高温多雨，年降水量在2000 mm以上 | 终年受赤道低压控制，盛行上升气流 | 热带雨林 |
| 热带草原气候 | 南北纬10°至南北回归线的大陆内部和西岸 | 非洲中部、南美洲北部、澳大利亚北部和南部 | 年降水量为700~1000 mm | 受赤道低压带和信风带交替控制 | 热带草原 |
| 热带沙漠气候 | 南北回归线至南北纬30°的大陆内部和西岸 | 北非、阿拉伯半岛、澳大利亚中西部、墨西哥 | 终年高温干旱，年降水量在250 mm以下 | 受副高或信风带控制 | 热带沙漠 |
| 热带季风气候 | 北纬10°~25°的大陆东岸 | 亚洲的印度半岛、中南半岛大部 | 终年高温，分雨旱两季，年降水量为1500~2000 mm | 受季风环流控制 | 热带季雨林 |
| 亚热带季风或湿润气候 | 南北纬25°~35°的大陆东岸 | 亚洲东部（澳大利亚、南北美洲东南部也均有分布） | 夏季高温多雨，冬季温和少雨，年降水量为800~1500 mm | 受季风环流控制 | 亚热带常绿阔叶林 |

(续表)

| 类型 | 分布规律 | 典型地区 | 主要特点 | 形成原因 | 植被 |
|---|---|---|---|---|---|
| 地中海气候 | 南北纬30°~40°的大陆西岸 | 地中海沿岸（除南极洲外各大洲皆有分布） | 夏季高温干燥，冬季温和多雨，年降水量为300~1000 mm | 夏:受副高控制 冬:受中纬西风控制 | 亚热带常绿硬叶林 |
| 温带季风气候 | 北纬35°~55°的亚欧大陆东岸 | 亚洲东部 | 夏季高温多雨，冬季寒冷干燥，年降水量为400~800 mm | 受季风环流控制 | 温带落叶阔叶林 |
| 温带大陆性气候（包括亚寒带针叶林气候） | 南北纬40°~70°的大陆内部 | 亚欧大陆、北美大陆内部 | 夏季高温或温暖，冬季严寒，常年干旱少雨，年降水量不足500 mm | 深居内陆，终年受极地大陆气团控制 | 温带草原、温带荒漠、亚寒带针叶林 |
| 温带海洋性气候 | 南北纬40°~60°的大陆西岸 | 欧洲西部、澳大利亚南部、南北美洲西部 | 终年温和多雨，降水季节分配均匀，年降水量为700~1000 mm | 终年受中纬西风控制 | 温带落叶阔叶林 |
| 苔原气候 | 北纬70°~80°的沿海地区 | 北冰洋沿岸 | 最热月气温小于5 ℃，降水少 | 终年受极地气团控制 | 苔原 |
| 冰原气候 | 南北纬80°~90°的地区 | 格陵兰岛内部和南极大陆 | 全年酷寒，月均温均在0 ℃以下，降水稀少 | 终年受极地气团控制 | 冰原 |
| 高原山地气候 | 高大的高原、山地地区 | 青藏高原、科迪勒拉山系 | 气候垂直分异明显 | 气温和干湿度随海拔增高而变化 | — |

**经典真题**

（2018下·单选）下图为某山地垂直自然带分布模式图。读图完成下题。

若该山地位于纬度45°附近的大陆西岸，其所在地区气候特征形成的主要原因是（  ）。

A.常年受西风影响

B.受冬季风和夏季风交替影响

C.受副热带高气压带和西风带交替控制

D.受副热带高气压带和信风带交替控制

【答案】A。解析:由图可知，该山地位于南半球，若位于45°S的大陆西岸，则属于温带海洋性气候区，常年受西风影响。

### （六）气候类型统计图及其判读

**1.气温曲线和降水量柱状图**

下面为部分气候类型的气温曲线和降水量柱状图。

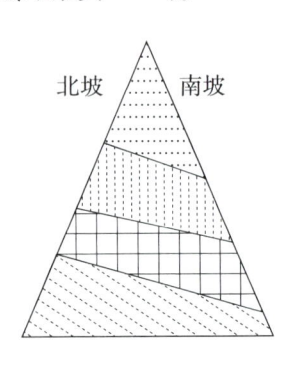

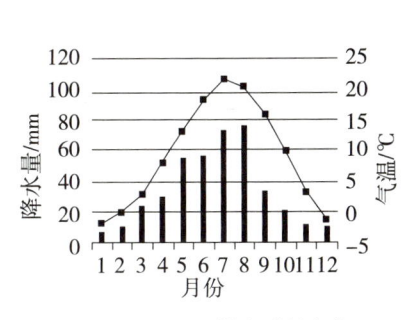

图1-1-41 温带大陆性气候

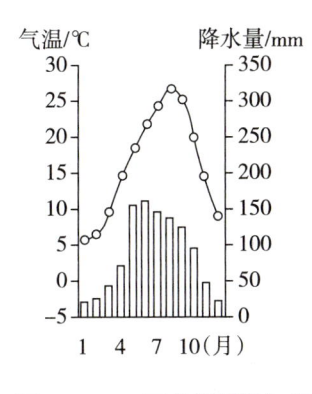

图1-1-42 亚热带季风气候

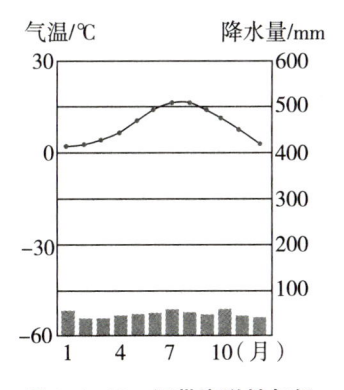

图1-1-43 温带海洋性气候

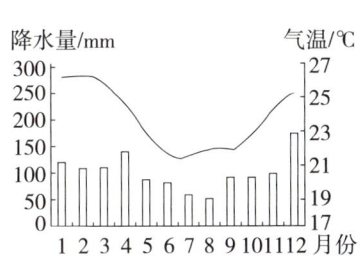

图1-1-44 热带草原气候

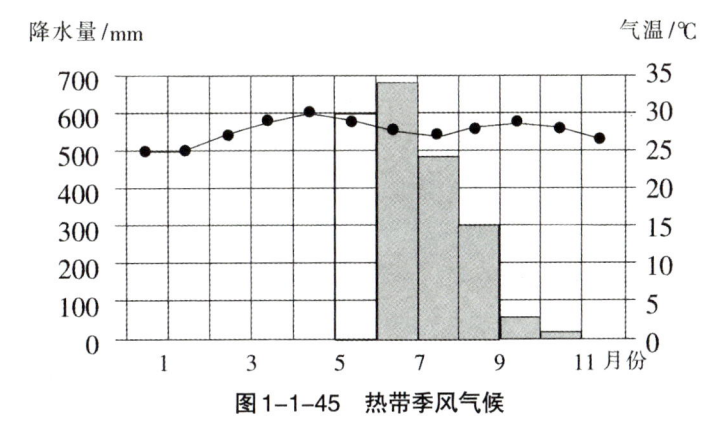

图1-1-45 热带季风气候

### 2.气候类型的判读方法

**（1）确定半球**

根据气温可以确定南北半球。一般北半球最高气温出现在7、8月份,最低气温出现在1、2月份,南半球相反。

**（2）以温定带**

根据最冷月或最热月的月均温,可确定温度带。下表给出了大概的气温界限。

表1-1-12

|  | 热带 | 亚热带 | 温带 | 寒带 |
| --- | --- | --- | --- | --- |
| 最冷月月均温 | >15℃ | 0~15℃ | <0℃ | <0℃ |
| 最热月月均温 | — | — | >15℃ | <15℃ |

**（3）以水定型**

根据降水量的多少和季节分配,可确定气候类型。

全年降水分配较为均匀为年雨型,包括热带雨林气候和温带海洋性气候。

全年降水很少的（一般少于250 mm）为少雨型,包括热带沙漠气候。

降水集中在夏季的为夏雨型,包括热带草原气候、热带季风气候、亚热带季风气候、温带季风气候、温带大陆性气候。

降水集中在冬季的为冬雨型,包括地中海气候。

## 六、常见天气系统

### 1.锋面系统与天气

**（1）气团**

对流层下部，在水平方向的一定范围内，温度、湿度、稳定度等物理性质均一的大团空气，称为气团。地表的温度和湿度状况对气团的形成具有决定性作用。气团按热力性质可分为冷气团和暖气团。比下垫面温度高的气团，称为暖气团，密度和压强较小；比下垫面温度低的气团，称为冷气团，密度和压强较大。

**（2）锋与天气**

冷暖气团相遇形成的过渡区称为锋。冷暖气团的交界面称为锋面。锋面与地面相交的线为锋线。锋面与锋线统称为锋。

锋面两侧的气温、湿度、气压、风等气象要素差异明显。锋面倾向冷气团一侧，暖湿空气沿锋面上升，形成云层。锋面坡度愈大，天气变化愈剧烈。在锋面移动过程中，根据冷暖气团所占主次地位不同，可将锋分为冷锋、暖锋和准静止锋等。

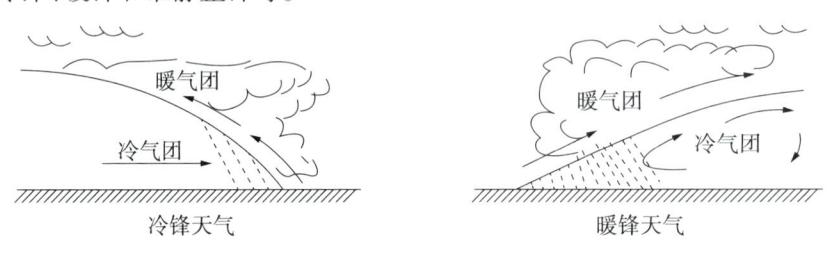

图1-1-46 冷锋和暖锋天气图

表1-1-13 锋面系统与天气

| 项目 | | 冷锋 | 暖锋 | 准静止锋 |
|---|---|---|---|---|
| 概念及符号 | | 冷气团主动向暖气团方向移动的锋 | 暖气团主动向冷气团方向移动的锋 | 冷暖气团势力相当，或遇地形阻挡，移动缓慢的锋 |
| 暖气团上升 | | 被迫抬升 | 徐徐爬升 | 缓缓上滑 |
| 降水位置 | | 主要在锋后，范围较小 | 锋前，范围较大 | 延伸到锋后很大范围 |
| 天气特征 | 过境前 | 单一暖气团控制，天气晴暖 | 单一冷气团控制，天气晴冷 | 单一气团控制，天气晴朗 |
| | 过境时 | 移动速度快，出现降温、大风或雨雪等，降水强度大、历时短 | 多产生连续性降水，强度小 | 降水强度小，阴雨连绵 |
| | 过境后 | 气温骤降，气压升高，天气转晴 | 气温升高，气压降低，天气转晴 | 单一气团控制，天气转晴 |
| 天气实例 | | 我国大多数降水天气；北方夏季的暴雨；冬春季节的大风、沙尘暴、寒潮；一场秋雨一场寒 | 华南地区的春暖多晴、春寒雨起；一场春雨一场暖 | 夏初长江中下游地区的梅雨天气；冬半年贵阳多阴雨冷湿天气 |
| 对我国天气的影响 | | 空间分布普遍；四季皆有，冬半年更常见 | 东北、长江中下游地区较为常见，多见于春季 | 春末的华南准静止锋；夏初的江淮准静止锋；冬半年的昆明准静止锋；冬季的天山准静止锋 |

### 2.低压、高压系统与天气

低压与高压也称为气旋与反气旋。低压与高压是就气压状况而言的,而气旋与反气旋是就气流运动状况而言的。

**(1)低压(气旋)**

低压的中心气压低于四周气压。气旋是指中心气压低、四周气压高的大气水平涡旋。北半球气旋低空气流逆时针辐合,南半球顺时针辐合。气旋中心气流上升,气温降低,水汽凝结,故其控制下的地区一般出现阴雨天气。低压的代表性天气现象是台风。

**(2)高压(反气旋)**

高压的中心气压高于四周气压。反气旋是指中心气压高、四周气压低的大气水平涡旋。北半球反气旋低空气流顺时针辐散,南半球逆时针辐散。反气旋中心气流下沉,气温升高,水汽不易凝结,故其控制下的地区一般出现晴朗天气。高压的代表性天气是长江中下游七、八月份的伏旱,我国北方的"秋高气爽"天气及冬季北方的干冷天气。

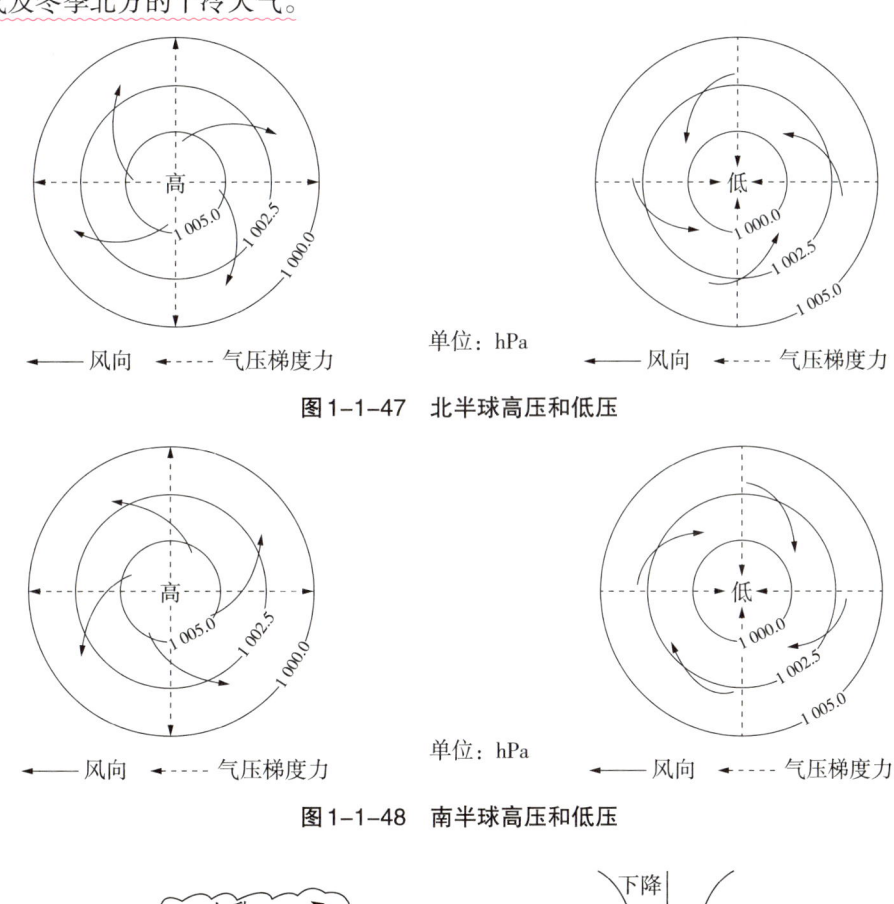

图1-1-47 北半球高压和低压

图1-1-48 南半球高压和低压

图1-1-49 气流低压辐合上升和高压辐散下沉

### （3）高压脊与低压槽

从高压延伸出来的狭长区域,称为高压脊,类似地形上的山脊。在高压脊控制下,多晴朗天气。

从低压延伸出来的狭长区域,称为低压槽,类似地形上的山谷。在低压槽中,由于气流辐合,往往形成锋。在低压槽控制下,多阴雨天气。

### 3.锋面气旋系统与天气

冷暖空气辐合上升过程中形成锋的气旋,称为锋面气旋系统。

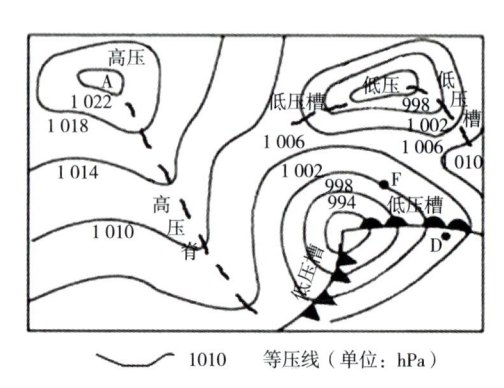

图1-1-50　高压脊和低压槽

锋面气旋低空气流辐合上升,尤其在锋面附近上升更为强烈。暖锋在气旋的前方,而冷锋在气旋的后方。无论南北半球,冷锋都在锋面气旋西部的低压槽中,暖锋都在锋面气旋东部的低压槽中（西冷东暖）。

锋面气旋经常出现在中纬度地区,多见于温带地区。在该天气系统的影响下,天气变化比较明显。

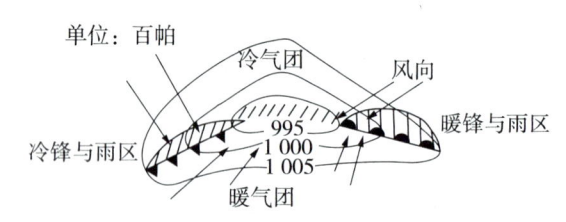

图1-1-51　北半球锋面气旋

> **备考点拨**
>
> **天气系统相关内容的判读技巧**
>
> 根据冷暖气团的运动方向判断锋面类型。冷气团主动向暖气团移动的锋为冷锋;暖气团主动向冷气团移动则为暖锋。
>
> 根据气流运动或锋面移动的方向判断锋前和锋后。沿气流运动或锋面移动的方向为锋前,反之为锋后。降水主要在冷锋锋后和暖锋锋前。
>
> 根据风向或气流运动方向判断气旋或锋面气旋所在半球,风向沿水平气压梯度力的方向,向右偏为北半球,向左偏为南半球;气流逆时针运动为北半球,顺时针为南半球。

> **经典真题**
>
> （2018下·单选）下图为某时某区域海平面等压线分布示意图。读图完成1~2题。
>
> 1.甲地的气压值最有可能是（　　）。
>
> A.1021 hPa　　　　B.1018 hPa
>
> C.1016 hPa　　　　D.1014 hPa
>
> 【答案】B。解析:图中甲地位于气压值分别为1012 hPa和1016 hPa的两条等压线之间的闭合等压线内部。闭合等压线取值为1016 hPa,是大值,根据"大于大的,小于小的"的原则,其内部的气压值在1016 hPa和1020 hPa之间,所以甲地的气压值最有可能为1018 hPa。

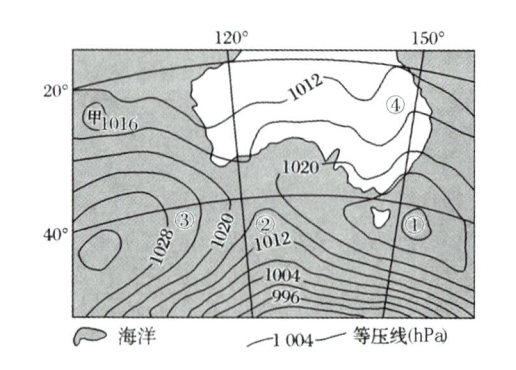

2.下列对各地天气状况的描述,正确的是(　　)。
　　A.①地电闪雷鸣　　　　　　　　　B.②地阴雨绵绵
　　C.③地风雨交加　　　　　　　　　D.④地北风劲吹

【答案】B。解析:读图可知,①地是高压中心,盛行下沉气流,天气晴朗。②地附近等压线密集,且位于低压槽上,易形成锋面系统,出现阴雨天气。③地位于高压脊附近,盛行下沉气流,天气晴朗。④地受到气压梯度力和地转偏向力的影响,可以判断吹偏南风。

# 第四节　地表形态的塑造

本节内容是必考内容,考查较多,主要以选择题的形式进行考查。考查较多的是岩石、板块和地貌的知识。考生需要重点掌握的内容有内外力作用,岩石类型及其构造特征,板块的分布、运动及其影响(地貌及地震),地质构造和相关地貌,地貌类型及其形成的原因和过程。

此外,第四章第三节的地质部分的内容是对本节内容的一些补充,考生也需要熟悉。

## 一、营造地表形态的力量

营造地表形态的力包括内力和外力。地表形态是内力和外力共同作用的结果,但是以其中一种为主导。

### (一)内力作用

内力作用的表现形式包括岩浆活动、变质作用和地壳运动三种形式,其能量来源于地球内部放射性物质衰变产生的能量。内力作用在地表形成陆地和洋底,奠定了地表形态的基本格局,总的趋势是使地表变得高低不平。

#### 1.岩浆活动

自岩浆的产生、上升到冷凝成岩的全过程称为岩浆活动,也称岩浆作用,包括岩浆侵入作用和岩浆喷出作用。岩浆只有在喷出地表时才可直接影响地表形态,可形成熔岩高原(东非高原、哥伦比亚高原)或火山(长白山主峰、富士山)。

#### 2.变质作用

变质作用是指因温度、压力等变化,固态原岩的矿物成分、结构和构造发生变化的过程。变质作用发生在地壳深处,不能直接塑造地表形态。由变质作用形成的岩石称为变质岩。如石灰岩变质形成大理岩,页岩变质形成板岩。

#### 3.地壳运动

地壳运动是塑造地表形态的主要方式。地壳运动概况见表1-1-14。

表1-1-14 地壳运动概况

| 类型 | 概念 | 结果 | 关系 |
| --- | --- | --- | --- |
| 水平运动 | 组成地壳的岩层沿平行于地球表面方向的运动 | 使岩层发生断裂或弯曲，常形成断裂带或褶皱山脉 | 水平运动与垂直运动同时作用、相互影响，以水平运动为主，垂直运动为辅 |
| 垂直运动 | 组成地壳的岩层沿垂直于地球表面方向的运动 | 使岩层表现为隆起和凹陷，导致地势的高低起伏和海陆变迁 | |

### （二）外力作用

外力作用是在地球表面的风、流水、冰川、生物等作用下，引起地表形态变化的地质作用，包括风化、侵蚀、搬运、沉积和固结成岩作用，能量主要来源于太阳辐射。

外力作用通过风化、侵蚀作用不断对地表进行破坏，并把破坏了的物质从高处搬运到低处，总的趋势是使地表起伏变得平缓。

#### 1.风化作用

风化作用是指岩石在地表或接近地表的地方，在温度变化、水、大气及生物等的影响下发生的破坏作用。风化形成的松散物质在原地堆积形成风化壳。土壤就是风化壳的一部分。

风化作用可分为物理风化、化学风化和生物风化。物理风化是由于风吹、日晒、雨淋等而使岩石崩解破碎。化学风化是岩石中的矿物成分在氧气、二氧化碳及水等的作用下发生化学作用而使岩石被破坏。生物风化是植物根系的生长和根系的活动等，对岩石起的破坏作用。

#### 2.侵蚀作用

风、流水、冰川等在运动状态下对露出地表的岩石及其风化产物进行破坏，这种作用称为侵蚀作用。侵蚀作用使被侵蚀掉的物质离开原地，并在原地形成侵蚀地貌。侵蚀作用包括流水侵蚀、风力侵蚀和冰川侵蚀等。侵蚀作用形成的部分地貌如下图。

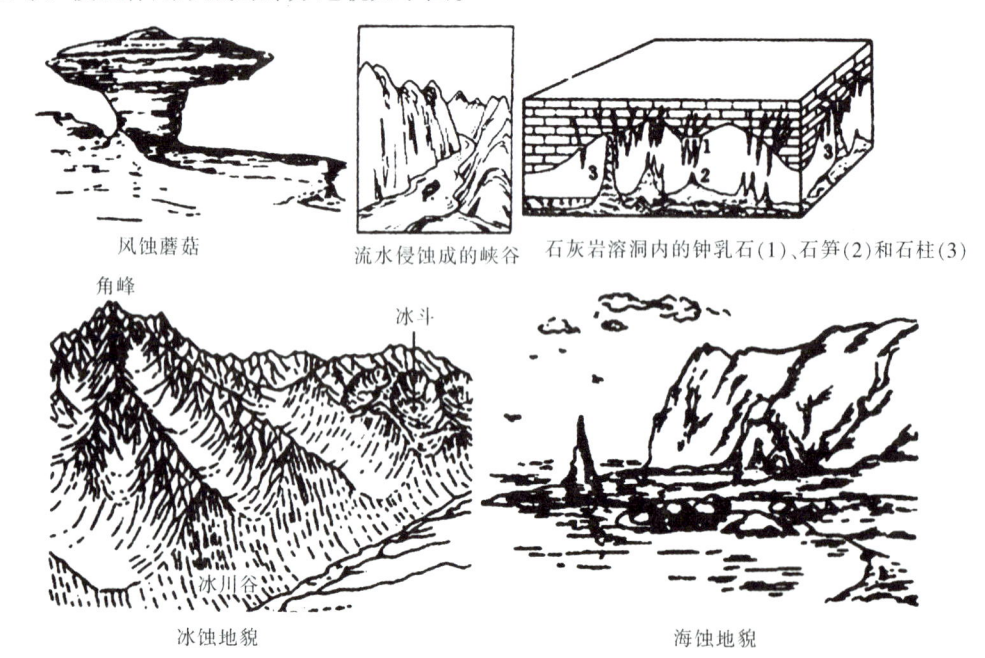

风蚀蘑菇　　　流水侵蚀成的峡谷　　　石灰岩溶洞内的钟乳石(1)、石笋(2)和石柱(3)

角峰　冰斗

冰川谷

冰蚀地貌　　　海蚀地貌

图1-1-52 侵蚀地貌

### 3.搬运作用

风化、侵蚀的产物被风、流水、冰川等从一地搬运到另一地的过程,称为搬运作用。在搬运过程中,碎屑物的分选效果以风力搬运为最好,而以冰川搬运为最差。搬运方式主要有推移(滑动和滚动)、跃移、悬移和溶移等。不同外力有不同的搬运方式。

### 4.沉积作用

在搬运的过程中,由于外力减弱或遇到障碍物等,如水流流速减小、风速降低、冰川消退、波浪减弱等,被搬运的物质会逐渐堆积,形成堆积地貌,这一过程称为沉积作用。沉积作用可分为风力沉积、流水沉积、冰川沉积、海浪沉积等。部分沉积地貌见图1-1-53。

图1-1-53 沉积地貌

### 5.固结成岩作用

沉积物经过物理的、化学的以及生物化学的变化和改造,变成坚硬岩石的过程,称为固结成岩作用。固结成岩作用的结果是使沉积物形成沉积岩。

化石是生物的遗体或遗迹被沉积物掩埋,历经漫长的地质时期后形成的,一般存在于沉积岩中。

## 二、地质构造与地貌

地质构造是指由地壳运动引起的岩石的永久变形,是研究地壳运动性质和方式的依据。

### 1.褶皱

在地壳运动产生的强大挤压作用下,岩层会发生塑性变形,产生一系列的波状弯曲,叫作褶皱。褶皱的基本单位是褶曲,即褶皱的一个弯曲。褶曲的基本形态是背斜和向斜。

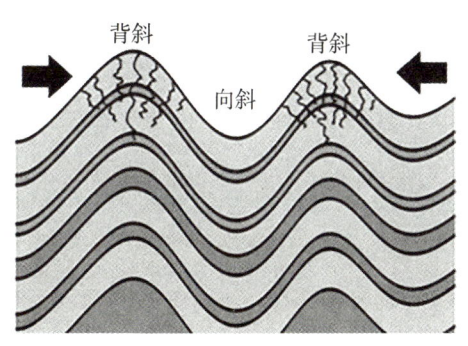

图1-1-54 背斜与向斜

表1-1-15 背斜与向斜

| 类型 | 岩层形态 | 岩层新老关系 | 地表形态 |
| --- | --- | --- | --- |
| 背斜 | 向上拱起 | 中心岩层较老,两翼岩层较新 | 未侵蚀形成山岭,侵蚀后形成谷地 |
| 向斜 | 向下弯曲 | 中心岩层较新,两翼岩层较老 | 未侵蚀形成谷地,侵蚀后形成山岭 |

背斜顶部受张力影响，岩石比较破碎，易遭受侵蚀，形成谷地。向斜槽部受挤压，岩石比较坚固，不易被侵蚀，常形成山岭。这就是"背斜成谷、向斜成山"的地形倒置现象。

世界上绝大多数山脉都是褶皱山脉，如大规模的绵延数千千米的科迪勒拉山系和阿尔卑斯—喜马拉雅山系及小规模的只有几十米的褶皱山。

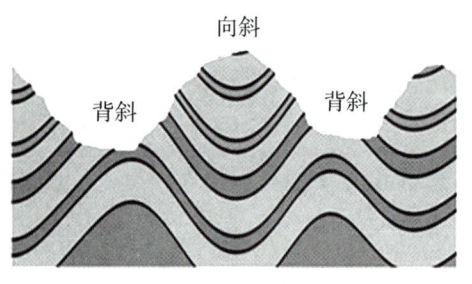

图 1-1-55 背斜谷和向斜山

**经典真题**

（2018下·单选）某地理兴趣小组前往我国红壤广布地区开展野外考察，在自西向东水平距离各相差600米的甲、乙、丙三地对某沉积岩层进行了探测，探测结果见下表。据表完成下题。

| 地点 | 海拔（米） | 某沉积岩层的埋藏深度（米） |
| --- | --- | --- |
| 甲 | 500 | 418 |
| 乙 | 250 | 5 |
| 丙 | 600 | 397 |

1. 乙地的地形可能是（　　）。

A. 向斜谷　　　　　　　　　　　　B. 背斜谷

C. 向斜山　　　　　　　　　　　　D. 背斜山

【答案】B。解析：根据题目可知，自西向东甲、乙、丙三地的海拔中间（乙地）低，两侧（甲、丙两地）高，所以乙地可能为谷地。根据该沉积岩层的埋藏深度可知，该岩层中间埋藏浅，两侧埋藏深，形成拱形，所以其所在的地质构造可能为背斜。乙地的地形可能为背斜谷。

（2016下·单选）下图为某地区地质剖面示意图。读图完成下题。

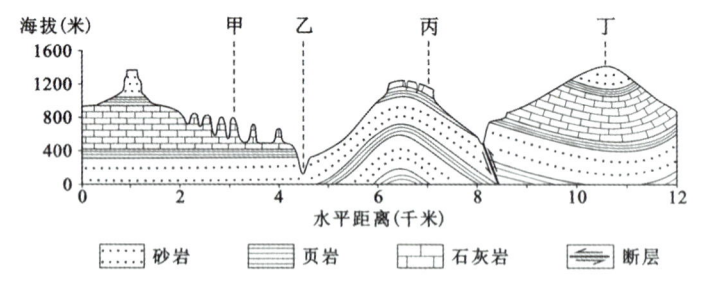

2. 下列四处中，属于向斜成岭的是（　　）。

A. 甲　　　　　　　　　　　　　　B. 乙

C. 丙　　　　　　　　　　　　　　D. 丁

【答案】D。解析：根据岩层弯曲状况和地表形态，可判定丁地为向斜成岭。

**2. 断层**

断层是岩石受力断裂并沿断裂面有明显位移的地质构造，是由于地壳运动产生的强大挤压力或张力超过了岩石的承受能力而形成的。

表1-1-16 断层的基本形态

| 类型 | 形成 | 地形 | 实例 |
| --- | --- | --- | --- |
| 地垒 | 断层之间的岩体相对上升 | 常形成块状山地（断块山） | 我国的华山、庐山、泰山 |
| 地堑 | 断层之间的岩体相对下降 | 常形成狭长谷地（断陷谷） | 东非大裂谷、渭河谷地、汾河谷地 |

断裂面也称为断层面。两侧岩块称为断层盘。处于倾斜断层面之上的称为上盘，处于倾斜断层面之下的称为下盘。

正断层：上盘相对下降的断层称为正断层。正断层的断层面常常较陡，倾角一般在45°以上，断层线也比较平直，通常是在拉张和重力作用下形成的。

逆断层：上盘相对上升的断层称为逆断层。逆断层的倾角有陡有缓，如果倾角小于45°，常称为逆掩断层或者冲断层。逆断层一般是在较强的挤压力作用下形成的。

平移断层：沿着断层走向即在水平方向上发生位移的称为平移断层或走向滑动断层。

垂直断层：断层面倾角为90°的发生垂直位移的是垂直断层。

图1-1-56 地堑和地垒

**经典真题**

（2018下·单选）岩体沿着破裂面有明显位移的断裂构造称为断层。下图中属于逆断层的是（　　）。

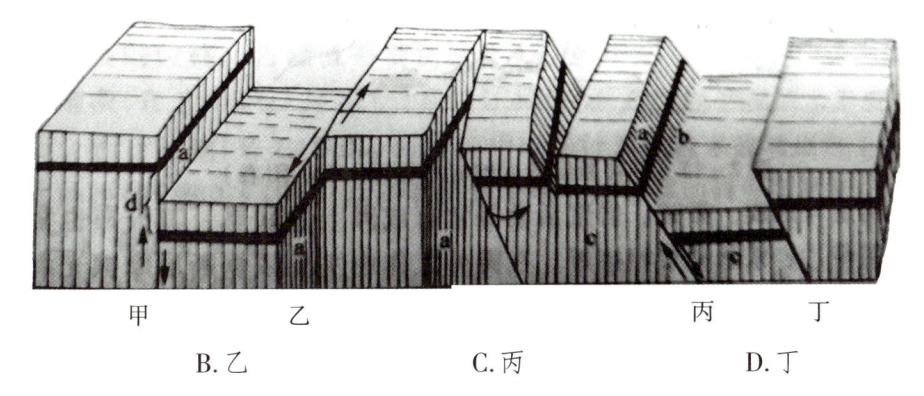

A.甲　　　　　B.乙　　　　　C.丙　　　　　D.丁

【答案】D。

### 3.地质构造的应用

向斜是良好的储水构造。向斜构造有利于存储地下水。两翼的水向中间汇集，下渗形成地下水（如图1-1-57）。向斜岩石受挤压作用变得更加坚硬，故打井和水库坝址可选择向斜槽部。地下隧道应避开向斜部位，避免积水。

背斜是良好的储油构造。气最轻分布于背斜顶部，水最重分布于底部，而中间为石油（如图1-1-57）。背斜岩石受张力作用变得疏松。隧道一般选址在背斜核心部位。采石场一般选址在背斜顶部。

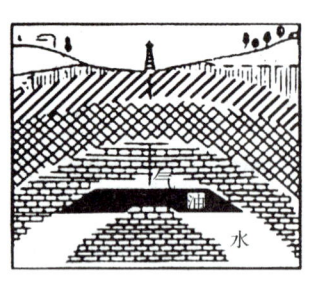

图1-1-57 向斜储水与背斜储油

断层线附近，由于岩石破碎，易受风化侵蚀，常常发育成沟谷、河流、泉以及湖泊。断层处往往是地下水出露的地方，因此可利用断层找水。断层处岩层不稳定。地震发生时，有断层的地区出现的破坏更大，所以建筑、交通线路、水库、隧道等工程选址应避开断层。

### 三、外力作用与地貌

#### 1.侵蚀作用

表1-1-17 侵蚀作用及其对地貌的影响

| 外力作用 | | 对地貌的影响 | 分布地区及举例 |
| --- | --- | --- | --- |
| 风力侵蚀 | | 包括风力吹蚀和磨蚀，形成戈壁、风蚀洼地、风蚀柱、风蚀蘑菇、风蚀城堡等 | 干旱半干旱地区（例：雅丹地貌） |
| 流水侵蚀 | 侵蚀 | 谷底、河床加深加宽；形成V形谷；坡面破碎，形成沟壑纵横的地表形态；形成"红色沙漠""石漠化"现象 | 湿润半湿润地区（例：山区的深切河谷、黄土高原地表的千沟万壑、瀑布） |
| | 溶蚀 | 形成漏斗、地下河、溶洞、峰林等喀斯特地貌，使得地表崎岖，地表水易渗漏 | 可溶性岩石（石灰岩）分布地区（例：桂林山水、路南石林） |
| 冰川侵蚀 | | 形成冰斗、角峰、U形谷、冰蚀平原、冰蚀洼地（积水成湖如北美五大湖、芬兰的湖泊）等 | 有冰川分布过的高山和高纬度地区（例：挪威峡湾） |
| 海水侵蚀 | | 形成海蚀崖、海蚀柱、海蚀穴、海蚀拱桥等 | 海岸地带 |

#### 2.沉积作用

表1-1-18 沉积作用及其对地貌的影响

| 外力作用 | 对地貌的影响 | 沉积特征 | 分布地区及举例 |
| --- | --- | --- | --- |
| 冰川沉积 | 形成冰碛地貌 | 杂乱堆积 | 有冰川分布过的高山和高纬度地区（例：北欧和东欧的冰碛丘陵） |
| 流水沉积 | 形成冲积扇（出山口）、三角洲（河口）、冲积平原（河流中下游） | 具有分选性，即颗粒大、密度大的先沉积，颗粒小、密度小的后沉积 | 出山口和河流的中下游（例：黄河三角洲、恒河平原等） |
| 风力沉积 | 形成沙丘（静止沙丘、移动沙丘）和沙漠边缘的黄土堆积 | | 干旱内陆及邻近地区（例：塔克拉玛干沙漠、黄土高原） |
| 海水沉积 | 形成海滩、沙坝等 | | 海岸地带 |

**备考点拨**

不同区域的外力作用与地貌不同。

干旱、半干旱地区以风力作用为主,多风力侵蚀和堆积地貌。

湿润、半湿润地区以流水作用为主,多流水侵蚀和堆积地貌。

高山地区一般有冰川作用,形成冰川地貌。

海岸多海浪作用,形成海蚀崖、沙滩等海岸地貌。

## 四、岩石圈的物质循环

### 1.三大类岩石

岩石圈的岩石按成因可分为三种,为沉积岩、变质岩和岩浆岩。其中沉积岩分布极广,约占陆地面积的75%。三大类岩石的相关内容见表1-1-19。

表1-1-19 三大类岩石

| 分类 | | 形成过程 | 特征 | 典型岩石 |
| --- | --- | --- | --- | --- |
| 岩浆岩 | 侵入岩 | 岩浆在地下压力作用下沿地壳薄弱地带侵入地壳上部,冷却凝固形成 | 多呈块状构造;矿物结晶颗粒较大 | 花岗岩;常见的花岗岩地貌有花岗岩球状风化地貌和花岗岩山体,如我国的黄山、泰山、华山、衡山和祁连山等 |
| | 喷出岩 | 岩浆在地下压力作用下沿地壳薄弱地带喷出地表,冷却凝固形成 | 有气孔、流纹或杏仁构造;矿物结晶颗粒较小 | 玄武岩、安山岩、流纹岩 |
| 沉积岩 | | 裸露在地表的岩石在外力的作用下经风化、侵蚀、搬运、沉积过程,最后压密固结形成 | 具有层理构造,其岩层一般上部新、下部老,常有化石分布 | 石灰岩、页岩、砂岩、砾岩、泥岩 |
| 变质岩 | | 原有岩石在岩浆活动或地壳运动产生的高温、高压条件下结构、矿物成分等发生变化形成 | 具有片理、块状等构造 | 大理岩、片麻岩、石英岩、板岩 |

**经典真题**

(2017上·单选)河南郭亮村位于太行山一处绝壁环抱之中,这里海拔1700米,岩石以砂岩为主。下图为郭亮村绝壁景观照片。读图完成1~2题。

1.下列关于郭亮村绝壁岩层的叙述,正确的是(　　)。

A.含有丰富的海洋化石

B.水平沉积作用显著

C.含有大理岩

D.含有气孔和流纹

【答案】B。解析:图中岩石以砂岩为主,属于沉积岩,

水平沉积作用显著,B项正确;砂岩多见于河湖相沉积和滨海-浅海相沉积,所以不一定含有海洋化石,A项错误;大理岩属于变质岩,C项错误;岩浆岩中的喷出岩具有气孔和流纹构造,D项错误。

2.郭亮村绝壁岩层形成的过程大致是(　　)。

A.断裂抬升、外力侵蚀、湖相沉积、固结成岩

B.固结成岩、断裂抬升、外力侵蚀、湖相沉积

C.外力侵蚀、湖相沉积、断裂抬升、固结成岩

D.湖相沉积、固结成岩、断裂抬升、外力侵蚀

【答案】D。解析:郭亮村海拔1700米,被绝壁环绕,绝壁的岩石以砂岩为主。砂岩主要形成于河湖相和滨海—浅海相沉积,则郭亮村绝壁形成所经历的过程应为砂石(湖相)沉积—固结成岩—断裂抬升—外力侵蚀。

**2.岩石圈的物质循环**

**(1)含义**

岩石圈的物质循环过程就是三大类岩石与岩浆之间的相互转化过程。

**(2)循环过程**

在地球内部压力下,岩浆沿着岩石圈薄弱地带侵入岩石圈上部或喷出地表,冷却凝结形成岩浆岩。岩浆岩等岩石出露地表经风化、侵蚀、搬运、沉积和固结成岩等外力作用形成沉积岩。在地下一定的温度和压力下,已有岩石发生变质作用,形成变质岩。岩石在岩石圈深处或以下发生重熔再生作用,形成新的岩浆。岩浆在一定条件下,会再次侵入地壳或喷出地表,形成新的岩浆岩。新的岩浆岩会和其他岩石一起再次接受外力作用。这样,岩石圈的物质处于不断的循环转化之中。(见图1-1-58)

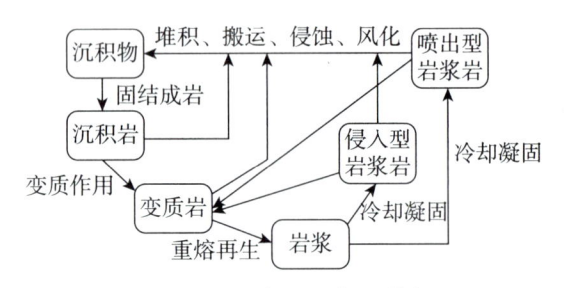

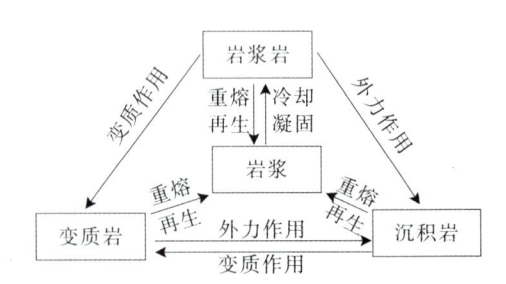

图1-1-58 岩石圈的物质循环

**(3)岩石圈的物质循环模式图**

沉积岩和变质岩之间可以相互转化(箭头互指)。沉积岩和变质岩只有重熔形成岩浆后,才能形成岩浆岩。

岩石圈的物质循环模式图的判读技巧如下。

①图中包括四种物质和四个过程,即三大岩石和岩浆之间转化。

②根据过程可以判断物质。重熔再生形成的是岩浆;冷却凝固形成的是岩浆岩;经外力作用、变质作用形成的分别是沉积岩和变质岩。

图1-1-59 岩石圈的物质循环模式图

③根据箭头指向情况可以判断物质。一进三出为岩浆岩;三进一出为岩浆;两进两出为沉积岩或变质岩。

**经典真题**

(2021下·单选)下面左图为岩石圈物质循环示意图,右图为石林景观图。据此完成下面两题。

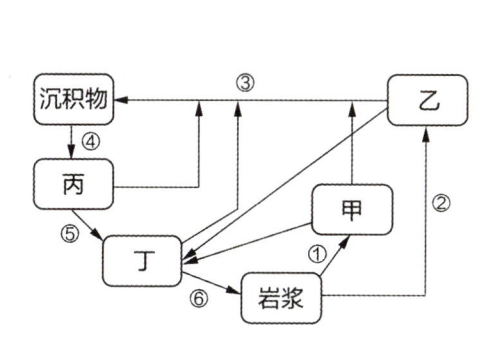

1.左图中表示固结成岩作用与变质作用的序号分别是( )。

A.①④　　　　　B.②③　　　　　C.④⑤　　　　　D.⑤⑥

【答案】C。解析:结合图可知,①为岩浆侵入,②为岩浆喷出,③为外力作用(风化、侵蚀、搬运、堆积),④为固结成岩,⑤为变质作用,⑥为重熔再生。

2.右图所示岩石类型与左图相对应的是( )。

A.甲　　　　　　B.乙　　　　　　C.丙　　　　　　D.丁

【答案】C。解析:石林景观为典型的岩溶地貌景观。岩溶地貌主要是可溶性岩石(以石灰岩为主)受水的溶蚀作用形成的。石灰岩属于沉积岩,左图中丙为沉积岩。

## 五、板块运动与地貌

### 1.板块构造学说

板块构造学说的基本内容如下。

①岩石圈是由若干刚性的板块所构成的,且这些岩石圈板块包括地壳和上地幔的顶部,漂浮在塑性的上地幔软流层之上。板块在不断进行水平运动。

②全球的岩石圈板块根据海沟、海岭、深大断裂等构造可分为六大板块,分别为太平洋板块、亚欧板块、非洲板块、美洲板块、印度洋板块和南极洲板块。

大板块内部含有若干小板块,如印度洋板块包括印度板块和澳大利亚板块。

其中除太平洋板块几乎全为海洋外,其余五个板块既包括大陆又包括海洋。阿拉伯半岛和澳洲大陆位于印度洋板块。

③板块内部地壳相对稳定,板块边缘地壳运动强烈。

由于板块相互作用的不同,形成不同的板块边界。

板块碰撞,形成的边界是消亡边界,又称俯冲或汇聚型板块边界。

板块分离或张裂,形成的边界为生长边界,又称扩张、增生或分离型板块边界。

④板块构造学说认为发生在软流层内的地幔物质对流是岩石圈板块运动的主要驱动机制。

软流层中的地幔物质由于热量增加,温度升高,密度减小,体积膨胀,产生上升热流,上升的地幔物质遇到岩石圈底部向四周分流,随着温度下降,地幔物质密度增大,又沉降到地幔中,这一过程称为地幔对流。

板块生长边界如大洋中脊和东非大裂谷是地幔物质对流上升的地方,地幔层温度较高,地幔物质上涌,两侧板块分离,板块生长、扩张。在位于板块消亡边界的海沟(如日本海沟)、高大褶皱山脉(如安第斯山)处地幔层温度较低,地幔物质下沉,两侧板块或俯冲或碰撞隆起,板块局部不断消亡。

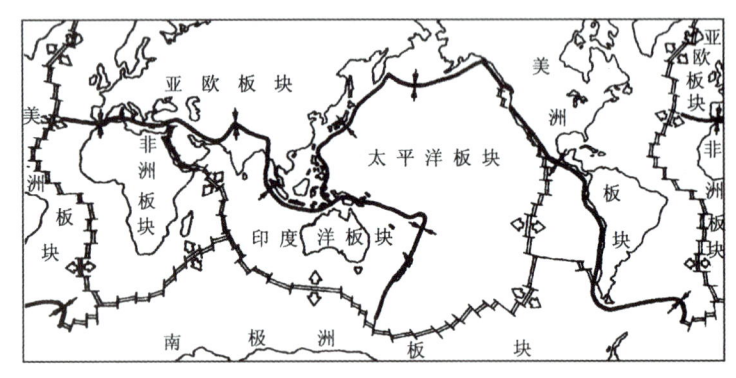

图1-1-60 六大板块示意图

## 2.板块运动与地形

表1-1-20 板块运动与地形

| 边界类型 | 板块运动 | 地形 |
| --- | --- | --- |
| 生长边界 | 大陆板块内部张裂 | 裂谷,如东非大裂谷 |
| | 大洋板块之间张裂 | 海岭,如大洋中脊 |
| | 大陆板块之间张裂 | 海洋,如红海 |
| 消亡边界 | 大陆板块与大洋板块碰撞 | 岛弧和海沟,如日本群岛和马里亚纳海沟<br>海岸山脉,如北美西部的海岸山脉 |
| | 大陆板块之间碰撞 | 巨大的褶皱山脉,如喜马拉雅山脉,亚欧板块和印度洋板块碰撞形成 |

大洋板块与大陆板块相碰撞,大洋板块因为密度大、厚度小、位置低,俯冲到大陆板块之下,消亡于地幔之中,形成很深的海沟,如太平洋西部的马里亚纳海沟,同时使大陆板块边缘相对隆起,形成岛弧(弧形列岛,如亚洲东部的日本群岛等)或海岸山脉(如北美西部的海岸山脉等)。

大陆板块与大陆板块碰撞,因都比较坚硬,就会隆起形成高大绵延的褶皱山脉,如印度洋板块挤压并俯冲到亚欧板块之下形成喜马拉雅山脉。

## 3.板块运动与地震、火山

在板块内部,地壳较稳定,但在板块交界处,地壳运动较为活跃,多火山、地震,如印度尼西亚处在三大板块交界处,是世界上火山、地震最多的国家。

世界上的两大火山地震带分别是环太平洋火山地震带和地中海—喜马拉雅火山地震带。火山地震带多分布在板块的消亡边界,尤其是环太平洋板块俯冲带。

## 六、典型地貌

### （一）流水地貌

地表流水是陆地上塑造地貌的最重要的外动力。流水的侵蚀、搬运和沉积作用使得地表形成的各种侵蚀和沉积地貌统称为流水地貌，其包括坡面流水地貌、沟谷流水地貌和河流地貌。

河流地貌是重要的流水地貌，包括河流侵蚀地貌和河流沉积地貌。一般情况下，河流上游以侵蚀地貌为主，如河谷；下游以沉积地貌为主，如河流冲积平原和河口三角洲。岩溶地貌是特殊的流水地貌。

**1.河流侵蚀地貌**

河流在流动过程中，会破坏和搬运地表物质，形成侵蚀地貌。

（1）河流侵蚀作用

河流侵蚀作用包括下蚀、侧蚀和溯源侵蚀。下蚀是垂直于地面的侵蚀，使河床加深，河流向纵深方向发展。侧蚀是垂直于两侧河岸的侵蚀，使谷底展宽、谷坡后退，河流横向发展。溯源侵蚀是河流向源头方向的侵蚀，使河谷向源头方向伸长。通过侵蚀作用，河谷不断加深、拓宽、延长。

（2）河谷

典型的河流侵蚀地貌是河谷，其发育过程如下表。

表 1-1-21　河谷的发育过程

| 项目 | 发育初期（多见于河流上游） | 发育中期（多见于河流中游） | 发育成熟期（多见于河流下游） |
|---|---|---|---|
| 主要侵蚀方式 | 下切侵蚀和溯源侵蚀 | 下蚀减弱，侧蚀加强 | 以侧蚀为主 |
| 河谷形态特征 | 河谷横剖面呈"V"形 | 凹岸侵蚀，凸岸堆积，河谷出现连续的河湾 | 河谷横剖面呈"U"形，宽而浅 |

发育成熟的河谷断面示意图如图 1-1-61。

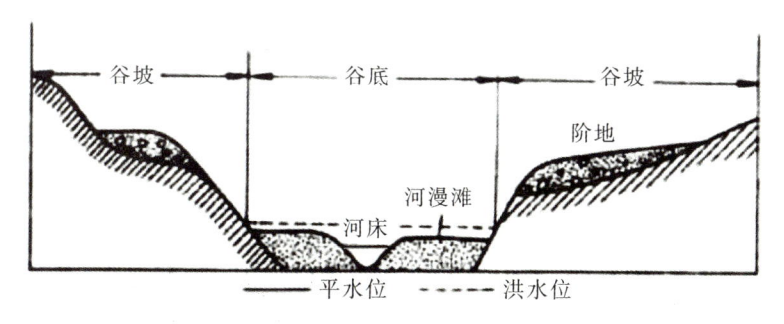

图 1-1-61　河谷断面

**经典真题**

（2019上·单选）洪水期淹没的河床两侧的谷底部分是（　　）。

A.河床　　　　　　　　　　B.河漫滩

C.冲积扇　　　　　　　　　D.河流阶地

【答案】B。

### 备考点拨

某个地貌形成的原因和过程是内外力共同作用的结果,所以答题时既要答出内力作用方面的原因和过程,也要答出外力作用方面的原因和过程。例如,前面经典真题中郭亮村绝壁岩层形成的过程为砂石(湖相)沉积—固结成岩—断裂抬升—外力侵蚀,下文雅丹地貌的发育过程首先是地壳抬升,然后是外力侵蚀。

#### (3)河流阶地

河流两侧阶梯状的地形称为河流阶地。阶地在河谷地貌中较普遍。每一级阶地由平坦的或微向河流倾斜的阶地面和陡峭的阶坡组成。阶地往往由于地壳相对上升,河流转向以下切为主形成。

一条经历长期发展过程的河流,两岸常出现多级阶地。阶地由河流河漫滩向谷坡上方,依次命名为一级阶地、二级阶地、三级阶地……位置愈高的阶地形成的时间愈久,其受破坏的程度也愈大,形态特征也愈不明显。

河流阶地类型主要有侵蚀阶地、堆积阶地、埋藏阶地、基座阶地四种。

### 2.河流堆积地貌

典型的河流堆积地貌包括洪积—冲积平原、河漫滩平原和三角洲三种类型。

#### (1)洪积—冲积平原

在山区,由于地势陡,洪水期时水流急并携带大量砾石和泥沙。当水流流出出山口时,由于地势变缓,河道变宽,水流速度减慢,其搬运的物质在山麓地带逐渐堆积,形成扇状堆积地貌,称为洪(冲)积扇。洪(冲)积扇不断扩大并彼此相互联合,形成广阔的洪积—冲积平原。

#### (2)河漫滩平原

在中下游地区,河流在凸岸堆积,形成水下堆积体。堆积体不断扩大,在枯水季节露出水面,形成河漫滩。洪水季节,河漫滩被淹没,继续接受堆积。如果河流改道或者继续向下侵蚀,河漫滩就会被废弃。多个被废弃的河漫滩连在一起就形成了宽广的河漫滩平原。

#### (3)三角洲

在河流入海处,如果水下坡度平缓,加上海水的顶托作用,河流携带的泥沙会在河口前方堆积,形成三角洲。

### 经典真题

(2018上·单选)下图为某种地貌类型的形态示意图。该地貌是(  )。

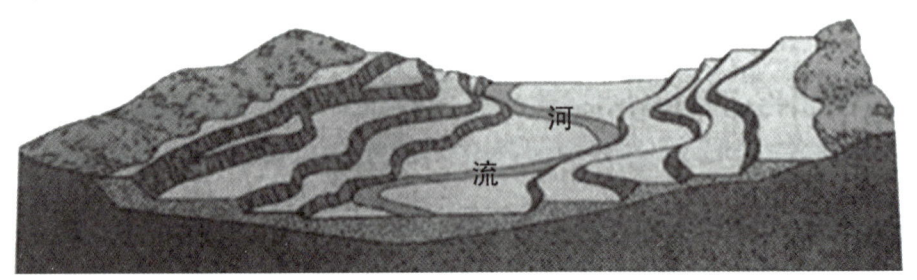

A.地堑　　　　　B.冲积扇　　　　　C.河流阶地　　　　　D.河口三角洲

【答案】C。解析:地堑为两个断层之间地壳的下降部分,常形成长条形的断陷盆地。冲积扇是河流在出山口处的扇形堆积体。当河流流出出山口时,地势变缓,河道变宽,河流流速降低,其携带物质便铺散沉积下来,在平面上呈扇形。河流阶地主要是在地壳垂直运动的影响下,由河流的下切侵蚀形成,即原来的河谷底部超出一般洪水位,呈阶梯状分布在河谷谷坡上。河口三角洲是指河口段的扇状冲积平原。河流入海时,因流速降低,所挟带的大量泥沙在河口段淤积延伸,填海造陆,洪水时漫流淤积,逐渐形成扇面状的堆积体。由图示可知,该地貌在河谷两侧呈阶梯状分布,为河流阶地。

### 3.岩溶地貌(喀斯特地貌)

凡是以地下水为主、地表水为辅,以化学过程(溶蚀与沉淀)为主、机械过程(流水侵蚀和沉积、重力崩塌和堆积)为辅的对可溶性岩石的破坏和改造作用都称为岩溶作用。这种作用所形成的地表形态和地下形态的总称就是岩溶地貌。岩溶地貌在我国主要分布在南方石灰岩广布的湿润地区,在广西、贵州、云南分布较为广泛。

**(1)岩溶地貌发育的阶段性**

在气候条件和地质条件不变的情况下,由上升的石灰岩高地开始,岩溶地貌发育可按幼年期、青年期、壮年期、老年期四个阶段顺序发展,各个阶段有一定的地貌组合。

岩溶地貌的发育阶段及特点如下表。

表1-1-22 岩溶地貌的发育阶段及特点

| 阶段 | 特点 |
| --- | --- |
| 幼年期 | 裸露的石灰岩高地表面开始出现溶蚀作用,出现石芽和溶沟及少数漏斗 |
| 青年期 | 河流下切强烈,地表水大部分转为地下水,漏斗、落水洞、溶蚀洼地、溶洞、地下河等广泛发育 |
| 壮年期 | 地表水停止向下侵蚀,溶洞扩大,洞穴塌陷,地下水转为地表水,溶蚀洼地、溶蚀盆地和峰林分布广泛 |
| 老年期 | 不透水岩层出露地面,地面高度接近地方侵蚀基准面,地表水系发达,形成宽广的冲积平原,具有孤峰和残丘 |

图1-1-62 岩溶地貌的发育阶段

**(2)岩溶地貌的类型**

岩溶地貌的类型见表1-1-23。

表1-1-23　岩溶地貌的类型

| 分类 | 外力作用 | 地貌类型 | 代表地貌或特征 |
|------|---------|---------|---------------|
| 地表岩溶地貌 | 侵蚀 | 石芽和溶沟，漏斗，落水洞，盲谷和干谷，峰丛、峰林和孤峰，溶蚀洼地、谷地、盆地，岩溶平原 | 云南石林（石芽）、桂林山水和阳朔山水（峰林—洼地）、云贵高原的"坝子"（溶蚀盆地、谷地）；伴随侵蚀加强依次发育的地貌：峰丛→峰林→孤峰 |
| 地表岩溶地貌 | 沉积 | 地表钙华堆积地貌：瀑布华、钙华堤坝和岩溶泉华等 | 贵州的黄果树瀑布岩壁（瀑布华）、四川黄龙的钙华彩池 |
| 地下岩溶地貌 | 侵蚀 | 溶洞、地下河（暗河） | 石笋自溶洞底部向上生长，石钟乳自顶部向下生长 |
| 地下岩溶地貌 | 沉积 | 石笋、石钟乳、石柱、石幔等 | 石笋自溶洞底部向上生长，石钟乳自顶部向下生长 |

**经典真题**

（2018下·单选）徐霞客在游记中写道："历级而上约三丈，洞口为庐掩，黑暗，忽转而西北，豁然中开。上穹下平，中多列笋悬柱，爽朗通漏。"据此判断该景观的地貌类型是（　　）。

A.丹霞地貌　　　　　B.岩溶地貌　　　　　C.雅丹地貌　　　　　D.冰川地貌

【答案】B。解析：游记描述的是广东肇庆七星岩景区的溶洞景观，其中有石笋、石钟乳（列笋悬柱）等。溶洞属于岩溶地貌。

### （二）冰川地貌

冰川地貌指在冰川的侵蚀、搬运和堆积作用下形成的地貌。

**1.冰川地貌的类型**

冰川地貌的类型见表1-1-24。

表1-1-24　冰川地貌的类型

| 分类 | 主要作用 | 主要分布地 | 地貌类型及现象 |
|------|---------|-----------|---------------|
| 冰蚀地貌 | 侵蚀作用（磨蚀作用、拔蚀作用） | 有冰川分布（过）的高山和高纬度地区 | 冰斗、刃脊、角峰、U形谷、悬谷、峡湾、羊背石、冰川磨光面、冰川三角面 |
| 冰碛地貌 | 堆积作用 | 有冰川分布（过）的高山和高纬度地区 | 冰碛丘陵、终碛垄、侧碛堤、鼓丘 |
| 冰水堆积地貌 | 堆积作用 | 有冰川分布（过）的高山和高纬度地区 | 冰水扇、冰水平原、蛇形丘、季候泥、冰砾阜、冰砾阜阶地、锅穴 |

**2.冰川作用及一些地貌现象**

**（1）冰川侵蚀作用**

冰川的侵蚀作用强大，主要包括挖蚀和磨蚀作用，通过冰川运动实现。冰川各个部分的运动速度不同，中部速度快于两侧，自冰川表面向下运动速度递减。从时间上看，冰川的运动速度夏季快而冬季慢，白天快而夜间慢。

**（2）冰碛物**

凡是被冰川搬运的经冰川侵蚀作用、山坡上的块体运动等获得的各种物质统称为冰碛物。其中巨大的砾石被称为漂砾。根据冰碛物所处的位置不同可分为表碛、侧碛、中碛、底碛、里碛、终碛。冰川消融后,冰碛物发生原地堆积,其堆积物结构疏松,没有分选性和层理,大小悬殊,磨圆度差。

## (三)冻土地貌

### 1.冻土

在高纬及高海拔地区,凡地温在0 ℃及以下,并含有冰的各种岩土,统称为冻土。冻土按其冻结时间的长短,可分为季节冻土和多年冻土两类。前者指冬季冻结、夏季全部融化的土层;后者指冻结持续多年,甚至可达数万年的土层。多年冻结层的深度称为多年冻土的上限。纬度越高,海拔越高,年平均地温越低,则冻土层越厚,冻土上限越小。

### 2.冻土地貌的概念

由于温度周期性地发生正负变化,冻土层中地下冰和地下水不断发生相变和位移,使土层产生冻胀、融沉、流变等一系列应力变形,这一复杂过程称为冻融作用。它使岩石发生破坏,使松散沉积物发生分选、受到干扰,冻土层发生变形。经冻融作用塑造的各种地貌类型称为冻土地貌,也称冰缘地貌。

### 3.冻土地貌的类型

冻土地貌的类型见表1-1-25。

表1-1-25 冻土地貌的类型

| 分类 | 概念 |
| --- | --- |
| 石海与石河 | 基岩经过剧烈的冻融风化作用崩解产生的大片巨石角砾,原地堆积在平坦地面或缓坡上形成石海。山坡上经冻融风化产生的大量碎石汇集于谷地后,在重力作用下沿着湿润的下垫面或永冻层的顶面,整体向下缓慢移动,形成石河 |
| 构造土 | 由松散沉积物组成的地表因冻裂作用和冻融分选作用而形成的网格式地面,是多年冻土区广泛分布的微地貌,包括泥质构造土和石质构造土 |
| 石环 | 石质构造土中最典型的地貌。在饱含水分、大小颗粒混杂的松散土层中,冻融作用产生的垂直分选与水平分选,使砾石由地下抬升至地面并以细粒土或碎屑为中心呈环状分布,形成石环 |
| 冻胀丘与冰锥 | 地下水受冻结地面和下部多年冻土层的阻遏,在薄弱地带冻结膨胀,使地表变形隆起,称为冻胀丘。冻胀丘在平面上呈圆形或椭圆形,周边坡度很陡,顶部扁平,表面裂隙交错。内部有冰透镜体的称为冰核丘。冰锥是在寒冷季节流出封冻地表和冰面的地下水或河水冻结后形成的丘状隆起的冰体 |
| 热融地貌 | 热融地貌是指由热融作用产生的地貌。热融作用可分为热融滑塌和热融沉陷两种。由于斜坡上的地下冰融化,土体在重力作用下沿冻融界面移动形成热融滑塌。平坦地表因地下冰的融化而产生各种负地貌,称为热融沉陷 |

## (四)风成地貌

风成地貌是由风力对地表的作用而形成的地貌,包括风蚀地貌和风积地貌。风成地貌在干旱地区分布十分普遍,在沙质海岸、湖岸、河岸等处也有小规模的分布。

风成地貌包括风蚀地貌和风积地貌两个类型。

### 1.风蚀地貌

风蚀地貌的类型有石窝、风蚀蘑菇、风蚀柱、风蚀谷、风蚀残丘、风蚀雅丹和风蚀洼地等。

### (1) 风蚀作用

风吹经地表时,由于动压力作用,将地表的松散沉积物或者基岩上的风化产物吹走,使地面遭到破坏,这种作用称为吹蚀作用。风速越大,吹蚀作用越强。风夹带的沙粒贴近地面运动时,对地表物质进行冲击、摩擦。如果岩石表面有裂隙等凹进去的表面,风沙甚至可以钻进去进行旋磨。风的这种作用称为磨蚀作用。吹蚀作用和磨蚀作用统称风蚀作用。

### (2) 石窝

石窝是在陡峭的迎风岩壁上,经风蚀形成的许多圆形或不规则椭圆形的小洞穴和凹坑。其直径可达20 cm,深可达10~15 cm,有的零散分布,有的成群出现。

### (3) 风蚀柱和风蚀蘑菇

垂直节理发育的裸露基岩,在风的长期吹蚀后,易形成一些孤立的柱状岩石,称为风蚀柱。

地表突起的一块岩石或风蚀柱下部由于磨蚀作用较强,特别是水平层理、节理发育且岩性较软的岩石,磨蚀更加剧烈,经过长期的风蚀作用后,可形成上部大、基部小,外形像蘑菇的岩石,称为风蚀蘑菇。

### (4) 风蚀谷、风蚀洼地和风蚀残丘

在干旱的荒漠地区,偶因暴雨产生的洪流冲刷地面,可形成许多的冲沟。冲沟经长期的风蚀作用,可加深扩大为风蚀谷。

松散物质组成的地面,经风的长期吹蚀后,可形成大小不同的风蚀洼地。它们多成椭圆形,沿主风向伸展。

由基岩组成的地面,经风化作用、暂时的水流冲刷及长期的风蚀作用后,不断缩小,最后残留下来一些孤立的小丘,称为风蚀残丘。

### (5) 雅丹地貌

雅丹地貌是河湖相土状沉积物所形成的地面,主要经风蚀作用形成的与盛行风向平行、相间排列的风蚀残丘和风蚀谷地(垄槽)的组合地貌。我国以罗布泊洼地西北部的古楼兰附近的雅丹地貌最为典型。

**经典真题**

(2016上·单选)下图中上面的为干旱地区某地貌类型景观,下面的是该地貌发育过程示意图。读图完成1~2题。

幼年期　　青年期　　壮年期　　消亡期

1.上图表示的地貌类型是(　　)。

A.冰川地貌　　　　　B.喀斯特地貌　　　　　C.雅丹地貌　　　　　D.丹霞地貌

【答案】C。解析:冰川地貌主要分布于高纬或高山地区,由冰川作用形成。喀斯特地貌属于流水侵蚀地貌,主要分布于湿润半湿润地区。丹霞地貌主要由流水侵蚀形成,以"赤壁丹崖"为典型特征。雅丹地貌属于风蚀地貌,主要分布于干旱荒漠地区,发育过程中会形成与盛行风向平行的垄槽相间的地貌,发育后期形成残丘和戈壁,如图所示。所以图示地貌为雅丹地貌。

2.该地貌发育过程依次是(　　)。

①纵向沟槽切割,形成塔状或柱状体　　　　②地壳抬升,平坦地表开始隆起

③坍塌形成残丘,大部分地表成为戈壁面　　④流水和风力侵蚀,沟槽加宽和加深

A.①②③④　　　　B.①②④③　　　　C.②①③④　　　　D.②④①③

【答案】D。解析:结合图中地貌的发育过程可知,先是内力作用使地壳抬升、地表隆起(幼年期);再经过外力作用(流水和风力侵蚀)破坏隆起了的岩体(青年期);然后继续侵蚀形成塔状或柱状体(壮年期);最后坍塌形成残丘(消亡期)。所以可判断该地貌的发育过程依次是②④①③。

**2.风积地貌**

风积地貌是指被风搬运的物质,在一定的条件下堆积所形成的各种地貌,包括沙丘、黄土等。

沙丘是风积地貌的最基本的形态。沙丘按其形态可分为新月形沙丘、纵向沙丘、金字塔沙丘等,按其流动程度可分为固定沙丘、半固定沙丘和流动沙丘。

新月形沙丘形如新月,迎风坡平缓,背风坡较陡,是典型的流动沙丘,一般顺风向移动。

沙丘的分布和移动主要取决于风向和风速。

**知识拓展**

地面的物质组成、植被和水分状态等的差异,对风成地貌的形成和分布都会产生很大影响。

在基岩组成的地面,岩石裂隙发育为风蚀等作用创造了有利的条件,而且在风向与构造方向相近的情况下,会形成与风向大致平行的风蚀地貌。岩石由于岩性的不同,引起差别吹蚀,常常发育蘑菇石。

地表物质的粗细与风成地貌的关系很大。在内陆盆地外围的山前地带,多为岩漠。从山麓至盆地内部,地表组成物质一般由粗变细,各种荒漠依次分布。在盆地中部风蚀洼地和雅丹地貌都较容易发育。

在水源丰富的地区,植被茂密,风力受阻,风蚀作用微弱。在沙源丰富的地区,加之风力很强,可以形成巨大的密集的风积地貌。

**(五)丹霞地貌**

丹霞地貌是指由产状水平或平缓的层状铁钙质混合不均匀胶结而成的红色碎屑岩(主要是砾岩和砂岩),受垂直或高角度节理切割,并在差异风化、重力崩塌、流水侵蚀、风力侵蚀等综合作用下形成的有陡崖的城堡状、宝塔状、针状、柱状、棒状、方山状或峰林状的地形。丹霞地貌以"赤壁丹崖"为主要特征,其形成所受到的外力作用主要是流水侵蚀作用。

丹霞地貌因矿床学家冯景兰在我国广东韶关丹霞山发现而得名,主要分布在我国的西北部、西南部和美国西部、中欧、澳大利亚等地,在我国分布最广。我国比较著名的丹霞地貌有广东韶关的丹霞山、福建南平的武夷山、福建三明的大金湖、江西鹰潭的龙虎山、广西桂林与湖南邵阳交界处的崀山、甘肃张掖的丹霞地貌和贵州遵义的丹霞地貌。

### （六）海岸地貌

#### 1.海蚀地貌和海积地貌

海岸地貌是由波浪、潮汐和近岸流等作用于海岸带陆地而形成的地貌,分为由海蚀作用形成的海蚀地貌和由海积作用形成的海积地貌。具体内容如下表。

表1-1-26 海岸地貌

| 分类 | 概念 | 主要分布地 | 地貌类型 |
| --- | --- | --- | --- |
| 海蚀地貌 | 岩石海岸在波浪、潮流等不断侵蚀下所形成的各种地貌 | 山地海岸（岩石海岸） | 海蚀洞、海蚀崖、海蚀拱桥、海蚀平台和海蚀柱等 |
| 海积地貌 | 近岸物质在波浪、潮流等的搬运下沉积形成的各种地貌 | 平原海岸 | 海滩、水下沙坝、沙嘴等 |

#### 2.海岸的类型

海岸类型多种多样,主要包括基岩海岸、砂质海岸、淤泥质海岸和生物海岸等。

**（1）基岩海岸**

基岩海岸由坚硬的岩石组成,又称岩岸。它是陆地山脉或丘陵延伸入海的边缘。基岩海岸常有突出的海岬和深入陆地的海湾,岬湾相间,绵延不绝,海岸线十分曲折。基岩海岸常在海湾一带形成海阔水深、利于避风浪的天然良港;常有海蚀地貌发育,是进行旅游开发的重要资源。

**（2）砂质海岸**

砂质海岸通常为堆积性海岸,主要由砾石和沙子组成,往往形成沙堤、沙坝、沙丘等地貌。堆积物在海水的作用下会形成沙滩。海滩一般宽阔平坦,常形成天然的优质海滨浴场。

**（3）淤泥质海岸**

淤泥质海岸主要分布在河口或平原地区。海岸物质以淤泥为主。海岸带一般宽度大,坡度小,海岸线平直。大多淤泥质海岸土质肥沃,适宜进行滩涂养殖和开发盐场,但缺乏建造海港和浴场的条件。

**（4）生物海岸**

生物海岸包括红树林海岸、珊瑚礁海岸等。

红树林海岸分布在热带及亚热带较低纬度的海岸低洼地带,具有较强的抵御风浪侵蚀的能力,同时是鸟类等动物的栖息地,物种丰富。红树林海岸在湿地保护、生物多样性保护和海洋防灾减灾中具有重要作用。

珊瑚礁海岸是由珊瑚虫的遗骸和分泌物堆积形成的。珊瑚虫生长在温暖、清洁、光线充足的热带浅海环境中,多依托岩石生长。珊瑚礁在保护海岸、抵抗风浪侵蚀中起到良好作用。

# 第五节　地球上的水

本节内容考查频率较高,考查题型涉及选择题和材料分析题,主要考查内容涉及水循环的环节及其相互影响,人类活动对水循环的影响,洋流的分布及影响,河流的补给和水文特征等,需要考生着重掌握。

## 一、水循环

### 1.水循环的过程及类型

水循环是指自然界的水在水圈、大气圈、岩石圈、生物圈四大圈层中通过各个环节连续运动的过程。根据发生的空间范围,水循环分为海陆间循环、陆地内循环和海上内循环。

海陆间循环又称为大循环,发生在海洋水与陆地水之间,主要环节有海水蒸发、水汽输送、陆地凝结降水、地表径流、下渗和地下径流等,使陆地水不断得到补充与更新。

陆地内循环发生在陆地与陆地上空之间,包括蒸发、蒸腾和降水。

海上内循环发生在海洋与海洋上空之间,包括蒸发和降水。

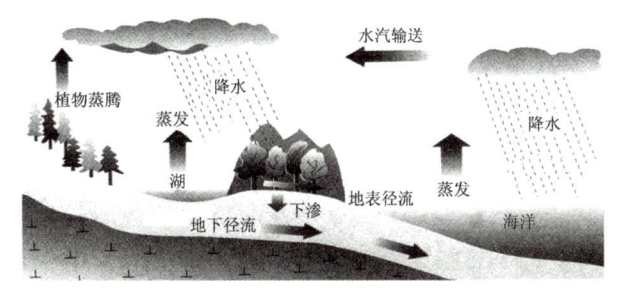

图1-1-63　水循环示意图

### 2.水循环的意义

水循环深刻而广泛地影响着全球的地理环境,对地理环境的意义重大。

水循环的意义:①促进地球各种水体(主要是陆地水)不断更新,促进陆地水资源的更新;②维持全球水的动态平衡;③促进地球上的能量转换和物质转移过程,联系四大圈层(如吸收、转化和传输太阳辐射,缓解不同纬度热量收支的不平衡;是海陆间联系的纽带,陆地径流向海洋输送大量泥沙、有机物和无机盐类);④塑造地表形态。

**经典真题**

(2018上·单选)右图为某区域水循环示意图。读图完成1~2题。

1.图中甲、乙、丙三个环节分别是(　　)。

A.下渗、坡面流、壤中流

B.壤中流、下渗、坡面流

C.坡面流、下渗、壤中流

D.坡面流、壤中流、下渗

【答案】C。解析:由图可知,甲的下个环节是地表径流,可能为坡面流。乙处下两个环节为丙和地下水流,而降

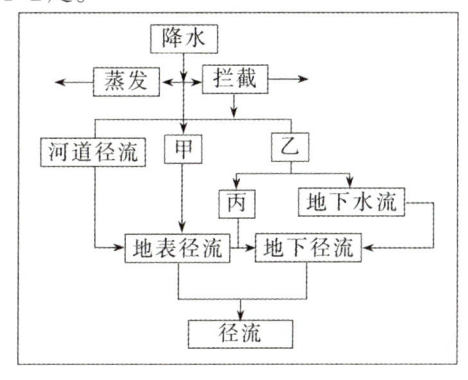

水通过下渗形成地下水流,则乙为下渗。水分下渗后通过壤中流和地下水流形成地下径流,则丙为壤中流。

2.当降水量相同时,下列因素对水循环过程的影响更符合实际的是(　　)。

A.坡度越大,坡面流越小　　　　　　　B.降水强度越大,地表径流越少

C.土质越疏松,壤中流越小　　　　　　D.植被越茂盛,下渗雨量越多

【答案】D。解析:坡度越大,水流流速越大,下渗量越小,坡面流越大,故A项错误。地表径流除了和降水强度有关之外,还和地表植被覆盖以及土壤孔隙状况等有关。通常情况下,降水强度越大,地表径流越多,故B项错误。土质越疏松,土壤孔隙越大,壤中流越大,C项错误。植被越茂盛,则被截留的雨水越多,下渗雨量越多,故D项正确。

(2017上·单选)下图为水循环示意图,图中数字及箭头表示水循环的主要环节。读图完成3~4题。

3.下列数字表示相同水循环环节的是(　　)。

A.①和⑧　　　　B.⑤和⑥

C.④和⑦　　　　D.②和⑨

【答案】B。解析:由图可知,①和③为水汽蒸发(蒸腾),②和④为大气降水,⑤和⑥表示水汽输送,⑦为下渗,⑧为地下径流,⑨为地表径流。

4.黄土高原实施封坡育林育草工程,其直接目的是(　　)。

A.减少⑥　　　　B.增加⑦　　　　C.减少⑧　　　　D.增加⑨

【答案】B。解析:黄土高原地区的主要问题是水土流失,实施封坡育林育草的主要目的是减少地表径流,增加下渗。

## 二、大规模的海水运动——洋流

### 1.洋流的概念

海洋表层海水常年稳定地沿着一定方向做大规模的流动,形成洋流,又叫海流。大气运动和近地面风带是海水运动的主要动力。洋流前进时受到陆地的阻挡和地转偏向力的影响,运动方向会发生改变。洋流越向深处流速越小。

### 2.洋流的分类

按性质,洋流可分为暖流和寒流。

暖流是从水温高的海区流向水温低的海区的洋流,其水温高于周围海区。寒流是从水温低的海区流向水温高的海区的洋流,其水温低于周围海区。

洋流按成因可分为风海流、密度流和补偿流。①盛行风吹拂海面,推动海水随风漂流,并且使上层海水带动下层海水流动,形成规模很大的洋流,称为风海流。②密度流是指温度、盐度等不同引起相邻海区的海水密度不同,表层海水从密度小的海区向密度大的海区流动所形成的洋流。③补偿流是指某一海区海水减少,周围的海水前来补充所形成的洋流。补偿流可分为水平补偿流和垂直补偿流。

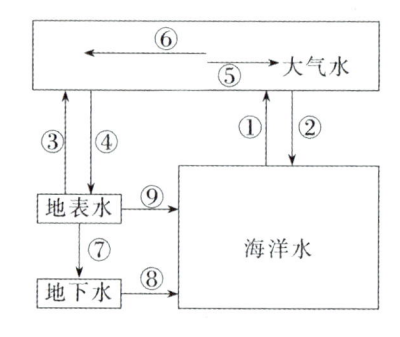

## 3.洋流的等温线表示

根据表层海水等温线的分布可确定洋流的性质和流向。如果海水等温线向高纬即水温低处凸出（北半球向北，南半球向南），则洋流水温比流经海区高，为暖流；如果海水等温线向低纬即水温高处凸出（北半球向南，南半球向北），则洋流水温比流经海区低，为寒流。海水等温线凸出的方向为洋流的流向。

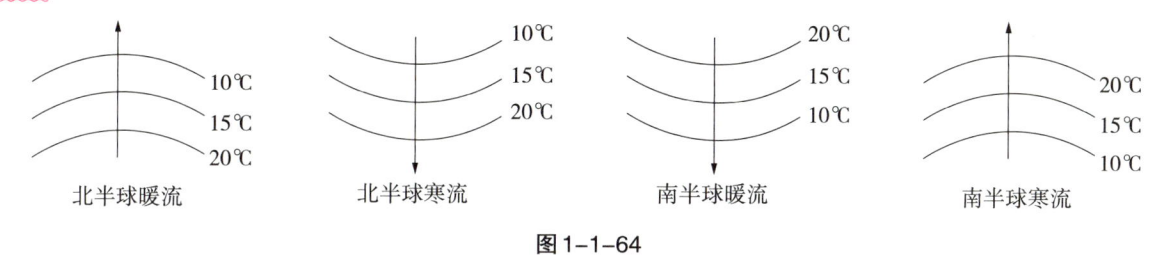

图 1-1-64

## 4.洋流的分布

### （1）中低纬大洋环流

在南北半球的中低纬海区形成了以副热带为中心的大洋环流。北半球的大洋环流呈顺时针方向流动，而南半球呈逆时针方向流动。大洋东部为寒流，西部为暖流；大陆东岸为暖流，西岸为寒流。

### （2）中高纬大洋环流

在北半球的中高纬海区形成了以副极地为中心的大洋环流，环流呈逆时针方向流动。大洋东部为暖流，西部为寒流；大陆东岸为寒流，西岸为暖流。而南半球的中高纬海区没有形成大洋环流，形成了西风漂流（寒流）。

### （3）季风洋流

北印度洋海区受季风影响形成了季风洋流，夏季受西南季风影响洋流呈顺时针方向流动，冬季受东北季风影响洋流呈逆时针方向流动。

世界海洋表层洋流分布见图1-1-66。

图 1-1-65 洋流分布模式图

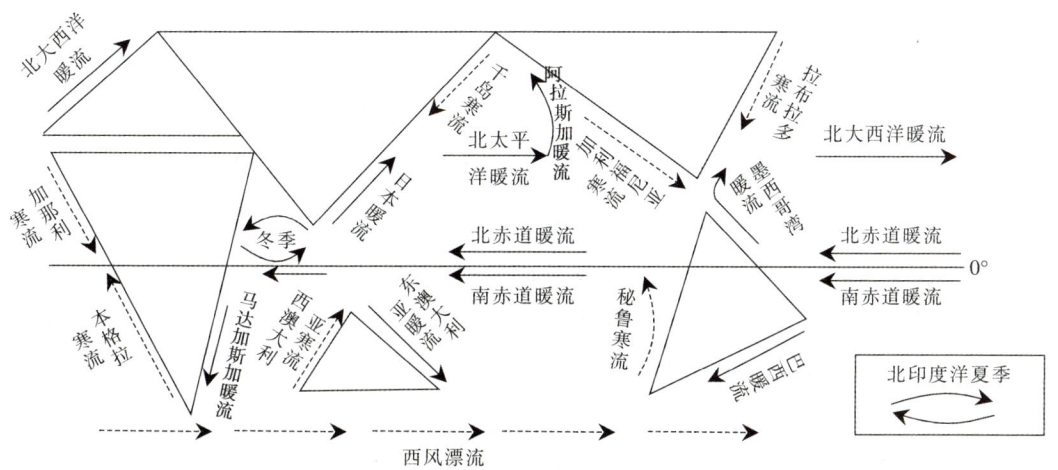

图 1-1-66 世界海洋表层洋流分布图

**经典真题**

（2021下·单选）右图为某海域洋流模式图，读图完成下面两题。

1.该海域位于（　　）。

A.北半球中低纬度　　　　B.南半球中低纬度

C.北半球中高纬度　　　　D.南半球中高纬度

【答案】B。解析：根据图示洋流的纬度位置可知其为中低纬度的大洋环流，又因洋流呈逆时针方向流动，可知其为南半球中低纬度的大洋环流。因此可确定该海域位于南半球中低纬度。

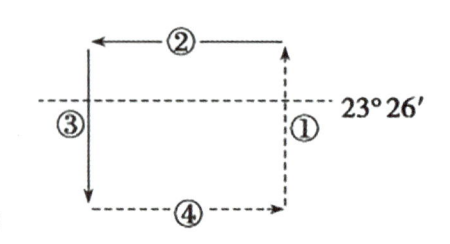

2.关于该海域的叙述，正确的是（　　）。

A.①处渔场的形成与寒暖流交汇有关　　　B.②处洋流的形成主要受东北信风的影响

C.③处洋流对沿岸气候起到增温作用　　　D.④处洋流与另一半球同纬度洋流性质相同

【答案】C。解析：①处只有寒流经过，渔场是因为上升补偿流的存在而形成，A项错误。②处洋流为南赤道暖流，其形成主要受南半球的东南信风的影响，B项错误。③处洋流从低纬流向高纬，是暖流，对沿岸气候起到增温增湿作用，C项正确。④处洋流为南半球的西风漂流，为寒流，而北半球同一纬度是暖流，两者性质不相同，D项错误。

5.洋流对地理环境的影响

（1）洋流对气候的影响

全球大洋环流可以促进高、低纬度间热量和水分的输送和交换，促进全球水热平衡。

洋流还会影响大陆沿岸的气候，表现为暖流对沿岸气候具有增温增湿作用；寒流对沿岸气候具有降温减湿作用。如在北大西洋暖流的影响下，北极圈内出现了不冻港；在秘鲁寒流的影响下，南美洲西岸分布着世界上南北延伸最长、最靠近赤道的热带荒漠，其气候干旱、气温较低。

（2）洋流对海洋生物和渔场的影响

洋流对海洋生物资源和渔场的分布有显著的影响。

在寒暖流交汇的海区，海水受到扰动，将下层营养盐类带到海水表层，有利于浮游生物的大量繁殖，为鱼类提供丰富的饵料；两种洋流汇合形成"水障"，阻碍鱼类游动，使鱼群集中，易于形成大型渔场，如日本的北海道渔场。

离岸风带走表层海水，深层海水上涌形成上升补偿流，将大量营养物质带到表层，也会形成渔场。世界著名的渔场——秘鲁渔场，就是在上升补偿流——秘鲁寒流的影响下形成的。

（3）洋流对海洋航行的影响

洋流影响海洋航行。海轮顺洋流航行可以节约燃料，加快速度；逆洋流航行耗费较多燃料，且影响速度。寒暖流相遇，往往形成海雾，不利于海上航行。洋流从北极地区携带冰山南下威胁海上航运安全。

（4）洋流对海洋污染物的影响

洋流可以把污染物携带到其他海域，有利于污染物的扩散，加快净化速度；但会污染其他海域，扩大污染范围。

## 经典真题

（2017下·单选）智利的阿塔卡马沙漠是地球上最干燥的地方之一。尽管这里降水极少，但海岸地带能够形成像"云堤"一样的雾，并向内陆推进，当地人叫它"浓湿雾"，并利用"捕雾网"（如乙图）收集淡水。读下图完成1~2题。

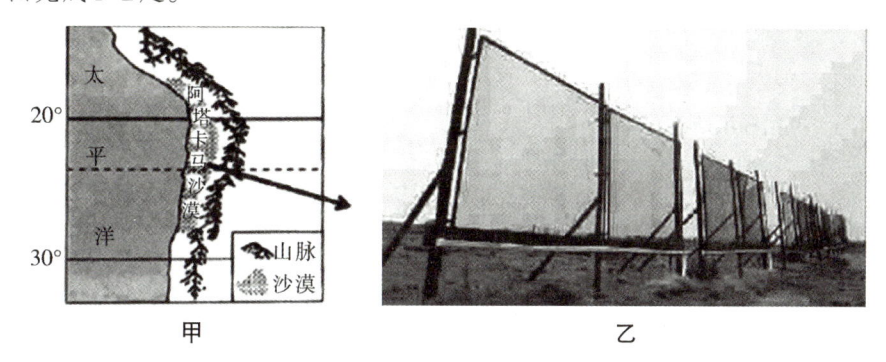

1.智利沿海地带形成"浓湿雾"的主要原因是（　　）。

A.沿岸冷暖气流相遇，凝结成雾　　　　　B.临海水汽含量大，受台风影响形成雾

C.临海大量水汽受沿岸寒流影响凝结成雾　D.纬度低，近地面水汽受热上升凝结成雾

【答案】C。解析：受沿岸秘鲁寒流的影响，智利沿海地区气温较低，使得临海大量水汽凝结，形成雾。

2.目前，当地居民积极利用"捕雾网"收集淡水。与海水淡化相比，其优点是（　　）。

A.循环更快　　　　　　　　　　　　　B.水量更大

C.投入更多　　　　　　　　　　　　　D.简便易行

【答案】D。解析：从图片装置以及当地居民积极利用"捕雾网"收集淡水中可以分析出，"捕雾网"的操作简便易行，投入较少。根据题中信息及所学知识可知，用"捕雾网"收集淡水并不比海水淡化水量更大、循环更快。

## 知识拓展

### 厄尔尼诺和拉尼娜现象

厄尔尼诺现象是指某些年份赤道附近太平洋中东部的海面温度异常升高的现象。其发生导致赤道附近的太平洋东岸地区，气候由原来的干燥少雨变得多雨，引发洪涝灾害；赤道附近的太平洋西岸地区，气候由原来的湿润多雨变为干燥少雨，引发干旱。

拉尼娜现象是指赤道太平洋东部和中部海面温度大范围持续异常变冷的现象，也称"反厄尔尼诺现象"。拉尼娜现象出现时，我国易出现冷冬热夏，登陆的热带气旋增多；印尼、澳大利亚东部、巴西东北部等地降雨偏多。

## 三、河流

### 1.河流的补给

河流的主要补给类型见表1-1-27。

表 1-1-27　河流的主要补给类型

| 补给类型 | 补给季节及汛期 | 补给特点 | 主要影响因素 | 在我国的分布 |
| --- | --- | --- | --- | --- |
| 雨水补给 | 补给和汛期以夏秋季（雨季）为主 | 时间集中（雨季）；不连续；水量变化大 | 降水量的多少；降水量的季节分配；降水量的年际变化 | 普遍，以东部季风区最为典型 |
| 季节性积雪融水补给 | 补给和汛期在春季 | 具有时间性（春季）；具有连续性；水量较稳定 | 气温高低；积雪多少；地形状况 | 东北地区 |
| 永久性积雪和冰川融水补给 | 补给和汛期主要在夏季 | 具有时间性（夏季）；有明显的季节、日变化；水量较稳定 | 太阳辐射；气温变化；积雪和冰川储量 | 西北和青藏高原地区 |
| 湖泊水补给 | 全年补给，无汛期 | 较稳定（全年）；对径流有调节作用 | 湖泊与河流的相对位置；湖泊水量的大小 | 普遍；长江中下游地区较典型 |
| 地下水补给 | 全年补给，无汛期 | 稳定（全年）；地下水一般与河流有互补关系 | 地下水补给区的降水量；地下水水位与河流水位的相互位置关系 | 普遍；我国西南喀斯特地貌区较典型 |

**2.河流的水文水系特征**

河流的水文特征和水系特征见表 1-1-28。

表 1-1-28　河流的水文特征和水系特征

| 分类 | 项目及描述 | 影响因素 | 对航运的影响 |
| --- | --- | --- | --- |
| 河流的水文特征 | 流量（流量的大小和时间变化） | 流量大小主要取决于河流的补给类型与流域面积大小等；流量的时间变化取决于河流的补给方式 | 若河流水量大且季节变化小，丰水期长，结冰期短（通航时间长），含沙量小，则航运价值大 |
| | 水位（水位的高低和季节变化）、汛期（汛期的时间及长短） | 主要与河流的补给方式和河道特征等有关 | |
| | 含沙量（含沙量的大小） | 与流域内植被状况、地形坡度、地面物质结构及降水强度等有关 | |
| | 结冰期（结冰期的有无及长短） | 取决于冬季气温的高低 | |
| 河流的水系特征 | 主要包括河流的发源地、流向、注入地、落差、支流、水系形态、流域面积、河道特征（宽窄、深浅、曲直等） | 河流的水系特征主要取决于流域的地形特征。河流的流向、落差、水系形态与地形密切相关。流经山区的河段河道比较窄，而流经平原区的河段河道往往较宽 | 若河流河道宽而深、落差小（流速平稳）、支流多、流域面积广，则航运价值大 |

> 知识拓展

**水资源的合理利用**

一般，水资源指陆地上的淡水资源。其中较易开发利用的有河流水、淡水湖泊水和浅层地下水。影响水资源数量的主要因素是降水量。衡量一个地区或一个国家水资源丰歉程度的指标是多年平均径流总量。水资源的分布特点是时空分布不均。

水资源危机使人们意识到合理分配和利用水资源是社会持续发展的基础条件。人们采取多种措施，从开源和节流两方面来促进水资源的持续利用。

开源措施：①合理开发和提取地下水；②修筑水库，把大气降水以及洪水期多余的河水蓄积起来，调节水资源的时间分布；③开渠引水（如跨流域调水），把水资源相对丰富地区的水调入水资源相对贫乏的地区，调节水资源的空间分布；④海水淡化、人工增雨。

节流措施：①加强宣传教育，提高公民的节水意识；②重视改进农业灌溉技术，采用滴灌、喷灌技术，发展节水型农业，推广耐旱作物；③推广节水技术，提高工业用水的重复利用率；④制定节约用水的法律法规；⑤提高水价；⑥改善生态环境，防治水污染。

# 第六节　自然地理环境的整体性和差异性

本节内容中常考的知识是地域分异。考生需要掌握三个主要地域分异规律的概念，在全球的表现及影响因素，掌握非地带性分异的表现及成因。

## 一、自然地理环境整体性的表现

### 1.自然地理要素间进行着物质与能量的交换

自然地理环境由大气、水、岩石、生物、土壤等地理要素组成。自然地理环境各要素之间通过水循环、生物循环和岩石圈的物质循环等过程，进行着物质迁移和能量交换，形成了一个相互制约和相互联系的整体。

以生物循环为例，生物通过光合作用将二氧化碳和水及无机盐合成为贮藏能量的有机物（主要是糖类），并且释放出氧气。同时光合作用合成的有机物又成为动物的食物。植物和动物的有机残体被微生物分解后，又以无机物的形式返还到自然环境中。这种有机质的合成与分解过程，称为生物循环。生物循环促使自然界的物质不断地迁移运动，能量不断地流动、转化，从而把自然地理环境中的有机界和无机界联系起来。

### 2.自然地理要素间相互作用产生新功能

自然地理要素间相互作用产生的新功能见表1-1-29。

表 1-1-29　自然地理要素间相互作用产生的新功能

| 功能 | 含义 | 举例 |
| --- | --- | --- |
| 生产功能 | 自然地理环境具有合成有机物的能力,主要依赖于光合作用 | 生物的生长发育 |
| 平衡功能 | 自然地理要素通过物质迁移和能量交换,使自然地理环境的性质保持稳定的能力 | 大气中二氧化碳和氧气含量的稳定;一定范围内各物种的数量基本恒定 |

### 3.自然地理环境具有统一的演化过程

自然地理环境各个要素每时每刻都在演化,如气候变化、地貌变化等。各个自然地理要素的发展演化是统一的。一个要素的演化伴随着其他各个要素的演化。自然地理环境的统一演化过程保证了自然地理要素之间的协调,体现了自然地理环境的整体性。

某一自然地理要素因受到外界的干扰而变化,会导致其他要素及整个地理环境的改变。如热带雨林具有平衡大气成分的作用,它一旦遭到破坏,将会引起全球气候的变化,并导致全球整个生态系统的功能失调。

各自然地理要素中生物和水比较容易受到人类的干扰,而岩石受人类的直接影响较小。

## 二、自然地理环境的差异性

### (一)自然带

陆地上不同的地区,由于所处的纬度位置、海陆位置不相同,水热组合不同,形成了不同的气候类型。每一种气候类型具有与之对应的植被类型和土壤类型。相对应的气候、植被和土壤等共同形成了具有一定宽度、呈带状分布的陆地自然带。

气候类型与自然带的对应分布情况(以北半球为例,按照上北下南、左西右东的方向)见图1-1-67。

| 冰原气候 || | | | | | 冰原带 | | |
| --- | --- | --- | --- | --- | --- | --- | --- | --- | --- |
| 苔原气候 || | | | | | 苔原带 | | |
| 亚寒带大陆性气候 || | | | | | 亚寒带针叶林带 | | |
| 温带海洋性气候 | 温带大陆性气候 | 温带季风气候 | 温带落叶阔叶林带 | 温带草原带 | 温带荒漠带 | 温带草原带 | 温带落叶阔叶林带 |
| 地中海气候 || 亚热带季风气候 | 亚热带常绿硬叶林带 | | | | 亚热带常绿阔叶林带 |
| 热带沙漠气候 | | 热带季风气候 | 热带荒漠带 | | | | 热带季雨林带 |
| 热带草原气候 | | | 热带草原带 | | | | |
| 热带雨林气候 || | | | | | 热带雨林带 | | |

图 1-1-67　气候类型与自然带的对应分布

## (二)地域分异规律

陆地上不可能存在两个自然状况完全相同的区域。因此,地域差异普遍存在。温度带分异和海陆分异是全球性的地域分异,而陆地环境的地域分异尺度相对较小。下面介绍的是陆地环境的地域分异规律。

### 1.由赤道向两极的地域分异规律(纬度地带性)

由赤道向两极的地域分异规律是以热量为基础的。受太阳辐射从赤道向两极递减的影响,地表景观和自然带沿着纬度变化的方向,由赤道向两极做有规律的更替。纬度地带性显著的地区包括低纬和高纬地区横穿整个大陆的地带,以及中纬度在一定范围内东西向延伸、南北向更替的地带。

**经典真题**

(2020下·单选)读图回答下题。

| 甲 海南椰林 | 乙 井冈山竹林 | 丙 大兴安岭针叶林 | 丁 新疆胡杨林 |

从甲到丙表现出的地域分异规律是( )。

A.经度地带性　　B.纬度地带性　　C.垂直地带性　　D.非地带性

【答案】B。解析:从甲到丙,纬度增高,热量减少,所以表现出来的地域分异规律是从赤道向两极的地域分异规律,即纬度地带性。

### 2.由沿海向内陆的地域分异规律(干湿度地带性、经度地带性)

由沿海向内陆的地域分异规律是以水分为基础的。受海陆分布的影响,自然景观和自然带从沿海向大陆内部也产生了有规律的更替,在中纬度地区表现较为明显。由于受海洋水汽的影响不同,从沿海到内陆,自然景观依次呈现为森林、草原和荒漠。

### 3.山地的垂直地域分异规律(垂直地带性)

从山麓到山顶,随着海拔的升高,水热条件发生变化,植被等也发生变化,从而形成不同自然带的垂直分布。从山麓到山顶,海拔升高,气温降低,降水一般先增加后减少,植被景观通常依次为森林、灌木、草原、草甸、荒漠和冰川。

影响山地垂直带数量和垂直带谱复杂程度的因素:纬度、海拔和相对高度。

垂直自然带分布的一般规律:①纬度越低、海拔越高、相对高度越大的山地,垂直带数目越多,垂直带谱越复杂。②山麓的自然带与山地所在地的水平自然带(基带)一致。从山麓到山顶的自然带更替与纬度地带性相似。③同一山体,同一垂直带在阳坡的分布海拔一般比阴坡高。山体所在的纬度越低,同一垂直带的海拔上限越高。④积雪冰川带下限(即雪线)海拔在副热带地区最高,随纬度升高而降低;雪线的海拔迎风坡低于背风坡,阴坡低于阳坡。

我们可以通过基带判断山体所处温度带,通过垂直自然带的数量、分布海拔和雪线的高低判断纬度、阴阳坡、南北半球及迎风坡和背风坡。

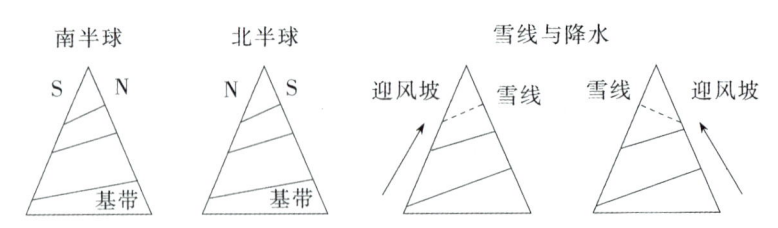

图1-1-68 山地垂直带分布与坡向的关系及雪线与降水的关系

**经典真题**

(2018下·单选)下图为某山地垂直自然带分布模式图。读图完成下题。

据上图判断,该山地所处的半球和山地的阴坡分别是( )。

A.北半球、山体南坡　　　　　　　　B.北半球、山体北坡
C.南半球、山体南坡　　　　　　　　D.南半球、山体北坡

【答案】C。解析:由图中山地植被带的分布可以看出,同一植被带在该山地的海拔分布北坡高于南坡,因此北坡的热量条件优于南坡。所以该山地南坡为阴坡,北坡为阳坡,位于南半球。

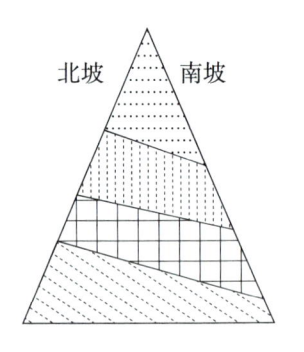

## (三)非地带性分异

非地带性分异举例见表1-1-30。

表1-1-30 非地带性分异举例

| 影响因素 | 非地带性分异 |
| --- | --- |
| 海陆分布 | 北半球有亚寒带针叶林带、苔原带,而南半球同纬度缺失 |
| 地形起伏 | 南美洲南端安第斯山西侧是温带森林,东侧是温带荒漠 |
| 洋流 | 温带森林带在西欧北伸,而在亚欧大陆东岸南移 |

# 第七节　自然地理环境对人类活动的影响

## 一、自然地理环境要素及其之间的关系

自然地理环境由地貌、气候、水文、生物和土壤等要素组成。这些要素相互联系、相互影响、相互渗透,构成了一个有机整体,推动地理环境的演化,同时影响人类活动。

**1.地形与气候**

地形影响气温和降水。海拔越高,气温越低。这种现象产生了"一山有四季"的景观,在中低纬高山地区表现得尤其明显。一般山地迎风坡降水丰沛,而背风坡形成雨影区,降水较少。

地形影响气候类型的分布。南北走向的山地,对海陆之间的气流交换有阻碍作用,使沿海地区气候

的分布呈狭长带状特征,如南北美西海岸气候的分布。而东西走向的山地可使气候类型的分布向内地延伸,如欧洲温带海洋性气候的分布。

气候同样影响地形。在高寒地带,气候寒冷,冰蚀地貌广布;在干旱地带,降水稀少,温差大,风力作用强,风成地貌广布;在湿润地带,降水较多,流水作用强大、普遍,多流水地貌。

### 2.地形与河流

地形影响河流走向、水系形状等。我国地势西高东低,河流自西向东流;德国地势南高北低,河流自南向北流;亚洲地势中部高、四周低,形成放射状水系;四川盆地中部低、四周高,形成向心状水系;亚马孙平原南北两侧地势高,形成树枝状水系。

地形影响河流落差。在流量一定的情况下,不同地区的河流价值体现不同。在山区,河流落差大,流速较大,水能资源丰富;在平原地区,河流落差小,水流平稳,航运价值较大。

河流塑造地形。在河流流速大的山区,侵蚀作用强烈;在河流流速较慢的平原地区,沉积作用显著。

## 二、自然地理环境对聚落、交通的影响

### (一)自然地理环境对聚落的影响

#### 1.聚落的分布

从已发现的村落遗址来看,乡村聚落多位于河流两岸的阶地上,或者位于两条河流交汇处地势较高、平坦的地方。这些地方地势较高,没有洪水浸淹之患,且土壤肥沃,靠近河流,有利于农耕的发展,用水和交通也比较方便。

不同的地形条件,对聚落分布的影响不同。在平原地区,聚落分布最密集。在河网较密的平原地区,聚落多沿河流呈带状分布,如我国南方的聚落分布;在河流较少的平原开阔地区,聚落多呈团块状分布,如我国北方的聚落分布。在高原地区,聚落多分布在河漫滩平原(河谷地带),呈带状,如我国青藏高原上雅鲁藏布江河谷的聚落分布,原因是河谷地带地势低平、气候温暖、土壤肥沃、水源丰富等。在山区,聚落多分布在洪积扇、冲积扇和河漫滩平原(或分布于山前,或沿河流发展)上,多呈带状。热带地区的聚落多分布在高原上。

#### 2.自然地理环境对城市聚落的影响

(1)地形与城市

城市建设最好的地形是地势平坦、地势稍高的平原或山区河谷。原因:①有利于基础设施建设,减少投资。②周围土地用于农耕,为城市居民提供农副产品。

(2)气候与城市

气候对城市形成和发展的影响,主要体现在两方面:①影响城市的区位。城市分布主要受气温和降水两方面的影响,主要选址于中低纬度地带,尤其是气候条件更为优越的沿海地区。②影响城市的内部结构。

(3)河流与城市

河流一方面可作为重要的交通通道,另一方面能满足城市生活用水和生产用水的需要,所以河流对

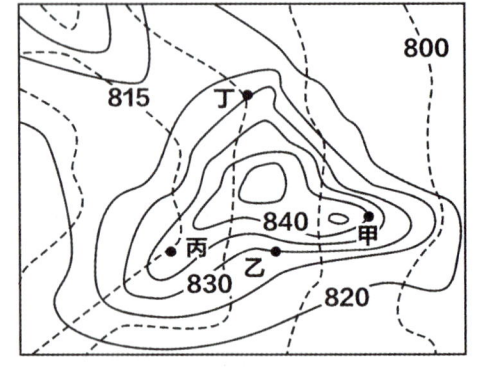

城市的形成和发展影响重大。

城市一般分布在具有优良港湾的海岸地区及大河的入海口、河流的汇合处、水陆交通的转运点，以及水运起点和湖岸地区。河流两岸的城市，往往呈带状或组团状分布。

**（4）矿产与城市**

一些城市因当地矿产资源的开采和利用而兴起，并发展了相关的工业。世界上这样的城市有英国的伯明翰、美国的匹兹堡、德国的埃森等。我国这样的城市有鞍山、包头、攀枝花、大同、鹤岗等。城市规模取决于资源的蕴藏量和开采水平。目前受资源枯竭和产业转型的影响，许多资源型城市正在寻找新的发展机遇。

### （二）自然地理环境对交通的影响

#### 1.影响方面

自然地理环境对交通的影响，主要体现在三方面：①影响交通运输方式。②影响交通运输线路的走向，其中地形对铁路走向的影响最为明显。③影响交通线网的密度和分布格局。交通线路一般选择在自然条件较为有利的地形单元和地形部位上进行修建。

#### 2.具体影响

修筑铁路、公路等交通线路要充分利用有利的地形条件。海陆空交通运输常需要穿越不同的气候区，应充分合理地利用各地的气候资源，并尽量避开气象灾害。这样才能保证交通运输的安全和经济效益。

例如，在山区，为了降低工程成本和难度，人们优先建造成本较低、难度较小的公路，其次才是铁路。而且，人们常会把线路地址选在地势相对和缓的山间盆地和河谷地带。交通线路往往沿等高线迂回前进。所以山区的交通线以公路为主，主要分布在山间盆地和河谷地带，线路较为弯曲、相对较长。飞机场不宜建在多云雾、多暴雨、风速大、能见度差的地方。

# 强化练习

**一、单项选择题**

下图为我国某区域等值线分布图。图中实线表示地表沉积物等高线（单位：米），虚线表示基岩表面等高线（单位：米）。读图完成第1~2题。

1.甲地的地形是（　　）。

A.山谷

B.陡崖

C.鞍部

D.山脊

2.甲、乙、丙、丁四地中，沉积物厚度最薄的是（　　）。

A.甲　　　　　　　B.乙

C.丙　　　　　　　D.丁

2016年11月30日中国申报的"二十四节气"被列入人类非物质文化遗产名录。下图左为"二十四节气示意图",右为"太阳直射点移动轨迹图"。读图,回答3~4题。

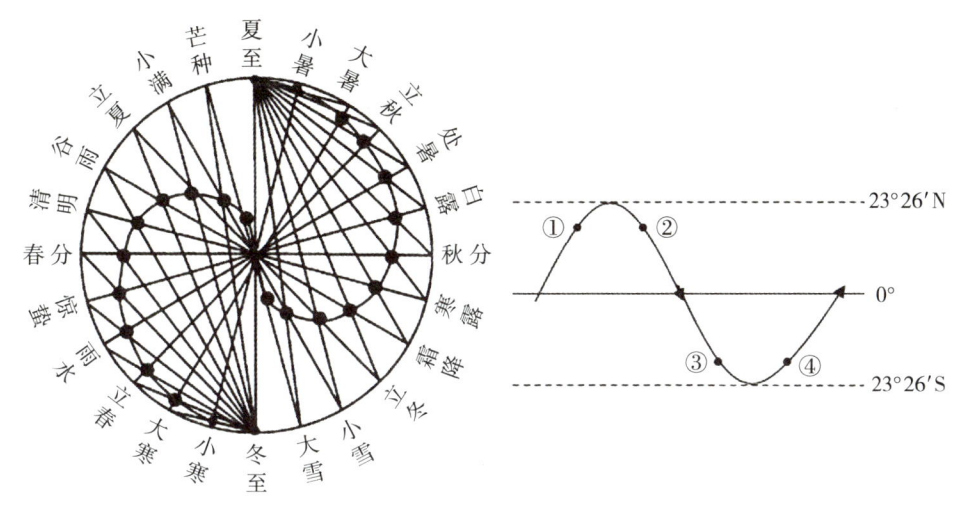

二十四节气示意图

3.从立春到立夏期间（　　）。

A.地球公转速度逐渐变快

B.江苏各地正午太阳高度逐渐变小

C.宿迁地区白昼逐渐变长

D.南半球各地均处于春季

4.11月30日前后,地球位于公转轨道上的位置最接近图中的（　　）。

A.①点  B.②点

C.③点  D.④点

读图回答5~6题。

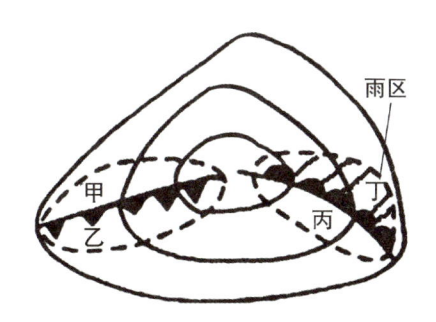

5.图中的天气系统是（　　）。

A.北半球锋面气旋  B.南半球锋面气旋

C.北半球反气旋  D.南半球反气旋

6.图中日温差最小的地方是（　　）。

A.甲  B.乙

C.丙  D.丁

下图为世界主要板块接触关系示意图。读图完成7~8题。

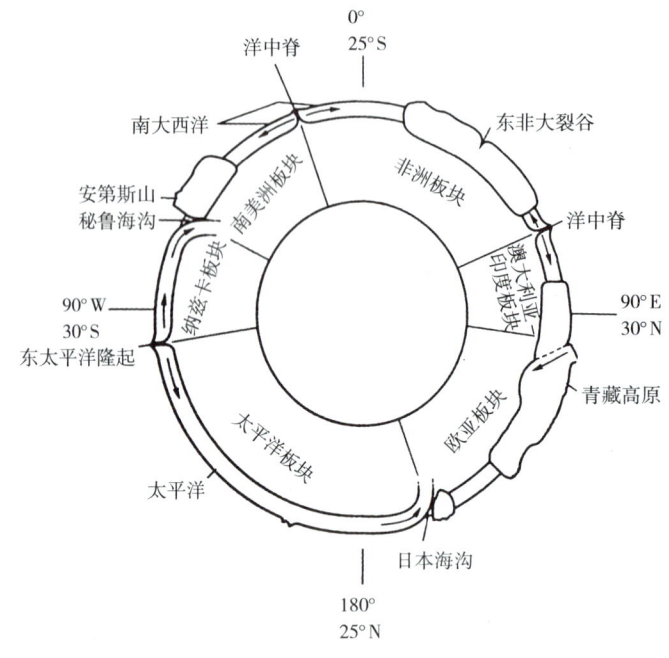

7.关于板块接触边界运动状况的叙述,正确的是(　　)。

A.东非大裂谷地幔层温度较低,物质下沉,两侧板块分离

B.大洋中脊地幔层温度较高,物质上涌,两侧板块分离

C.安第斯山地幔层温度较高,物质上涌,板块隆起上升

D.日本海沟地幔层温度较低,物质下沉,板块俯冲生长

8.北京时间2015年4月25日尼泊尔发生8.1级地震。本次地震发生的根本原因是(　　)。

A.印度板块挤压亚欧板块

B.印度板块抬升隆起

C.亚欧板块挤压印度板块

D.亚欧板块俯冲消亡

下图示意某流域开发的三个阶段(a)和三条流量变化曲线(b)。读图回答9~10题。

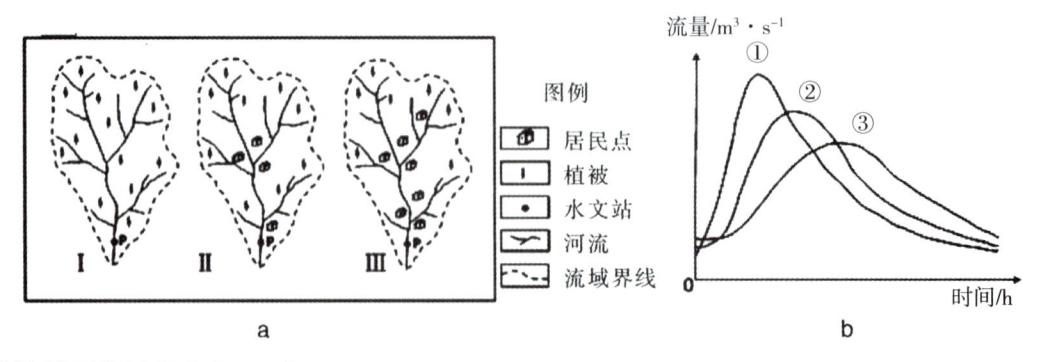

9.该流域开发过程中(　　)。

A.降水量增加　　　　　　　　　　B.蒸发量增加

C.下渗减少　　　　　　　　　　　D.地表径流减少

10.假设该流域三个阶段都经历了相同的一次暴雨过程,在P处形成的流量变化过程与图b中①②③分别对应的是(　　)。

A.Ⅰ、Ⅱ、Ⅲ　　　　B.Ⅱ、Ⅰ、Ⅲ　　　　C.Ⅲ、Ⅱ、Ⅰ　　　　D.Ⅰ、Ⅲ、Ⅱ

下面左图为某河段景观素描图,右图为该河段河曲水流速度等值线分布(①>②)示意图。读图完成第11题。

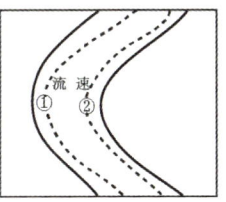

11.有关河曲地段水流速度、外力作用和土地利用类型的组合,正确的是(　　)。

A.甲—流速慢—沉积作用—仓储用地

B.乙—流速快—侵蚀作用—住宅用地

C.乙—流速慢—沉积作用—交通(港口)用地

D.甲—流速快—侵蚀作用—水利设施(防洪堤)用地

二、材料分析题

12.下图为我国某地等高线图,下表是该地气候资料。读图、表回答下列问题。

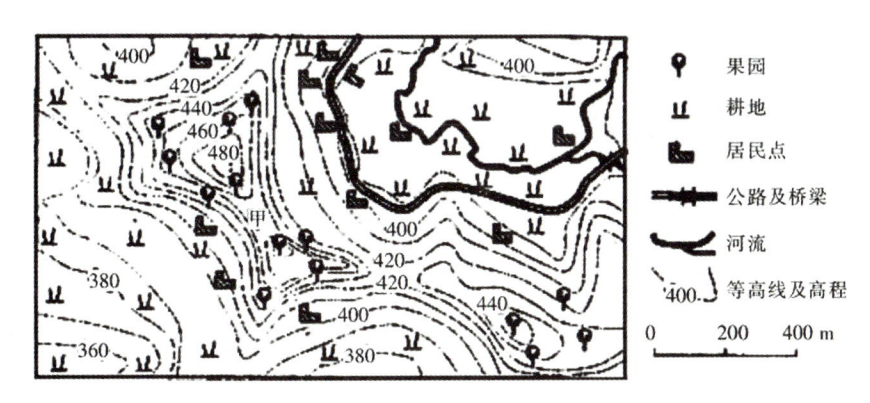

| 月份 | 1 | 2 | 3 | 4 | 5 | 6 | 7 | 8 | 9 | 10 | 11 | 12 |
|---|---|---|---|---|---|---|---|---|---|---|---|---|
| 气温/℃ | 6.5 | 9.0 | 13.0 | 18.0 | 22.0 | 25.0 | 27.5 | 27.5 | 23.0 | 18.0 | 13.5 | 8.0 |
| 降水量/mm | 16 | 17 | 34 | 74 | 118 | 148 | 177 | 139 | 141 | 84 | 39 | 18 |

(1)说出该地区的地形类型名称和甲地地形部位名称。

(2)描述该地区气温的季节特征。

(3)分析该地区气候可能给农业生产带来的不利影响。

(4)该地计划在东北部修建水库,水库蓄水量最大时,水面高程不超过390米。你是否赞成在该地修建水库?请依据图表信息说明理由。

## 参考答案及解析

### 一、单项选择题

1.【答案】D。解析：本题考查等高线地图的相关知识。山脊是山体延伸的最高棱线，在等高线地图上，山脊的等高线弯曲部分是向低处凸出，因此甲地地形是山脊。山谷的等高线弯曲部分是向高处凸出。陡崖的特点是等高线交汇。鞍部是山脊上相邻两山顶间形如马鞍状的低凹部位。本题选D。

2.【答案】D。解析：本题考查等高线地图的计算。地表沉积物高度和基岩表面高度之差为沉积物厚度。甲地地表高度为840米，基岩高度为800~805米，则甲地沉积物厚度为35~40米。乙地地表高度为830米，基岩高度为805~810米，则乙地沉积物厚度为20~25米。丙地地表高度为835~840米，基岩高度为815~820米，则丙地沉积物厚度为20~25米。丁地地表高度为830米，基岩高度为810米，则丁地沉积物高度为20米。所以选项中，丁地的沉积物厚度最薄，本题选D。

3.【答案】C。解析：地球在经过近日点（1月初）时公转速度最快，在经过远日点（7月初）时公转速度最慢。从立春（2月初）到立夏（5月初）期间地球公转速度逐渐变慢；江苏各地正午太阳高度逐渐变大；宿迁地区白昼逐渐变长；南半球各地处于秋季。

4.【答案】C。解析：11月30日前后，即秋分日（9月23日前后）与冬至日（12月22日前后）之间，地球位于公转轨道上的位置最接近图中的③点，所以C项正确。

5.【答案】A。解析：读图可知，该天气系统中形成了锋，存在雨区，气压闭合，应为气旋。根据冷锋和暖锋的标志可以确定气流的运动方向为逆时针，因此图中天气系统为北半球锋面气旋。

6.【答案】D。解析：在甲、乙、丙、丁四地中，甲、乙、丙三地没有产生降水，云量少，故三地日温差较大。丁地处于暖锋前方的雨区，阴雨绵绵，云量大，白天地面接受的太阳辐射少，气温偏低，晚上大气逆辐射即保温作用较强，气温偏高，所以日温差最小。

7.【答案】B。解析：板块构造学说认为地幔对流是岩石圈板块运动的主要驱动机制。软流层中的地幔物质由于热量增加，温度升高，密度减小，体积膨胀，产生上升热流，上升的地幔物质遇到岩石圈底部向四周分流，随着温度下降，地幔物质密度增大，又沉降到地幔中，这一过程称为地幔对流。板块生长边界即两侧板块分离处如大洋中脊和东非大裂谷是地幔对流上升的地方，地幔层温度较高，地幔物质上涌。板块消亡边界如海沟、高大褶皱山脉处地幔层温度较低，地幔物质下沉。板块消亡边界处相互碰撞的板块，其中一个俯冲消亡形成海沟等，如日本海沟；另一个隆起上升形成岛弧或高大山脉，如安第斯山。故B项正确。

8.【答案】A。解析：尼泊尔位于亚欧板块与印度板块的交界处，地壳运动活跃，地震多发。印度板块为次级大陆板块，属于印度洋板块。板块运动中，印度板块主动向亚欧板块移动俯冲，挤压亚欧板块，使亚欧板块被迫抬升。故本题选A。

9.【答案】C。解析：从图a三个阶段可看出流域内居民点增加，植被减少。这会导致流域涵养水源的能力降低，使下渗减少、地表径流增加、蒸发量减少，进而可能导致降水减少。

10.【答案】C。解析：从b图看，从③→②→①，流量越来越大，形成洪峰的时间越来越早，洪峰持续的时间也越来越短,河流径流变化越来越大,说明植被被破坏导致流域涵养水源的功能越来越弱。结合a图中的三个阶段,Ⅰ、Ⅱ、Ⅲ分别对应③②①。

11.【答案】D。解析:本题考查河流的水文特征、外力作用及土地利用类型。从题中所给的信息可以得出,①处流速高于②处,①处附近为河流的凹岸,②处附近为河流的凸岸,凹岸流水侵蚀作用显著,凸岸流水沉积作用显著。所以,甲处的水流快,侵蚀作用显著,可修筑堤坝或其他水利设施,也可以修筑港口。乙处的水流慢,沉积作用显著,如果能确保不被洪水淹没,可以作为建设用地,如仓储用地、住宅用地等。

二、材料分析题

12.【参考答案】

(1)丘陵;鞍部。

(2)冬季温和,夏季高温,四季分明。

(3)冬春遇寒潮(低温)天气,农业生产易遭受冻害;冬春降水少,春温回升快,农业生产易遭受旱灾;夏季多暴雨,农业生产易遭受洪涝灾害。

(4)赞成。该地降水季节变化大,建水库可改善水资源的时间分配不均的情况;东北部地势低洼、开阔,利于蓄水(或北部河谷狭窄,利于建坝);临近农用地、居民点,便于生产、生活用水。

不赞成。该地已有河流流经,可提供生产、生活用水。修建水库会迁建公路和居民点,增加建设成本;淹没大片耕地,使人均耕地减少。

# 第二章　人文地理

## 考情分析

| 本章考点 | 核心考点 | 主要考查题型 |
| --- | --- | --- |
| 人口 | 人口的增长，如人口统计图的分析和人口老龄化的原因、表现和解决 | 单选题 |
| | 人口的迁移，如影响人口迁移的因素 | |
| 城市 | 城市内部空间结构，如城市功能区的布局、城市空间格局的特点和影响因素 | 单选题 |
| | 城市化，如城市化的表现及影响 | |
| | 城市等级 | |
| 产业 | 农业，如农业区位因素，农业发展条件、存在问题及解决措施 | 单选题、材料分析题 |
| | 工业，如工业区位因素，工业类型，工业分散，工业发展条件、存在问题及解决措施 | |
| | 服务业区位因素 | |
| 交通运输 | 交通运输方式的特点 | 单选题、材料分析题 |
| | 交通运输布局的影响因素 | |
| 区域合作 | 资源的跨区域调配 | 单选题、材料分析题 |
| | 产业转移 | |
| 地理信息技术的应用 | 遥感的应用，如监测自然灾害、环境变化等 | 单选题 |
| | 地理信息系统的应用，如城市规划选址、分析处理灾情等 | |
| | 全球定位系统的应用，如定位、跟踪 | |
| 人地协调发展 | 可持续发展的含义和实现途径 | 单选题、材料分析题 |

# 考点精讲

# 第一节　人口

## 一、人口的数量变化

### 1.人口增长

一个国家或地区人口数量的变化由人口的自然增长和人口的机械增长共同决定。其中，人口的机械增长由人口迁移引起。人口的自然增长由人口的出生率和死亡率共同决定，其增长速度取决于人口自然增长率。

> **备考点拨**
>
> 某一区域人口增长的相关计算如下。
>
> 人口出生率=年内出生人数/年内平均总人数×1000‰
>
> 人口死亡率=年内死亡人数/年内平均总人数×1000‰
>
> 人口自然增长率=（年内出生人数-年内死亡人数）/年内平均总人数×1000‰=人口出生率-人口死亡率
>
> 人口机械增长率=（年内迁入人数-年内迁出人数）/年内平均总人数×1000‰=人口迁入率-人口迁出率

人口增长的原因除了自然增长之外，还有机械增长。人口机械增长主要受社会经济因素影响，例如经济发达的地区机械增长快，而经济落后的地区则慢，甚至是负增长。

人口增长率高，则人口增长速度快，但人口增长数量不一定多。人口增长数量还和人口基数有关。所以需要区分人口的增长率和增长数量，二者没有直接关系。

下面的人口增长指人口的自然增长。

### 2.世界人口的增长

（1）世界人口的增长历程

纵观世界人口的增长历程，我们发现农业革命、工业革命和新技术革命三次技术变革都促进了人口的增长，成为世界人口增长快慢的转折点。

人口增长的快慢受到社会、经济、文化和自然等多种因素的影响，但最终取决于生产力的发展水平。

（2）世界人口增长的空间差异

有关世界人口增长的空间差异及原因见表1-2-1。

表1-2-1　世界人口增长的空间差异

| 项目 | 发达国家 | 发展中国家 |
|---|---|---|
| 人口增长特点 | 增长缓慢（甚至出现负增长） | 增长较快 |
| 人口增长特点出现的原因 | 经济发展水平高、社会保障好，受人们的生育观念等影响 | 政治上的独立，民族经济的发展，医疗卫生事业的进步 |
| 人口增长趋势 | 人口数量保持稳定，一些国家的人口数量还会逐渐减少 | 采取了控制人口的措施，人口增长速度将趋缓 |

### 3. 人口增长模式及其转变

人口增长模式是由人口出生率、人口死亡率和人口自然增长率三项指标共同构成的。根据不同历史阶段人口的这三项指标，可将世界人口增长模式划分为原始型、传统型和现代型。

有关人口增长模式的具体内容见表1-2-2。

表1-2-2　人口增长模式

| 项目 | | 原始型（"高高低"模式） | 传统型（"高低高"模式） | 过渡型 | 现代型（"低低低"模式） |
|---|---|---|---|---|---|
| 增长阶段 | | 原始低增长阶段 | 高增长阶段 | 增长缓慢阶段 | 低增长阶段 |
| 出现时期 | | 农业社会 | 工业化初期 | 发达国家一般在20世纪50年代前后，大多数发展中国家在目前出现 | 发达国家多在20世纪70年代中期以后，少数发展中国家在目前出现 |
| 人口年龄结构 | | 年轻型 | | 成年型 | 老年型 |
| 特点 | 出生率 | 高（>3%） | 高（>3%） | 开始下降 | 进一步下降，低 |
| | 死亡率 | 高 | 迅速下降 | 继续降低 | 低 |
| | 自然增长率 | 低，波动较大 | 高 | 逐渐降低 | 低（<1%） |
| | 人均寿命 | 比较短 | 延长 | 继续延长 | 进一步延长 |
| | 人口增长 | 相对静止或低速增长 | 急剧增长 | 开始减缓 | 增长缓慢甚至负增长 |
| 出现原因 | | 农业丰收与和平年代，人口数量增加；灾荒、战争以及瘟疫流行年代，人口数量下降 | 生产发展使食物供应稳定增长；某些疾病得到控制，人口死亡率明显下降 | 生活水平提高，社会和家庭观念变化，家庭规模变小，社会福利事业发展，人口政策实施，人口出生率下降 | 发达国家经济发展水平和社会福利水平较高，还受到教育、文化等的影响；发展中国家人口政策的实施 |
| 分布 | | 极少数生产方式落后的原始群体，热带原始森林深处的土著居民 | 当前的坦桑尼亚、肯尼亚等少数国家 | 目前大多数发展中国家 | 欧美等多数发达国家，中国、古巴等个别发展中国家 |

### 4.人口问题

**(1)人口问题的类型**

当今世界存在着较多的人口问题,其中人口增长过快、数量过多和人口年龄结构失调等问题较为突出。具体内容见表1-2-3。

表1-2-3  人口问题

| 国家类型 | 问题 | 影响 | 措施 |
|---|---|---|---|
| 发展中国家 | 人口出生率高,自然增长快 | 加大经济、就业、资源和环境的压力,导致社会财富积累减少,经济发展速度降低、生活水平提升缓慢甚至下降,使穷国更穷,不利于提高人口质量 | 实行计划生育,控制人口数量,提高人口素质;发展生产;转变生育观念 |
| 发展中国家 | 少年儿童比重过大 | 造成巨大的人口增长惯性,不利于人口、经济、教育、就业、环境等问题的解决 | 实行计划生育,控制人口数量,提高人口素质;发展生产;转变生育观念 |
| 发达国家 | 人口增长缓慢 | 造成劳动力不足,国防力量不足,青壮年负担过重等社会问题 | 鼓励生育;接纳移民;充分发挥老年人的价值 |
| 发达国家 | 人口老龄化 | 造成劳动力不足,国防力量不足,青壮年负担过重等社会问题 | 鼓励生育;接纳移民;充分发挥老年人的价值 |

**(2)人口老龄化**

有关人口老龄化的具体内容见表1-2-4。

表1-2-4  人口老龄化

| 项目 | 具体内容 |
|---|---|
| 含义 | 一是指老年人口相对增多,在总人口中所占的比例不断上升的过程;二是指社会人口结构呈现老年状态,进入老龄化社会 |
| 判断标准 | 60岁及以上老年人口占总人口的比例为10%及以上或65岁及以上老年人口占总人口的比例为7%及以上即进入老龄化社会 |
| 原因 | 导致人口老龄化的直接原因是出生率和死亡率的下降,其中出生率下降是最主要的 |
| 影响 | 引起劳动力不足;增加社会养老负担;导致兵源稀缺;造成老年人生活困难和孤单等 |
| 措施 | 鼓励生育;接纳移民或加强国际劳务进口;转移劳动密集型产业;进一步完善社会保障体系和福利制度等 |

**备考点拨**

人口年龄结构指各个年龄组人口在总人口中所占的比重或百分比。

一般情况下,0—14岁人口为少年儿童人口,15—59岁人口为劳动年龄人口,60岁及以上人口为老年人口。这三个年龄段的人口在总人口中的比重往往能反映人口的类型。

老年人口比例升高,说明人口逐渐老龄化;少年儿童比例升高,说明人口逐渐年轻化。

## 二、人口的空间变化

### （一）人口迁移

**1. 定义**

人口的迁移又称为人口的机械增长，是指人口的居住地在国际或本国发生永久性或长期性改变。人口迁移三要素：居住地变更、时间上的长期性（1年以上）、空间位置跨越行政界线。

人口净迁入区人口机械增长率为正，人口净迁出区人口机械增长率为负。

**2. 国际人口迁移特征**

19世纪以前，人口主要由欧、亚、非等旧大陆流向美洲、大洋洲等新大陆。第二次世界大战以后，人口从发展中国家流向发达国家，定居移民减少，外籍工人增多。西亚和北非的石油输出国有大量外籍工人迁入。近年来，西亚和北非由于战乱有大量难民迁往欧洲。

**3. 现代国际人口迁移的形式**

现代国际人口迁移主要有科技移民、劳务输出和国际难民迁移三种形式。科技移民多指高素质人才为寻找更好地学习、工作和生活条件，由发展中国家流向发达国家。科技移民的结果使发展中国家在人才和经济上蒙受双重损失。劳务输出可以缓解劳务输出国的就业压力，赚取外汇。国际难民往往给迁入国的政治、经济和社会带来许多问题。

**4. 国内人口迁移特征**

在世界范围内，工业化之前，垦荒、自然灾害和战乱等引发国内人口迁移。工业化之后，国内人口迁移形式主要是从农村迁往城镇。

在我国，从新中国成立到20世纪80年代中期，即改革开放之前，人口迁移主要受国家政策影响，有计划、有组织地进行，人口由东部迁往西北和东北边疆地区，由沿海迁往内地。20世纪80年代中期以来，受改革开放政策的影响，在工业化和城镇化的推动下，城乡收入差距巨大（根本原因），农村剩余劳动力多，大量人口由农村迁往城镇，由内地迁往东部沿海，人口迁移量大增，以务工和经商为主。

> **知识拓展**
>
> **我国人口流动特征**
>
> 我国流动人口的规模经历了从快速增长到基本稳定的转变。20世纪90年代以后至21世纪初期，随着沿海城市的发展以及对劳动力需求的日益增加，我国流动人口的数量急剧上涨。进入2010年以来，流动人口增速步入相对调整期，年均增速下降，并且从2015年开始，流动人口规模也开始减小。我国流动人口减少的原因有经济因素和政策因素等。城乡结构优化是较重要的原因，劳动力结构优化、产业结构优化也是流动人口减少的原因。
>
> 总体来讲，我国流动人口始终以劳动年龄人口（尤其是青壮年）为主，儿童和老年人口占比相对较小。但是，与人口红利的来临和逐步消失基本同步，16—44岁青壮年劳动力占流动人口的比例先升后降。与此同时，流动人口中老年化趋势明显。
>
> 我国人口流动中城—城流动显著增加，并将继续增加。2000年以来，乡—城流动人口呈先增加后减少的趋势，而城—城流动人口则持续增加。

我国流动人口在东部集中的趋势不变,同时往中西部扩散。流动人口在东部的占比经历了从快速增长到稳步下降的过程,但在东部集中的趋势并未改变。

我国人口流动的原因以务工、经商(经济因素)为主,流动人口主要从事第二、第三产业。我国人口流动原因呈多元化的发展趋势,社会型(随迁家属、婚姻等)、发展型(学习培训等)和宜居型(追求宜居环境)流动增加。

**经典真题**

(2020下·单选)读图,回答1~2题。

1.如果图中表示我国人口的增长情况,则20世纪80年代以来,下列关于我国人口变化特点的叙述正确的是(    )。

A.人口快速增长

B.劳动年龄人口比重下降

C.人口老龄化逐渐失控

D.少年儿童人口比重不断下降

【答案】D。解析:由图可知,20世纪80年代以来,由于实施计划生育政策,相对于1964年至1982年的人口增长来说,我国人口自然增长率下降,人口增长趋缓,并非快速增长,A项错误。20世纪80年代以来,我国少年儿童人口比重不断下降且下降程度比老年人口比重增加的程度大,所以劳动年龄人口比重增加,进入人口红利期,B项错误,D项正确。我国人口老龄化发展,但是并没处于失控的状态,C项错误。

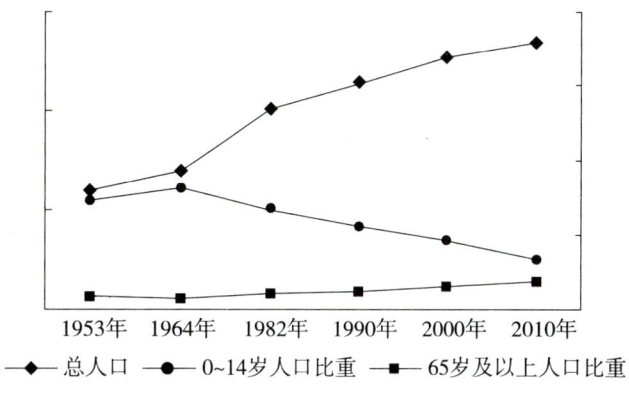

2.如果图中表示我国沿海某地区的人口变化,则1980年以后少年儿童人口比重下降,但人口增长快的原因是(    )。

A.人口机械增长          B.人口自然增长率高

C.人口出生率高          D.老年人口增加快

【答案】A。解析:1980年以后我国沿海地区人口增长快,主要是因为改革开放以来,沿海地区经济发展较快,劳动力需求量大,为了改善生活,中西部经济欠发达地区的中青年人口大量向沿海地区迁移。1980年以后我国沿海地区由于计划生育政策的实施,人口的出生率和自然增长率是下降的,且高的人口出生率和自然增长率会导致少年儿童人口比重增加,与题意不符,B、C两项错误。老年人口增加快不是人口迁移引起的,不会导致人口的增长,D项错误。所以人口迁移导致的人口机械增长使得沿海地区人口增长快,A项正确。

**(二)影响人口迁移的因素**

人口迁移是多种因素综合作用的结果。但是经济因素往往对人口迁移起主导作用。有关影响人口迁移的因素的具体内容见表1-2-5。

表1-2-5 影响人口迁移的因素

| 影响因素 | | 对人口迁移的影响 |
|---|---|---|
| 自然因素 | 气候 | 通过影响人们的生产生活而影响人口迁移,如美国老年人向"阳光地带"迁移 |
| | 淡水 | 其分布和变化很大程度上决定着人口迁移的方向和规模,如早期的逐水草而居 |
| | 土地 | 通过影响农业发展而影响人口迁移,如农业社会人口为寻找新的土地而迁移 |
| | 矿产资源 | 是制造业发展的基础,伴随其早期的开发利用而引起人口迁移,如伯明翰、大庆、攀枝花等矿业城市的形成 |
| | 自然灾害 | 自然灾害引起生态环境的恶化,迫使人们迁移;早期自然灾害引起的饥荒导致人口迁移 |
| 社会经济因素 | 经济因素 | 影响人口迁移的主要因素;多数情况下人口迁移是为了追求更好的就业机会、更高的经济收入和生活水平;宏观经济布局的改变也会造成大量人口迁移 |
| | 交通通信 | 交通和通信的发展相对缩小了地区间的距离,减少了人口迁移的困难,促进了人口迁移,如近几个世纪的人口迁移高潮 |
| | 文化教育 | 改变了人们的生活态度、生活期望和认识外部世界的态度,促进了人口迁移 |
| | 婚姻、家庭 | 青年人口因婚姻迁移,老年人和未成年人多因家庭因素迁移 |
| | 其他 | 宗教信仰、民族和种族差异也是影响人口迁移的因素 |
| 政治因素 | 政治变革 | 政治变革和政治中心的改变常引起人口迁移,如历史上我国朝代更迭和都城变换引起的人口迁移 |
| | 战争 | 战争会造成人类正常生活环境和秩序的破坏,引发人口迁移,如"一战""二战"和当代局部战争冲突引起的人口迁移 |
| | 政策 | 政策尤其是有关人口迁移的政策对人口迁移产生影响,如新中国成立到20世纪80年代中期的人口迁移 |
| 其他因素 | | 性别、年龄和个人动机、职业要求、价值观、环境问题等因素也会对人口迁移产生影响 |

### (三)人口迁移的影响

有关人口迁移影响的具体内容见表1-2-6。

表1-2-6 人口迁移的影响

| 分类 | | 具体内容 |
|---|---|---|
| 对迁入地区 | 积极 | 提供廉价劳动力和消费市场,促进迁入地区的经济发展 |
| | 消极 | 给城市公共设施、就业、住房、交通、环境和管理等带来压力,加剧人地矛盾 |
| 对迁出地区 | 积极 | 缓解人地矛盾,改善环境,增加人们收入(外汇);加强与经济发达地区的经济、社会和文化交流,利于社会经济发展 |
| | 消极 | 导致人才外流,造成劳动力不足,影响经济发展 |
| 其他效应 | | 改变人口分布、人口结构;促进民族、经济、文化交流;促进人口群体基因交流和融合 |

## 三、人口的合理容量

### (一)区域资源环境承载力

区域资源环境承载力指在保证资源开发利用合理和生态环境良好的前提下,区域的资源、环境条件所能承载的人口数量的极限,表示区域的资源、环境所能持续供养的最大人口数量。

区域资源环境承载力是有限的,是一个警戒值。影响区域资源环境承载力大小的因素有自然资源状况(数量和质量)、社会经济和科技发展水平及人均消费水平。对某个区域的资源环境承载力的估算通常用该区域的一种或几种资源的承载力作为主要依据。区域资源环境承载力的大小一般取决于最少的那种资源。

这里的资源环境承载力相当于之前提到的环境承载力。

### (二)环境人口容量

**1.概念**

一个国家或地区的环境人口容量就是在可预见的时期内,利用本地资源及其他资源、智力和技术等条件,在保证符合社会文化准则的物质生活水平条件下,该国家或地区所能持续供养的人口数量。

**2.制约因素**

有关环境人口容量的制约因素的具体内容见表1-2-7。

表1-2-7 环境人口容量的制约因素

| 因素 | | 与环境人口容量的关系 |
| --- | --- | --- |
| 资源丰富程度 | 正相关 | 资源越丰富,环境人口容量越大 |
| 科技发展水平 | 正相关 | 科技水平越高,环境人口容量越大 |
| 经济发达程度 | 正相关 | 经济越发达,环境人口容量越大 |
| 人口受教育水平 | 正相关 | 人口受教育水平越高,环境人口容量越大 |
| 地区开放程度 | 正相关 | 地区开放程度越高,环境人口容量越大 |
| 生活消费水平 | 负相关 | 消费水平越高,环境人口容量越小 |

**备考点拨**

区域资源环境承载力、环境承载力和环境人口容量,这三个概念表示的意义我们可以看作是相同的。

### (三)人口合理容量

人口合理容量是指按照合理的生活方式,保障健康生活的水平,同时又在不妨碍未来人口生活质量的前提下,一个国家或地区最适宜的人口数量。它对于制定区域人口战略和人口政策有着重要意义,进而影响区域的社会经济发展战略。

人口合理容量强调的是"合理",也就是适宜生活多少人,是理想人口数量。因此在一定的时期内,人口合理容量的数值是低于资源环境承载力和环境人口容量的。

环境人口容量和人口合理容量不是一成不变的。不同的历史时期,由于受生产力和科技水平等条件的影响,会有不同的环境人口容量和人口合理容量。

目前,人口增长过快导致了严重的资源、环境和社会问题,所以要追求可持续发展就要追求人口合理容量。人类面临的合理控制人口与消除贫困和保证人人拥有不断追求高质量生活的平等权利的任务十分艰巨。各国均应该因地制宜地发展经济,保护生态并提高人们的生活质量。

# 第二节　城市(城镇)

## 一、城市内部空间结构

### 1.城市功能区的形成及划分

城市各项经济活动相互间发生空间竞争,导致同类活动在空间上高度集中,逐渐形成不同的功能区,如商业区、住宅区(居住区)、工业区,甚至有行政区、文化区、生态区等。

各功能区占据一定的地域范围,其之间并无明确的界线。一个功能区往往以某种功能为主,也可能兼有其他功能。

### 2.主要功能区

**(1)住宅区**

住宅区是为城市居民提供生活和居住的场所,在城市中分布最广泛,面积大,集聚成片。有的城市住宅区有中高级住宅区和低级住宅区之分。

表1-2-8　高级住宅区与低级住宅区的比较

| 比较项目 | 高级住宅区 | 低级住宅区 |
| --- | --- | --- |
| 收入阶层 | 高收入阶层 | 低收入阶层 |
| 建筑质量 | 面积大,质量好,有些是独立庭院 | 面积狭小,质量差,拥挤密集 |
| 位置 | 多在城市外缘,多与高坡、文化区相联系 | 多在内城,多与低地、工业区相联系 |
| 公共设施 | 完善,生活方便 | 缺乏,生活不便 |
| 环境质量 | 优美 | 较差 |

**(2)商业区**

商业区主要是人们进行商业活动的场所,多位于市中心、交通干线的两侧或街角路口,主要呈点状或条状分布。在大城市和特大城市的市中心,还会形成一个特殊的商业区——中心商务区(CBD)。

中心商务区是指集中大量金融、商业、贸易、信息及中介服务机构,拥有大量商务办公、酒店、公寓等配套设施,具备完善的市政交通与通信条件,便于现代商务活动的场所。这里有大型商场、豪华酒店、知名大公司的总部,可以提供金融、保险、旅游等服务。世界著名的CBD有美国纽约曼哈顿区、日本东京新宿区和上海浦东陆家嘴地区等。

中心商务区的特征:经济活动最为繁忙;人口数量昼夜差别很大;建筑物高大密集;内部分区明显,有水平差异和垂直差异。

**(3)工业区**

工业区是由城市工业相互聚集形成的,往往分布在城市外缘交通比较便捷的地带,靠近河流、铁路、公路等。工业区的布局需考虑对环境的影响,一般分布在城市主导风向的下风向,远离水源地及河流上游,位于居民区的下游地带。

**备考点拨**

表1-2-9 三大功能区的判断

| 方法 | 内容 |
| --- | --- |
| 根据面积 | 一般,住宅区面积最大,其次是工业区、商业区 |
| 根据位置 | 一般,商业区位于市中心,向外依次是住宅区、工业区 |
| 根据形态 | 一般,商业区呈点状或条状,住宅区和工业区呈片状 |
| 根据人口 | 一般,商业区和工业区人口昼多夜少,住宅区与之相反 |

**3.城市内部空间结构的影响因素**

在城市中,不同功能区的分布和组合构成了城市内部的空间结构,也叫作城市地域结构。城市内部空间结构的形成受多种因素作用。

**(1)经济因素**

经济因素是城市内部空间结构的主要影响因素,主要表现为地租水平和各经济活动的付租能力的高低。

地租水平的高低主要取决于距市中心的远近和交通通达度两方面。一般,距市中心越近,地租越高;交通通达度越高,地租越高。

①距市中心远近

通常,城市中心地区可以接近最大消费群体,地租最高,商业付租能力最高,为商业区;商业区外围,便于购物和通勤,住宅付租能力最高,为住宅区;城市外围远离市中心,工业活动付租最高,为工业区。

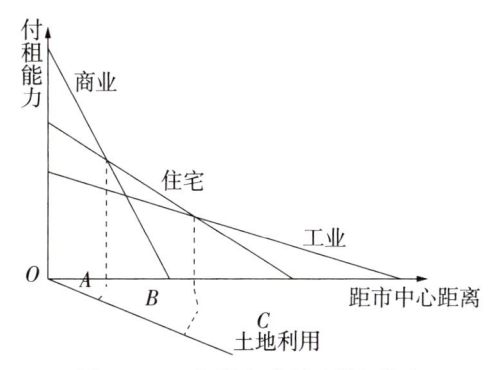

图1-2-1 各类土地利用付租能力随距市中心距离递减示意

一般来说,自市中心向外,商业用地的付租能力下降变化最大,住宅用地次之,工业用地最小。

所以总体上,自城市中心地区向外,地租降低,依次为商业区、住宅区和工业区。

## ②交通通达度

市中心有多条道路穿过，交通通达度最高，地租最高，形成地租最高峰，一般为商业区。

城市主要道路与环线交会处，交通通达度高，地租高，形成地租次高峰，多为商业区。

市中心附近和主干道两侧的地区交通通达度较高，地租较高，一般为住宅用地。

城市边缘，交通通达度较低，地租较低，一般形成工业区。

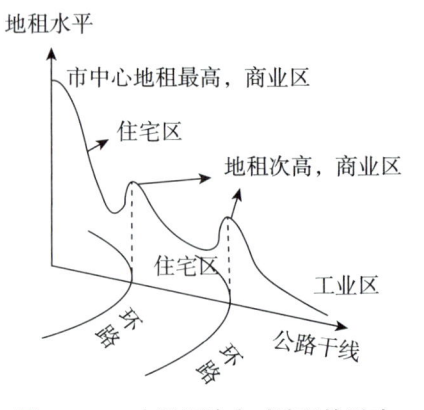

图1-2-2 交通通达度对地租的影响

### （2）历史文化因素

历史文化因素对城市地域结构具有一定影响。在封建社会，受文化影响，城市的地域结构主要是服从于统治权力的需要。中世纪欧洲的精神主宰是宗教，所以教堂往往占据着城市的中心位置。在中国，则是以行政权力为中心，城市围绕着皇宫或衙门布局。所以中国古代都城建设突出以君主为中心的思想，以皇宫为中心，强调城郭方正、对称。城市历史时期的地域结构有的延续至今，如北京城市的中心为明清皇宫，现在欧洲一些城市的中心仍分布着教堂和广场。

### （3）其他因素

影响城市地域结构的其他因素还有行政因素、社会因素、环境因素等。政府可以通过制定政策和规划，引导或明确城市功能区的划分和分布。例如，北京将通州建设为副中心，疏解中心城区的功能和人口。由于人们社会地位、生活方式、宗教信仰的不同而形成不同的居住区和活动区，如纽约的唐人街。

**经典真题**

（2019上·单选）城市中就业人口密度最大的地带被称为"就业走廊"。下图为某城市空间结构示意图。读图完成1~2题。

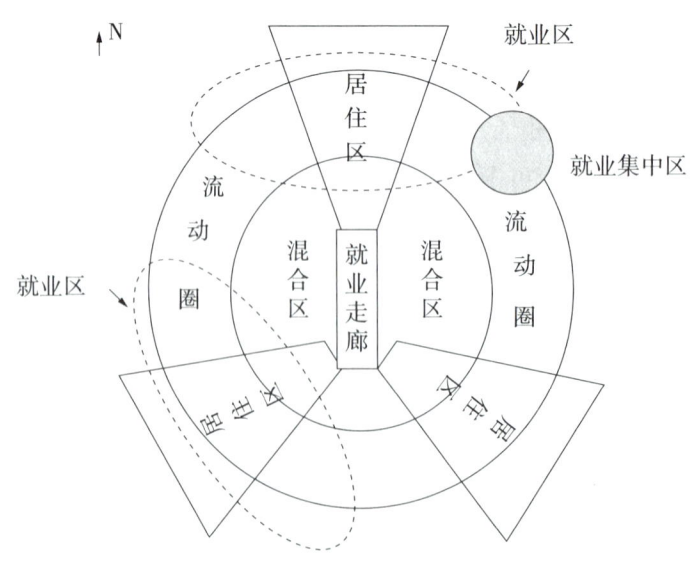

1. 图中"就业走廊"的区位优势是（　　）。

A. 人口密集　　　　　　　　　　B. 商业集中

C. 地价较高　　　　　　　　　　D. 环境优美

【答案】B。解析：图中"就业走廊"位于市中心，地价较高，交通通达度好，一般属于商业区，商业集中。城市中心地价较高，因此不是人口居住密集区。地价高不属于优势。市中心环境一般并不优美。故本题选B。

2.关于该城市空间结构的叙述，正确的是（　　）。
A.城市空间结构大致呈扇形模式　　　　B.东北方向为全市的中心商务区
C.东南方向居住与就业功能匹配较好　　D.高级住宅区适宜布局在就业集中区

【答案】A。解析：图中城市居住区由市中心向外扩展，城市空间结构明显属于扇形模式。中心商务区一般位于城市的中心。东北方向为就业集中区，可能为工业区。东南方向的区域以居住区为主，没有显示就业功能，居住和就业功能匹配较差。高级住宅区应选择环境优美、交通便利的地方，不适宜布局在就业集中区。

3.（2017上·单选）北京城以古代皇宫为中心，并以皇宫为中心形成一条南北向中轴线，其他重要建筑则沿中轴线排列。据此可以推论，北京城市空间格局形成的主导因素是（　　）。
A.交通　　　　　　　　　　B.文化
C.地形　　　　　　　　　　D.水源

【答案】B。解析：北京的城市空间格局是城市建筑沿南北向的中轴线排列，东西对称，格局严谨、庄重、美观，是受传统文化的影响形成的。

4.城市地域结构模式

城市地域结构的模式包括同心圆模式、扇形模式、多核心模式。

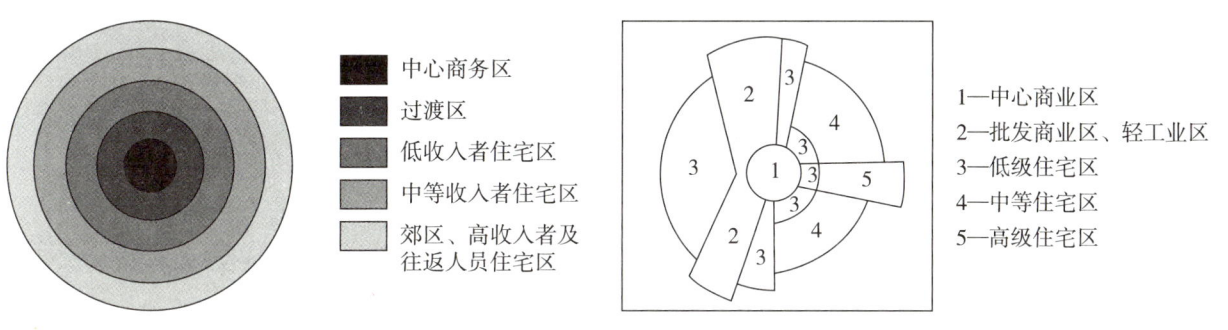

图1-2-3　同心圆模式

图1-2-4　扇形模式

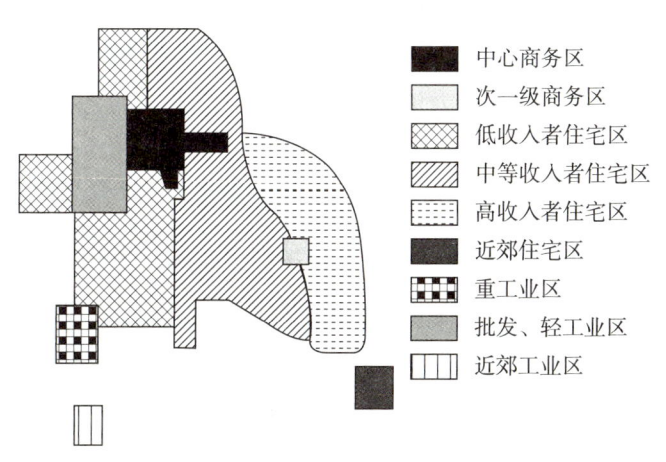

图1-2-5　多核心模式

表1-2-10 城市地域结构模式

| 结构模式 | 特点 | 成因 |
| --- | --- | --- |
| 同心圆模式 | 城市形态集中紧凑，城市功能区围绕市中心呈同心圆状分布 | 平原地形，与市中心的距离不同，地租不同 |
| 扇形模式 | 城市各功能区沿交通线呈扇形或楔形向外扩展 | 从市中心向外延伸的交通线附近交通便利 |
| 多核心模式 | 城市围绕多个核心发展，包括相对独立的卫星城 | 随着城市不断扩展，由于原有市中心地价高、交通和居住拥挤等原因，在远离市中心的郊区出现新核心；同时也受河流、地形等因素影响 |

## 二、城市化

### （一）城市化的相关内容

**1.定义**

城市化也称城镇化，一般指乡村人口向城镇集聚、乡村地区转变为城镇地区的过程。这个过程是社会发展的必然结果，是社会进步的体现，是一个国家社会经济发展水平的体现。

**2.标志**

城市化的标志如下。

（1）城镇人口占总人口的比重上升，这是城市化最主要的标志。

（2）劳动力从第一产业向第二、三产业逐渐转移，城镇人口增加。

（3）城镇用地规模不断扩大。

城市化水平的重要衡量指标是城镇人口占总人口的比重，它体现了社会经济发展的水平。

**3.动力机制**

城市化的动力机制：①社会经济发展是城市化的主要动力。一般来说，经济越发达，城市化水平就越高，反之就越低。②农业发展是城市化的初始动力。农业提供的剩余农产品和剩余劳动力是城市兴起和发展的前提。③工业化是城市化的根本动力和主导力量。工业一般是城市经济的主要支柱，能够吸纳大量劳动力，并能为服务业提供广阔的发展空间。④第三产业是城市化的后续动力。第三产业的就业人数占三次产业的绝大多数，解决了大量人口的就业问题，推动了经济发展，促进了城市化。经济繁荣的城市离不开发达的服务业。

**4.意义（有利影响）**

城市是区域的中心，人口多而密集，以非农产业活动为主。城市化和区域发展相互促进。

（1）城市化能够促进区域第二、三产业的发展，改善地区产业结构，带动广大农村的发展，缩小城乡差距，促进区域经济发展。

（2）城市人口密集，可集中利用水、电、气等资源，提高资源利用效率；集中排放处理污染物，进行基础设施和绿化建设等，改善城乡居住环境。

（3）城市提供较多的就业机会，吸收农村剩余劳动人口，提供较好的教育、医疗等服务，使得城乡居民收入、教育水平、价值观念和生活方式等差别缩小，促进区域社会的和谐。

**5.不利影响**

城市化的过程中也会出现一些问题，如生态破坏、环境污染等环境问题，就业困难、住房紧张、交通拥挤、地域文化消失等社会问题。

**6.城市发展的一般过程**

城市的发展伴随城市化过程，一般经历的过程：城市规模扩大即经历郊区城市化过程，由小城市发展成为大城市，随后出现逆城市化，最后为解决城市化问题而出现生态城市。

（1）郊区城市化

郊区城市化指城市规模不断扩大，城市人口和产业向郊区扩散的过程，原因是市区人口激增、地价上涨。

（2）逆城市化

逆城市化是指人口和工商业由城市迁往农村和小城镇的过程，表现为城市人口向乡村居民点和小城镇回流，大城市中心区萎缩，中小城镇发展迅速，乡村人口数量增多。逆城市化出现的原因是人们对生活环境质量的要求提高，以及乡村地区和小城镇基础设施逐步完善。

逆城市化的影响：人口和工商业从中心城市向中小城镇转移，可使城市化地域不断扩大，城市化向农村地域推进，并可以以中小城镇的分散发展为主，形成城乡一体化。

（3）生态城市

生态城市是一个经济发展、社会进步、生态保护三者保持高度和谐，技术和自然达到充分融合，城乡环境清洁、优美、舒适，从而能最大限度地发挥人类的创造力、生产力，并促使城镇文明程度不断提高的稳定、协调与永续发展的自然和人工环境复合系统。

生态城市的基本内涵是自然资源得到合理利用，自然环境及其演进过程得到最大限度保护，具有良好的环境质量和充足的环境容量，广泛推行建筑节能和绿色建筑，采用可持续的能源利用方式，能够消纳人类活动所产生的各种污染物和废弃物，使人们生活在宜居绿色城市中。

**经典真题**

（2017下·单选）读"城市规模的费用/效益曲线"，完成1~2题。

1.该城市人口控制的合理范围是（　　）。

A.0—$P_1$  　　　　　B.$P_1$—$P_3$

C.$P_2$—$P_4$  　　　　D.$P_3$—$P_4$

【答案】B。解析：结合图中两条曲线，可以看出城市人口规模既不能太小，也不能太大。人口规模在0—$P_1$间，费用大于效益；在$P_3$以上也是费用大于效益，所以人口规模均不合理。城市人口控制的合理范围是$P_1$—$P_3$，此时效益大于费用。

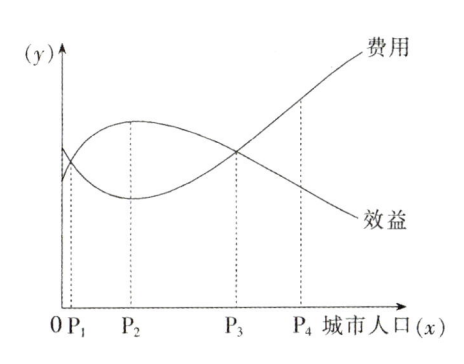

2.P₃—P₄期间可能出现的是( )。

A.人口减少　　　　　　　　　　　B.城市规模减小

C.城市等级降低　　　　　　　　　D.城市问题增加

【答案】D。解析：由图可知，人口规模在P₃—P₄间费用大于效益，且随着城市人口的增加，费用愈来愈大于效益。这通常是由城市问题增加导致的。

### (二)世界城市化的进程

#### 1.世界城市化的阶段

有关世界城市化进程的具体内容见表1-2-11。

表1-2-11　世界城市化的进程

| 城市化发展阶段 | 特征 | 出现问题 | 发展趋势 | 所在的国家和地区 |
| --- | --- | --- | --- | --- |
| 初期阶段 | 城市化水平较低、发展较慢 | 问题少，处于城市化低水平时期 |  | 发展中国家 |
| 加速阶段 | 人口和产业向城市迅速聚集，城市化推进很快 | 劳动力过剩、交通拥挤、住房紧张、环境恶化 | 出现郊区城市化现象 |  |
| 后期阶段 | 城市化水平比较高，城市人口比重的增长趋缓甚至停滞 | 中心城区表现出衰落迹象 | 出现逆城市化现象 | 发达国家 |

#### 2.发达国家和发展中国家城市化的差异

发达国家城市化起步早，城市化水平普遍较高，城市人口比重大多在70%以上，目前城市化进程趋缓甚至停滞，处于城市化的后期成熟阶段，城市发展与经济发展相适应。

发展中国家城市化起步晚，城市化水平较低，城市人口比重一般较小，但城市化速度较快，处于城市化的初期或中期加速阶段。发展中国家多出现城市发展不合理的现象，主要原因是城市经济畸形发展、人口增长过快和农村劳动力过剩造成的城市化和与经济发展不相适应，出现"过度城市化""滞后城市化"等问题。

### (三)城市化对地理环境的影响

城市化对地理环境的影响主要在于土地利用方式的变化。

#### 1.城市化对自然地理环境的影响

有关城市化对自然地理环境的影响的具体内容见表1-2-12。

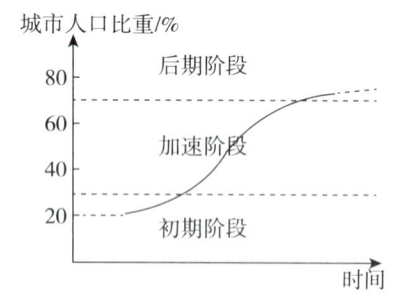

图1-2-6　城市化进程示意

表1-2-12　城市化对自然地理环境的影响

| 自然要素 | 对自然地理环境的影响 | 评价 |
| --- | --- | --- |
| 地形 | 对原来的地形、地貌进行改造，使其趋向平坦 | 容易造成水土流失、滑坡、泥石流等地质灾害 |
| 气候 | 强烈改变下垫面的原有性质；影响大气成分 | 使气温、降水等要素发生变化，出现城市"热岛"现象；密集的建筑群影响日照、风速和风向；影响太阳辐射 |

(续表)

| 自然要素 | 对自然地理环境的影响 | 评价 |
|---|---|---|
| 水文 | 城市建设破坏了原有的河网系统,同时影响水循环过程,影响水质、水量和地下水 | 易使城市在暴雨时发生排水不畅,造成城市水污染 |
| 生物 | 生物栖息地减少或改变 | 使生物多样性减少 |
| 生态 | 城市的生产、生活污染,尤其是工业"三废"干扰和破坏所在地的生态环境 | 使城市生态系统变得脆弱 |

**2.城市化对人文地理环境的影响**

有关城市化对人文地理环境影响的具体内容见表1-2-13。

表1-2-13 城市化对人文地理环境的影响

| 项目 | 对人文地理环境的影响 | |
|---|---|---|
| 聚落 | 乡村 → | 城市 |
| 土地利用方式 | 农业用地 → | 城市建设用地 |
| 产业结构 | 以第一产业为主 → | 以第二、三产业为主 |
| 景观特征 | 乡村景观 → | 城市景观 |
| 人口 | 分散,农业人口 → | 密集,非农业人口 |
| 经济开放程度 | 低 → | 高 |
| 交通、信息 | 欠发达 → | 发达 |
| 文化观念 | 受教育程度低,整体文化素质低 → | 受教育程度高,整体文化素质高 |

## (四)城市环境问题及其治理措施

**1.常见的城市环境问题**

有关常见的城市环境问题的具体内容见表1-2-14。

表1-2-14 常见的城市环境问题

| 主要表现 | | 原因 | 危害 | 整治措施 |
|---|---|---|---|---|
| 环境污染 | 大气污染 | 城市居民燃烧煤炭等排出的烟尘;工矿企业排放的烟气;汽车、飞机、火车等交通工具排放出的尾气 | 使空气变得污浊,危害人们的健康 | 合理布局大气污染较严重的企业;实行集体供暖;建立绿化隔离带;使用清洁能源 |
| | 水污染 | 城市工业废水、居民生活污水排放 | 污染城市水源,使江河湖海和地下水的水质变坏,特别是饮用水水质下降,危害人体健康和动植物的繁殖 | 对污水进行处理,实行污水达标排放 |

(续表)

| 主要表现 | | 原因 | 危害 | 整治措施 |
|---|---|---|---|---|
| 环境污染 | 固体垃圾污染 | 工业生产发展,建设规模扩大,居民消费水平提高使固体废弃物急剧增加 | 污染危害人体健康和环境 | 及时清除,实行分类回收利用 |
| | 噪声污染 | 交通运输、工业生产、建筑施工和社会活动 | 影响人们休息、工作和交谈,甚至影响人体健康 | 噪声大的工厂远离城区布局;建设绿化隔离带 |
| 交通拥挤 | | 城市人口急剧膨胀,汽车数量不断增加 | 交通阻塞导致时间和能源的严重浪费 | 控制人口数量,推广公共交通,合理布局城市道路 |
| 住房紧张 | | 人口剧增,住房供应不足,房价高 | 住房缺少,居住条件差 | 控制人口数量,加快住房建设,合理调控房价 |
| 就业困难 | | 城市人口急剧增长,乡村人口无序迁入 | 造成贫困问题、内城衰落问题和社会治安问题 | 加快经济发展,增加就业岗位 |

**2.治理措施**

城市环境问题的治理措施如下。

（1）严格控制大城市规模,分散大城市职能,建设新区和卫星城,努力推进郊区城市化,以缓解城市中心区的压力。

（2）改善城市交通和居住条件,加强道路建设,发展立体交通,加强交通管理,加快住宅建设,合理调控房价等。

（3）保护和治理城市环境,加强废弃物的综合利用,减少污染物排放,开展环境污染的综合治理。

（4）对城市进行合理规划,加强对城市的管理,妥善处理好城市各功能分区的关系,如将污染严重的企业外迁或关闭,大力加强绿化建设等。

（5）建设和发展生态城市。一方面在城市建设中,发展低污染的节能建筑和绿色交通,减少各类活动对环境的污染;另一方面,城市景观尽可能与山、河、湖、植被等自然景观保持协调,建立一种良性循环。

### 三、城市的等级

**1.城市等级的划分**

城市等级划分的依据为城市的人口规模。城市从小到大一般可以分为集镇、小城市、大城市、特大城市等。

**知识拓展**

**我国城市的等级划分**

2014年3月,中共中央、国务院印发了《国家新型城镇化规划（2014—2020年）》,其中指出,我国的设市城市,按城区常住人口的规模大小,分为五类:超大城市——1000万以上;特大城市——500万~1000万;大城市——100万~500万;中等城市——50万~100万;小城市——50万以下。此外,遍布于我国广大地区的县城、建制镇、工矿区,虽然人口未能达到设市建制的标准,但是由于非农业人口比重较大,工商业比较集中,也属于城市范畴的一种城镇型居民点。

### 2.不同等级城市服务功能的差异

城市作为区域的中心,能够为区域提供各种产品和服务,吸引着区域内的居民到城市来购物、就医、上学或寻求其他服务。到某城市来购买商品或寻求服务的顾客来源点的分布范围就是该城市的服务范围,具有不固定和无明确界线的特点。不同等级城市服务功能的差异的具体内容见表1-2-15。

表1-2-15 不同等级城市服务功能的差异

| 城市类型 | 服务范围 | 服务种类 | 服务质量 | 相互距离 | 城市数目 |
| --- | --- | --- | --- | --- | --- |
| 大城市 | 大 | 多 | 水平高 | 远 | 少 |
| 小城市 | 小 | 少 | 水平低 | 近 | 多 |

### 3.影响城市等级(规模)的因素

城市的等级不是一成不变的,会随着城市的发展而提高,与城市的地理位置密切相关。

有关影响城市等级(规模)的因素的具体内容见表1-2-16。

表1-2-16 影响城市等级(规模)的因素

| 影响因素 | 影响 | 表现 |
| --- | --- | --- |
| 地理位置 | 地理位置优越,腹地广阔,服务范围大,发展条件优越,发展潜力大 | 优越的地理位置能极大地提高城市等级,扩大服务范围,如上海市城市规模的变化过程与其所处地理位置关系密切 |
| 资源条件 | 位于资源丰富地区的城市,能够获得支撑城市进一步发展的资源条件 | 为城市提供丰富的物质条件、劳动力条件、城市用地 |
| 交通条件 | 位于交通枢纽上的城市,能够通过便利的交通为更远的居民提供服务,使其服务范围扩大 | 铁路枢纽城市、公路枢纽城市、港口城市等服务范围较大 |
| 人口条件 | 城市为服务区内居民提供货物和服务,服务人口要达到一定规模 | 位于人口稠密地区的城市服务范围相对较小;相反,位于人口稀少地区的城市服务范围相对较大 |

# 第三节 产业

## 一、农业

### (一)农业区位因素

农业区位因素是影响某一区域进行农业生产选择的因素。在农业区位因素中,自然因素仍占有重要地位,但社会经济因素、科技因素对农业区位的影响越来越大。

### 1. 主要区位因素

农业主要区位因素及其影响见表1-2-17。

表1-2-17 农业主要区位因素及其影响

| 区位因素 | | 对农业生产的影响 | 对农业区位选择的影响 |
|---|---|---|---|
| 自然因素 | 气候 | 光照和热量条件影响农作物的种类、分布、复种制度、产量和品质等;不同作物的生长对水分的要求不同 | 根据当地的气候条件,选择适当的农作物品种和耕作制度;年降水量少于250毫米的干旱地区,一般不能发展种植业 |
| | 地形 | 坡度过大不利于发展种植业;山地自然条件的垂直分异使农作物的分布随海拔不同 | 平原地区适宜发展种植业;坡度大于25°的山地不宜发展种植业,适宜发展林牧业 |
| | 土壤 | 土壤的肥力、土层的厚度、土壤的性质等对农业生产(如作物种类和产量)有影响 | 根据土壤类型发展适宜的农业生产,如酸性的土壤适宜茶树的生长,黑土适宜大豆的生长 |
| | 水源 | 水源是干旱、半干旱地区发展农业生产的决定性因素 | 农业布局在河湖水、地下水、冰雪融水丰富的地方,如河西走廊和新疆地区的绿洲农业 |
| 社会经济因素 | 市场 | 市场需求最终决定了农业生产的类型和规模 | 需要根据市场需求调整农业生产,如城郊农业 |
| | 交通运输 | 主要影响商品农业的区位,便利的交通推动商品农业的发展,促进农业生产的区域化、专业化 | 园艺业、乳畜业等应布局在交通运输方便快捷的地方;交通的改善使市场对农业区位的影响在地域上大为扩展 |
| | 政策 | 政府政策(指导收购价、政府补贴、技术支持等)直接干预农业生产,通过鼓励或限制种植某种农作物,进而影响农作物的种植面积和种类 | |
| | 劳动力 | 劳动力的数量、价格和素质影响农业生产的成本和农产品质量 | 有些农业生产需要丰富的劳动力,如水稻种植业和热带种植园农业 |
| 技术因素 | 冷藏、保鲜技术 | 延长了农产品的保质期,扩大了农产品的时空销售范围 | 技术条件的发展和改进,可通过改变农业生产方式,影响自然条件和社会经济条件等,进而影响农业区位的选择,影响某一区域的农业或农产品结构 |
| | 良种培育技术 | 扩大了农作物的种植范围,提高了单产 | |
| | 农业机械 | 提高了农业生产效率 | |
| | 其他技术 | 化肥的使用、温室大棚、水利灌溉等 | |

除了上述因素,资金、历史、文化、政治等也影响农业区位的选择。农业生产需要综合考虑多种因素,做到因时制宜、因地制宜。

### 2. 主导因素和限制性因素

主导因素指影响农业发展的最重要的因素,可以认为没有这种因素或条件就不会有某种农业或某个农作物在该区域分布的可能。

农业生产由于缺乏某个条件或某个条件的限制而不能进行,该条件就成为农业生产的限制性因素。

如果限制性因素得到满足,就会成为主导因素。例如,水源是干旱地区农业生产的限制性因素,但在干旱地区水源丰富的地区却发展了绿洲农业,水源就成了绿洲农业的主导因素。

农业主导区位因素举例如下。松嫩平原种植甜菜（喜温凉），海南岛种植天然橡胶（喜湿热）——气候；河西走廊的棉、南疆的棉花——水源；横断山区、五台山的垂直农业——地形；城市郊区的花卉、蔬菜种植——市场；江南丘陵的茶树、黑龙江的大豆——土壤；以色列的无土栽培——技术。

3.科学技术对农业生产的影响

科学技术的发展可以改造某些不利的自然条件，具体内容见表1-2-18。

表1-2-18 科学技术对自然因素的改造

| 改造对象 | 改造措施 |
| --- | --- |
| 热量 | 采用地膜覆盖或温室大棚等措施可以改善作物的热量条件 |
| 水分 | 采用滴灌、喷灌等技术可以提高水资源的利用率 |
| 品种 | 培育优良品种，既可提高单产，又可提高农作物的品质，增强其抗病、抗灾能力 |
| 地形 | 在坡度较小的丘陵地区修筑梯田，既可扩大耕地面积，又有利于水土保持 |
| 土壤 | 针对红壤的"酸、瘦、黏"，可增施有机肥、加熟石灰、掺沙子，或选种喜酸性土壤的作物，如茶树、柑橘等 |

**经典真题**

（2021下·单选）下图为"鱼菜共生"的新型复合耕作体系。它使水产养殖与水耕栽培通过巧妙的生态设计，达到协同共生，从而实现养鱼不换水而无水质忧患，种菜不施肥而能正常生长的生态共生效应。读图完成1~2题。

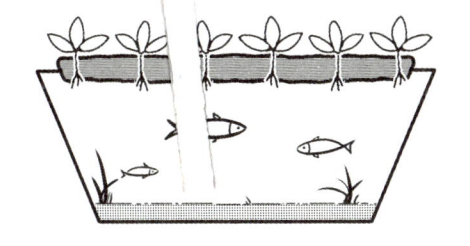

1.下列地区最适宜发展"鱼菜共生"复合耕作体系的是（　　）。

A.东北平原　　　　B.河西走廊　　　　C.华北平原　　　　D.珠江三角洲

【答案】D。解析：由材料信息及所学知识可知，"鱼菜共生"是将水产养殖业和水耕栽培结合在一起的新型模式，较适合在水系发达和热量条件较好的地区发展，尤其是水资源比较丰富的地区。东北平原纬度位置高，气温低，无法满足"鱼菜共生"模式对热量的需求；河西走廊和华北平原水资源较为短缺且热量条件较差，无法满足"鱼菜共生"模式对热量和水分的需求；珠江三角洲纬度低且位于我国湿润地区，水热条件好，在四地中最适合发展此体系。

2.实现"复合耕作体系"最主要的影响因素是（　　）。

A.土壤　　　　B.技术　　　　C.地形　　　　D.劳动力

【答案】B。解析："鱼菜共生"新型复合耕作体系原理上应是鱼、微生物、菜三者共生，养鱼过程中的粪便与饲料残渣通过微生物的发酵分解矿化，成为植物生长所需的矿质元素，而无土栽培的植物可以直接吸收利用矿质元素，对水质起到净化与过滤作用，构建养鱼不换水，种植不施肥的生态循环系统。

但在有机物的发酵矿化过程中,环境极为重要,必须要有充足的氧气及适宜的温度,所以在鱼菜共生系统的设计中,必须创造适宜的发酵条件与场所,这需要一定的技术才能实现。相比之下,"复合耕作体系"对土壤、地形和劳动力的要求不高,因此实现"复合耕作体系"最主要的影响因素是技术。

**4.农业区位因素的变化**

农业的区位因素不是一成不变的。相比之下,自然因素比较稳定,而人文因素发展变化较快。社会经济、文化和科技等不断发展变化,通过对地形、光热等自然条件的改造和对市场、交通等因素的影响,进而影响农业的区位选择。

如改革开放以来,由于市场等因素的变化,我国亚热带沿海地区一些耕地经历了"水稻田—甘蔗地—鱼塘—花卉棚"的农业景观变迁。

> **备考点拨**
>
> 考试中对农业区位因素的考查,通常是让分析某地发展某种农业或种植某种作物的原因、有利条件、区位优势等,以及某地呈现某种农业分布的原因等。
>
> 遇到此类题,就利用农业区位因素的知识结合题干所给的图文资料进行分析,首先分析某种农业的特点或农作物的生长习性,然后根据农业的特点或农作物的生长习性在材料中有针对性地找出该地符合的气候、地形、水、土壤、市场、交通等条件。在分析有利区位条件的答题中除了上面找出的这些针对性的条件外,题目中涉及的其他有利条件也是答案的一部分。
>
> 考试中会出现根据某地农业类型或农作物种类等判断该地所属的区域和位置,同时也会出现根据区域的位置和类型等判断区域内的农业类型或农作物等。所以考生需要了解不同农业类型及常见农作物的分布地区,见下表。
>
> 表1-2-19 不同类型农业和农作物的分布举例
>
> | 农业类型或农作物 | 分布 | 农业类型或农作物 | 分布 |
> | --- | --- | --- | --- |
> | 种植业 | 湿润、半湿润的平原和盆地 | 甘蔗 | 高温多雨的热带、亚热带地区 |
> | 林业 | 山地或丘陵 | 甜菜 | 气候温凉的中温带地区 |
> | 畜牧业 | 干旱、半干旱地区 | 棉花 | 光热充足、水源丰富的平原地区 |
> | 渔业 | 湖泊、水库、沿海海域 | 水稻 | 水分条件好的平原地区 |
> | 天然橡胶 | 全年高温多雨的热带地区 | 柑橘 | 气候湿润的亚热带丘陵地区 |
> | 茶叶 | 气候湿润、排水良好的坡地,土壤呈酸性 | 苹果、梨、桃 | 暖温带湿润、半湿润地区 |
>
> **如何分析某地区某一作物生长的气候条件**
>
> 分析某地区某一作物生长的气候条件要分析有利条件和不利条件两个方面,应从光照、热量、降水、昼夜温差、气象灾害等方面去分析。例如,分析华北地区棉花生长的气候条件。从有利条件考虑,华北地区夏季高温多雨,雨热同期,利于棉花生长;秋季雨水少,天气晴朗,有利于棉花后期生长和收摘。不利条件是播种期恰逢春旱,灌溉水源不足。

### (二)农业地域类型

有关农业地域的概述见表1-2-20。

表1-2-20 农业地域概述

| 项目 | 具体内容 |
| --- | --- |
| 定义 | 农业地域是指在一定的地域和一定的历史发展阶段,在自然、社会、经济和科技等条件的综合作用下,形成的农业生产地区 |
| 特点 | 同一农业地域类型,农业生产条件、结构、经营方式、发展方向等具有相同的特征 |
| 类型 | 以种植业为主的农业地域类型,如季风水田农业、商品谷物农业、热带迁移农业、热带种植园农业、园艺业等<br>以畜牧业为主的农业地域类型,如大牧场放牧业、乳畜业、游牧业<br>混合农业(两种及以上的农业部门有机结合在一起的农业地域类型) |
| 形成 | 农业地域的形成是因地制宜发展农业、合理利用土地的结果 |

#### 1.季风水田农业

（1）分布

季风水田农业主要分布在东亚、东南亚、南亚的热带、亚热带季风区。这些地区所产稻米占世界总产量的绝大部分,其中中国是世界最大的稻米生产国。

（2）特点

季风水田农业的特点:①小农经营;②单产高,商品率低;③机械化水平低;④水利工程量大;⑤科技水平低。

（3）区位条件

季风水田农业的区位条件如下。

①自然条件:热量充足,雨热同期;地形平坦;土壤肥沃;河网密布,水源充足。

②社会经济条件:人口稠密,劳动力资源丰富;种植历史悠久,经验丰富;人均耕地少,而水稻单产高;人们喜食大米。

#### 2.商品谷物农业

（1）分布地区

商品谷物农业主要分布在美国、加拿大、阿根廷、澳大利亚、俄罗斯、乌克兰等国。我国的东北、西北也有商品谷物农业。我国的商品谷物农场一般是国营的,农作物以小麦和玉米为主。

（2）生产经营特点

商品谷物农业的生产经营特点:①面向市场;②作物以小麦和玉米为主;③多为家庭农场经营,我国为国有农场;④"一大三高"即生产规模大、机械化水平高、专业化水平高、商品率高。

（3）区位条件

有关商品谷物农业的区位条件及其影响的具体内容见表1-2-21。

表 1-2-21 商品谷物农业的区位条件及其影响

| 类型 | 区位条件 | 主要影响 |
| --- | --- | --- |
| 自然条件 | 地形平坦开阔；土壤肥沃；气候温和，降水丰富 | 优越的自然条件，有利于作物的高产稳产；地形平坦开阔，为机械化生产和大规模经营创造了条件 |
| 社会经济条件 | 交通运输便利 | 便于商品集散，有利于降低运费，提高经济效益 |
| | 市场广阔 | 促进了商品粮的大规模生产和农业的现代化 |
| | 地广人稀 | 有利于规模经营，降低生产成本，提高商品率 |
| | 机械化水平高 | 为大规模经营创造了条件，提高了劳动生产率 |
| | 农业科学技术先进 | 提高了农产品的产量和质量，促进了农业生产的专业化和社会化 |

**（4）美国的商品谷物农业**

美国是世界上最大的商品谷物生产国和出口国。美国的商品谷物农场主要分布在中部平原，为世界最发达的商品化农业生产区，商品率超过95%。其生产特色是专业化和区域化。有关美国商品谷物农业区位优势的具体内容见表1-2-22。

表 1-2-22 美国商品谷物农业的区位优势

| 区位因素 | | 区位优势 |
| --- | --- | --- |
| 自然因素 | 地形 | 地形平坦开阔（中央大平原） |
| | 土壤 | 土层深厚，土壤肥沃（世界三大黑土区之一） |
| | 水源 | 水源充足（五大湖及密西西比河） |
| | 气候 | 气候温和，降水丰富，夏季湿润（温带大陆性气候） |
| 社会经济因素 | 交通 | 五大湖及密西西比河的航运与发达的公路、铁路相衔接，构成四通八达的交通运输网 |
| | 人口密度 | 地广人稀，生产规模大，竞争优势大 |
| | 工业 | 工业发达，为农业生产提供现代化的农业机械及电力、化肥和农药 |
| | 科技 | 农业科技水平高，科技成果推广快 |
| | 市场 | 市场广阔（世界最大的谷物出口国） |

**3.大牧场放牧业**

**（1）分布**

大牧场放牧业分布在大面积干旱、半干旱地区，其中阿根廷、美国以牧牛为主，澳大利亚、新西兰、南非以牧羊为主。

**（2）特点**

大牧场放牧业的特点：面向市场，生产规模大，专业化程度高，商品率高。

（3）区位条件（以阿根廷潘帕斯草原的大牧场放牧业为例）

大牧场放牧业的区位条件如下。

①自然条件：气候温暖，草类茂盛。

②社会经济条件：地广人稀，土地租金低，有利于规模化经营；距海港近，交通便利。

进一步发展的对策：修建铁路；围栏放牧，划区轮牧；种植饲草；打机井取水，保证水源；饲养、培育良种牛；研究牛群病害。

（4）我国的畜牧业

存在的问题：靠天养畜，生态破坏，载畜量低，效益低。

发展的对策：加强人工草场建设，减轻天然草场的压力；改善牧区生态环境；转变放牧方式；改善牧区交通条件及加工体系。

### 4.乳畜业

（1）乳畜业概况

有关乳畜业概况的具体内容见表1-2-23。

表1-2-23　乳畜业概况

| 项目 | 具体内容 |
| --- | --- |
| 分布地区 | 西欧、北美洲五大湖周围地区、中欧、澳大利亚、新西兰等地，我国北京、上海等大城市周围地区 |
| 生产特点 | 生产面向市场，产品主要是牛奶及其制品，生产的商品化、机械化、集约化程度高 |
| 区位特点 | 由于牛奶及大部分乳制品不耐贮藏且运输不便，故乳畜业的分布地区紧邻市场，多分布于大城市的郊区 |

（2）西欧发展乳畜业的区位条件

有关西欧发展乳畜业的区位条件的具体内容见表1-2-24。

表1-2-24　西欧发展乳畜业的区位条件

| 区位条件 | 具体内容 |
| --- | --- |
| 自然条件 | 地形以平原为主，气候为温带海洋性气候，气候温凉、潮湿，多雨多雾，日照少，利于多汁牧草的生长 |
| 社会经济条件 | 西欧经济发达，城市化水平高，食物结构中乳畜产品比重大，乳畜产品的市场需求量大；交通便捷 |

### 5.混合农业

（1）混合农业概述

世界上最主要的混合农业是将饲养牲畜和生产谷物有机结合起来形成的。

典型分布地区：澳大利亚、欧洲、北美洲、南非、新西兰，还有我国（珠江三角洲地区的基塘农业，将甘蔗、果树、桑蚕的生产与养鱼有机结合起来）。

作物和畜种：作物以小麦、玉米为主，畜种主要是牛、羊、猪。

## （2）澳大利亚的混合农业

澳大利亚的混合农业普遍采用小麦种植和牧羊（绵羊）业混合经营的方式，以墨累—达令盆地的小麦—牧羊带为代表，是现代混合农业的典型。

表1-2-25 澳大利亚混合农业发展的区位条件

| 区位条件 | 具体内容 |
| --- | --- |
| 自然条件 | 气候暖湿，地势平坦，土地肥沃，墨累—达令河和自流井提供水源 |
| 社会经济条件 | 地广人稀，生产规模大；靠近主要公路，距海港近，交通便利；有固定的国际销售市场；机械化程度高；政府政策扶持 |

生产特点：以家庭农场为主，生产规模大，商业化和机械化水平高，形成了良性的农业生态系统。

发展优势：形成了良性的农业生态系统（土地轮流种植小麦、种植牧草即放牧、休耕）；可有效利用时间，合理安排农事活动（见图1-2-7）；生产的灵活性较大，市场适应性强。

| 小麦种植 | 犁地、播种（忙碌） | | | | 生长季节（农闲） | | | | 收割（忙碌） | | |
| --- | --- | --- | --- | --- | --- | --- | --- | --- | --- | --- | --- |
| 月份 | 1 | 2 | 3 | 4 | 5 | 6 | 7 | 8 | 9 | 10 | 11 | 12 |
| 绵羊饲养 | 在牧场上放牧（农闲） | | | | 配种（忙碌） | | 剪羊毛（忙碌） | | 在收割后的麦田上放牧（农闲） | | |

图1-2-7 小麦-牧羊带农业活动的时间安排

生产不足及解决措施：墨累—达令盆地位于大分水岭的西侧，位于东南信风的背风坡，降水稀少，灌溉水源不足，因此政府修建了东水西调工程加以解决。

我国南方低山丘陵区的混合农业从中的借鉴之处：①建立生态农业体系。本区应建设良性的林地——农田生态系统，防止水土流失。②发展多样化经济。本区应充分利用土地资源优势，发展林草田塘等多种经济。③增加市场灵活性。本区可根据国内市场和国际市场的变化，有侧重地发展山区的特色经济。

### 经典真题

（2017上·单选）下图为某地区农业生态系统示意图。读图完成1~2题。

1.该地区农业地域类型是（　　）。

A.商品谷物农业　　B.混合农业

C.乳畜业　　D.大牧场放牧业

【答案】B。解析：混合农业是将种植业、畜牧业、林业等多种经营方式有机结合在一起的综合性农业。图示某地区农业生态系统反映了种植业和畜牧业的有机结合、相互促进。

2.该农业地域类型的主要特点是（　　）。

A.劳动力投入多　　B.商品率低

C.生产规模小　　D.市场适应性强

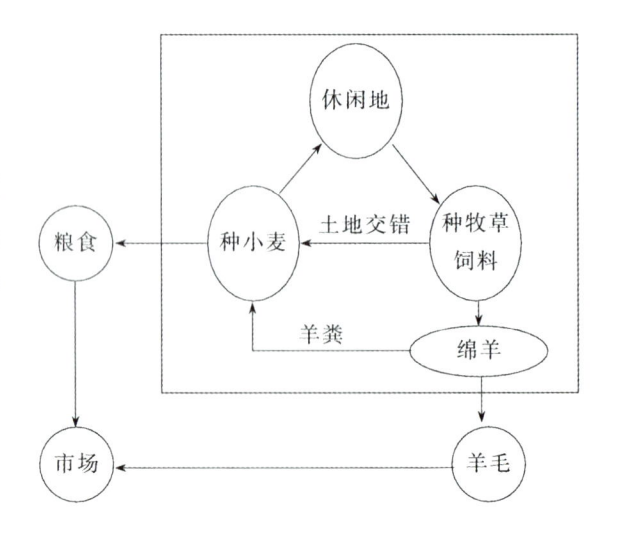

【答案】D。解析:混合农业的特点:一是可以形成良性的农业生态系统;二是农民可根据市场变化安排农业生产活动,具有较好的灵活性,市场适应性强。

#### 6.热带种植园和热带迁移农业

有关热带种植园农业的具体内容见表1-2-26。

表1-2-26　热带种植园农业概述

| 项目 | 具体内容 |
| --- | --- |
| 分布地区 | 南亚、东南亚、撒哈拉以南的非洲、拉丁美洲 |
| 主要作物 | 咖啡、可可、香蕉、橡胶、菠萝、油棕、剑麻、烟草等经济作物 |
| 经营方式 | 以大种植园和农场为主 |
| 生产特点 | 面向国际市场,集约化、专业化和商品化程度高,规模大,机械化水平不高(需要大量劳动力) |

我国的种植园农业分布在海南岛、雷州半岛和云南南部,为国有农场经营方式。

表1-2-27　热带迁移农业概述

| 项目 | 具体内容 |
| --- | --- |
| 分布地区 | 南美洲亚马孙河流域、非洲刚果盆地等地广人稀的热带森林及其边缘地区 |
| 生产特点 | 土地和住所均不固定;通过砍伐、焚烧树木获得土地种植农作物,很少管理;几年后,土地肥力下降,再迁移到别处重新开垦土地 |
| 生态影响 | 破坏雨林,导致雨林退化,引发水土流失、物种灭绝等生态环境问题,导致全球变暖 |

**备考点拨**

可以根据农业生产的分布、对象、目的和规模等判断农业地域类型。如分布在热带或亚热带季风地区,生产对象为水稻,则为季风水田农业。生产对象主要为小麦、玉米,生产规模大,商品率高,则为商品谷物农业。生产对象为热带经济作物,生产规模大,面向国际市场,则为热带种植园农业。生产对象既有种植对象,又有养殖对象,且二者均达到一定规模,则为混合农业。

### 二、工业

#### (一)工业的区位选择

##### 1.工业区位因素

工业区位是指工业企业的经济地理位置,以及工业企业在生产过程中与相关事物的联系。为了获得最佳效益,决策者在选择工业区位时,需要考虑很多因素,包括土地、水源、资源等自然因素和产业基础、原料、市场、交通、劳动力、技术等社会经济因素以及环境因素。这些构成了工业的主要区位因素。

表1-2-28 工业的主要区位因素及其影响

| 区位因素 | 主要影响 |
|---|---|
| 土地 | 土地的数量、质量和价格影响工业区位的选择 |
| 水源 | 水源的远近、充足与否及水质好坏影响需水量大、对水质要求高的工业的区位选择 |
| 动力 | 充足的能源能够吸引耗能大的工业 |
| 原料 | 原料的种类、数量、质量及运输成本对工业区位的影响很大 |
| 市场 | 接近消费市场可节省运费、降低成本并及时获取市场信息 |
| 政策 | 在优惠政策的影响下，税收、用地、交通、基础设施等都会有利于投资办厂 |
| 交通运输 | 原料运入和产品运出需要快捷、廉价的运输，工业一般布局在交通便利的地方 |
| 劳动力 | 劳动力的数量、工资水平和素质影响不同类型工业的区位选择 |
| 科技 | 科技进步能够改善交通运输条件，提高工业机械化和自动化水平等，使得工业对信息的依赖程度提高 |

除上述主要区位因素之外，个人偏好（如回乡投资建厂的乡土情结）、工业惯性（影响对工业搬迁）和文化消费习惯（影响产品结构和工业分布）等也会影响工业区位的选择。

此外，环境目前已经成为影响工业区位的重要因素。污染严重的工业在进行区位选择时应该慎重考虑对环境的影响，而对环境敏感的一些高技术产品及食品等企业则以优质环境作为区位选择的主导因素。在环保质量标准高等环保严格的国家和地区，污染物处理成本高，会限制一些工业的分布。这就导致一些发达国家将污染工业转移到环境质量标准较低的发展中国家。

表1-2-29 环境因素对工业区位选择的影响

| 分类依据 | 工业区位选择的要求 | 举例 |
|---|---|---|
| 环境要求 | 对大气环境十分敏感的工业应布局在空气比较洁净的地区，远离烟尘污染严重的工厂 | 电子厂、感光器材厂 |
| | 对水质要求高的工业，应布局在河流上游等水质好的地方 | 自来水厂、啤酒厂 |
| 污染程度 | 规模小、无污染的工业可以有组织地布局在城区 | 服装厂、玩具厂 |
| | 规模大、对空气有轻度污染的工业可以布局在城市边缘或近郊区 | 机械厂 |
| | 有严重污染的企业应布局在远离城区的郊区 | 钢铁厂、水泥厂 |
| 污染类型 | 大气污染严重的工厂，布局时应考虑风向，应选择布局在主导风向的下风向、与季风区盛行风向相垂直的郊外或最小风频的上风向<br>山谷、盆地地形易形成逆温，使废气不易扩散，不能布局有大气污染的工业 | 水泥厂、酿造厂、冶金厂、化工厂 |
| | 水污染严重的工厂，污水排放口应远离水源地及河流上游，尽量布局在河流下游 | 印染厂、造纸厂、电镀厂、皮革厂 |
| | 固体废弃物污染严重的工厂应远离农田和居民区 | 钢铁厂、火电厂 |

## 2.工业指向类型

工业区位因素有很多。在诸多的区位因素中,某种工业的区位选择所要考虑的主导因素可能只有一个(或少数几个),因此,在现实的区位选择中,要首先考虑工业的主导因素。根据主导区位因素的不同,可将工业划分成不同的指向类型。具体内容见表1-2-30。

表1-2-30 工业指向类型

| 工业指向类型 | 区位选择原则 | 举例 | 工业特点 |
| --- | --- | --- | --- |
| 原料指向型 | 接近原料产地 | 甜菜制糖厂、甘蔗制糖厂、水产品加工厂、水果罐头厂、采掘业 | 原料不便于长距离运输或原料运输成本高、产品运输成本低 |
| 市场指向型 | 接近消费市场 | 啤酒厂、印刷厂、汽车制造业、石油加工业、食品厂 | 产品不便于长距离运输或产品运输成本高、原料运输成本低 |
| 技术指向型 | 接近高等教育和科技发达的地方 | 集成电路、卫星、飞机、精密仪表制造业、高级时装、电子工业 | 制造、生产技术要求较高 |
| 劳动力指向型 | 接近有大量廉价劳动力的地方 | 普通服装加工业、电子装配业、制鞋业 | 需投入大量劳动力 |
| 动力指向型 | 接近能源供应地(火电厂或水电站) | 冶金(炼铝或炼铜厂)、化工等重工业,电镀厂 | 需要消耗大量能源 |

【备考点拨】

注意区分以下几组工业指向类型。石油开采业和石油加工业前者是原料指向型,后者是市场指向型。电子装配业和电子工业前者是劳动力指向型,后者是技术指向型。普通服装加工业和高级时装业,前者是劳动力指向型,后者是技术指向型。

原来的整体家具工业一般为市场指向型,现在的组装家具运输成本降低,一般多靠近原材料供应地。

【经典真题】

(2021下·单选)下图为某企业在甲、乙、丙、丁四地生产同一产品的成本结构比较图。读图完成1~2题。

1.甲、乙、丙、丁四地经济发展水平最高的可能是(　　)。

A.甲　　　　　　B.乙
C.丙　　　　　　D.丁

【答案】D。解析:由图可知,甲乙丙丁四地生产同一种产品,丁地的人工费与其他地区相比最高,产品运费最低。一般而言,某地的经济发展水平越高,交通就越发达,人们的收入也越高,市场越广阔,相应地,人工费用越

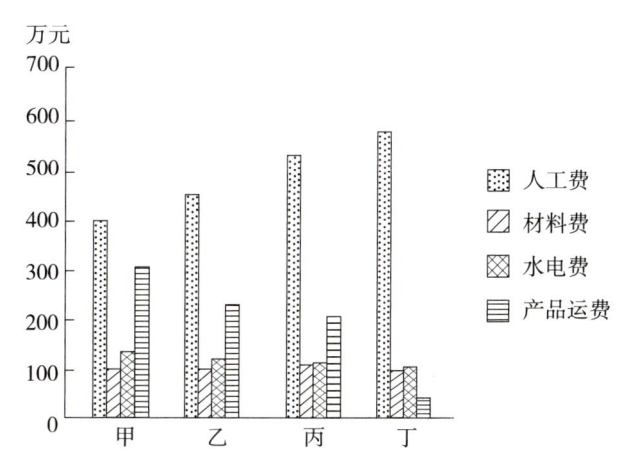

高,产品运费越低。因此丁地的经济发展水平可能最高。

2.该企业最有可能是(　　)。

A.家具制造　　　　B.家电组装　　　　C.制糖工业　　　　D.炼铝工业

【答案】B。解析:由材料可知,四地生产的是同一种产品,从成本结构看,该产品生产的人工费所占成本远高于其他项目,说明该产业可能属于劳动力指向型产业,选项中家电组装为劳动力指向型产业。家具制造为市场指向型产业,制糖工业为原料指向型产业,炼铝工业为动力指向型产业。

(2020下·单选)下图为不同工业企业的成本构成示意图。读图完成3~4题。

3.甲、乙分别代表的工业企业可能是(　　)企业。

A.普通服装、电子装配

B.奶制品加工、电子装配

C.电子装配、高级服装

D.电镀、奶制品加工

【答案】B。解析:甲企业的成本构成中,运费所占比重最大,说明原料或产品不易运输。分析选项可知,甲最可能是奶制品加工企业,其原料易腐败变质。乙企业的成本构成中,劳动力占比最大,其工业类型为劳动力导向型,故乙可能为电子装配企业。

4.下面关于甲、乙两企业的说法正确的是(　　)。

A.甲企业是原料导向型企业

B.乙企业一般分布在经济发达地区

C.甲企业可能受市场影响大

D.乙企业的产品不易运输

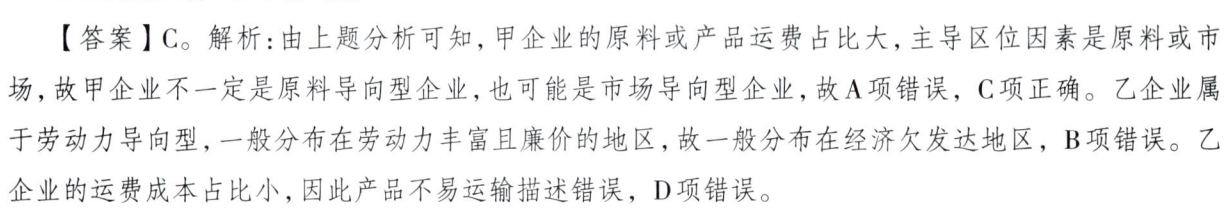

【答案】C。解析:由上题分析可知,甲企业的原料或产品运费占比大,主导区位因素是原料或市场,故甲企业不一定是原料导向型企业,也可能是市场导向型企业,故A项错误,C项正确。乙企业属于劳动力导向型,一般分布在劳动力丰富且廉价的地区,故一般分布在经济欠发达地区,B项错误。乙企业的运费成本占比小,因此产品不易运输描述错误,D项错误。

(2018上·单选)下图为不同工业企业的成本投入构成示意图。读图完成5~6题。

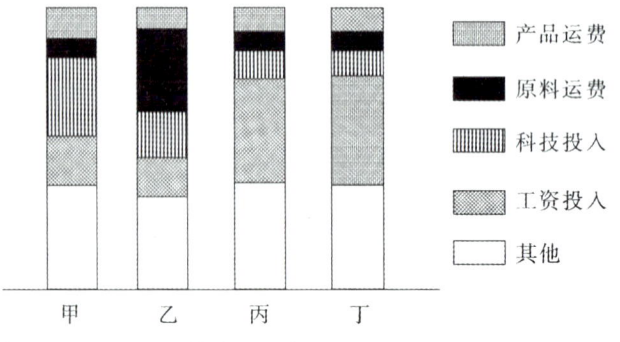

5.甲、乙、丙、丁代表的工业企业可能是(　　)。

A.普通服装、瓶装饮料、电子装配、甘蔗制糖　　B.精密仪表、水果罐头、普通服装、瓶装饮料

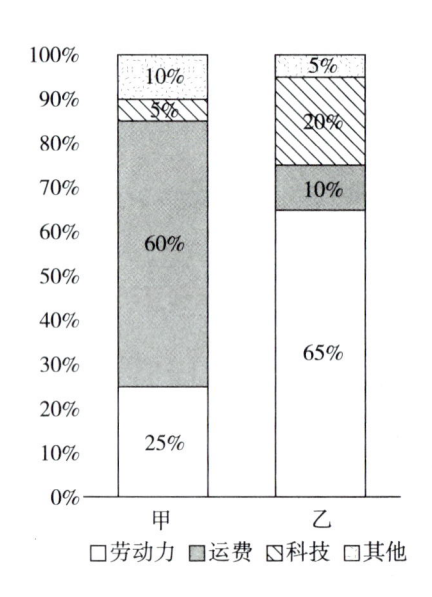

C.高级时装、甘蔗制糖、电子装配、水果罐头　　D.电子装配、水果罐头、高级时装、瓶装饮料

【答案】B。解析：甲企业的成本投入中科技投入比重较大,工业类型为技术导向型,可能为精密仪表企业。乙企业的原料运费投入比重较大,工业类型为原料导向型,可能为水果罐头企业。丙企业的工资投入比重较大,说明其需要的劳动力比较多,工业类型为劳动力导向型,可能是普通服装企业。丁企业的产品运费投入比重较大,工业类型为市场导向型,可能为瓶装饮料企业。

6.若只考虑成本投入,现阶段丙企业适宜布局在我国的地区是(　　)。

A.珠三角地区　　　　B.长三角地区　　　　C.中西部地区　　　　D.环渤海地区

【答案】C。解析：丙企业可能为普通服装企业,需要大量廉价劳动力。选项的四个地区中,珠三角、长三角和环渤海地区属于东部沿海地区。随着经济的发展和产业的升级转型,这三个地区都在逐渐地将劳动密集型产业向中西部地区转移,目的是利用中西部地区相对更为廉价的劳动力,降低生产成本。所以在只考虑成本投入的情况下,现阶段丙企业最适宜布局在我国中西部地区。

### 3.工业区位选择的变化

#### (1)工业区位因素的变化

随着社会的发展、市场需求的变化和科技的进步,工业区位因素及各因素所起的作用在不断变化,进而影响工业区位的选择。例如,由于交通和科技的发展,一些原料和动力导向型工业的区位选择,降低了对原料、动力等区位因素的依赖程度。下表是有关钢铁工业区位选择的三次变化的具体内容。

表1-2-31　钢铁工业区位选择的三次变化

| 时代 | 主导因素 | 区位变化原因 | 区位特点 | 导向类型 | 举例 |
| --- | --- | --- | --- | --- | --- |
| 19世纪 | 煤炭 | 耗煤量大 | 近煤型 | 动力导向型 | 德国的鲁尔区 |
| 20世纪初 | 铁矿 | 冶金技术改进,冶炼钢铁所用的焦炭量大幅下降 | 近铁型 | 原料导向型 | 我国的包钢、鞍钢、武钢等 |
| "二战"后 | 市场和海港 | 科技的发展,巨型矿石运输船的出现 | 临海型、靠近市场 | 市场导向型 | 我国的宝钢 |

鞍钢与宝钢区位选择的具体内容见表1-2-32。

表1-2-32　鞍钢与宝钢的区位选择

| 项目 | 鞍钢 | 宝钢 |
| --- | --- | --- |
| 主导因素 | 原料和燃料 | 市场和交通 |
| 区位特点 | 接近原料和燃料产地 | 接近市场,临近海港 |
| 煤炭来源 | 早期来自抚顺、本溪,目前来自黑龙江、山西等地 | 安徽淮南、山西等地 |
| 铁矿来源 | 鞍山本地铁矿 | 主要从澳大利亚、印度、巴西等国进口 |
| 消费市场 | 沈阳、大连、长春等钢铁消费中心 | 上海及其周围的工业城市群 |
| 交通运输 | 铁路运输便利 | 滨江临海,水陆交通便捷 |

(续表)

| 项目 | 鞍钢 | 宝钢 |
|---|---|---|
| 地位 | 曾是我国规模最大、部门最齐全的钢铁生产企业 | 我国第一个具有世界先进水平的现代化大型钢铁联合生产基地 |

**（2）工业区位选择的发展变化趋势**

科技进步和环境意识的增强是目前工业区位选择变化的主要原因。

表1-2-33 工业区位选择的发展变化趋势及原因

| 变化趋势 | 变化的原因 |
|---|---|
| 对原料地和动力基地的依赖减弱 | 工业原料的范围扩大，原料替代品增多；交通运输条件的改善；超高压输电技术的发展，核电技术的发展 |
| 交通运输和信息通达性的影响增强 | 市场信息的互通能力提高；产品的更新换代周期缩短，对信息和运输的时效性要求提高 |
| 对劳动力数量的要求降低，对劳动力素质的要求提高 | 工业生产机械化、自动化和现代化的发展 |
| 市场对工业区位的影响增强 | 市场竞争激烈 |
| 环境成为重要的区位因素 | 人们认识到了保护环境的重要性 |

**备考点拨**

城市工业布局的区位因素分析要结合工业特点，考虑土地租金和交通，考虑靠近资源分布地（如水、矿产等），考虑与其他工业和功能区的联系。还有很重要的一点是要考虑对城市环境的要求和影响，例如高科技工业多布局在环境优美的地区；有污染的工业要考虑对城市空气质量（考虑与风向的关系，且在城市热力环流之外）和水源等的影响；工业区与居民区之间应设置防护带，以减少工业区对居民区的直接污染。

分析某地发展某一工业的原因，就是回答其发展该工业的有利条件，可以根据该工业的特点和该地特点，结合工业区位因素去分析。下面是分析上海建立大型钢铁企业的原因分析举例。

上海无煤无铁，缺乏原料、燃料。它之所以能发展钢铁工业是因为具有以下有利条件：①位置优越，交通便利。上海位于长江入海口和南北沿海航运中点，有京沪、沪杭两条铁路在此相接，是水陆交通枢纽。上海可以利用便利的海运、廉价的河运从国外和内地输入煤、铁，发展临海型钢铁工业。②接近消费市场。③工业用水方便。④技术力量雄厚。

### （二）工业集聚与工业地域

#### 1.工业联系

工业生产产生工业联系。工业联系包括生产工序上的联系和空间利用上的联系两种类型。

生产工序上的联系：工厂之间存在着产品与原料的联系。一家工厂生产的产品是另一家工厂的原料,这两家工厂之间就形成了生产工序上的工业联系,如纺织厂和印染厂之间的工业联系。

空间利用上的联系:工厂之间虽然没有生产工序上的联系,但布局在同一个工业区内,共同利用工业区的道路、供水、供电、通信等基础设施及其他生产、生活服务设施,或者共同利用当地廉价的劳动力,形成空间利用上的工业联系,如我国许多经济技术开发区中工业之间的联系。

### 2. 工业集聚

（1）概念

工业集聚是指具有工业联系的一些工厂往往近距离聚集起来,形成工业集聚现象。

（2）意义

工业集聚可以加强企业间的信息交流和技术协作,降低中间产品的运输费用和能源消耗,进而降低生产成本,提高生产效率和利润,取得规模效益。

工业集聚还可以充分利用基础设施,节约生产建设投资。

### 3. 工业地域

工业集聚而形成的地域,称为工业地域。工业地域的形成包括两种情况:一种是以生产工序上的工业联系为基础,以降低生产成本为目的而自发形成的工业地域;二是规划建设的工业地域。

## （三）工业分散与工业的地域联系

### 1. 工业分散

一些生产企业所需要的零件生产分布在各个地方,如汽车零部件的生产、电子产品的元器件的生产,形成了工业分散现象。

工业分散的目的有寻求最优区位,利用其他地区廉价的土地、原材料、劳动力等,占领市场,保护原工业区的环境等。

工业分散的优势是可以充分利用各地的区位优势,降低生产成本,提高经济效益。

### 2. 工业分散的类型

工业分散的类型有传统工业发展中的工业分散、新工业发展中的工业分散和由跨国公司形成的工业分散。

传统工业出现工业分散的原因有工业企业饱和,地价、工资上涨,资源紧张,污染严重等,如美国东北部的部分企业向西部、南部迁移。新工业发展中出现工业分散的原因一般为产品轻、薄、短、小且价格昂贵,适宜空运。由跨国公司形成的工业分散的原因一般为现代工业的标准化生产和交通运输技术的新发展。

### 3. 工业的地域联系

工业分散引发了工业的地域联系,促进了地域之间人员、物质和信息等的流动。现代化的交通运输方式以及现代化的通信技术和手段进一步加强了工业的地域联系。

**经典真题**

（2016上·单选）美国M公司投资并提供零部件,在东南亚某国建设电子产品生产厂,产品全部返销美国。下图为产品的利润构成示意图。据此完成1~2题。

1.M公司在东南亚某国投资建设电子产品生产厂的主要原因是(　　)。

A.技术先进　　　　B.劳动力廉价

C.原材料丰富　　　D.交通便利

【答案】B。解析：东南亚地区劳动力丰富，相对廉价；在原料、技术和交通运输方面，与美国相比并不占优势。

2.M公司的电子产品生产厂可以在全球选址，主要原因是(　　)。

A.运输产品和零部件，成本相对较低　　　B.产品技术要求高，需要多国合作

C.可以在异国生产产品，提高其附加值　　D.能降低原材料成本，扩大国际市场

【答案】A。解析：由材料可知，M公司电子产品的市场在美国，零部件(原料)依靠进口，在东南亚建厂说明产品的技术要求不高，主要是利用东南亚的劳动力。读图可知，产品的利润构成中生产厂占的最低，只占7.5%，对提高产品的附加值没有多大影响。电子产品一般体积小、重量轻、价格贵，所以产品和零部件的运输成本相对较低，是M公司的电子产品生产厂可以在全球选址的主要原因。

**备考点拨**

下面以我国的辽中南工业区与温州乡镇企业为例说明工业存在的问题及解决措施。

表1-2-34　我国的辽中南工业区与温州乡镇企业

| 比较项目 | 辽中南工业区 | 温州乡镇企业 |
| --- | --- | --- |
| 可借鉴的国外工业区 | 德国鲁尔工业区 | 意大利新工业区 |
| 存在的问题 | 污染严重、水资源缺乏、经济增长缓慢等 | 乡镇企业间竞争激烈，没有形成机构完善、功能齐全的产—供—销体系 |
| 发展方向及可从国外工业区的借鉴之处 | 发展新兴工业和第三产业；改造原有工业部门，促进经济结构多样化；治理污染，美化环境；积极引进外资，走向国际市场 | 重视专业分工，形成有序的生产体系；加强研发，提高产品技术含量；积极开拓国际市场；规模化生产，树立品牌意识；加强培训，提高职工的技术素质；与先进企业合作，提升产品质量和管理水平 |

### 三、服务业

服务业是为社会生产和生活服务的产业，按是否以营利为目的，分为商业性服务业(餐饮、娱乐、住宿、零售、金融等)和非商业性服务业(教育、公共卫生和社会工作等)。

**1.服务业区位因素**

商业性服务业主要受到市场、交通、劳动力、集聚、政策和历史文化等因素的影响。

市场因素包括人口规模(最重要)、人均消费水平和居民消费偏好等因素。

其中，服务的人口规模的大小影响服务业的区位选择，如小型的服务场所一般分散在居住区，大型

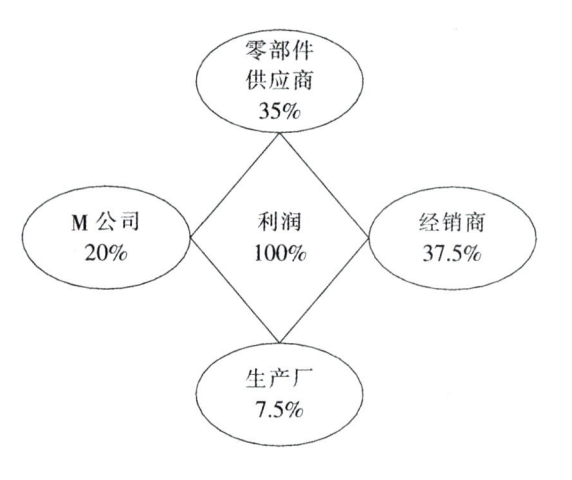

服务场所一般分布在市中心。

交通便利的地方客流量大，面向的消费市场大，往往有大量服务业聚集。

劳动力的数量和成本影响劳动密集型服务业，如餐饮、零售等的区位选择，劳动力的素质影响技术密集型服务业，如软件等的区位选择。

众多的服务业倾向于集聚在一起，有利于共享基础设施、信息和相互带动等，为消费者提供多样服务，吸引消费者，扩大知名度。

**2.服务业及其区位的变化**

新兴服务业不断涌现，如健康养老、科技咨询和文化创意设计等。

传统服务业利用现代技术不断适应社会经济的发展。

科技的发展，尤其是移动互联网、人工智能等信息技术的发展，出现了"互联网+"的新型服务业如电子商务、现代物流、远程医疗等。

网络信息技术的发展大大减弱了地理空间限制，促使服务业的区位选择更加灵活，对服务业区位的影响大大增强。

## 第四节　交通运输

### 一、交通运输方式

#### 1.五种现代交通运输方式的特点

有关现代交通运输方式特点的具体内容见表1-2-35。

表1-2-35　现代交通运输方式的特点

| 运输方式 | 优点 | 缺点 |
| --- | --- | --- |
| 铁路运输 | 当代最重要的运输方式之一，运量大，速度快，运费较低，受自然因素影响小，连续性好 | 修筑铁路成本高，消耗金属材料多，占地面积大；短途运输成本高 |
| 公路运输 | 发展最快、应用最广、地位日趋重要的运输方式，机动灵活，周转速度快，装卸方便，对各种自然条件适应性强 | 运量小，耗能多，长途成本高 |
| 水路运输 | 历史最悠久的运输方式，运量大，投资少，成本低 | 速度慢，灵活性和连续性差，受航道水文状况和气象等自然条件影响大 |
| 航空运输 | 最快捷的现代化运输方式，速度快，运输效率高 | 运量小，能耗大，运费高，设备投资大，技术要求严格 |
| 管道运输 | 运具和线路合二为一的新型运输方式，货物主要是石油、天然气、煤浆等气态或液态物质，损耗小，连续性强，平稳安全，管理方便，昼夜不停，运量很大 | 要铺设专门管道，设备投资大，灵活性差 |

### 2.交通运输方式的比较

交通运输方式的运费由高到低、运量由小到大依次为航空、公路、铁路、水路运输;速度由快到慢依次为航空、铁路、公路、水路运输。

水路运输的运量最大(指海运)、成本最低,但速度最慢,连续性弱。

航空运输的速度最快,但运费最高,连续性弱。

公路运输的灵活性和连续性都强,但运量不大,长途运输运费较高。

铁路运输的连续性强,运量较大,速度也较快,长途运输运费较低。

**经典真题**

(2020下·单选)"一带一路"为全球均衡可持续发展增添了新动力,提供了新平台。据此回答下题。

"一带"的运输方式与"一路"相比优势是(　　)。

A.运量大　　　　　B.连续性强　　　　　C.机动灵活　　　　　D.成本低

【答案】B。解析:"一带"指的是"丝绸之路经济带","一路"指的是"21世纪海上丝绸之路"。"一带"的运输方式为陆路运输,主要是铁路运输,而"一路"的运输方式为海运。海运与铁路运输两者相比,海运的优势是运量大,铁路的优势是连续性强、速度快。机动灵活是汽车运输的主要优势。

### 3.交通运输方式的选择

货运主要考虑货物的性质、距离、数量、时效和运费等。

公路适合短途、量小及容易死亡、变质的活物、鲜货。

铁路适合长途、量大、不太急需的货物。

水路适合大宗笨重、长途、不急需的货物。

航空适合贵重或急需、数量不大的货物。

管道适合以流体为主的货物,如石油、天然气等。

### 4.交通运输的发展趋势

有关交通运输发展趋势的具体内容见表1-2-36。

表1-2-36　交通运输的发展趋势

| 发展趋势 | 具体内容 |
| --- | --- |
| 网络化 | 特定地域内各种现代交通运输方式联合,各种交通运输线、点交织,形成不同形式和层次的交通运输网 |
| 高速化 | 依靠经济发展和科技进步提高运行速度,缩短运行时间,增强运输能力 |
| 专业化 | 实现装卸的机械化和自动化,减少中转环节,提高运输效率,保证安全,降低成本,如集装箱运输 |
| 大型化 | 扩大运输工具的装载量 |

## 二、交通运输的布局

### 1.交通运输发生的基本要素

交通运输发生的基本要素见表1-2-37。

表1-2-37 交通运输发生的基本要素

| 基本要素 | 具体内容 |
| --- | --- |
| 交通运输点 | 客货流集散地,包括港口、航空港、汽车站、火车站等 |
| 交通运输线 | 包括铁路线、公路线、航道、航空线、油气管道线等 |

### 2.交通线选址的影响因素

交通线选址的影响因素见表1-2-38。

表1-2-38 交通线选址的影响因素

| 影响因素 | | | 主要影响 |
| --- | --- | --- | --- |
| 自然因素 | 地形 | 山地 | 线路尽量沿等高线修建,尽量避开地形复杂的地区;公路在陡坡上修成"之"字形弯道以降低坡度或开凿隧道 |
| | | 平原 | 对线路限制较小,尽量少占耕地,处理好与农田水利建设、城镇发展的关系 |
| | 地质 | | 注意避开断层带和滑坡、泥石流多发区,特别是开凿隧道时尽量避开断层带,从背斜处穿越 |
| | 气候 | | 工程设计应特别注意沿线的暴雨、大风等出现的强度和频率,以及冻土、积雪的深度等,桥涵孔径大小和路基高低都需要根据当地暴雨强度来设计 |
| | 水文 | | 线路应避开沼泽,尽量避免跨越河流,以减少桥涵长度,降低成本 |
| 社会经济因素 | 社会因素 | | 需考虑巩固国防、加强民族团结、促进少数民族地区和革命老区经济发展的需要 |
| | 经济因素 | | 合理布局交通运输线,促进沿线经济的发展。铁路线和国道线基本以直达为主,并适当照顾沿线重要经济点,尽量缩短线路长度来节省时间,通过城市时从城市外缘经过;省道等地方性公路,则以满足地方经济发展和居民需要为主,可以通过当地的居民点、车站、码头等 |
| | 技术因素 | | 使运输网延伸到更广阔的范围,克服自然条件等对线路建设的障碍,并减少其对交通运行安全的影响 |

### 3.交通运输点选址的要求

交通运输点选址的要求见表1-2-39。

表1-2-39 交通运输点选址的要求

| 交通点 | 选址要求 |
| --- | --- |
| 港口 | 水域条件:水域开阔且水深(港阔水深),最好是避风避浪的海湾<br>陆域条件:地形平坦开阔,依托城市,交通便利,经济腹地广阔 |
| 汽车站 | 与市内、市外有方便、直接的联系,能够最大限度地方便乘客 |
| 航空港 | 地形平坦开阔,地质良好,坡度适当;地势较高,周围一定范围无障碍物,有净空保证;天气较好;距离城市有一定距离;交通便利 |

### 4.交通运输布局的影响因素

交通运输布局的影响因素有自然环境因素、社会经济因素和科技因素。自然环境对交通运输布局的影响深刻而复杂。社会经济活动对交通运输的依赖程度和需求较大，对其布局影响较大。科技的发展使人们在一定程度上可以逢山开路、遇水架桥，从而使得自然条件对交通运输布局的影响减弱，使社会经济因素成为重要的影响因素。

## 三、交通运输方式和布局的影响

### 1.对聚落的影响

交通运输方式和布局对聚落的影响及举例见表1-2-40。

表1-2-40　交通运输方式和布局对聚落的影响及举例

| 影响因素 | 对聚落发展和空间形态的影响 | 举例 |
| --- | --- | --- |
| 交通运输方式 | 新的交通方式发展会带动聚落空间形态的变化 | 浙江省嘉兴市城市形态随主要运输方式的变化 |
| | 某种交通运输方式的衰落也会影响聚落空间形态的演变 | 我国清末大运河的淤塞、海运的发展和京沪铁路的建设使京杭运河沿岸的城市发展缓慢甚至衰落，城市沿河伸展的空间形态基本保持不变 |
| 交通运输布局 | 聚落空间形态往往沿交通干线（铁路、公路、河道等）扩展，这些交通干线成为聚落的主要发展轴 | 郑州、石家庄、株洲都是沿铁路发展起来的，是典型的"火车拉来的城市"。武汉市位于长江和汉江的汇合处，具有三个方向上的水运航道，城市空间形态呈现沿江分布的特点 |
| | 交通运输网的形成，将各聚落更紧密地联系起来，使多个城市相互连接，形成沿交通网分布的大城市带 | 美国东部的波士顿—纽约—华盛顿大城市带以纽约为中心，北至波士顿，南达华盛顿，区内数十个大小城市由主要的高速公路及铁路等相连，联系紧密 |

### 2.对商业网点布局的影响

#### （1）对商业网点分布和密度的影响

交通条件不同，商业网点的密度和分布也不同。具体内容见表1-2-41。

表1-2-41　交通运输在平原和山区对商业网点分布和密度的影响

| 地形类型 | 交通、地形状况 | 商业网点的分布 | 商业网点的密度 |
| --- | --- | --- | --- |
| 平原 | 地势平坦，交通运输线路较多，运输方式复杂，交通便利 | 多沿交通干线分布 | 大 |
| 山区 | 地势有起伏，交通运输线路较少，运输方式单一，交通不便 | 多沿地势低平的公路分布 | 小 |

#### （2）对商业网点位置的影响

大多商业网点布局以交通最优为原则。一些传统中心商业区由于交通条件变差而衰落。许多商业网点由城市中心向城市边缘交通便利处（市区环路边缘或市区边缘的高速公路沿线）发展。

传统中心商业区衰落的原因:建筑密集,道路狭窄,汽车通行能力受到很大限制;用地紧张,缺少必要的停车场。

商业网点由城市中心向城市边缘交通便利处发展的原因:私人小汽车的普及和高速公路的建设、城市郊区快速道路网的形成。

### 3.对商业中心形成和布局的影响

商业是城市发展的重要标志。在大城市中往往形成多个商业中心。这些商业中心的形成和布局,与交通运输的发展和变化密切相关。

# 第五节 区域合作

## 一、资源的跨区域调配

### (一)西气东输

我国实现资源跨区域调配的大型工程有西气东输、西电东送、南水北调、北煤南运等。

西气东输工程是我国资源跨区域调配的典例。它以新疆天然气资源为基础,以长江三角洲、珠江三角洲作为天然气的主要目标市场,建设了从新疆至上海、广州、香港的输气管道。

#### 1.西气东输的实施原因

**(1)我国能源生产和消费的地区差异大**

东部沿海地区经济发达,对能源的需求量大,但是能源相对贫乏,使其经济优势得不到充分发挥。西部地区因经济水平的限制,其丰富的能源得不到充分开发利用。

**(2)调整能源消费结构的需要**

我国急需调整能源消费结构的原因如下。

①我国的能源消费以煤炭为主,这带来了一系列环境问题。

②北煤南运给铁路、公路运输造成了很大的压力。

③具有清洁优势的天然气在我国的能源消费结构中所占比例很小。

**(3)我国油气资源开发的战略重点在西部**

我国油气资源的分布西多东少、北多南少。陆上天然气主要集中在新疆、青海、川渝和陕甘宁的鄂尔多斯四大气区。20世纪80年代,"稳定东部,发展西部"油气发展战略的实施使得西部地区的油气勘探、开发取得了一系列重要进展。

#### 2.西气东输的意义及影响

**(1)国家层面的意义**

西气东输对全国来说意义重大,具体如下。

①有利于改善能源资源地域分布不均的状况,优化我国以煤炭为主的能源消费结构,改善沿线主要

城市的大气质量，促进区域的协调发展。

②为沿途各省的发展创造了良好的契机，激活沿途省区钢铁、建筑、建材、运输、商业和机械电子等产业的发展潜力。

③西气东输将西部地区的资源优势和东部地区的经济、技术优势合理配置，能够提高资源的利用效率，且对于东、西部地区的协调发展起着促进作用。

**（2）对区域发展的影响**

西气东输对区域发展的影响见表1-2-42。

表1-2-42　西气东输对区域发展的影响

| 项目 | | 东部地区 | 西部地区 |
|---|---|---|---|
| 对社会经济的影响 | 资源开发与经济建设 | 缓解能源短缺，优化能源消费结构，促进东部经济发展 | 将资源优势转变为经济优势，使之成为当地的一个新的经济增长点 |
| | 产业结构 | 推动天然气化工、发电等产业的发展 | 促进天然气加工工业发展，推动其向深加工、高附加值方向发展 |
| | 基础设施 | 进行西气东输工程的配套设施建设，将带动东部城镇的基础设施建设 | 推动天然气勘探开发和管道等基础设施建设，可增加就业机会，拉动相关产业的发展 |
| 对生态环境的影响 | 有利影响 | 改善能源结构，提高清洁能源的使用比例，改善大气环境质量 | 促进西部能源结构气化，在沿线农村地区推广使用天然气，可减少农民对薪柴的需求，缓解植被破坏带来的环境压力 |
| | 不利影响 | 输气管道线路长、规模大、施工方式多样，而途经的中西部地区地形复杂，生态环境脆弱，铺设管道易对当地环境造成破坏 | |

### （二）南水北调

南水北调工程分东、中、西三线将长江、黄河、淮河和海河四大流域连接起来，形成"四横三纵"的总体布局，可实现我国水资源的南北调配和东西互济。南水北调概况见表1-4-43。

表1-2-43　南水北调概况

| 项目 | | 内容 |
|---|---|---|
| 原因 | | 我国北方地区尤其是华北地区严重缺水，而长江流域水资源比较丰富，水资源供需矛盾突出 |
| 调水路线的评价 | 东线由扬州到天津，基本沿京杭运河输水 | 优点：工程量小，调水量大，最具有现实意义<br>缺点：黄河以南地势北高南低，需抽水北送；调水源地水质较差 |
| | 中线由丹江口水库引水到京、津地区 | 优点：可自流供水，源地水质较好，现实意义较大<br>缺点：需挖掘渠道，工程量大 |
| | 西线从长江上游引水到黄河上游 | 优点：线路短、水质好，最具生态意义<br>缺点：长江上游水量有限，供水范围小；地形复杂，工程量巨大 |

(续表)

| 项目 | | 内容 |
|---|---|---|
| 调水影响 | 有利 | 缓解北方的缺水问题,改善投资环境,促进经济发展;缓解争水矛盾,利于社会稳定;美化环境,控制地面沉降,使区域生态良性发展 |
| | 不利 | 长江径流量减少,引起海水上溯,影响水质;引起长江河道泥沙淤积,影响航运;影响江淮地区水生生物的生长;东线沿线地区地下水位升高,导致土壤盐渍化;东线水污染扩散,影响调入区水质 |
| 对策 | | 预先采取防范、补偿和综合治理措施,加强监督管理。国家提出了"先节水、后调水;先治污,后通水;先环保,后用水"的原则,统筹协调生活、生产和生态用水问题 |

## 二、产业转移

### 1.产业转移概述

有关区域间产业转移的概述见表1-2-44。

表1-2-44 产业转移概述

| 项目 | 内容 |
|---|---|
| 概念 | 企业将产品生产的部分或全部由原生产地转移到其他地区的现象 |
| 分类 | 国内的产业转移叫区域产业转移;跨国的产业转移叫国际产业转移 |
| 规律 | 按地域,产业在国内由发达地区转移到欠发达地区,在国外由发达国家转移到发展中国家;按转移的产业类型,先转移劳动密集型产业和轻工业,再转移资金密集型和技术密集型产业和重工业 |

### 2.影响产业转移的因素

影响产业转移的因素很多,其中劳动力、内部交易成本、市场是影响产业转移的三个重要因素。

（1）劳动力

具有充足、高素质且价格较低廉的劳动力资源的国家或地区,往往成为产业转移的目的地。

（2）内部交易成本

企业生产需要与和其有工业联系的其他企业打交道,还需要与地方服务行业（包括政府）打交道,同时需要进行生产组织、职工培训等。这些都要投入一定的资金。企业的这些投入,统称为内部交易成本。

发达国家社会内部交易成本很高,推动企业向国外转移产业。发展中国家通过改善投资环境以减少企业生产的内部交易成本来吸引发达国家的投资。

（3）市场

市场对产业转移的影响如下。

①企业因为国内市场趋于饱和或不能满足自身发展的需要,就会开辟国际市场。

②由于政治、经济、文化等方面的差异,以及国家政策的不同,一个国家的产品销往另一个国家往

往受到多方面的限制。为了避开进行跨国贸易面临的多方面的限制,企业会选择直接到市场广阔的国家或地区投资建厂。

③市场不断变化,产业转移方向随之变化。

(4)其他因素

国际经济形势的变化,国家政策的调整,原生产地用地紧张、地价昂贵、环境污染严重等,都会促使企业进行产业转移。

### 3.产业转移对区域发展的影响

(1)促进区域产业结构调整

对于发达国家或地区,产业结构调整导致原主导产业向国外转移。而原主导产业顺利实现向国外转移,可使国内的生产要素集中到新的主导产业,为产业结构调整创造了有利条件。

对于发展中国家或地区,接受发达国家的产业转移,可以加快本国或地区的经济结构调整,缩短产业升级的时间,从而加快工业化的进程。

(2)促进区域间产业分工与合作

无论是转移处于不同发展阶段的产业还是转移产品的生产环节,产业转移都促进了区域或国家间的分工与合作。

(3)改变区域地理环境

产业转移会改变区域的地理景观。同时,产业转移伴随着环境污染的转移和扩散。

(4)改变劳动力就业的空间分布

伴随产业转移,就业机会也由转移国或地区转移到转移对象国或地区。如果一个国家的产业大量向国外转移,会减少国内的就业机会,引起失业人口增加。对于像我国这样的发展中国家,劳动力丰富,大量吸收国外的转移产业有助于缓解就业压力。

### 4.我国近年来的产业转移

我国近年来产业转移的具体内容见表1-2-45。

表1-2-45 我国近年来的产业转移

| 产业转移 | | 产业转移的原因 | 产业转移对区域发展的影响 |
| --- | --- | --- | --- |
| 沿海产业向内地转移 | | 内地土地、劳动力等资源廉价,生产成本低 | 促进了内地欠发达地区的经济发展和沿海地区的产业结构升级 |
| 台湾产业向大陆转移 | | 大陆投资环境优化,廉价的劳动力、众多的发展机会、广阔的市场对台商的吸引力大 | 加速了大陆劳动密集型产业和高新技术产业的发展,也创造了大量的就业机会 |
| 珠江三角洲的产业转移 | 第一次由香港向珠江三角洲转移 | 改革开放的政策优惠 | 促进了珠三角的经济发展,同时造成了环境污染 |
| | 第二次由珠江三角洲向邻近地区转移 | 珠江三角洲经济相对发达,劳动力和土地价格等上涨;产业结构需要升级;环境污染严重 | 珠三角的产业结构得到优化;促进了临近地区的经济发展 |

### 5.微笑曲线

现代产业价值链呈现出一个"V"字形,即微笑曲线。在曲线中,左侧一端是研发、设计,在价值链的上游,随着新技术研发的投入,产品的附加值逐渐上升,利润高;另一端是销售、服务,位于价值链的下游,随着品牌运作,销售渠道建立,附加值逐渐上升,利润也高;中间是加工制造,技术含量低,市场竞争激烈,利润最低。

# 第六节 地理信息技术的应用

地理信息技术指获取、管理、分析和应用地理空间信息的现代技术的总称,主要包括遥感(RS)、全球定位系统(GPS)和地理信息系统(GIS)等。

## 一、遥感及其应用

### (一)遥感概述

#### 1.概念

遥感是人们在航空器(如飞机、高空气球)或航天器(如人造卫星)上利用一定的技术装备,对地表物体进行的远距离的感知。

#### 2.分类

有关遥感的分类的具体内容见表1-2-46。

表1-2-46 遥感的分类

| 分类标准 | 类型 |
| --- | --- |
| 遥感平台的高度 | 航天遥感、航空遥感、近地遥感 |
| 电磁波的波谱范围 | 紫外遥感、可见光遥感、红外遥感、微波遥感、多波段遥感 |
| 应用领域或专题 | 环境遥感、大气遥感、资源遥感、海洋遥感、地质遥感、农业遥感、林业遥感 |
| 传感器的工作方式 | 主动式遥感、被动式遥感 |

#### 3.设备及工作原理

遥感的技术装备:遥感平台(卫星站、飞机),传感器(关键装置),信息传输、处理设备。

遥感的工作原理:传感器在航空或航天器上接受地面物体反射或辐射的电磁波信息,并以图像胶片或数据磁带的形式记录下来,传送到地面接收站。地面物体的种类、性质、环境条件的不同,其反射和辐射的电磁波也各不相同,所以需对遥感信息进行处理和判读分析。

遥感的主要过程:目标物辐射和反射电磁波,被传感器收集并传输到遥感地面系统。地面系统对电磁波信息进行处理和分析,得到专业图像和统计数字。

4.遥感的优势及作用

遥感的优势:提高研究工作的精度和质量;节省人力、财力,提高效率;探测范围大、时效性和连续性强、周期短;限制少、应用广、适应性强。

遥感的作用:为区域地理环境的研究提供信息并为其从定性到定量、从静态到动态、从过程到模式的转化和发展提供了条件;为社会经济建设提供相关地表信息。

### (二)遥感的应用

有关遥感的应用的具体内容见表1-2-47。

表1-2-47　遥感的应用

| 应用领域 | | 应用举例 |
| --- | --- | --- |
| 资源调查 | 矿产资源 | 蕴藏矿产的地方有许多是地质断裂带或环形构造带,较容易借助遥感技术"发现"矿产 |
| | 生物资源 | 通过遥感图像解译,利用图像处理技术,提取植被的分布、类型、结构、健康状况等信息 |
| 环境和灾害监测 | 环境监测 | 大气污染、水体污染、冰川变化、海洋生态、荒漠化、植被变化等的监测 |
| | 灾害监测 | 洪灾、旱灾、台风、滑坡、泥石流、地震、农林病虫害、森林火灾等的监测 |
| 工程建设及规划 | | 大型水利工程、港口工程、核电站、路网、城市规划等相关信息的获取 |
| 其他 | | 军事侦察、海上交通、海洋渔业、农林业、土地利用等相关信息的获取 |

## 二、全球定位系统及其应用

### (一)全球定位系统概述

1.概念

利用卫星在全球范围内实时进行导航、定位的系统,称为全球定位系统,简称GPS。

2.组成

空间部分:GPS卫星星座(工作卫星21颗,在轨备用卫星3颗)。

地面控制部分:地面监控系统(由主控站、监控站和信息注入站组成)。

用户设备部分:GPS信号接收机和GPS数据处理软件。

3.作用与特点

作用:为各类用户提供精密的三维坐标(定位)、速度和时间,导航。

特点:全能性(陆地、海洋、航空和航天)、全球性、全天候、连续性和实时性。

### (二)全球定位系统的应用

有关全球定位系统的应用的具体内容见表1-2-48。

表1-2-48 全球定位系统的应用

| 应用领域 | 应用内容 |
| --- | --- |
| 区域地理环境研究 | 可以帮助野外考察人员确定考察点的地理位置 |
| 军事 | 主要用来给航行中的军舰、飞机及导弹提供定位和导航信息，同时也广泛应用于野外军事行动中单兵和移动装备的定位及跟踪 |
| 测量 | GPS技术已广泛应用于大地测量、资源勘探、地壳运动观测、地籍测量等方面 |
| 交通 | 对车辆进行跟踪、调度管理、合理分配和导航；进行航空、航海导航等 |
| 救援 | 可对消防人员、救护人员、交通警察进行应急调遣 |
| 农业 | 在农业中实施精准耕作；在渔业中确定鱼群的位置 |
| 旅游探险 | 确定旅游者的位置、前往目的地的最优路线等；发生险情时迅速定位 |
| 日常生活 | 应用广泛，如出行导航、定位等 |

## 三、地理信息系统及其应用

### （一）地理信息系统概述

**1.概念**

地理信息系统（GIS）是对地理数据进行输入、处理、存储、管理、查询、分析、输出等的计算机信息系统。

**2.组成与作用**

组成：包括硬件设备、地理数据、相关软件、相关人员、应用模型（即方法）。

作用：对地理空间数据进行输入、管理、分析和表达。

**3.工作流程与特点**

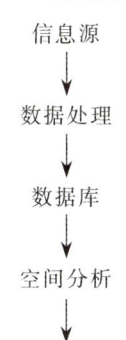

信息源 → 数据处理 → 数据库 → 空间分析 → 表达

工作流程：首先获取信息源，包括通过地图、遥感图像、野外考察、室内实验、社会经济统计等获得的数据；之后进行数据处理，建立空间模型和数据模型；关于某一研究区域的若干图层组成 GIS 数据库；按一定规划对所研究的局部进行空间分析；表达即形成可供研究、规划和决策人员使用的产品，如地图、图像、统计图表、数字等。

特点：内容丰富、效率高，可方便地分析、输出空间信息并做出动态预测。

图1-2-8 地理信息系统的工作流程与特点

### （二）地理信息系统的应用

有关地理信息系统应用的具体内容见表1-2-49。

表1-2-49 地理信息系统的应用

| 应用领域 | 应用内容 |
| --- | --- |
| 区域环境研究、评价、监测及预测等方面 | 在区域地理环境研究中,地理信息系统可呈现反映区域状况的各种空间信息 |
| | 通过对有关信息进行分析、加工,可建立能反映区域内各种因素的相互关系,揭示区域结构、特征和发展规律的模型 |
| 区域环境研究、评价、监测及预测等方面 | 利用GIS的查询检索、空间分析等功能,可对区域的自然条件、交通条件、人口和劳动力等进行更精确的分析、评价 |
| | 在利用遥感、GPS等提供的地理信息的基础上,运用GIS可以对环境和自然灾害等进行动态监测及评估预测 |
| 城市管理 | GIS在城市管理中应用广泛,可以用来查询信息、制图,进行分析和决策等,在城市规划与管理、基础设施管理、土地利用与管理、生态环境管理等领域可发挥较大的作用 |

**备考点拨**

遥感、全球定位系统和地理信息系统三者既独立发展又相互促进。现实中人们往往会综合应用"3S"技术。其中遥感主要用于地理信息的获取,全球定位系统主要用于地理事物的空间定位,地理信息系统主要用来对地理信息进行管理、查询、更新、空间分析和应用评价。

三种地理信息技术的选用判断方法如下。

①GPS的功能主要是定位和导航,工作对象是点状事物或现象,如对灾害、人员、交通工具等进行定位和追踪。

②RS相当于人的眼睛,主要用来监测和获取地表信息,工作对象通常是面状事物或现象,如监测和获取具有一定范围的灾害信息(如地震、滑坡、泥石流、火灾、台风等)和环境信息(如水域面积变化情况、植被覆盖情况、城市土地利用情况等)。

③GIS相当于人的大脑,主要用来分析和处理空间数据,所以涉及分析功能(如分析评估灾情,预测台风路径和天气变化,分析地表水域、植被等的变化,进行城市规划和选址分析等)的就要选用GIS。

**经典真题**

(2019上·单选)北京时间2015年4月25日,尼泊尔发生了8.1级地震,震源深度20千米。据此回答第1题。

1.为迅速获取地震灾情,首先应利用的地理信息技术是(　　)。

A.全球定位系统　　　　　　　　　　　B.地理信息系统

C.遥感　　　　　　　　　　　　　　　D.数字地球

【答案】C。解析:遥感(RS)技术可以获取地表信息,具有探测范围大、获得资料速度快、受地面限制少、获取信息量大、应用广的特点,广泛应用于资源调查、灾害监测、环境监测等方面。故为迅速获取地震灾情,首先应利用的地理信息技术是遥感技术。

2.(2018下·单选)一旦发生泥石流,应先确定灾害位置,并尽快获取受灾地区图像,以便及时评估受灾情况。这一过程依次用到的现代地理信息技术是( )。

①遥感技术　　　　　②全球定位系统　　　③地理信息系统

A.①②③　　　　B.②①③　　　　C.②③①　　　　D.③②①

【答案】B。解析:泥石流发生时首先要确定灾害位置,需用到全球定位系统;然后要尽快获取受灾地区图像,需用到遥感技术;最后要及时评估受灾情况,需要综合分析灾害对当地社会经济等的影响,用到的技术是地理信息系统。

(2017年·单选)下图为新一代信息技术支撑下的智慧城市管理示意图。读图完成3~4题。

3.地理信息系统在智慧城市建设中的主要作用是( )。

A.分析与管理空间信息

B.动态跟踪交通信息

C.储存网络信息

D.获取实时通讯信息

【答案】A。解析:地理信息系统能够集中、存储、分析、处理和显示地理信息,在智慧城市建设中的主要作用是分析和管理空间信息。

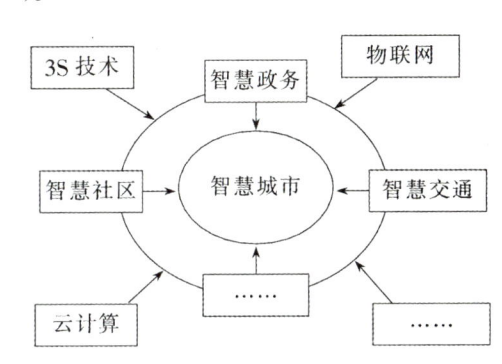

4.智慧城市建设对社会经济发展的最主要影响是( )。

①加快资源消耗　　　　　　　②缓解老龄化问题

③减少城市拥堵　　　　　　　④提升服务功能

A.①②　　　　B.②③　　　　C.②④　　　　D.③④

【答案】D。解析:智慧城市建设将对交通进行优化,缓解交通拥堵;推行智慧社区和智慧政务,并将物联网纳入,可以提升服务功能。智慧城市的建设将会降低资源消耗,并不能缓解老龄化问题。

# 第七节　人地协调发展

## 一、可持续发展

### 1.概念

可持续发展是既满足当代人的需求,又不损害后代人满足其需求的能力的发展。

### 2.内涵

可持续发展的内涵见表1-2-50。

表 1-2-50 可持续发展的内涵

| 内涵 | 作用 | 内容和要求 |
| --- | --- | --- |
| 生态持续发展 | 基础 | 强调发展要与资源和环境的承载力相协调 |
| 经济持续发展 | 条件 | 强调发展不仅要重视数量增长，更要追求质量改善，改变传统的生产和消费模式，实施清洁生产和文明消费 |
| 社会持续发展 | 目的 | 强调发展要以改善和提高生活质量为目的，与社会进步相适应 |

三者关系：生态、经济、社会的持续发展相互联系、相互制约，共同组成一个系统。经济发展以环境和资源为基础。环境保护要依靠经济发展提供必需的资金和技术。生态和经济持续发展的最终目的是实现社会的持续发展。

**经典真题**

（2017下·单选）右图为农业废弃物资源化循环发展理论框架示意图。图中"三环"表示可持续发展三要素的循环发展。读图完成1~2题。

1.从可持续发展原理看，"三环"的本质含义是（　　）。

A.最小"环"是可持续发展的保障
B.中间"环"是可持续发展的目标
C.最大"环"是可持续发展的基础
D."三环"的核心理念是建设新农村

【答案】A。解析：本题从农业废弃物资源化循环发展的角度考查了可持续发展的原理。可持续发展的内涵包括生态持续发展、经济持续发展和社会持续发展。其中生态持续发展是基础，经济持续发展是条件，社会持续发展是最终目的。图中"三环"表示可持续发展三要素的循环发展，即生态循环、循环农业和循环社会。因此，最小"环"表示的生态循环是可持续发展的基础和保障；中间"环"表示的循环农业是可持续发展的条件；最大"环"表示的循环社会是可持续发展的目标，即建设社会主义新农村。"三环"循环总体发展战略的核心理念是循环。

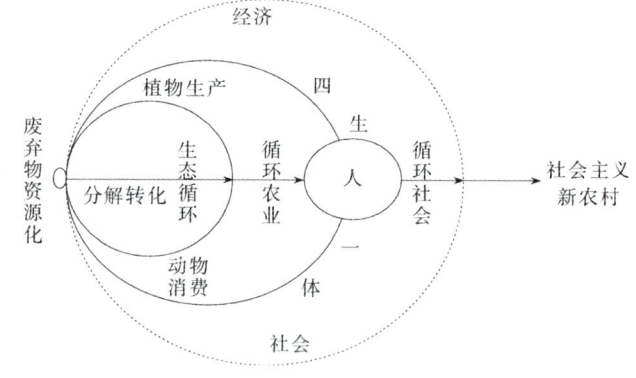

2.按此理论，关于农业废弃物资源化的叙述，正确的是（　　）。

A.对高新技术的支持力度要求较低　　B.可大幅提高农业产量和市场竞争力
C.对工业新领域的开拓有一定限制　　D.重视资源的再利用和环境安全

【答案】D。解析：实行农业废弃物资源化的措施是为了保护环境和实现资源的再利用，不一定能大幅度提高农业产量和市场竞争力，对工业新领域的开拓是一种机遇，对高新技术的支持力度要求较高。

3.原则

可持续发展的原则见表1-2-51。

表1-2-51 可持续发展的原则

| 主要原则 | 具体内容 |
| --- | --- |
| 公平性原则 | 包括同代人之间、代与代之间、人类与其他生物种群之间、不同国家与地区之间的公平 |
| 持续性原则 | 地球的承载力是有限的,人类的经济活动和社会发展必须保持在资源和环境的承载力之内 |
| 共同性原则 | 发展经济和保护环境是世界各国共同的任务,需要各国的积极参与。同时,地球是一个整体,地区性问题往往转化为全球性问题。这就要求地区的决策和行动,应该有助于实现全球整体的协调 |

## 二、走可持续发展道路的途径

### 1.发展循环经济

循环经济是实行可持续发展的重要途径。循环经济以环境无害化技术为手段,以提高生态效益为核心,以环境友好的方式利用经济资源和环境资源,实现经济活动的生态化。

循环经济是一种以资源的高效利用和循环利用为核心,以"减量化、再利用、资源化"(即3R)为原则,以低消耗、低排放、高效率为基本特征,符合可持续发展理念的经济增长模式,是对"大量生产、大量消费、大量废弃"的传统增长模式的根本变革。

循环经济在工业中的基本实现途径是清洁生产。循环经济在农业中的基本实现途径为生态农业。

### 2.其他措施

我国实施可持续发展的其他措施:调整产业结构,开展综合利用,开源节流,开发利用新能源。

# 「强化练习」

## 一、单项选择题

下图示意2015年欧盟境内欧盟籍和非欧盟籍的人口年龄结构。据此,回答1~2题。

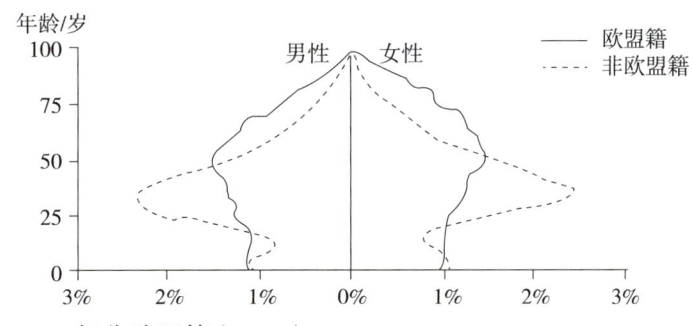

1.与欧盟籍相比,2015年非欧盟籍(　　　)。

A.男性人口数量较多　　　　　　　　B.25~50岁女性比例较小

C.劳动人口比例较大　　　　　　　　D.50岁以上人口比例较大

2.近些年来,非欧盟籍人口占欧盟总人口比例持续加大,使欧盟(　　　)。

A.人均消费剧增　　　　　　　　　　B.老龄化进程趋缓

C.人均收入剧降　　　　　　　　　　D.劳动力供给过剩

下图示意我国某城市用地选择方案。河流西侧是老城区,东侧是规划中的新区。该地主导风向为东北风。据此回答3~4题。

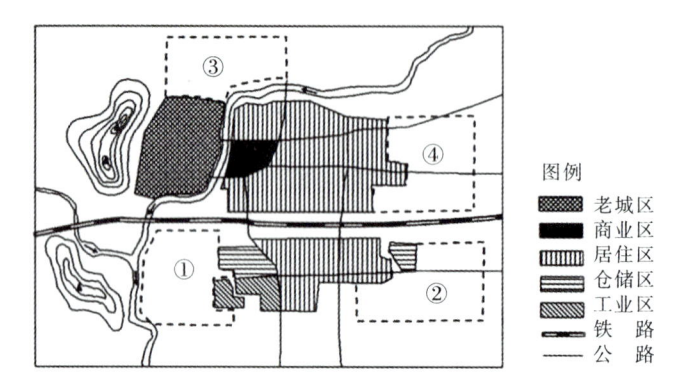

3.下列有关该城市布局和规划的建议,合理的是（　　）。

A.工业布局应靠近老城区,方便居民上下班

B.将铁路线延伸到商业区,缓解市区交通拥堵

C.将铁路规划到城市外缘,避免干扰市内交通

D.在老城区和新区间建穿城而过的高速公路,加强东西联系

4.新增规划的四块地中,适合建化学工业园区的是（　　）。

A.①　　　　B.②　　　　C.③　　　　D.④

柠檬性喜温暖、耐阴、怕热、不耐寒,因此适宜在冬暖夏凉的亚热带地区栽培。2002年以来,重庆市万州区对柠檬产业进行了全面、系统的规划,形成柠檬产业化发展的新格局,产业规模不断扩大,经济效益显著。然而,与其他地区柠檬产业形成鲜明对比的是,万州区太龙镇自2017年以来,柠檬严重滞销。据此,回答5~7题。

5.重庆市万州区种植柠檬的优势自然条件是（　　）。

A.市场广阔　　　　　　　　　　B.光照较强,昼夜温差较大

C.气候适宜　　　　　　　　　　D.地形平坦,土地面积广大

6.2017年以来,万州区太龙镇柠檬严重滞销的原因最可能是（　　）。

A.市场需求减少　　　　　　　　B.政策支持力度不够

C.劳动力成本高　　　　　　　　D.交通不便

7.可促进重庆市万州区柠檬产业可持续发展的措施是（　　）。

A.扩大柠檬种植面积

B.对产品进行深加工,延长产业链

C.调整农业生产结构

D.引进其他农产品,实现多种经营

信本投资集团有限公司,由浙江企业家于2008年在新疆天山山麓绿洲新城石河子市成立,主要经营番茄制品。企业在石河子市拥有2万亩番茄原料基地,并在当地加工生产大桶包装的番茄酱用于出口。2011年公司在江苏省宿迁市建立以石河子生产的番茄酱为原料的针对国内市场的"亚克西"牌罐

装饮料。据此回答8~9题。

8.浙江企业家到石河子市投资建设番茄生产基地的主要"拉力"有（　　）。
①降水充足　　　　　　　　　　②温差大,番茄品质好
③地广人稀,土地价格低　　　　④有天山冰雪融水,灌溉水源充足
⑤种植历史悠久,劳动力经验丰富
A.①②③　　　　B.②③④　　　　C.③④⑤　　　　D.①③⑤

9.公司在石河子建设番茄酱加工企业的最主要因素是（　　）。
A.原料易腐烂,不便长距离运输　　　B.交通便利,便于产品出口
C.风能、太阳能丰富,能源廉价　　　D.科研机构众多,科技力量强

某普通服装加工厂于20世纪90年代中期在东莞某镇建厂,产品主要销往东南亚,服装面料来自新疆,取得了良好的经济效益。进入21世纪后,该厂的效益逐年下降。经实地考察和了解后,该厂决定迁至新疆,并在新疆建立了自己的服装面料加工厂,服装主要销往中亚和东欧等地。据此回答10~11题。

10.与广东省相比,新疆生产服装面料的突出优势是（　　）。
A.劳动力丰富　　　　　　　　B.原料丰富
C.交通便利　　　　　　　　　D.生态环境好

11.企业在新疆建厂后,影响服装销售地改变的主要原因是（　　）。
A.服装质量提高　　　　　　　B.服装价格上升
C.降低运输成本　　　　　　　D.方便了解市场

"工业4.0"是指以智能制造为主导的第四次工业革命,由"智能工厂""智能生产"和"智能物流"构成,是一种高度灵活的个性化、数字化的产品与服务生产模式。2016年2月,青岛中德"工业4.0"推动联盟在青岛西海岸新区成立。这是国内首家"工业4.0"联盟。据此完成第12题。

12.青岛中德"工业4.0"推动联盟的成立,对青岛西海岸新区产生的影响是（　　）。
A.行业界限更明显　　　　　　B.产业转型升级速度加快
C.市场进一步萎缩　　　　　　D.人地矛盾更加尖锐

GDP超额增长率是高铁沿线城市GDP增长率与所在省份GDP增长率的差值。据此,回答13~14题。

13.京沪高铁通车后,促进了北京、上海等核心城市的发展,其根本原因是（　　）。
A.提高了城市内部的交通通达性　　B.扩大了核心城市的经济辐射范围
C.大幅度提高了货物运输效率　　　D.加快了同城化和产业同质化进程

14.京沪高铁通车后部分沿线城市GDP超额增长率为负值,其解决措施是（　　）。
A.大力发展高新技术产业　　　　　B.全面发展旅游业
C.积极发展与核心城市主导产业对接的产业　　D.大力发展劳动密集型产业

云南省与中南半岛各国在矿产资源方面有很强的互补性。云南缺油气、钾、宝石和铁等矿产,而磷等较丰富。东南亚各国缺磷等资源,而油气、钾盐、铁、稀土及宝石等资源丰富。目前云南与中南半岛各国的矿业经济合作已经开始。据此回答15~17题。

15.新中国成立以来,云南矿业的生产装备与技术发展迅速,已达到国际先进水平。其原因是(　　)。
　　A.矿产资源丰富　　　　　　　　B.消费市场广阔
　　C.廉价的劳动力　　　　　　　　D.靠近中南半岛

16.在云南与中南半岛各国的矿业合作中,云南能够(　　)。
　　A.减少环境污染　　　　　　　　B.获得充足资金
　　C.引进先进技术　　　　　　　　D.扩大消费市场

17.目前云南对中南半岛各国的矿业投资环境正在逐步改善。其主要原因可能是中南半岛各国(　　)。
　　A.矿产资源增加　　　　　　　　B.劳动效率上升
　　C.投资壁垒减弱　　　　　　　　D.基础设施改善

18."一带一路"是互惠双赢之路,它对密切我国与沿线国家之间的经济贸易联系意义重大。与俄罗斯的合作有利于我国(　　)。
　　①引进大量民间资本　　　　　　②输入大量剩余劳动力
　　③进口大量油气资源　　　　　　④拓宽产品的销售市场
　　A.①②　　　　B.②③　　　　C.③④　　　　D.①④

2013年,台风"海燕"途经菲律宾,造成了巨大的财产损失和人员伤亡。据此回答第19题。

19.测算台风"海燕"给菲律宾造成的受灾面积,应利用的地理信息技术手段是(　　)。
　　A.遥感和全球定位系统　　　　　B.数字地球和地理信息系统
　　C.遥感和地理信息系统　　　　　D.地理信息系统和全球定位系统

二、材料分析题

20.阅读资料并结合所学知识,完成下列要求。

新疆轮台盛产小白杏。原来,杏肉食用,杏核弃之。某年,浙江义乌某瓜子商经反复试验,研究出炒制此种杏核的方法,使杏仁口味上佳。此后,该瓜子商从轮台大量收购杏核,在义乌炒制后出口美国。由此,小白杏成为轮台重要的农产品之一。

(1)从区位选择的角度,说明义乌瓜子商把杏核从轮台运到义乌加工的原因。

(2)说明我国东部地区和西部地区在农业区际协作中各自的优势条件。

21.阅读资料,回答问题。

中国工业布局受政治、资源、市场等因素的影响而不断变化。"十二五"期间,依据国家区域发展新棋局,要依托黄金水道建设长江经济带。川渝地区位于长江上游,煤炭、天然气、金属矿资源丰富。

问题:与长三角地区相比,概述川渝地区发展的地理优势。

22.阅读资料,完成下列要求。

巴西、俄罗斯、印度、中国和南非被合称为"金砖国家"(BRICS)。

中国是世界上最大的钢铁生产国,但需大量进口铁矿石。巴西是拉丁美洲人口最多、工业最发达的国家,其人口和城市主要集中在以里约热内卢、圣保罗为中心的东南沿海地区。巴西铁矿石资源丰富,是世界重要的铁矿石出口国。2010年4月13日,中国和巴西签订协议,共同出资在巴西里约热内卢附近建设一家年产500万吨钢材的大型钢铁厂,所产钢材主要用于巴西汽车制造、造船、石油开采等行业,部分输往中国。

问题:

(1)简述中巴联合在巴西兴建钢铁厂对中国和巴西之利。

(2)简述该钢铁厂区位选择的有利条件。

## 参考答案及解析

### 一、单项选择题

1.【答案】C。解析:人口年龄结构为各个年龄组人口在总人口中所占的比重或百分比。图中的信息是欧盟籍和非欧盟籍的不同年龄人口占各自总人口的比例,没有欧盟籍和非欧盟籍各自的总人口数量信息,因此无法比较二者男性人口数量多少,A项错误;从图中可以看出,非欧盟籍25~50岁女性比例较大,B项错误;欧盟籍50岁以上人口比例大于非欧盟籍,D项错误。欧盟境内非欧盟籍人口年龄主要集中在25~50岁,属于劳动人口,即劳动人口比例较大,C项正确。

2.【答案】B。解析:欧盟地区是世界发达地区,人均收入高,消费水平高,非欧盟籍人口收入水平比欧盟籍人口低,欧盟地区内非欧盟籍人口占比持续增加,会降低人均消费水平,A项错误;由图可知,非欧盟籍人口年龄集中在25~50岁,属于劳动年龄人口,由于欧盟地区经济发达、人口老龄化严重,大量非欧盟籍劳动力迁入,可以降低欧盟地区平均年龄,减缓欧盟地区老龄化进程,B项正确;欧盟地区每年GDP总量增长缓慢,非欧盟籍人口大量的迁入,可导致欧盟地区人均收入降低,但不会剧降,C项错误;欧盟地区是经济发达地区,就业机会多,而且欧盟籍人口老龄化严重,需要大量劳动力,不会出现劳动力过剩现象,D项错误。

3.【答案】C。解析:在城市布局和规划中,铁路和高速公路等对外交通应该尽量规划到城市边缘,避免干扰市内交通;而工业区一般布局在盛行风的下风向和河流的下游,位于交通便利的地方且和居住区有一定的距离,故A、B、D三项错误,C项正确。

4.【答案】A。解析:化学工业产生大气污染和水体污染。该城市的主导风向为东北风,而③④位于盛行风向的上风向,河流的上游,环境好,适合规划建设住宅区,不适合建化工园区。②靠近住宅区,也不宜建化工园区。①位于城市下风向和河流下游处,与主要居住区有一定距离,与原有工业区和仓储区相连,适合建化工园区。

5.【答案】C。解析:重庆市位于四川盆地,气候类型属于亚热带季风气候,北部有秦岭等山脉的阻挡,冬季受冷空气的影响小,适宜柠檬生长,故其种植柠檬的优势自然条件是气候适宜,C项正确。市场广阔不属于自然条件,A项错误。四川盆地地形封闭,气候温暖湿润,多阴雨和大雾天气,昼夜温差较小,B项错误。重庆地形以山地、丘陵为主,地形起伏较大,D项错误。

6.【答案】D。解析:由题干信息可知,重庆市万州区的柠檬产业整体上规模不断扩大,经济效益显著,则太龙镇的柠檬滞销并非市场需求减少导致,A项错误。重庆市万州区对柠檬产业进行了全面、系统的规划,不缺乏政策支持,B项错误。劳动力成本高不可能只存在于太龙镇,C项错误。万州区只有太龙镇的柠檬严重滞销,最可能的原因是其他地区交通运输条件改善,而太龙镇的交通设施依然落后,柠檬无法及时外运,从而导致严重滞销,故选择D项。

7.【答案】B。解析:对农产品进行深加工,延长产业链,能够增加产品附加值,促进区域农业的可持续发展,B项正确。单纯扩大种植面积并不能促进柠檬产业可持续发展,A项错误。农业生产结构是指一定地域(或农业企业)范围内,农业内部各生产部门的组成及其相互关系,与柠檬产业可持续发展无关,C项错误。实现多种经营有助于万州区的经济发展,但无法促进柠檬产业可持续发展,D项错误。

8.【答案】B。解析:石河子市位于新疆天山北麓,位于温带大陆性气候区,降水少,①错;但昼夜温差大,番茄质量好,②正确。石河子市是绿洲新城,不能说种植历史悠久,劳动力经验丰富,⑤错;但有高山冰雪融水,灌溉水源充足,同时地广人稀,土地价格低,③④正确。

9.【答案】A。解析:番茄酱加工的原料易腐烂,不便于长距离运输,因此,公司在石河子番茄生产基地附近建设番茄酱加工企业。

10.【答案】B。解析:新疆是我国棉花的主产区之一。其生产服装面料的突出优势是原料丰富。

11.【答案】C。解析:从材料中可看出,企业在东莞时,产品销往东南亚,而在新疆建厂后,产品销往中亚和东欧。可知服装销售地改变主要是为了降低运输成本,C项正确。

12.【答案】B。解析:"工业4.0"是在大数据革命、云计算、移动互联时代背景下,对企业进行智能化、工业化相结合的改进升级,是中国企业更好地提升和发展的一条重要途径。

13.【答案】B。解析:京沪高铁通车后,与城市内部的交通通达性关系不大,不会大幅度提高货物运输效率、加快产业同质化进程。京沪高铁通车后,交通更加快捷,扩大了核心城市的经济辐射范围,从而促进了北京、上海等核心城市的发展。故本题选择B项。

14.【答案】C。解析:高铁通车后,资源向核心城市集聚,导致部分沿线城市GDP超额增长率为负值。因此应积极发展与核心城市主导产业对接的产业,发挥核心城市的辐射带动作用,C项正确。不是高铁沿线所有城市都具有技术优势和丰富的旅游资源,A、B两项错误;劳动密集型产业处于产业链的低端,因此大力发展劳动密集型产业的做法不合适,D项错误。

15.【答案】A。解析:云南矿产资源丰富,矿业发展较早,矿业发展促进了生产设备和技术的发展。市场广阔是促进矿业发展的原因,但如果是进口矿产则不会促进当地矿业生产技术及装备的进步。

16.【答案】D。解析:两地之间资源互补性强。两地合作有利于矿业经济发展,可以扩大产品和原料的消费市场,但不会减少环境污染。两地的矿业合作可以相互利用对方的矿产资源,而不是获得资金与技术。中南半岛除新加坡外,大多发展程度不如中国,因此资金、技术相对中国而言不占优势。

17.【答案】C。解析:根据材料信息可知,云南对中南半岛各国的矿业投资环境正在逐步改善,主要原因应该是投资壁垒减弱。随着矿产开发进程,矿产资源会减少,A项错误;劳动效率上升有可能,但这是产业内部效率、装备问题,一般与对外投资环境关系不是很大,B项错误;中南半岛矿业较发达、历史悠久,基础设施本身较完善,D项错误。

18.【答案】C。解析:俄罗斯地广人稀,劳动力资源并不丰富;经济发展水平不高,资金相对短缺;

油气资源丰富;民用工业相对薄弱(国防等重工业发达),工业品市场广阔。相对于俄罗斯,中国则表现为资金和劳动力相对充裕,资源、能源相对短缺,大量产业出现产能过剩。

19.【答案】C。解析:利用遥感技术可以监测灾害影响范围,利用地理信息系统可对受灾面积进行分析与计算。

二、材料分析题

20.【参考答案】

(1)杏核(晒干后)便于保存和运输,炒制(加工)后的杏核能尽快运往市场;义乌加工瓜子(炒制杏核)的相关产业联系(协作)密切,工人素质高(有经验、技术),可以保证产品(炒制杏核)的质量。

(2)东部地区:技术先进,资金充裕,市场意识强(发展经济的经验丰富)。

西部地区:资源丰富,劳动力价格相对低廉。

21.【参考答案】

川渝地区位于长江上游,土地广阔(面积大),地价较低;矿产、水力等资源丰富;有政策支持;劳动力丰富;市场广阔;经济发展潜力较大。

22.【参考答案】

(1)对中国:可直接利用巴西铁矿石(避免受国际铁矿石企业的控制);利于拓展国际市场。

对巴西:有利于将资源优势转化为产业优势(提高铁矿石的附加值);减轻钢材对国际市场的依赖,提高钢材的自给率;提高工业化水平。

(2)临近铁矿石产地;位于产品的销售市场;社会协作条件良好,基础设施较完善,工人素质较高;位于大城市的港口附近,交通运输方便。

# 第三章　区域地理

### 考情分析

本章知识属于区域地理的基础知识,考试一般会结合自然地理和人文地理的知识综合考查各地的地理特征及其原因等,主要考查我国不同地区或世界其他地区的地形、气候、农业等。本章考查涉及的题型主要有单选题、简答题、材料分析题和教学设计题。

本章内容结合地图学习效果最佳,因此,建议考生参照初中地理教材或中学地理地图册等相关书籍进行学习。

### 考点精讲

## 第一节　世界地理概况

### 一、世界的陆地和海洋

#### 1.世界的海陆分布

世界上陆地面积约占29%,海洋面积约占71%,即三分陆地,七分海洋。陆地主要分布在北半球,而北极点周围为海洋;海洋主要分布在南半球,而南极点周围是陆地。在任何等分的半球中,海洋面积均大于陆地面积。

#### 2.七大洲

七大洲的分布及特征见表1-3-1。

表1-3-1　七大洲的分布及特征

| 项目 | 内容 |
| --- | --- |
| 分布 | 全部在北半球的是欧洲和北美洲;全部在南半球的是南极洲;跨南北半球的是亚洲、南美洲、非洲和大洋洲;全部在西半球的是南美洲;其余大洲均跨东西两半球 |
| 面积 | 由大到小:亚洲、非洲、北美洲、南美洲、南极洲、欧洲、大洋洲 |
| 海拔 | 平均海拔由高到低:南极洲、亚洲、非洲、北美洲、南美洲、大洋洲、欧洲 |

七大洲的分界线见表1-3-2。

表1-3-2 七大洲的分界线

| 大洲 | 地理分界线 |
|---|---|
| 亚洲与欧洲、非洲、北美洲 | 乌拉尔山、乌拉尔河、里海、大高加索山脉、黑海、土耳其海峡；曼德海峡、红海、苏伊士运河；白令海峡 |
| 欧洲与非洲、北美洲 | 直布罗陀海峡、地中海；丹麦海峡 |
| 南美洲与北美洲、南极洲 | 巴拿马运河；德雷克海峡 |

### 3.四大洋

四大洋的特点见表1-3-3。

表1-3-3 四大洋的特点

| 大洋 | 特点 |
|---|---|
| 太平洋 | 面积最大、水温最高、水体最深、岛屿最多 |
| 大西洋 | 形状略呈"S"形，世界第二大洋，有最繁忙的航线 |
| 印度洋 | 大部分位于热带和亚热带，世界第三大洋，北部有季风洋流 |
| 北冰洋 | 面积最小、水体最浅、水温最低，被海冰广泛覆盖 |

世界著名的海峡见表1-3-4。

表1-3-4 世界著名的海峡

| 海峡 | 连接的海洋 | 地位 |
|---|---|---|
| 马六甲海峡 | 南海与印度洋 | 地处亚洲和大洋洲、印度洋和太平洋的"十字路口"，是东亚、东南亚国家与南亚、西亚、非洲、欧洲国家联系的重要通道 |
| 土耳其海峡 | 黑海与地中海 | 黑海通往地中海的门户 |
| 直布罗陀海峡 | 地中海与大西洋 | 地中海沿岸国家通往大西洋的唯一通道 |
| 霍尔木兹海峡 | 波斯湾与阿拉伯海 | 地处西亚，波斯湾石油出口的唯一通道 |
| 莫桑比克海峡 | 南、北印度洋 | 世界最长的海峡，南大西洋和印度洋之间的重要通道 |

## 二、世界的地形

### 1.基本陆地地形

5种基本陆地地形的特点见表1-3-5。

表1-3-5 5种基本陆地地形的特点

| 项目 | 山地 | 丘陵 | 高原 | 平原 | 盆地 |
|---|---|---|---|---|---|
| 海拔 | 较高（500米以上） | 较低（500米以下） | 较高（500米以上） | 较低（200米以下） | 无一定标准 |
| 地表起伏 | 起伏较大，坡度较陡 | 起伏不大，坡度和缓 | 起伏小，边缘陡峻 | 起伏很小，平坦广阔 | 四周高，中间低 |

## 2.七大洲的地形特色

七大洲的地形特色见表1-3-6。

表1-3-6 七大洲的地形特色

| 大洲 | 主要地形特征 |
| --- | --- |
| 亚洲 | ①地形复杂多样,起伏很大,高原、山地面积广;②地势中部高、四周低,平原多分布在河流的中下游;③大陆东缘有岛弧带和环太平洋火山地震带 |
| 非洲 | ①地形以高原为主,地面起伏不大;②东部纵贯着巨大的东非大裂谷;③山脉少,分布在西北和东南角的高原边缘 |
| 欧洲 | ①平原面积广大,占总面积的2/3;②地势低平,为世界海拔最低的大洲(平均海拔300米),地势南北高、中部低;③冰川地貌广布 |
| 北美洲 | ①地势东西高、中部低;②有南北纵列三大地形区,西部是山地,东部是低缓的高地,中部是平原;③冰川地貌在大陆北部广布 |
| 南美洲 | ①西部为南北纵贯的安第斯山脉;②东部平原、高原相间排列 |
| 大洋洲 | ①地势低平,地表起伏和缓;②地形为南北向三个纵列带,东部为山地,中部为平原,西部为高地 |
| 南极洲 | ①世界上平均海拔最高的大洲(2350米);②大陆冰川广布,冰层平均厚度达2000米,冰层以下地形多样 |

# 三、世界的气候

七大洲的气候特点见表1-3-7。

表1-3-7 七大洲的气候特点

| 大洲 | 气候特点 |
| --- | --- |
| 亚洲 | ①气候复杂多样(南北所跨纬度为各大洲中最广的,因此各地地面受热状况和干湿程度差异很大);②季风气候显著,大陆性气候分布广(巨大的面积和完整的大陆轮廓,一方面使亚洲具有广大的远离海洋的内陆地区,形成了广大的大陆性和干燥性气候区;另一方面,使得海陆热力性质差异显著,形成了典型的季风气候) |
| 非洲 | ①干燥(南北回归线横穿大陆的南部和北部;海岸线平直,缺少深入内陆的港湾,海洋的影响较小;东北部紧邻亚洲大陆干燥区,从那吹来的东北信风性质干燥);②暖热(纬度位置决定了太阳高度大,加上干燥地区广,空气透明度高,地面接受的太阳辐射多;大部分地区处于背风位置,加剧了暖热的程度);③气候类型南北对称分布(赤道大致穿越大陆中部) |
| 欧洲 | ①有常住人口大洲中唯一没有热带气候的大洲;②温带气候占绝对优势;③气候的海洋性显著(位于西风带和大陆西岸;大陆轮廓破碎,各地距海近;山脉呈东西走向;北大西洋暖流的影响。这些使海洋性气候分布范围广,使西北欧沿海地区成为同纬度地区冬季气温最温和的地区) |
| 北美洲 | ①温带大陆性气候占优势(大陆形状北宽南窄,其中50°N~70°N最宽,所以温带气候占优势,热带气候范围缩减);②气候类型多样(北美大陆南北延伸很广,地面受热状况有很大差异,且东西延伸范围也较大,加上地形影响,气候类型多样) |

(续表)

| 大洲 | 气候特点 |
|---|---|
| 南美洲 | ①气候湿润，以夏雨为主（由于多雨面积广，干旱沙漠区面积相应狭小，它在南美大陆所占的比例在具有沙漠的各洲之中是最小的）；②以热带气候为主（大陆北宽南窄，略呈三角形，5°S附近最宽广，使得热带气候占优势。同时南回归线以南大陆紧缩，52°S已近尾闾，使亚热带、温带气候的分布大受局限，且缺乏水平地带的亚寒带、寒带气候）；③气候类型结构具有独特性（大陆东西两侧同纬度地区气候类型截然不同） |
| 大洋洲 | ①干旱区面积大（山地偏居大陆东岸，阻碍太平洋暖湿气流西进，广大内陆地区因此干燥）；②降水分布呈半环状（地形单调，使中西部气候类型渐变）；③普遍暖热（大陆轮廓东西宽、南北窄，增加了副高控制的面积且南北各地受热状况差异小） |
| 南极洲 | 酷寒、干燥和烈风 |

## 四、世界的主要河流

世界主要河流的内容见表1-3-8。

表1-3-8 世界的主要河流

| 大洲 | 河流 | 注入地 | 发源地 | 主要特征 |
|---|---|---|---|---|
| 亚洲 | 鄂毕河、叶尼塞河、勒拿河 | 北冰洋 | 蒙古高原北部，西伯利亚南部山地 | 以春季的冰雪融水补给为主；结冰期长；常在河流下游形成凌汛 |
| | 黑龙江、黄河、长江 | 太平洋 | 亚洲中部的高原和山地 | 以降水补给为主，受季风影响较大。以秦岭—淮河为界，界南河流水量丰富，径流季节变化小，无结冰期；界北河流径流季节变化大，有结冰期 |
| | 萨尔温江、伊洛瓦底江、恒河、底格里斯河、幼发拉底河 | 印度洋 | 东南亚和南亚的河流都发源于青藏高原。西亚的河流发源于亚美尼亚高原（安纳托利亚高原） | 东南亚和南亚的河流都以降水补给为主，受热带季风影响，水量变化较大。西亚的河流，流经干燥地区，水量不大，以融雪和雨水为补给，春季水位最高，夏季水位低 |
| | 阿姆河、锡尔河、塔里木河 | 内陆沙漠或湖泊 | 亚洲中部的高山 | 以冰雪融水补给为主，水量夏季最大、冬季最小，是流经区灌溉农业的主要水源 |
| 非洲 | 尼罗河 | 地中海 | 东非高原、埃塞俄比亚高原 | 世界最长的河流（约6600千米）；白尼罗河水量稳定，而青尼罗河水量变化大，6~10月河水大增，造成尼罗河定期泛滥 |
| | 尼日尔河 | 几内亚湾 | 西非高原 | 上、下游在热带雨林区，水量较大；中游在沙漠地带，水量较小 |
| | 刚果河 | 大西洋 | 赞比亚北部高原 | 世界第二大河，大小支流都处在热带雨林区，水量大、水流急，是世界水能资源最丰富的河流 |
| | 赞比西河 | 印度洋 | 隆达—加丹加高原 | 流经热带草原气候区，水量有季节变化 |

(续表)

| 大洲 | 河流 | 注入地 | 发源地 | 主要特征 |
|---|---|---|---|---|
| 欧洲 | 伏尔加河 | 里海 | 东欧平原西部 | 欧洲最长的河流,在俄罗斯水运中占重要地位 |
| | 莱茵河 | 大西洋 | 阿尔卑斯山 | 开发较充分,两岸居民点和工业城市密集 |
| | 多瑙河 | 黑海 | 阿尔卑斯山 | 水力资源丰富,以铁门水电站最为著名 |
| 北美洲 | 圣劳伦斯河 | 大西洋 | 安大略湖 | 是五大湖的出水道,水位稳定 |
| | 密西西比河 | 墨西哥湾 | 美国北部 | 以积雪融水和降水补给为主,航运价值大,有运河同五大湖相连 |
| 南美洲 | 亚马孙河 | 大西洋 | 安第斯山脉 | 以降水补给为主,流域面积和流量均居世界首位,航运便利 |
| 大洋洲 | 墨累河 | 印度洋 | 澳大利亚大分水岭西侧 | 雨季河水暴涨,枯水期常有断流现象 |

## 五、世界的居民与聚落

### (一)世界的人口

#### 1.世界人口的增长

世界人口的增长在时间和空间上均存在差异。

(1)时间差异:不同时期,世界人口的增长速度不同。世界人口增长速度在加快。

(2)地区差异:发达国家人口增长慢,有些国家甚至出现负增长;发展中国家人口增长快。非洲人口增长速度最快,南美洲、亚洲次之,欧洲最慢。

#### 2.世界人口的分布

世界人口分布不均,有的地方人口稠密,有的地方人口稀疏。世界人口的分布情况见表1-3-9。

表1-3-9 世界人口的分布

| 分类 | 分布地区 | 分布规律 | 分布原因 |
|---|---|---|---|
| 人口稠密地区 | 亚洲东部、南部,欧洲及北美东北部 | 北半球中、低纬度近海地带 | 平原面积广阔,气候温暖湿润;农业历史悠久;工业发展早,经济发达 |
| 人口稀少地区 | 高纬度地区、热带雨林地区、沙漠地区、高原和山区 | 自然条件恶劣、开发程度低的地区 | 高纬地区气温低,赤道附近湿热,沙漠地区干旱,高原、山区地势高 |

### (二)世界的人种、语言和宗教

#### 1.世界的人种和语言

世界有三大人种,包括白种人、黄种人、黑种人,此外还有混血人种。

世界的语言的内容见表1-3-10。

表 1-3-10　世界的语言

| 语言 | 主要分布地区 | 概述 |
|---|---|---|
| 汉语 | 中国和东南亚等 | 这6种语言是联合国的工作语言，其中汉语是世界上使用人数最多的语言，其次是英语。英语是世界上使用范围最广的语言 |
| 英语 | 欧洲西部、北美洲、大洋洲、亚洲南部等 | |
| 法语 | 法国、非洲中部和西部 | |
| 俄语 | 俄罗斯等 | |
| 西班牙语 | 西班牙和拉丁美洲 | |
| 阿拉伯语 | 西亚和北非 | |

## 2.世界三大宗教

世界三大宗教的内容见表1-3-11。

表 1-3-11　世界三大宗教

| 三大宗教 | 发源地 | 主要分布地区 | 主要特点 | 宗教建筑 |
|---|---|---|---|---|
| 基督教 | 亚洲西部 | 欧洲、美洲、大洋洲 | 信仰人数最多 | 基督教堂 |
| 伊斯兰教 | 阿拉伯半岛 | 亚洲西部和东南部、非洲北部和东部 | 世界第二大宗教 | 清真寺 |
| 佛教 | 古印度 | 亚洲东部和东南部 | 世界第三大宗教 | 佛寺、庙宇 |

### （三）世界的聚落

#### 1.聚落的主要形式

聚落的主要形式包括城市和乡村。一般来说，先有乡村聚落，后有城市聚落。

乡村聚落和城市聚落的对比见表1-3-12。

表 1-3-12　乡村聚落和城市聚落的对比

| 项目 | 乡村聚落 | 城市聚落 |
|---|---|---|
| 人口数量 | 人口少 | 人口多 |
| 人口分布 | 分布分散，人口密度小 | 分布集中，人口密度大 |
| 规模 | 规模小，有农村、牧村、渔村等 | 规模大 |
| 人口构成 | 以农业人口为主，受教育程度低 | 以非农业人口为主，人口素质高 |
| 经济特点 | 以第一产业为主，在经济发展中处于基础地位，为城市服务，人均劳动生产率低 | 以第二、三产业为主，在经济发展中占主导地位，对农村的发展具有带动作用，人均劳动生产率高 |
| 功能 | 功能较少，与自然条件密切相关 | 区域的政治、经济、文化、交通中心 |
| 景观特点 | 以自然景观、自然生态环境为主，人地关系相对简单，对自然环境改造不大 | 以人造景观、人工生态环境为主，人地关系相对复杂，对自然环境改造最大，文化景观多样化、复杂化 |

(续表)

| 项目 | 乡村聚落 | 城市聚落 |
|---|---|---|
| 建筑 | 建筑物密度小,相对矮小,只集中在地面 | 建筑物高大密集,除向高空扩展外,还向地下扩展 |
| 道路 | 道路较少,等级较低 | 道路纵横交错,类型各异,网线密集 |

#### 2.聚落传统民居

聚落传统民居的建筑特色与地理环境有密切的关系。

如北非和西亚地区气候炎热干燥,降水少,所以房屋是平顶的,且墙厚、窗小。墙厚可以隔热,窗小可以减少阳光和热风的影响,这样能够适应当地的炎热环境。

北极地区的因纽特人就地取材用冰块建造了冰屋居住,冰屋具有较好的保温功能。

干栏式建筑,俗称"高脚屋",多采用竹子等木材修建,是东南亚的传统民居。我国南方地区的竹楼和吊脚楼(吊楼)都属于干栏式建筑。其房顶一般呈"人"字形,易于排水,底层一般不住人,是饲养家禽、堆放杂物的地方,上层为人们居住的地方,通风条件极好,适宜于潮湿多雨的气候条件。其中,吊脚楼是我国苗族等少数民族的传统民居。竹楼是我国傣族的标志性民居。

湿热地区的民居多为尖顶屋,墙体相对单薄,门窗开得较大,并有较完备的排水系统,有利于排水和通风散热。寒冷地区的民居墙体厚实,屋内有壁炉或火炕,窗户较小,有的窗户甚至有双层玻璃。在冬天积雪较多的地方,屋顶大多高耸。

我国黄土高原上的传统民居是窑洞。这是因为黄土高原堆积了很厚的黄土层,而气候相对干燥,黄土具有直立性且黏性强。窑洞冬暖夏凉,住着舒适、节能。

#### 3.聚落文化

历史时期形成的聚落文化是人类的宝贵财富,需要加以保护。世界许多聚落被列入《世界遗产名录》,如法国巴黎塞纳河沿岸,意大利的威尼斯、佛罗伦萨,我国的山西平遥古城、云南丽江古城、安徽皖南古村落、澳门历史城区等。

# 第二节　世界地理分区

## 一、亚洲概况

亚洲是世界第一大洲,纬度跨度最广,东西距离最长,包括热带、温带和寒带。

亚洲内部地形和气候复杂,国家和民族众多,自然和人文环境差异显著,具有多样的地域文化。

地理要素是相互作用的。我们可以根据亚洲的地形、气候特征来判断其河流的特征。

①中部高、四周低→河流呈放射状分布,流入周边三大洋。

②地势起伏大→河流落差大,水能丰富。

③东部和南部为季风气候区,降水季节变化大→河流以降水补给为主,形成夏汛,水量季节变化大。

④中亚和西亚降水少,多为干旱和半干旱地区→内流河较多,以冰雪融水和山地降水补给为主,水量小。

⑤北亚为亚寒带针叶林气候区,气温低→河流结冰期长,以季节性积雪融水和降水补给为主,有春汛和夏汛,也有凌汛。

亚洲可分为东亚、东南亚、南亚、西亚、中亚和北亚6个地区。其中东亚、南亚和东南亚人口稠密。

## 二、东亚——日本

### 1.地理特征

日本的地理特征见表1-3-13。

表1-3-13　日本的地理特征

| 项目 | 具体内容 |
| --- | --- |
| 位置 | 亚洲东部、太平洋西北部的岛国,大部分位于北温带 |
| 领土组成 | 由北海道、本州、四国、九州4个大岛和一些小岛组成,面积狭小 |
| 地质地貌 | 山地、丘陵占国土面积的3/4,平原狭小(关东平原最大);位于板块交界处,多火山、地震(富士山是全国最高峰,是一座活火山);海岸线曲折,多优良港湾(神户、横滨) |
| 气候 | 季风气候显著,海洋性强。冬季较为温暖,夏季较为凉爽,气温年较差较小;降水较多,多梅雨、台风雨、秋雨,西北沿海冬季多雪 |
| 自然资源 | 森林、水能和地热(有"温泉王国"之称)资源丰富,矿产资源贫乏 |
| 人口 | 人口稠密,数量超亿 |
| 民族 | 民族比较单一,大和民族占绝对优势 |
| 文化 | 具有东西方兼容的文化;深受中国传统文化的影响;传统服装是和服 |
| 主要城市 | 首都——东京(人口超千万的特大城市);科学城——筑波;宇航中心——种子岛;硅岛——九州岛;日本第二大城市——大阪 |

### 2.日本的经济

(1)经济特征

日本是世界经济大国,工业及对外贸易发达,但经济对外依赖性很大,进口原料,出口产品。

日本是世界上最大的原料进口国,进口的资源有石油(西亚、东南亚)、煤(中国、澳大利亚)、铁矿石(巴西、印度、澳大利亚)、棉花(中国、美国)等,主要对外贸易对象是美国,其次是亚洲和西欧。

(2)经济发展的条件

不利条件:国土狭小、市场饱和、矿产贫乏。

有利条件:有丰富的人力资源、较高的科技水平,水资源丰富,多优良港湾。

### （3）农业和渔业

日本人多地少，采用小型农业机械，侧重于生物技术和水利的发展，农业单产高，农产品需大量进口。

日本渔业发达，沿海大陆架面积宽广，有世界闻名的北海道渔场，近海捕捞业、远洋捕捞业和海水养殖业都很发达，捕鱼量常常位居世界第一位。

### （4）工业

日本的工业主要分布在太平洋沿岸和濑户内海沿岸，有京滨、阪神、名古屋、北九州、濑户内海五大工业区。目前工业趋向分散，向国土南北两端扩展。

日本的主要工业部门有钢铁、汽车、造船、电子、化学、纺织工业等。

## 三、东南亚和中亚

### （一）东南亚

#### 1.自然地理特征

**（1）位置和范围**

东南亚大部分位于10°S~25°N，95°E~140°E之间，主要位于热带；处在亚洲和大洋洲、太平洋和印度洋的"十字路口"；由中南半岛和马来群岛两部分组成。

**（2）中南半岛**

中南半岛地势北高南低。北部地势高峻，山脉和河流自北向南延伸，与我国西南的横断山区山水相连，山河相间、纵列分布。

半岛河流有湄公河、湄南河、萨尔温江和伊洛瓦底江等，多为国际河流，上游在我国境内，注入太平洋或印度洋。河流上游落差大，切割形成"V"形谷，两岸高山耸立，水流湍急，水能丰富。河流中下游多形成冲积平原，人口稠密，开发历史悠久，是重要的农业区。

半岛气候主要为热带季风气候，全年高温，分旱、雨两季，降水主要为锋面雨。每年6—10月为雨季，盛行西南季风，降水充沛；11月至次年5月为旱季，盛行东北季风，降水偏少。植被主要为热带季雨林。气候导致河流径流量季节变化大；一年中农作物在雨季播种，在旱季收获；雨热同期，有利于作物生长，但易发生旱涝灾害。

**（3）马来群岛**

马来群岛地形崎岖，平原狭小且多分布在沿海地区，河流短促；处于亚欧板块与印度洋、太平洋板块交界处，地壳活跃，多火山、地震。印尼是世界上火山最多的国家，有"火山国"之称。

马来群岛的气候主要为热带雨林气候，终年高温多雨，降水类型主要为对流雨。河流径流量的季节变化小。植被主要为热带雨林。农作物在一年中随时可以播种，四季都有收获。

> **备考点拨**
>
> 本区大城市多沿河分布，原因包括地形平坦、土壤肥沃、水源充足、水运便利等，不过也存在洪水威胁和河流污染等弊端。

> 马六甲海峡位于马来半岛和苏门答腊岛之间,是从东亚、东南亚到南亚、西亚和欧洲、非洲地区的最短航线的必经之地,是沟通太平洋和印度洋的咽喉要道。

#### 2.居民和宗教

(1)人口及分布:①本区是世界上人口稠密的地区之一;②人口集中分布在大河两岸的冲积平原、河口三角洲及沿海平原;③印度尼西亚是东南亚人口最多的国家,人口一半以上分布在爪哇岛。

(2)人种与宗教:本区居民主要为黄色人种,居民大多信仰佛教。泰国将佛教定为国教;印尼人口大多信仰伊斯兰教;马来西亚把伊斯兰教定为国教;菲律宾居民多信仰天主教。

(3)华人、华侨集中:东南亚是世界上华人、华侨分布最集中的地区。

#### 3.国家

东南亚的国家包括中南半岛上的越南、老挝、柬埔寨、泰国、缅甸5国和马来群岛的马来西亚、新加坡、印度尼西亚、文莱、菲律宾、东帝汶6国。其中与我国(或我国云南)接壤的有越南、缅甸、老挝(该区唯一内陆国)3个国家。印尼是该区面积最大、人口最多的国家,也是世界上最大的群岛国家,被称为"千岛之国"。

#### 4.农业和矿产

本区是世界稻米的主要产区之一。水稻主要分布在中南半岛平原区,如湄公河三角洲、湄南河平原等地。越南、泰国、缅甸出口稻米,其中泰国是世界出口稻米最多的国家(中国的稻米产量居世界首位)。

东南亚地处热带地区,盛产热带经济作物,热带种植园农业较发达,是世界上天然橡胶、油棕、椰子、蕉麻和金鸡纳等热带经济作物的最大产地。

东南亚的矿产以锡和石油最为著名。

#### 5.东南亚的农业区位条件分析

(1)热带种植园农业

特点:生产规模大,商品率高。

自然区位条件:①本区以热带雨林、热带季风气候为主,降水充沛;②地势平坦,下游为三角洲,土壤肥沃;③河流众多,有灌溉水源。

社会经济区位条件:①离海港近,交通便利,利于产品的进出口;②劳动力廉价且充足;③市场广阔。

(2)水稻种植业

生产的有利条件:平原地区地势平坦、土壤肥沃;位于热带多雨地区,水热条件好;人口稠密,劳动力资源丰富;有悠久的耕作历史,种植经验丰富;国际市场需求量大。

主要制约因素:机械化水平和科技水平低。

#### 6.工业和旅游业

由于过去长期受殖民统治,本区多数国家经济结构畸形、单一,出口商品以原料或半成品等初级产品为主。各国独立后,比较重视发展工业。近年来,一些国家利用丰富的资源和廉价的劳动力,引进外国资本和先进的工业技术发展加工工业,取得显著的成效,经济多样化发展并且高速增长。

东南亚旅游资源丰富,旅游业发展迅速。本区有美丽的热带风光,如热带海滩和海岛;有众多的名胜古迹,如缅甸的仰光大金塔、印尼的婆罗浮屠、柬埔寨的吴哥窟等;有独特的风土人情。

## (二)中亚

### 1.自然地理特征

**(1)地理位置**

中亚位于亚欧大陆中部,距海远,纬度大致在35°N~55°N之间,经度大致在50°E~85°E之间,位于温带。西起里海,东临我国,北接俄罗斯,南部与伊朗和阿富汗相邻。

本区是古代丝绸之路、现代第二亚欧大陆桥的经过之地,沟通亚欧大陆的东西两端。

**(2)地形**

地形以丘陵、平原为主。地势东南高、西北低。东部为天山山脉,东南部为帕米尔高原,北部是哈萨克丘陵,中部和西部分别为图兰平原和里海沿岸平原。

**(3)气候和植被**

气候以温带大陆性气候为主,特征是冬冷夏热,气温年较差和日较差大,降水稀少且季节变化大,气候干旱。干旱成因是深居内陆,远离海洋,受地形阻挡,水汽不易到达。

降水由北向南减少,由西向东增多,原因是由北向南受北冰洋气流影响减弱,东部山地高原阻挡来自大西洋的气流,形成地形雨,降水较多。

植被以草原、荒漠为主。自然带主要是温带草原带、温带荒漠带。

**(4)河流和湖泊**

中亚的河湖多为内流河和内陆湖。

内流河阿姆河、锡尔河注入中部咸海(不断缩小),伊犁河注入东部巴尔喀什湖。外流河额尔齐斯河注入北冰洋。

西部所临的里海是世界最大的内流湖,有乌拉尔河和伏尔加河流入,沿岸石油、天然气丰富。

### 备考点拨

**内流河补给和水文特征**

河流主要补给为冰雪融水和山地降水;流量小;流量季节变化大,年际变化小,有夏汛,冬季有断流现象;上游水量大,下游水量小(沿途蒸发、下渗、引水灌溉);含沙量大。

**(5)自然资源**

中亚的煤、铁、石油、天然气和有色金属资源丰富。矿业是中亚各国经济的主要支柱。

### 2.人文地理特征

**(1)居民**

中亚地区是以白种人和黄种人为主的多民族地区,居民多信奉伊斯兰教。

**(2)国家**

中亚包括哈萨克斯坦(世界最大内陆国,首都为努尔苏丹,原名阿斯塔纳)、乌兹别克斯坦(首都为塔什干)、吉尔吉斯斯坦(首都为比什凯克)、塔吉克斯坦(首都为杜尚别)、土库曼斯坦(首都为阿什哈巴德)5个内陆国家。

(3)农业

中亚地区的农业以荒漠畜牧业和灌溉农业为主。中亚耕地面积广大,牧场辽阔,牲畜以细毛羊和羔皮羊为主;依靠灌溉种植小麦、棉花、水稻;是世界上仅次于中国和美国的第三大棉花产区,其中乌兹别克斯坦被称为"白金之国"。

> **备考点拨**
>
> 中亚地区和我国西北地区的气候条件相似,都属于干旱半干旱地区。关于干旱半干旱地区的气候、水文、农业等知识可以参考本区。
>
> 本区即干旱半干旱地区农业发展的有利条件:光照充足(利于进行光合作用),昼夜温差大(利于有机物的积累),可利用河流灌溉;植被以草原和荒漠为主,牧场广阔。
>
> 本区农业发展的限制性因素是水资源,不利条件是水资源短缺及不合理用水引发生态问题。
>
> 棉花生长的条件:①光照充足,热量充足;②土壤疏松;③有灌溉水源;④地形平坦开阔;⑤秋季多晴天,对棉花后期生长和采摘有利。

(4)工业

本区采矿、冶金、军事工业发达(由于矿产丰富),棉毛纺织、地毯编织和畜产品加工业较发达(由于生产棉花、畜产品)。

本区木材缺乏,机械、轻工业制品等需要进口。

> **备考点拨**
>
> 中亚位于亚欧大陆中部,自古以来一直是东西方的陆上交通要道,是古代丝绸之路(由长安即今西安经中亚地区到达黑海、地中海沿岸国家)的重要贸易通道,也是今天第二亚欧大陆桥的经过之地和"一带一路"中"丝绸之路经济带"的重要组成,地理位置十分重要。
>
> 第二亚欧大陆桥为铁路,其建成通车使得该区的位置日益重要,是目前亚欧大陆东西最便捷的通道。第二亚欧大陆桥在我国境内由陇海—兰新—北疆铁路组成,出阿拉山口与哈萨克斯坦的铁路接轨,在中亚分为北、中、南三线分别通往欧洲、大西洋沿岸。路线经哈萨克斯坦、俄罗斯、白俄罗斯、波兰、德国,到达荷兰的鹿特丹,依次经过温带落叶阔叶林带、温带草原带、温带荒漠带、温带草原带、温带落叶阔叶林带等自然带。
>
> 中亚丰富的矿产尤其是油气资源,使中亚的地位更加重要。我国与哈萨克斯坦合作,修建了中哈石油管道,直通里海沿岸。
>
> 中哈石油管道建设的区位条件分析包括有利条件(如哈石油丰富,我国石油需求量大,中哈政策支持,管道沿线地势较平坦等)和不利条件(线路长,工程量大;多沙漠、戈壁,难度大,成本高;干旱缺水,生态脆弱)。
>
> 中哈输油管道建设(或油气贸易)的意义如下(参考西气东输工程)。
>
> 对中国:①缓解石油供应紧张情况;②优化能源消费结构,改善大气环境;③增加石油进口渠道,

维护能源安全;④促进西部大开发;⑤促进与中亚地区的合作,促进"丝绸之路经济带"的发展。

对哈萨克斯坦:①将资源优势转化为经济优势;②促进管道沿线的基础设施建设;③拉动相关产业的发展;⑤增加就业机会,促进经济社会发展。

本区涉及两种重要的交通运输方式,铁路运输和管道运输,考生需要联系并掌握前面所学的交通的相关知识。

## 四、南亚

### (一)地理概述

#### 1.位置和范围

南亚位于亚洲南部喜马拉雅山脉中、西段与印度洋之间,东濒孟加拉湾,西濒阿拉伯海,大部分地区位于10°N~30°N之间的低纬地区,北回归线横贯中部,经度位置大致位于60°E~95°E之间。本区包括印度半岛及附近岛屿。

#### 2.国家

印度是南亚面积最大的国家。

表1-3-14 南亚的国家

| 内陆国 | 临海国 | 岛国 |
| --- | --- | --- |
| 尼泊尔、不丹(均与我国相邻) | 印度、巴基斯坦、孟加拉国(印、巴与我国相邻) | 斯里兰卡、马尔代夫 |

#### 3.自然条件

南亚的自然条件见表1-3-15。

表1-3-15 南亚的自然条件

| 要素 | 内容 |
| --- | --- |
| 地形 | 三大地形区:北部是喜马拉雅山地;中部是印度河—恒河平原,是南亚的主要农业区和人口密集区;南部为德干高原,沿海有狭窄平原;地势总体呈西高东低的态势 |
| 气候 | 大部分地区属于热带季风气候,一年分三季,每年6—10月为雨季,西南季风(气压带和风带的季节性移动形成)带来大量降水,迎风坡降水更多;11月至次年2月为凉季,盛行干燥的东北季风(海陆热力性质差异形成),气候凉爽;3—5月为热季,西南季风尚未来临,高温少雨,易发生干旱<br>本区西北部印度河流域降水较少,气候干旱,属于热带沙漠气候(冬季受副热带高压控制,降水少;夏季西南季风无法到达) |
| 河流 | 主要河流有恒河、印度河、布拉马普特拉河等;印度河发源于我国西藏,注入阿拉伯海,是巴基斯坦最重要的灌溉水源;恒河发源于喜马拉雅山,大部分在印度境内,下游流经孟加拉国,注入孟加拉湾;布拉马普特拉河上游是我国境内的雅鲁藏布江,注入恒河下游 |

## 4.农业

### (1)典型农作物的分布

表1-3-16 典型农作物的分布

| 农作物 | 生长习性 | 主要分布地区 | 自然条件 |
| --- | --- | --- | --- |
| 水稻 | 喜热喜水 | 东北部和半岛东西两侧的沿海地区 | 为平原地形,气候湿润,降水较多 |
| 小麦 | 耐旱,适应性强 | 恒河平原,西北部 | 地面起伏平缓,灌溉水源充足,土壤肥沃 |
| 棉花 | 喜光耐旱 | 德干高原西部,恒河上游地区 | 地面起伏平缓,降水较少,日照充足,土壤肥沃 |
| 黄麻 | 喜低湿土地和潮湿的气候 | 恒河三角洲 | 气候湿热,地势低平,水源充足 |
| 茶叶 | 喜湿润气候和酸性土壤,怕涝 | 东北部(布拉马普特拉河两岸的低山) | 有排水良好的低山区,降水较多,气候湿润 |
| 甘蔗 | 喜高温高湿 | 恒河平原 | 气候湿热,降水多,水源充足 |

### (2)西南季风对农业的影响

西南季风给该地带来了丰沛的降水,是南亚农业的主要水源。

由于降水集中在雨季,旱季(包括凉季和热季)降水稀少,且由于西南季风不稳定,不同年份来去时间早晚和强弱不同,降水量年际变化大,容易发生旱涝灾害,给当地农业带来损害。

## (二)印度

### 1.人文概述

印度人口数量仅次于我国,居世界第二位,人口增长较快,大部分为白种人,多信奉印度教。印度的官方语言是作为国语的印地语和第二语言英语。

### 2.气候和农业

印度以热带季风气候为主,全年高温,有旱季和雨季,多水旱灾害,发展水利灌溉对农业生产特别重要。

印度的主要粮食作物是水稻和小麦,主要经济作物有棉花、黄麻、茶叶和甘蔗等,其分布见上文南亚的农业。

### 3.矿产与工业

#### (1)矿产资源

印度的煤、铁、锰等矿产丰富,主要分布在德干高原东北部(印度钢铁、机械工业中心)。

#### (2)工业

印度的工业发展情况:①独立前只有采矿业和纺织业,独立后形成了具有相当规模、轻重工业都较发达的工业体系。②核能、航天工业初具规模,信息产业蓬勃发展。③主要工业区有以东北部的加尔各答和西部孟买为中心的传统工业区（棉、麻纺织业和重工业），以南部班加罗尔为中心的新兴工业区（电子、软件制造业、原子能、航天）。

**4.主要城市**

印度的主要城市有新德里——首都，加尔各答——最大城市、麻纺织工业中心和重要海港，班加罗尔——新兴工业中心，孟买——最大的海港和棉纺织工业中心。

**知识拓展**

孟加拉国多洪涝的原因

孟加拉国属热带季风气候，雨季降水多且集中，河流水量大且集中，且位于恒河和布拉马普特拉河三角洲，地势低平，排水不畅，所以多洪涝。

## 五、西亚和北非

### （一）地理概述

**1.自然地理特征**

**（1）特殊的地理位置**

本区大致在20°N~40°N，20°W~80°E范围内；地处"两洋三洲四峡五海之地"，即沟通大西洋和印度洋，联系亚、欧、非三大洲，位于地中海、红海、黑海、阿拉伯海、里海之间，有霍尔木兹海峡、曼德海峡、土耳其海峡、直布罗陀海峡分布。苏伊士运河控制本区的海上交通要道。

**（2）高原为主的地形**

本区大部分为高原地形，有阿拉伯高原、伊朗高原、小亚细亚高原等；平原狭小，主要分布在尼罗河谷地和三角洲及两河流域（美索不达米亚平原）；高原边缘多山脉。在巴勒斯坦和约旦交界处，有世界陆地表面最低处——死海。死海海拔为-415米，是地壳断裂陷落形成的，属于断层湖，是东非大裂谷的北部延续部分，是世界上盐度最高的湖泊。

**（3）炎热干燥的气候**

本区大部分属热带沙漠气候，常年高温、干燥少雨、河流稀少；地中海沿岸地区属地中海气候，夏季炎热干燥，冬季温和多雨；在一些高原内部分布有温带大陆性气候。世界上面积最大的沙漠——撒哈拉沙漠位于北非。本区植被或景观主要有荒漠、草原和亚热带常绿硬叶林。

造成本区气候干燥的三个因素：①北回归线横贯本地区，受到副热带高压带的控制，干燥少雨；②地处亚洲大陆西岸，受到干燥的东北信风的影响；③临海的高原地形，阻挡了海洋湿润气流的进入。

**2.阿拉伯世界**

本区居民主要为白色人种，半数以上为阿拉伯人，通用阿拉伯语，多信奉伊斯兰教。以阿拉伯人为主的国家被称为阿拉伯国家。本区是伊斯兰教、基督教、犹太教的发源地，而耶路撒冷是这三个宗教的圣城。

**3.经济**

**（1）世界石油宝库和磷矿库**

西亚和北非的石油概况见表1-3-17。

表1-3-17 西亚和北非的石油概况

| 项目 | 内容 |
| --- | --- |
| 地位 | 本区是目前世界上石油储量最大，出产和输出石油最多的地区。本区石油产量约占世界总产量的1/4，输出量占生产量的90%，主要输往西欧、美国、日本等发达国家 |
| 分布 | 西亚以波斯湾为中心，沙特、伊朗、科威特、伊拉克为主要产油国；北非石油分布在撒哈拉沙漠，利比亚、阿尔及利亚、埃及为主要产油国 |
| 特点 | 石油储量大、埋藏浅、出油多、油质好 |
| 输出线路 | ①波斯湾→霍尔木兹海峡→阿拉伯海→印度洋→马六甲海峡→太平洋→日本；②波斯湾→霍尔木兹海峡→阿拉伯海→曼德海峡→红海→苏伊士运河→地中海→直布罗陀海峡→大西洋→西欧、北美；③波斯湾→霍尔木兹海峡→阿拉伯海→印度洋→好望角→大西洋→北美、西欧；④从波斯湾通过管道运输到地中海、红海沿岸 |

北非摩洛哥一国的磷酸盐储量占世界的3/4。磷酸盐生产是该国的经济支柱。

（2）畜牧业和灌溉农业

本区农业以畜牧业和灌溉农业为主。本区畜牧业比较发达，主要分布在高原上较湿润的地方或沙漠中有地下水的绿洲地区，以游牧为主。畜产品以土耳其的安卡拉羊毛和阿富汗的紫羔皮最为著名。

本区灌溉农业主要分布在河谷平原和有地下水灌溉的绿洲地区，主要作物有小麦、水稻、棉花、枣椰等。其中枣椰是绿洲农业的代表作物。伊拉克是世界椰枣产量最大的国家。地中海沿岸分布有园艺业，主要农产品有油橄榄、柑橘和葡萄等。

灌溉是以色列发展农业生产的关键。为解决水资源问题，政府修建了水渠和输水管线，还大力发展滴灌和喷灌技术，发展了发达的节水农业。

**备考点拨**

学习本区注意其与中东地区的联系和区别。二者范围不同。但是二者都具有位置重要、石油丰富、干旱缺水等地理特征。

### （二）埃及

1.重要的地理位置

埃及位于非洲东北部，包括亚洲境内的西奈半岛（苏伊士运河以东），地跨亚、非两洲；是亚、非两洲之间的路上交通要冲，也是大西洋和印度洋之间的航运要道，扼守着世界重要石油运输线的咽喉。

2.沙漠广布

埃及大部分地区属于热带沙漠气候，炎热干燥，90%以上的土地为沙漠，是名副其实的"沙漠之国"。北部地中海沿岸为地中海气候。

3.尼罗河

尼罗河全长约6600千米，是世界第一长河，发源于东非高原，自南向北注入地中海，纵贯埃及全境。尼罗河为两岸提供了丰富的水源和肥沃的土壤，被埃及人称为"母亲河"。尼罗河两岸农业发达，在沙漠中形成了一条"绿色长廊"。

尼罗河有两个源头，一个是白尼罗河，另一个是青尼罗河。白尼罗河发源于热带雨林区，水量大，水量季节变化小。青尼罗河发源于热带草原区，水量季节变化大，是造成尼罗河定期（每年6~10月）泛滥的主要原因。尼罗河的全部水量中，60%来自青尼罗河。

#### 4.人口和城市

埃及的人口和城市主要集中于尼罗河沿岸平原和入海处的河口三角洲地区，以阿拉伯人为主，居民多信奉伊斯兰教，以阿拉伯语为官方语言，首都为开罗。开罗在尼罗河三角洲顶端，是阿拉伯国家中人口最多的城市。亚历山大是地中海沿岸的重要海港。

#### 5.发展中的工农业

埃及的工业逐步成为国民经济的主要部门，其中石油工业地位突出。

埃及的农业集中分布于尼罗河谷地和三角洲地区。这里是非洲农业现代化水平最高的地区，主要农产品有棉花、小麦、玉米、甘蔗和水果，以盛产优质长绒棉著称。长绒棉的产量和出口量均居世界首位。

#### 6.富有特色的旅游业

埃及是世界古代文明发祥地之一。古埃及人留下了巨大的金字塔、雄伟的狮身人面像、神秘的"木乃伊"、庄严的神庙等众多的历史遗迹，还有象形文字、天文历法等古代文化。此外埃及还有美丽的尼罗河沿岸风光和迷人的沙漠奇景。这些吸引了来自世界各地的大量游客。

#### 7.四大经济支柱

埃及的传统出口商品为长绒棉，现在的经济支柱是石油、运河、侨汇和旅游收入。

**知识拓展**

**阿斯旺大坝的利和弊**

阿斯旺大坝的作用：发挥了防洪、发电、灌溉、航运、淡水养殖、旅游等功能，为埃及带来了巨大的利益，防止了水旱灾害，改善了尼罗河的通航条件。

阿斯旺大坝的弊端：水库泥沙迅速淤积，库容下降明显；水库水分大量蒸发，储存水量减少；给生态环境带来了不利影响。其中对生态环境的不利影响有以下几个方面：①库区下游两岸的土地因失去泥沙淤积而得不到营养补充，土壤肥力不断下降。②库区下游两岸因灌溉等原因出现了土壤盐碱化。③水库下游的河水因化肥的使用增多等原因发生水质恶化。④河水性质的改变使水生植物及藻类到处蔓延，不仅蒸发掉大量河水，还堵塞河道、灌渠等。⑤下游水量和泥沙减少，导致海水倒灌，三角洲土壤盐渍化，海岸受侵蚀后退，三角洲面积缩小。⑥尼罗河入海口附近海域的鱼类因缺乏泥沙带来的营养物质而数量减少，渔业衰退。

### 六、撒哈拉以南的非洲

#### 1.自然地理特征

撒哈拉以南非洲的自然地理特征见表1-3-18。

表1-3-18 撒哈拉以南非洲的自然地理特征

| 项目 | 特征 |
| --- | --- |
| 地理位置 | 位于非洲撒哈拉沙漠以南,大部分位于南北回归线之间,东临印度洋,西临大西洋,面积约占非洲面积的4/5 |
| 地形 | ①以高原为主(埃塞俄比亚高原、东非高原和南非高原),有"高原大陆"之称,地势由东南向西北倾斜。②最高峰为乞力马扎罗山,刚果盆地是非洲最大的盆地。③东非大裂谷是由板块张裂形成的,南起赞比西河口,北经红海,一直延伸到死海附近,附近火山很多,被称为"地球的伤痕"。④海岸线平直,海湾、半岛、岛屿少,最大海湾为几内亚湾,最大岛屿是马达加斯加岛,南端有好望角 |
| 气候 | 气候炎热,以热带雨林和热带草原气候为主,南部有热带沙漠气候和地中海气候 |
| 河湖 | 主要河流有刚果河、尼日尔河,湖泊有维多利亚湖(非洲最大的湖泊)、坦噶尼喀湖(非洲最深的湖泊) |
| 自然资源 | 黄金、金刚石的储量和产量都居世界第一位;铜矿、铁矿、铀矿、铝土矿等矿产资源丰富 |

**2.居民和经济**

**(1)黑种人的故乡**

撒哈拉以南的非洲90%以上人口是黑种人。非洲的中部和南部是世界上黑种人的故乡。

**(2)以初级产品为主的经济**

撒哈拉以南非洲的许多国家发挥各自在矿产、森林、畜产和热带经济作物方面的优势,生产一两种工业发达国家需要的原料、半成品等初级产品,用于出口,作为本国的经济支柱。目前,许多以出口初级产品为主的国家也在努力发展民族工业。

**3.人口、粮食与环境问题**

撒哈拉以南非洲的人口、粮食与环境问题见表1-3-19。

表1-3-19 撒哈拉以南非洲的人口、粮食与环境问题

| 项目 | 人口问题 | 粮食问题 | 环境问题 |
| --- | --- | --- | --- |
| 表现及影响 | 人口增长速度超过粮食增长速度和环境承载力,导致粮食问题和环境问题 | 粮食供给不足,引发严重的环境问题 | 人们为了生存,滥砍、乱垦、乱牧,导致生态环境恶化,土壤肥力下降,草原退化,沙漠化面积扩大 |
| 治理措施 | 保护自然环境;提高农牧业生产水平;控制人口增长速度,提高民族文化素质;加强民族团结,增强区域合作;增强抗灾和减灾能力;建立公平合理的国际经济秩序 |||

## 七、欧洲西部

### (一)地理概述

**1.自然地理特征**

**(1)位置和范围**

本区位于欧洲西半部,北临北冰洋,西临大西洋,南临地中海;纬度范围大致在35°N~70°N,经度

范围大致在20°W~30°E;面积约占欧洲一半,包括南欧、中欧、西欧和北欧。

（2）地形

本区的地形特征如下。

①地形以平原、山地为主,地势南北高、中间低。平原有西欧平原、波德平原等;山脉有北部的斯堪的纳维亚山脉和南部的阿尔卑斯山脉等。

②海岸线曲折,多半岛、岛屿和海湾。主要半岛有北部的斯堪的纳维亚半岛,南部的巴尔干半岛、亚平宁半岛、伊比利亚半岛（自东向西）;主要岛屿有不列颠群岛和冰岛等;主要内海有北部的波罗的海、南部的地中海、东南部的黑海等;边缘海有北海、挪威海等;主要海峡有土耳其海峡、直布罗陀海峡、英吉利海峡等。比斯开湾是本区著名的海湾。

③冰川地貌广布,如冰川湖、峡湾、冰碛丘陵等。

**知识拓展**

**冰川作用对欧洲的影响**

冰川作用对欧洲地形的影响较大。冰川运动对地面的强烈刨蚀作用,形成了角峰、宽谷、冰蚀湖、峡湾等冰蚀地貌。冰川消退后,形成冰碛丘陵、冰碛湖等冰碛地貌。第四纪冰川在欧洲有两个中心,一个是以斯堪的纳维亚半岛为中心的大陆冰川,一个是以阿尔卑斯山脉为中心的山岳冰川。第四纪冰川对欧洲的地形起了雕塑作用。芬兰、瑞典众多的冰川湖,挪威幽深曲折的峡湾,东欧平原上波状起伏的冰碛丘陵,阿尔卑斯山脉高山带峰峦挺拔、谷地宽阔、两侧多湖泊等,都是第四纪冰川塑造的结果。

（3）气候

本区位于中纬度大陆西岸,深受西风和北大西洋暖流的影响,以温带海洋性气候为主,分布在西部和中部;东部为温带大陆性气候;北部是极地气候;南部地中海沿岸为地中海气候,植被为亚热带常绿硬叶林,叶质坚硬。

（4）河流和湖泊

本区河网密布,河流水量充沛、水流平稳、水量季节变化小、含沙量小、无结冰期、航运价值高。主要河流有多瑙河、莱茵河等。伏尔加河为欧洲第一长河。

莱茵河发源于瑞士,注入北海,是世界航运最繁忙的河流之一（水量大、变化小且水流平稳,利于航运）,货运量在世界上仅次于密西西比河。多瑙河发源于德国西南部,是世界流经国家最多（9个）的河流。

本区湖泊分布于西北部和阿尔卑斯山脉的南北两侧,大多由冰川作用形成。

**2.人文地理特征**

（1）国家、人口和宗教

本区国家众多（30多个）,多数为发达国家,是发达国家最集中的地区。本区具有高度一体化的区域性组织——欧洲联盟（欧盟）。欧盟的成立加强了本区国家之间的政治和经济联系。它在世界经济领域和国际政治舞台上发挥着重要的作用。

本区人口稠密,以白色人种为主,多信仰基督教,是世界人口自然增长率最低的地区,城市人口比重大。

## （2）发达的农业

①本区畜牧业发达。原因是气候全年温和湿润；地形以平原为主，地势平坦，草场广布，盛产多汁牧草。荷兰、丹麦是著名的乳畜大国。但由于降水较多，日照不足，大部分地区不适宜发展种植业。

②本区农业的机械化、集约化和专业化水平高，农业生产多样。如荷兰、丹麦畜牧业发达；挪威渔业发达；瑞典林业发达；地中海沿岸光热充足，种植业和园艺业发达，盛产油橄榄、葡萄、柑橘、无花果、柠檬等。

③法国是本区少有的粮食生产和出口国，巴黎盆地是重要的小麦产区。

④英国西部不适合种植粮食作物，而乳畜业发达；东南部的种植业（小麦、大麦）较为集中。

## （3）发达的工业

本区的工业以制造业为主，制造业高度发达，从事制造业的人口比例较高。许多国家从国外进口原料、燃料、粮食，向外出口机械、汽车、化学物品和食品等工业制成品，为国家带来财富。本区的对外贸易也十分发达，其中德国居第一位。

本区的工业多而密集，呈"十"字形分布，西起英国，东到波兰，北起斯堪的纳维亚半岛南部，南到意大利境内，形成了世界上著名的工业密集地带。

## （4）繁荣的旅游业

本区是国际旅游业最发达的地区之一。本区自然条件多样，旅游资源丰富，北部有斯堪的纳维亚半岛曲折的海岸线、幽深的峡湾；中部的阿尔卑斯山是登山和滑雪运动的好场所；南部地中海沿岸夏季阳光明媚，海滨沙滩风景优美。

本区历史文化灿烂，有丰富各异的人文景观，包括众多的古建筑遗址、文化艺术城市和博物馆，还有独特的风土人情。著名旅游景观有"时装之都"巴黎的凯旋门和埃菲尔铁塔，希腊雅典的帕特农神庙，意大利的罗马斗兽场和水城威尼斯，奥地利的音乐之都维也纳，伦敦的大本钟和塔桥，荷兰的风车等。

### 经典真题

（2021下·单选）薰衣草可作药用、制茶、提取香草精油等。薰衣草喜光，生长适宜温度为16℃~32℃，耐旱怕涝，喜疏松、排水性良好的土壤。3~5月生长期对水分要求较高，6~8月花期时若降雨多，则含油量显著降低。下图为法国大陆地形分布图，读图完成1~2题。

1.图中甲、乙、丙、丁四地最适合种植薰衣草的是（　　）。

A.甲　　　　　　B.乙

C.丙　　　　　　D.丁

【答案】C。解析：由材料可知薰衣草喜光，耐旱怕涝，3~5月生长期对水分要求较高，6~8月

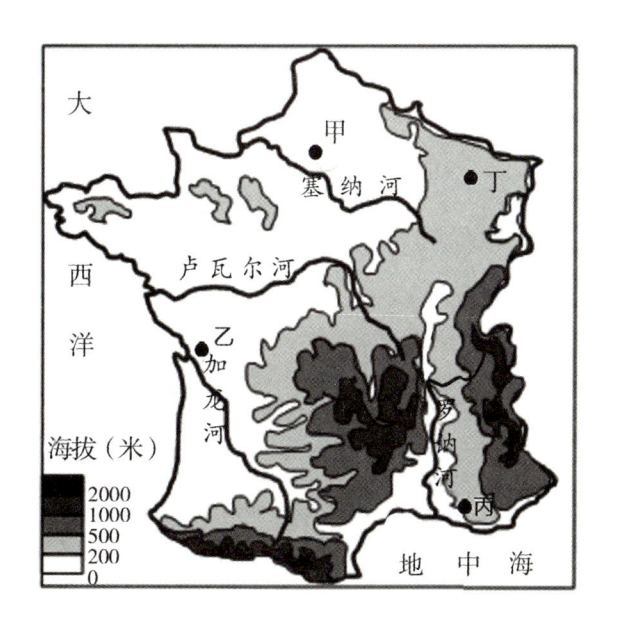

花期时若降雨多,则含油量显著降低。则薰衣草适合生长在地中海气候区。结合已学知识可知甲、乙、丁三地均为温带海洋性气候,全年温和多雨,不适合薰衣草生长。丙地位于地中海沿岸,为地中海气候,夏季干燥少雨,光照充足,有河水灌溉,适宜薰衣草生长,故丙地最适合种植薰衣草。

2.图中四条河流径流量季节变化最大的是(　　)。

A.塞纳河　　　　　B.卢瓦尔河　　　　　C.加龙河　　　　　D.罗讷河

【答案】D。解析:塞纳河、卢瓦尔河和加龙河位于温带海洋性气候区,全年降水均匀,因此河流径流量稳定;罗讷河上游主要补给水源为冰川积雪融水,河流径流量季节变化大;下游主要补给水源为大气降水,且位于地中海气候区,冬季温和多雨,夏季干燥少雨,故河流径流量季节变化最大。

## 八、欧洲东部和北亚

### (一)地理概述

#### 1.位置和范围

欧洲东部是指西起波罗的海东岸,东到乌拉尔山,北起北冰洋,南到黑海、高加索之间的欧洲部分,总面积约为540万平方千米,约占欧洲陆地总面积的53.1%。

北亚为亚洲北部属于俄罗斯的部分,一般称之为西伯利亚,面积约1267万平方千米,约占亚洲总面积的29%。

#### 2.国家

该地区包括俄罗斯、爱沙尼亚、拉脱维亚、立陶宛、白俄罗斯、乌克兰、摩尔多瓦7个国家。

#### 3.地理特征

东欧以东欧平原为主,自北向南有冰原、苔原、森林、草原、半荒漠、荒漠等自然带,自然带水平分布的特点非常典型,具有很高的农业开发潜力。东欧的煤、铁、锰、石油和天然气十分丰富。东欧人口约占欧洲总人口的1/4,而人口密度约为欧洲平均人口密度的一半。

北亚平原、高原和山地各约占1/3,气候严寒,极端最低温可达-71℃,天然气储量约占世界总储量的30%,木材蓄积量约占20%,石油和煤炭约占10%,金铂、金刚石、镍、铜等矿产丰富,被誉为"资源宝库"。北亚地区的人口密度小,是世界范围内人口最稀疏的地区之一。

### (二)俄罗斯

俄罗斯的地理概况见表1-3-20。

表1-3-20　俄罗斯的地理概况

| 项目 | 内容 |
| --- | --- |
| 位置 | 跨东西半球,是世界跨经度最多的国家。地处亚欧大陆北部,北临北冰洋,东临太平洋,西临波罗的海,西南接黑海、里海,东北隔白令海峡与北美洲相望 |
| 概况 | 世界面积最大的国家,地跨欧、亚两大洲,欧洲部分面积小,但政治、经济中心都位于此,是传统的欧洲国家 |

(续表)

| 项目 | 内容 |
|---|---|
| 地形 | 地形总体较为平坦,以平原、高原为主。乌拉尔山以西为东欧平原,以东依次为西西伯利亚平原、中西伯利亚高原、东西伯利亚山地(分别以叶尼塞河和勒拿河为界) |
| 气候 | 由于地处中高纬度地区,冬季严寒而漫长,夏季凉爽而短促;由于领土辽阔,各地气候差异很大;以温带大陆性气候为主,北部有极地(寒带)气候,东部太平洋沿岸为温带季风气候 |
| 河流与湖泊 | 伏尔加河为欧洲最长的河流,水能丰富,是俄罗斯最主要的内河航道。鄂毕河、叶尼塞河、勒拿河水能丰富,但封冻期长,有凌汛,不利于航运。贝加尔湖是世界最深的湖泊 |
| 丰富的资源 | ①森林资源丰富,有世界面积最大的亚寒带针叶林,分布于西伯利亚大部分地区和东欧平原北部。②水力资源丰富,水能蕴藏量居世界第二位。③矿产资源丰富,天然气储量居世界首位,是世界重要的石油生产国(乌拉尔、秋明油田),重要的铁矿为库尔斯克铁矿,较大的煤矿是库兹巴斯煤矿;是世界最大的能源出口国之一,被称为"世界加油站";近些年依靠大量出口油气使得经济增长较快 |
| 工业 | 工业基础雄厚,部门比较齐全,重工业发达,核工业和航空航天工业较为突出,轻工业相对落后,主要分布在欧洲;有四大工业区,分别是以莫斯科为中心的工业区、圣彼得堡工业区、乌拉尔工业区和新西伯利亚工业区;工业由欧洲部分向亚洲部分发展 |
| 农业 | 农牧业并重,主要农作物有小麦、甜菜、马铃薯、向日葵、亚麻等。东欧平原南部的伏尔加河流域和顿河流域是主要的农业地带 |
| 交通 | ①以铁路为主,欧洲部分的铁路以莫斯科为中心呈放射状,铁路网密集;亚洲部分铁路网稀疏,有横贯东西的第一亚欧大陆桥及贝阿铁路。②河流封冻期长,通航期短,其中伏尔加河为主要的内河航道。③海岸线长,海洋封冻期长,除北冰洋外,其他各海岸港口与外洋之间的联系都要经过别国的领海 |
| 主要城市 | 莫斯科:首都,俄罗斯最大的城市和政治、经济、文化、交通中心<br>圣彼得堡:波罗的海沿岸海港,俄罗斯第二大城市<br>符拉迪沃斯托克(海参崴):俄罗斯太平洋沿岸最大的港口城市<br>摩尔曼斯克:俄罗斯北冰洋沿岸的不冻港(受北大西洋暖流影响)和最大城市<br>奥伊米亚康:北半球寒极 |

## 九、北美洲

### (一)地理概述

#### 1.位置和范围

北美洲位于西半球北部,北临北冰洋,西临太平洋,东临大西洋,南以巴拿马运河为界与南美洲相隔;大部分在北温带;包括加拿大、美国、格陵兰岛(丹麦)等国家和地区。

#### 2.地形

北美洲的地形可概括为南北纵列的三大地形区,包括西部高山区、中部平原区、东部高原和山地(地势低缓)。

#### 3.河流和湖泊

北美洲的主要河流为密西西比河(北美最大河,世界第四长河)和圣劳伦斯河;湖泊主要为五大淡水湖（世界最大的淡水湖群）——苏必利尔湖（世界最大的淡水湖）、密歇根湖、伊利湖、休伦湖、安大略湖，由冰川侵蚀作用形成，除密歇根湖外均为美、加两国共有。

### 4.气候

北美洲的气候以温带大陆性气候为主。在西部，太平洋沿岸分布有狭窄的温带海洋性气候和地中海气候，广大高原区为半干旱区；在东部，降水自沿海向内陆递减，35°N以南地区为亚热带季风性湿润气候。北美三大地形区对气候的影响见表1-3-21。

表1-3-21　北美三大地形区对气候的影响

| 地形区 | 地形单元 | 地形特征 | 对气候的影响 |
| --- | --- | --- | --- |
| 西部高大的科迪勒拉山系 | 海岸山脉、落基山等平行山脉 | 地形区呈南北走向，东西排列，多山峰、山间盆地、高原 | 迎风坡地形雨丰沛；阻挡来自太平洋的湿润气流向东深入，使温带海洋性气候和地中海气候在沿海呈南北向延伸；山间高原、盆地由于海洋水汽难以进入，气候干旱，呈现出荒漠景观 |
| 东部古老的高山、高原 | 拉布拉多高原、阿巴拉契亚山脉 | 地势低缓 | 冬季西北风的迎风坡，常形成大雪；东南坡对大西洋水汽产生抬升作用，形成地形雨；因高地低缓，冬季干冷的西北风可影响到东海岸，夏季大西洋的暖湿气流亦可越过高地，进入内陆，降水由沿海向内陆递减 |
| 中部宽广的中央大平原 | 北部多湖泊，南部为密西西比河平原，西部为大平原 | 南北纵贯、平坦 | 气温、降水季节变化大，气候的大陆性较强；冬季极地冷气团可长驱南下，形成暴风雪和寒潮天气；夏季，来自墨西哥湾的热带暖气团可自由北上，使天气闷热多雨 |

### 5.居民和经济

北美洲外来移民汇集，白种人占80%以上。移民中英裔和法裔较多。语言以英语为主。北美洲的原住民是印第安人和因纽特人，属黄种人。美、加两国均为经济发达的国家。

## （二）美国

### 1.国土组成

美国国土由50个州和1个首都所在特区组成，包括本土48个州、海外2个州（阿拉斯加州和夏威夷州）。

### 2.自然条件

（1）地理位置

美国本土三面临海，东临大西洋，西临太平洋，南临墨西哥湾，沿海多优良海港，冬季不冻，海运便利。美国本土大多在温带（南部为亚热带）。阿拉斯加在高纬地区，属于寒带和亚寒带。夏威夷在热带。

（2）地形

美国的地形呈南北纵列分布，分三大纵列带，西部是高大的高原、山地，中部是广阔的平原，东部是低矮的阿巴拉契亚山。美国的平原面积占全国面积的一半以上，耕地面积约占世界耕地的10%。

（3）河流与湖泊

密西西比河纵贯中央大平原，注入墨西哥湾。五大湖通过圣劳伦斯河沟通北大西洋。密西西比河和五大湖为灌溉、航运和发电提供了便利。水能资源最丰富的河流是哥伦比亚河。

（4）自然资源

美国的矿产、森林、草原等自然资源丰富，煤、石油、天然气、铜、铁储量和产量均居世界前列，但由于高消费和浪费，矿产仍需大量进口。

## 3.人口

美国有3亿多人口，是世界第三人口大国，大部分人口为欧洲移民后裔，是一个移民国家。其中白种人占80%以上，而有色人种主要是黑人。旧金山、洛杉矶、纽约等城市有华人聚居，聚居地称为"唐人街"。

美国人口主要分布在沿海平原和五大湖区域，东北部人口稠密，西部高原山区人口稀疏。近几十年来人口由东北部向东南、西部的"阳光地带"迁移。

## 4.经济

美国科技力量雄厚，经济高度发达，是当今世界工农业最发达的国家；是世界上输出工农业产品数量最多、产值最大的国家；信息技术、宇航技术、生物工程技术、核能利用等高新技术产业，均居世界领先地位。同时美国也是世界最大的资源消费国和排放废物最多的国家。

（1）农业

美国是世界农业强国。种植业和畜牧业都十分发达。

美国的农业现代化水平高，其农业生产的区域（或地区）专业化（或专门化）、机械化、商品化程度很高，农业生产效率高，生产规模大，农产品质量优良。美国是世界最大的农产品出口国，小麦、大豆、玉米、棉花、肉类等许多农产品产量居世界前列，并大量出口，但需进口咖啡、可可等热带农产品。

美国农业生产的区域专业化使其形成了不同的农业带，主要有中部平原上的玉米带和小麦区，五大湖沿岸的乳畜带等。

### 知识拓展

区域专业化指在农业生产中按地区进行社会分工，即各地区根据当地自然条件、社会经济条件、市场需求及历史地位专门生产一种或几种农畜产品，在全国范围内形成专业生产区。

区域专业化的好处：①充分发挥区域的环境和资源优势；②充分采用先进技术，提高生产效率。缺陷：加剧了农业生产不平衡的状况。

（2）工业

美国是世界上最发达的工业国家，拥有完整的工业部门体系，工业产品种类多、产量大，生产设备和技术先进。美国的军事工业和电子信息、航空航天、生物工程、新能源等技术领域居于世界领先地位。美国还是世界最大的高新技术产业基地，注重发展知识经济，大力发展以知识密集型产业为主的高新技术产业。"硅谷"是美国兴起最早、规模最大的高新技术产业中心。

美国工业现代化程度高，是输出工业产品数量最多、产值最大的国家。美国对工业品的消费量大，是世界进口汽车、钢铁、石油、纺织品较多的国家，且进口大于出口；海外投资多，跨国公司遍布各大洲。

美国的三大工业区为东北部传统工业区（钢铁、机械、汽车、化工、纺织等）、南部（石油、航空航天、电子等）和西部太平洋沿岸（航空、电子、信息技术等）新兴工业区。

美国东北部工业区高度发达的原因如下。

①东北部是欧洲移民最早迁入的地方,资本主义发展最早。
②矿产资源丰富,如阿巴拉契亚山北部的煤炭,五大湖西部的铁矿。
③大西洋沿岸有许多良港,如纽约、费城等。
④五大湖水运便利,保证了铁矿石、煤炭的运输及主要工业城市间高效率的运输联系。
⑤平原土壤肥沃,临近玉米带、小麦区、乳畜带,农业基础好。
⑥拥有庞大的市场(人口稠密、生活水平高,市场潜力巨大,发达的工业、农业、矿业、交通运输业本身就是工业产品庞大的消费市场)。

### 5.主要城市

美国的主要城市见表1-3-22。

表1-3-22　美国的主要城市

| 城市 | 地位 |
| --- | --- |
| 华盛顿 | 美国的首都、政治中心,位于哥伦比亚特区 |
| 纽约 | 美国最大的城市、综合性工业中心、海港和金融中心,联合国总部所在地,曼哈顿区被视为纽约市的象征 |
| 芝加哥 | 美国的第三大城市、交通中心(美国最大的空运中心和铁路枢纽),国际金融中心之一 |
| 洛杉矶 | 美国的第二大城市,太平洋沿岸的最大港口城市和经济、文化中心,著名的"电影城"好莱坞所在地 |
| 旧金山 | 美国太平洋沿岸重要的金融、贸易和文化中心,著名的天然良港,附近有世界电子工业中心和著名高新技术产业区"硅谷" |

## 十、拉丁美洲

### (一)地理概况

#### 1.位置和范围

拉丁美洲是指美国以南的美洲国家和地区,东临大西洋,西临太平洋,北部濒临墨西哥湾和加勒比海,南部隔德雷克海峡与南极洲相望。

拉丁美洲以巴拿马运河为界分成两部分,北部有墨西哥(首都墨西哥城)、中美地峡(中美洲)和西印度群岛,南部是南美洲。

南美洲的主要国家有中东部的巴西(首都巴西利亚)、东南部的阿根廷(首都布宜诺斯艾利斯)、北部的委内瑞拉(首都加拉加斯)及西侧(由北向南)的厄瓜多尔(首都基多)、秘鲁(首都利马)、智利(首都圣地亚哥)等。

#### 2.岛屿

拉丁美洲南部和北部海域多岛屿,北部有西印度群岛,古巴是其中面积最大的岛国。火地岛是拉丁美洲最大的岛屿,和南美大陆之间隔着麦哲伦海峡。

#### 3.地形

拉丁美洲北部是墨西哥高原,西部是高大绵长的安第斯山脉(美洲板块和南极洲板块碰撞形成)。

安第斯山脉是世界最长的山脉,多火山、地震。东部高原、平原相间排列,自北向南依次为圭亚那高原、亚马孙平原、巴西高原、拉普拉塔平原、巴塔哥尼亚高原。亚马孙平原是世界最大的平原,而巴西高原是世界最大的高原。

### 4. 气候

拉丁美洲以湿热气候为主,有世界最大的热带雨林气候区,也有面积广阔的热带草原气候区,干旱区面积较小,没有寒带气候,温带气候区也较狭窄。拉丁美洲的气候受地形影响显著。热带平原地区气候湿热,高原地区气候比较温和。高山地区气候和植被都有明显的垂直变化。在安第斯山东侧地势较低的平原地区,大西洋暖湿气流能够随信风深入大陆内部。安第斯山脉南端,盛行西风,西侧迎风坡多雨,东侧背风坡干燥少雨。南美洲西部受山脉阻挡,气候带呈狭长形分布于沿海地带。

### 5. 世界最大的热带雨林区

亚马孙平原面积广大,地势低平,又位于南美洲北部的赤道附近,常年受赤道低压控制,空气对流旺盛。它的北、西、南三面为高原、山地,东面向大西洋敞开,沿海又有暖流经过,从东北、东南方向来的海上湿热气流汇集内陆,并受西部山地的抬升作用,终年降水丰沛。因此,亚马孙平原成为世界最大的热带雨林气候区。

### 6. 河流

亚马孙河是世界上流域面积最广、水量最大的河流,为世界第一大河,被称为"河流之王",长度仅次于尼罗河,是世界第二长河。

巴拿马运河位于中美地峡最窄处,沟通太平洋和大西洋,是重要的国际航运水道,也是南北美洲的分界线。

### 7. 自然资源

拉丁美洲的自然资源见表1-3-23。

表1-3-23 拉丁美洲的自然资源

| 资源种类 | 资源及其分布 |
| --- | --- |
| 矿产资源 | 墨西哥和委内瑞拉近海地区的石油;墨西哥的银;巴西的铁(伊塔比拉铁矿);智利、秘鲁的铜 |
| 水力资源 | 巴西高原上的河流水力资源丰富(巴西和巴拉圭合建了目前世界上第二大水电站伊泰普水电站) |
| 水产资源 | 秘鲁附近的渔场世界闻名 |
| 植物资源 | 亚马孙热带雨林是世界最大的热带雨林;阿根廷的草原辽阔肥美(牛肉出口量世界第一) |
| 动物资源 | 有独特的哺乳动物树懒、大食蚁兽、卷尾猴,还有蜂鸟、巨嘴鸟等 |

### 8. 居民和经济

#### (1)人种和语言

拉丁美洲种族复杂(南美洲号称"世界人种大熔炉"),混血人种占多数,原住居民印第安人为黄色人种。大多数国家通用西班牙语,而巴西通用葡萄牙语。

### (2)人口与城市

拉丁美洲的人口和城市多分布在气候比较温和的高原地区。热带雨林区、内陆高原和沙漠区等地人口稀少。西印度群岛、巴西东南部、阿根廷沿海等地人口稠密。

本区人口自然增长率仅次于非洲,城市人口增长快

### (3)农业

本区是热带经济作物的重要产区,咖啡、甘蔗、香蕉等的产量占世界总产量的一半左右,可可、烟草、棉花的产量也较多。巴西的咖啡、古巴的蔗糖和中美洲国家的香蕉最为著名。本区的粮食作物以玉米为主,许多国家的粮食还不能自给。

### (4)工业

本区经济不发达,主要以一种或几种初级产品的出口作为本国的经济支柱。近年来,一些国家努力发展现代工业,民族经济有了较大发展,如墨西哥、委内瑞拉的石油工业,巴西的钢铁、汽车、飞机工业,阿根廷的肉类加工和机械制造工业。墨西哥、委内瑞拉、巴西已成为拉丁美洲经济较为发达的国家。

**经典真题**

(2018上·材料分析)**材料一** 里约热内卢是巴西第二大城市、最大的港口以及重要的工业中心。2016年8月,第31届夏季奥林匹克运动会在巴西举行,里约热内卢成为奥运史上首个主办奥运会的南美洲城市。

**材料二** 下面左图为巴西东南部工业资源和工业布局分布图,右图为里约热内卢气温曲线和降水量柱状图。

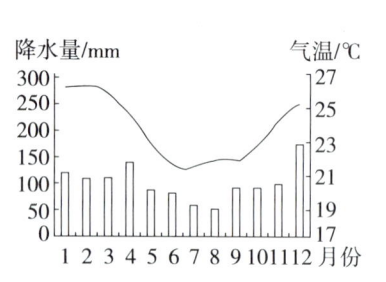

问题:

(1)简述里约热内卢的气候类型及特征,并说明此届奥运会在8月份举行的主要原因。(8分)

(2)分析里约热内卢工业发展的区位优势。(8分)

【参考答案】

(1)里约热内卢的气候类型为热带草原气候,气候特征为终年高温,有明显的干湿两季。

此届奥运会在8月份举办的主要原因:①此时里约热内卢处于干季,降水较少,天气状况好,对户外的体育赛事影响较小;②此时里约热内卢的气温相对于其他月份较低,气温适宜,气候较凉爽,利于运

动员比赛时的发挥。

（2）①里约热内卢附近地区的煤、铁、石油、锰等资源丰富，为钢铁工业的发展提供了原料和能源，并且以钢铁工业为依托，可以发展汽车制造、造船等工业。②里约热内卢为巴西第二大城市，经济基础好，实力雄厚。③巴西东南部属于人口、城市分布的密集区，市场广阔。④里约热内卢为巴西最大的港口，海运便利，便于接近海外市场。

**知识拓展**

世界热带经济作物及其分布

世界上的热带经济作物主要分布在东南亚、南亚、撒哈拉以南的非洲和拉丁美洲等高温多雨的热带气候区。湿热的气候和肥沃的土壤有利于热带经济作物的生长。热带经济作物主要有天然橡胶、油棕、椰子、蕉麻、金鸡纳、丁香、剑麻、可可、甘蔗、香蕉、咖啡等。马来西亚是天然橡胶、油棕的主要生产国，曾被誉为"橡胶王国"；椰子和蕉麻主要分布在菲律宾；印度尼西亚的奎宁（金鸡纳霜）产量居世界第一位；非洲的坦桑尼亚盛产丁香和剑麻；加纳的可可产量居世界第一位。在拉丁美洲，巴西的咖啡、甘蔗、香蕉、剑麻产量均居世界前列；中美洲诸国是世界上最大的香蕉产地；古巴有肥沃的火山灰土，大部分土地种植甘蔗，蔗糖产量很高。这些国家的经济特征是以原料或半成品等初级产品出口作为本国的经济支柱，对国际市场依赖性大，粮食往往不能自给。为改变这种因长期遭受殖民统治留下的畸形经济结构，许多国家已开始进行农业"绿色革命"，变部分种植园为水稻田，扩大耕地面积，逐渐摆脱发达国家的经济控制。

## （二）巴西

### 1.位置与面积

巴西位于南美洲东部和中部，大部分地区位于南回归线和赤道之间，东临大西洋，是世界上占有热带面积最大的国家，也是南美洲面积最大的国家。

### 2.自然概况

地形：主要包括南部的巴西高原（约占2/3）和北部的亚马孙平原（约占1/3）。

气候：以热带草原气候和热带雨林气候为主。

河流：主要河流为亚马孙河。

植被：有世界上最大的热带雨林——亚马孙热带雨林。

自然资源：热带雨林资源丰富，是"世界动植物的王国"；矿产丰富，其中铁矿储量大，质地优良，产量和出口量居世界前列，主要分布在巴西高原；水能丰富，全国90%左右的电力来自水电。

### 3.人口和语言

巴西是南美洲人口最多的国家，人种复杂，以白种人（占一半左右）和混血种人为主。混血种人数量多是巴西人口的典型特征。巴西90%以上的人口分布在东部沿海地带，城市人口占全国总人口的70%以上，面临较严重的城市化问题。巴西的官方语言为葡萄牙语。

### 4.文化和宗教

巴西是一个有大量混血种人的社会，形成了多元且具有特色的文化。狂欢节是巴西的重要节日。

巴西人喜爱桑巴舞和足球,被称为"足球王国"。巴西人口多信仰天主教。

### 5.经济

巴西经济发展较快,是拉美经济最发达的国家,是发展中的工农业大国。

巴西是世界第一大咖啡生产国和出口国,有"咖啡王国"之称,甘蔗和柑橘的产量也居世界之首,大豆、玉米、香蕉、剑麻等产量居世界前列。咖啡豆、蔗糖、大豆、橘汁、牛肉等大量出口创汇。巴西的热带经济作物种植广泛,但小麦需进口。

巴西已形成较完整的工业体系,工业发展水平较高,主要有钢铁、机械、汽车、食品、化学等部门,多分布在东南部的圣保罗、里约热内卢等地。

### 6.主要城市

巴西的首都为巴西利亚。巴西的最大城市和工业中心是圣保罗,最大港口和第二大城市是里约热内卢。巴西利亚建在巴西高原中部的原因:地处高原,气候凉爽;有河流经过;有利于开发中西部地区。

## 十一、大洋洲——澳大利亚

澳大利亚是大洋洲面积最大的国家,是世界上唯一一个独占一个大陆的国家,地广人稀,居民以英裔为主,使用英语。

### 1.位置和范围

澳大利亚东临太平洋,西临印度洋,南回归线穿过其中部,包括澳大利亚大陆、塔斯马尼亚岛等岛屿。

### 2.地形

澳大利亚有南北纵列三大地形区,分别为东部山地区、中部平原区和西部高原区。

东部的大分水岭海拔较低,全国最大河流墨累河发源于其西侧,注入印度洋。东北部海岸外有著名的大堡礁。中部是大自流盆地,地势最低处为北艾尔湖。西部高原地势低矮,沙漠广布,占全国面积的一半以上,有著名的艾尔斯巨石。

### 3.气候

澳大利亚大部分地区炎热干燥,只有东南沿海地区温暖湿润。澳大利亚的气候特征及成因见表1-3-24。

表1-3-24　澳大利亚的气候特征及成因

| 气候特征 | 成因 |
| --- | --- |
| 气温高 | 南回归线穿过中部,以热带和亚热带气候为主 |
| 干旱面积大 | ①大气环流:南回归线横贯大陆中部,大部分地区终年受副热带高气压控制和来自内陆的东南信风的影响。②海陆轮廓:大陆轮廓比较完整,东西宽,南北窄,扩大了副热带高气压带的控制面积;海岸线平直,减小了海洋的影响。③地形起伏:大分水岭阻挡了来自海洋的暖湿气流,使湿润区仅局限于东部沿海地区。④西部印度洋沿岸盛行离岸风,沿岸又有寒流经过,降温减湿,使澳大利亚沙漠面积广大,而且直达西海岸 |

（续表）

| 气候特征 | 成因 |
|---|---|
| 气候带呈半环状分布 | ①北部受西北季风与东南信风影响，降水季节性变化明显。②东部迎风坡降水丰富，低纬度形成热带雨林气候，南部为亚热带湿润性气候；背风坡降水减少，由草原向荒漠过渡；西风带控制区形成温带海洋性气候。③南部受副热带高气压带与西风带交替控制形成地中海气候，向内陆过渡为草原、荒漠。④西部常年受副高影响，降水稀少，形成沙漠气候 |

#### 4.特有动植物

澳大利亚有很多古老而特有的动植物，如袋鼠和鸸鹋（位于澳大利亚国徽上）、树袋熊（考拉）、琴鸟、鸭嘴兽、桉树、金合欢树等，被称为"世界活化石博物馆"。原因是澳大利亚与其他大陆隔绝，长期孤立，动植物独立发展，且自然环境单一，缺少大型食肉类动物（天敌），生物进化缓慢。

#### 5.人口

澳大利亚地广人稀，人口和城市主要分布在东南沿海地区，原因是东南沿海气候温和湿润，交通便利，开发早，工农业发达，而内陆和西部地区气候干旱，东北部气候湿热且沿海有大堡礁，不利于港口建设和航运。

#### 6.经济

澳大利亚农牧业和工矿业发达，具有典型的混合农业（小麦—牧羊带），羊毛产量和出口量居世界第一位，也是重要的小麦出口国，煤炭和铁矿石出口在世界占重要地位，被称为"骑在羊背上的国家"和"坐在矿车上的国家"。目前，澳大利亚第三产业发展迅速，已远超过农牧业和工矿业成为新的经济支柱。

#### 7.主要城市

澳大利亚的首都是堪培拉，最大城市和港口是悉尼，第二大城市是墨尔本。

### 十二、两极地区

#### （一）南极地区

##### 1.位置和范围

南极洲主要位于南极圈内，主要为陆地，包括南极大陆及其附近海域，四周被太平洋、印度洋、大西洋包围，与南美洲、非洲、大洋洲隔海相望。其中，南美洲距南极大陆最近。

南极洲是世界上平均海拔最高、位置最南、纬度最高、跨经度最广的大洲，是世界第五大洲，是南半球大洲之间空中交通联系的唯一中间基地。

##### 2.气候

（1）气候特征

南极地区酷寒、多狂风、降水稀少。

南极地区是世界上最冷的地区，有"寒极"之称；大部分地区覆盖着厚厚的冰层，平均厚2000多米，有"冰雪高原"之称；年平均降水量为55毫米，被称为"白色荒漠"；狂风多，有"风库"之称。

### （2）气候酷寒的原因

南极地区气候酷寒的原因见表1-3-25。

表1-3-25　南极地区气候酷寒的原因

| 原因 | 具体内容 |
| --- | --- |
| 纬度高 | 地处高纬，太阳高度小，一年之内地面接受的太阳光热最少，造成严寒 |
| 下垫面影响 | 海拔高，地表被巨厚冰层覆盖，太阳辐射大部分被冰雪反射掉，加剧气候的寒冷 |
| 气压高 | 低温使南极大陆形成了强大的高压中心，降水稀少而风力极大 |
| 环流影响 | 南纬40°~60°之间连续的西风环流，形成一种特殊的"风壁"，它阻碍南极地区与低纬地区的热量交换 |

### 3.科学考察的宝地

#### （1）丰富的资源

南极地区丰富的资源，见表1-3-26。

表1-3-26　南极地区丰富的资源

| 资源 | 具体内容 |
| --- | --- |
| 淡水资源 | 本区冰川体积占世界冰川体积的90%以上，是世界淡水资源最丰富的大洲，周围海洋上多冰山 |
| 矿产资源 | 煤、铁、石油、天然气及多种矿物储量丰富 |
| 生物资源 | 植物主要是地衣、苔藓和淡水藻类，是世界植物最稀少的大洲；动物有企鹅、磷虾、鲸、海豹等，代表动物是企鹅 |

#### （2）人类对南极的科学考察

南极地区丰富的自然资源和原始的自然环境，为人类的科学考察提供了最广阔的天然实验室。目前多个国家已在南极地区建立了科考站。南极地区的最佳科考时间是每年11月到次年3月，为暖季。我国的南极科考站目前有5个，分别为长城站（1985年建站）、中山站（1989年建站）、昆仑站（2009年建站）、泰山站（2014年建站）、罗斯海新站（在建）。

## （二）北极地区

### 1.位置和范围

北极地区主要位于北极圈以北，主要为海洋，包括北冰洋的大部分及沿岸陆地和岛屿，周边分布有俄罗斯、美国、加拿大、丹麦、挪威、冰岛、瑞典和芬兰8个环北极国家。

### 2.北冰洋的特征

北冰洋的特征：①世界上面积最小、最浅、最寒冷、纬度最高、跨经度最广的大洋。②有常年不化的冰盖广布，周围多浮冰和冰山。③大陆架面积辽阔，占36%。④海岸线曲折，岛屿众多，有世界第一大岛——格陵兰岛（属丹麦）。

### 3.战略地位

北极地区上空是亚洲北部（日本、中国、韩国、俄罗斯远东部分）、北美北部（美国、加拿大）、欧洲北部（北欧、东欧、西欧）三个地区之间来往的重要空中走廊和最短航线的途经地。

**4.气候**

北极地区大部分地区终年冰封，多大风，但气温没有南极低，降水量比南极多，风速比南极小。

**5.自然资源**

北极地区的矿产资源主要有石油、天然气、海底中的锰结核以及一些金属矿等；动物有北极熊、北极狐、海豹、海象、鲸、驯鹿等，其中北极熊是代表动物。

**6.科考站**

我国在北极的科考站为黄河站，建成于2004年。

## (三)极地的环境保护

**1.极地的环境问题**

目前极地面临的环境问题：①生物资源遭到破坏；②全球变暖，两极冰川开始大规模融化，固体水库减少；③南极臭氧层空洞。

**2.保护措施**

世界主要国家签订了《南极条约》，其宗旨是保护南极环境，和平利用南极。为了保护北极的环境，国际上于1991年制定了《北极环境保护战略》。

# 第三节　中国地理概况

## 一、中国的疆域

**1.地理位置**

我国的地理位置见表1-3-27。

表1-3-27　我国的位置

| 半球位置 | 海陆位置 | 经纬度位置 |
| --- | --- | --- |
| 北半球、东半球 | 亚洲的东部、太平洋的西岸 | 4°N~53°N，73°E~135°E；南北跨纬度近50°，大部分在温带，小部分在热带，没有寒带 |

**2.疆域**

（1）面积

我国的疆域面积广大，陆地面积约960万平方千米，仅次于俄罗斯、加拿大，是世界第三大国。此外，我国内海和边海的水域面积约470万平方千米。

（2）领土四至点

我国的领土四至点见表1-3-28。

表1-3-28　我国的领土四至点

| 四至点 | 内容 |
| --- | --- |
| 最北端 | 黑龙江漠河以北黑龙江主航道的中心线（53°N附近） |
| 最南端 | 南海南沙群岛上的曾母暗沙（4°N附近） |
| 最东端 | 黑龙江与乌苏里江主航道中心线的交汇处（135°E附近） |
| 最西端 | 新疆帕米尔高原（73°E附近） |

我国南北跨纬度近50°，约5500千米，东西跨经度约60°，即约5000千米，是一个地域辽阔、自然环境差异十分显著的国家。

(3)**海峡、半岛和岛屿**

我国的海峡、半岛和岛屿见表1-3-29。

表1-3-29　我国的海峡、半岛和岛屿

| 类型 | 内容 |
| --- | --- |
| 海峡 | 台湾海峡、琼州海峡 |
| 半岛 | 我国的半岛自北向南有辽东半岛、山东半岛、雷州半岛 |
| 岛屿 | 我国是世界上岛屿众多的国家之一。我国90%的岛屿分布在东海和南海。台湾岛、海南岛、崇明岛分别是我国第一、二、三大岛。舟山群岛、庙岛群岛、澎湖列岛、南海诸岛等是我国的群岛（浙江省是我国岛屿分布最多的省） |

**3.疆界和邻国**

**(1)陆界和邻国**

我国陆上国界线长2万多千米，共有14个陆上邻国，从鸭绿江口开始到北仑河口依次为朝鲜、俄罗斯、蒙古、哈萨克斯坦、吉尔吉斯斯坦、塔吉克斯坦、阿富汗、巴基斯坦、印度、尼泊尔、不丹、缅甸、老挝、越南。

**(2)海岸线和临海**

我国海岸线长达1.8万千米。与我国隔海相望的国家有6个，分别为韩国、日本、菲律宾、马来西亚、文莱、印度尼西亚。

临海是和大陆直接相邻的海域。我国的临海自北向南依次有渤海、黄海、东海、南海。我国台湾岛的东部与太平洋直接相邻。

**4.行政区划**

我国疆域辽阔。为了便于行政管理，促进经济发展和民族团结，我国基本分为省（自治区、直辖市、特别行政区）、县（市、自治县）、乡（镇、民族乡）三级行政区划。我国拥有34个省级行政区，包括23个省、5个自治区、4个直辖市和2个特别行政区。

**备考点拨**

考题可能会间接考查我国各个省级行政区及其行政中心的地理位置、范围或特征等，需要结合地图进行识记和掌握。

## 二、中国的地形

### 1.地形特征

**(1)地势西高东低,呈三级阶梯**

我国地势的三级阶梯见表1-3-30。

表1-3-30 我国地势的三级阶梯

| 阶梯 | 分界线 | 主要地形区 | 平均海拔 |
| --- | --- | --- | --- |
| 一 | 昆仑山—祁连山—青藏高原东缘 | 青藏高原、柴达木盆地 | 4000米以上 |
| 二 |  | 三大高原、三大盆地 | 1000~2000米 |
| 三 | 大兴安岭—太行山—巫山—雪峰山 | 三大平原、三大丘陵 | 500米以下 |

我国西部以山地、高原和盆地为主,东部以平原、丘陵为主。第三级阶梯向东是我国大陆向海洋自然延伸的部分,属于我国的近海大陆架。它包括渤海、黄海的全部,东海的大部分和南海的一部分。大陆架蕴藏着丰富的矿产资源(如石油、天然气)、海洋生物资源和化学资源等。

**(2)地形多种多样,山区面积广大**

我国五种基本地形类型齐全,其中山地面积占33%,高原占26%,盆地占19%,平原占12%,丘陵占10%,山区(包括山地、丘陵、崎岖的高原)占2/3。

### 2.地形特征的评价

**(1)地形的有利影响**

我国地势特征的意义可概括为水汽输入、水运沟通、水能丰富(即"三水")。西高东低的地势有利于海洋上湿润气流深入内地,形成降水;使我国许多大河滚滚东流,沟通东西交通,方便沿海和内地的经济联系。同时阶梯交界处落差大,水能资源丰富。

地形多种多样,为我国因地制宜发展多种经济提供了有利条件。例如,平原具有发展种植业的优势,高原具有发展畜牧业的良好条件,山区在发展林业、副业、旅游业和采矿业等方面具有优势。

**(2)地形的不利影响**

山区多,平原少,给粮食大规模商品化生产和管理带来了困难;同时,山区由于地形崎岖,交通闭塞,经济和文化常常相对落后,耕地资源不足。

### 3.主要山脉和主要地形区

**(1)主要山脉**

我国的主要山脉见表1-3-31。

表1-3-31 我国的主要山脉

| 走向 | 山脉 |
| --- | --- |
| 东北—西南走向 | 最西列是大兴安岭—太行山—巫山—雪峰山;中间一列是长白山—武夷山;最东列是台湾山脉,其主峰玉山是我国东南沿海最高的山峰 |

(续表)

| 走向 | 山脉 |
|---|---|
| 东西走向 | 最北列是天山—阴山;中间一列是昆仑山—秦岭;最南列是南岭 |
| 西北—东南走向 | 主要有阿尔泰山、祁连山、巴颜喀拉山等,多在我国西部 |
| 南北走向 | 主要有贺兰山、横断山脉等。横断山脉是由许多列南北走向的平行山脉组成的,由北向南地势逐渐降低,山高谷深、山河相间,极大地阻碍了东西交通 |
| 弧形山系 | 喜马拉雅山山脉,其主峰珠穆朗玛峰海拔8848.86米,为世界最高峰,位于中国与尼泊尔交界处 |

山脉构成我国的地形骨架。山脉与地形区的关系见表1-3-32。

表1-3-32 山脉与地形区的关系

| 山脉 | 两侧地形区 | |
|---|---|---|
| 大兴安岭 | 内蒙古高原 | 东北平原 |
| 太行山 | 黄土高原 | 华北平原 |
| 巫山 | 四川盆地 | 长江中下游平原 |
| 雪峰山 | 云贵高原 | 江南丘陵 |
| 横断山脉 | 青藏高原 | 云贵高原、四川盆地 |
| 天山 | 塔里木盆地 | 准噶尔盆地 |
| 昆仑山 | 青藏高原 | 塔里木盆地 |
| 阴山 | 黄土高原 | 内蒙古高原 |
| 祁连山 | 柴达木盆地 | 河西走廊 |
| 秦岭 | 汉水谷地 | 黄土高原 |
| 南岭 | 两广丘陵 | 江南丘陵 |

(2)四大高原

四大高原的内容见表1-3-33。

表1-3-33 四大高原

| 名称 | 位置与范围 | 平均海拔 | 主要特征 |
|---|---|---|---|
| 青藏高原 | 位于我国西部和西南部,介于昆仑山、祁连山、横断山脉与喜马拉雅山之间;包括青海、西藏全部、四川西部、甘肃西南部和新疆南部山区 | 4000米以上 | 世界上海拔最高的高原,冰川广布,雪山连绵 |
| 内蒙古高原 | 位于我国北部,大兴安岭以西,向西延伸到祁连山麓;包括内蒙古大部分,冀、甘、宁等一部分 | 1000米左右 | 我国第二大高原,最平坦的高原,风力作用强盛,西部风成地貌显著 |

(续表)

| 名称 | 位置与范围 | 平均海拔 | 主要特征 |
|---|---|---|---|
| 黄土高原 | 西起祁连山东端,东到太行山麓,北邻内蒙古高原且以古长城为界,南到秦岭;包括山西省全部、陕甘宁一部分 | 1000~2000米 | 世界上最大的黄土分布区,流水侵蚀作用强烈,千沟万壑,支离破碎 |
| 云贵高原 | 位于我国西南部,包括云南省东部、贵州省大部分、广西西北部及四川、重庆南部 | 1000~2000米 | 地势西高东低,石灰岩广布,流水溶蚀作用强烈,多喀斯特地貌,地表崎岖不平 |

（3）四大盆地

四大盆地的内容见表1-3-34。

表1-3-34　四大盆地

| 名称 | 位置与范围 | 平均海拔 | 主要特征 |
|---|---|---|---|
| 塔里木盆地 | 位于昆仑山与天山之间,新疆南部 | 1000米左右 | 我国第一大盆地,沙漠、戈壁广布,有我国最大的沙漠——塔克拉玛干沙漠（世界最大的流动沙丘区）和最大的内流河——塔里木河,地形封闭、气候干燥 |
| 准噶尔盆地 | 位于阿尔泰山、天山之间,新疆北部 | 500米左右 | 我国第二大盆地,西北有缺口、相对湿润,沙漠、戈壁面积较小,北部有一条外流河——额尔齐斯河,沙丘多为固定沙丘 |
| 柴达木盆地 | 位于阿尔金山、昆仑山、祁连山之间,青藏高原东北部,青海省境内 | 3000米左右 | 我国海拔最高的内陆高原盆地,大部分为沙漠、戈壁,东南部多盐湖和沼泽,石油、有色金属矿、盐矿等资源丰富,有"聚宝盆"之称 |
| 四川盆地 | 东是巫山,西是横断山,北是大巴山,南是云贵高原,位于四川和重庆境内 | 500米以下 | 也称"紫色盆地",我国最湿润的外流盆地,多低山丘陵,西部有面积较大的成都平原 |

在塔里木盆地、准噶尔盆地边缘的高山山麓地带,许多地方受高山冰雪融水的滋润,形成一连串小块的绿洲,是新疆主要的农牧业区。其中塔里木盆地边缘的绿洲,处在古代"丝绸之路"上,是沟通亚欧大陆的一段"绿色通道"。

四川盆地在地质历史上是一个大湖盆,后来由于湖水外泄、下切,形成了三峡。成都平原是岷江的冲积平原,土壤肥沃,灌溉便利。四川盆地物产富饶,有"天府之国"的美誉。

（4）三大平原

三大平原的内容见表1-3-35。

表1-3-35　三大平原

| 名称 | 范围 | 主要特征 |
|---|---|---|
| 东北平原 | 位于大、小兴安岭和长白山之间,南临渤海,由松嫩平原、三江平原、辽河平原三部分组成 | 我国面积最大、地势最高（海拔200米以下）的平原,地势平坦,黑土广布,多沼泽低地。松嫩平原、三江平原是我国商品率较高的商品粮基地 |

(续表)

| 名称 | 范围 | 主要特征 |
|---|---|---|
| 华北平原 | 北起燕山,南到淮河,西起太行山,东至渤海、黄海 | 我国最完整、最平坦的平原,由黄、淮、海河冲积而成,地势低平(海拔多在50米以下),旱涝、盐碱、风沙等灾害频发 |
| 长江中下游平原 | 位于巫山以东直到海滨,沿长江东西延伸呈狭长形 | 我国最低平的平原(平均海拔在50米以下,下游长江三角洲则在10米以下),河湖密布,为著名水乡 |

### (5)三大丘陵

三大丘陵的内容见表1-3-36。

表1-3-36 三大丘陵

| 丘陵 | 位置 |
|---|---|
| 辽东丘陵 | 位于辽东半岛上 |
| 山东丘陵 | 位于山东半岛上 |
| 东南丘陵 | 位于我国东南部,包括江南丘陵、浙闽丘陵、两广丘陵等,面积最大 |

丘陵的利用:①缓坡开辟梯田果园或栽培经济林木;②发展旅游业;③发展林业、畜牧业。

## 三、中国的气候

### (一)气温

#### 1.气温的分布特点及成因

我国气温的分布特点及成因见表1-3-37。

表1-3-37 我国气温的分布特点及成因

| 季节 | 分布特点 | 形成原因 |
|---|---|---|
| 冬季 | 南暖北寒,南北温差大。0℃等温线大致与秦岭—淮河一线一致 | ①我国地跨纬度广,与南方比,北方纬度高、正午太阳高度小、白昼短,获得的热量少,气温较低。②北方靠近冬季风源地,受冬季风影响较大,更加寒冷;在南方,冬季风受山岭的重重阻挡,势力大为减弱 |
| 夏季 | 除青藏高原和天山,大、小兴安岭以外,全国普遍高温,南北温差不大。吐鲁番盆地是我国夏季最热的地方 | 太阳直射北半球,北方的正午太阳高度虽然比南方小,但白昼时间却比南方长,加上北方晴天多,而南方受夏季风影响阴雨天气多,所以北方获得的热量不比南方少。吐鲁番盆地最热的原因:①盆地地形,不易散热,且外面气流越过山地下沉时,增温作用强,形成焚风;②沙漠广布,吸热快;③空气干燥,天空少云,太阳辐射强 |

#### 2.温度带

以气温的南北差异为根据,以农业生产上的活动积温(把一年中≥10℃持续期内的日平均气温累加起来得到的温度总和)为指标,我国自北向南可划分成五个温度带,即寒温带、中温带、暖温带、亚热带和热带。此外,还有一个独特的高原气候区。

我国各温度带和高原气候区的分布及其特征见表1-3-38。

表1-3-38 我国各温度带和高原气候区的分布及其特征

| 温度带及高原气候区 | 分布范围 | 活动积温 | 作物熟制 | 主要农作物 |
|---|---|---|---|---|
| 寒温带 | 黑龙江省、内蒙古自治区的北端（大兴安岭北段及其两侧地区） | <1600℃ | 一年一熟 | 早熟的春小麦、大麦、马铃薯等 |
| 中温带 | 东北和内蒙古大部分、北疆（准噶尔盆地） | 1600~3400℃ | 一年一熟 | 春小麦、玉米、大豆、高粱、甜菜等 |
| 暖温带 | 秦岭—淮河一线以北，包括塔里木盆地、华北平原和黄土高原，以及辽宁省南部等 | 3400~4500℃ | 两年三熟或一年两熟 | 冬小麦、玉米、甘薯、花生等 |
| 亚热带 | 青藏高原以东，秦岭—淮河一线以南的大部分地区 | 4500~8000℃ | 一年两熟到三熟 | 水稻、油菜、甘薯、茶叶等 |
| 热带 | 广东省南部的雷州半岛、云南省南部的西双版纳、海南省、台湾省南部 | >8000℃ | 一年三熟 | 水稻、热带经济作物等 |
| 高原气候区 | 青藏高原 | <2000℃ | 一年一熟 | 青稞等 |

## （二）降水

### 1.降水的分布特点及成因

我国降水的分布特点及成因见表1-3-39。

表1-3-39 我国降水的分布特点及成因

| 分布特点（规律） | | 原因 | 影响 |
|---|---|---|---|
| 分类 | 内容 | | |
| 空间分布规律 | 从东南沿海向西北内陆逐渐减少 | 影响我国降水的主要因素是夏季风。我国东部广大地区受夏季风的影响大，雨季长，降水多；西北内陆地区受夏季风影响小，雨季短，降水较少 | 东南部湿润，西北内陆干燥 |
| 时间分布规律 季节变化 | 降水季节分配不均，降水集中在5月到9月的夏秋季节 | 夏季受来自海洋的湿润气流影响，降水丰沛；冬季受来自大陆的干燥空气的影响，降水少 | 我国旱涝灾害频发，夏季风强或来得早，北涝南旱；夏季风弱或来得晚，南涝北旱 |
| 时间分布规律 年际变化 | 降水年际变化大，其中南方较小，北方较大，西北干旱地区最大 | 夏季风进退异常所造成的 | |

### 2.雨带的推移规律

#### （1）雨带的形成

当夏季风带来的暖湿气流登陆北上时，与从北方南下的冷干气流相遇，形成锋面雨，从而在我国东部地区冷暖气流交汇的地带形成一条降水较多的锋面雨带。夏季风的进退决定着我国锋面雨带的推移。

**（2）锋面雨带的移动**

每年5月，夏季风登陆东南沿海，雨带徘徊在南岭一带；6月，雨带移到长江流域以后，在江淮之间摆动1个月左右，形成梅雨；7月上旬，雨带开始向北向西推移，7、8月份到达华北、东北等地（6、7、8月西南、两广地区还受西南季风的影响）；9月，雨带迅速南下，从华北、东北回到东南沿海一带；10月，锋面雨带退出我国大陆。

**3.干湿地区的划分及其分布**

根据气候的干湿程度（与降水量和蒸发量有关，降水量大于蒸发量，气候湿润，反之干旱），我国可分为湿润地区、半湿润地区、半干旱地区和干旱地区。我国干湿地区的分布及特征见表1-3-40。

表1-3-40　我国干湿地区的分布及特征

| 干湿地区 | 干湿状况 | 主要分布地区 | 天然植被（景观） | 农业类型 |
| --- | --- | --- | --- | --- |
| 湿润地区 | 年降水量一般大于800 mm，降水量＞蒸发量，湿润 | 秦岭—淮河以南地区、东北东部和北部的山地、青藏高原的东南边缘等 | 主要为森林 | 以水田为主 |
| 半湿润地区 | 年降水量约为400~800 mm，降水量＞蒸发量，较湿润 | 东北平原、华北平原、黄土高原的大部分、青藏高原东南部等 | 主要为森林草原 | 以旱地为主 |
| 半干旱地区 | 年降水量约为200~400 mm，降水量＜蒸发量，较干旱 | 内蒙古高原东部、黄土高原一部分、青藏高原大部分、天山山地等 | 主要为草原 | 以畜牧业为主，有灌溉农业 |
| 干旱地区 | 年降水量一般小于200 mm，降水量＜蒸发量，干旱 | 内蒙古高原西部、塔里木盆地、准噶尔盆地、柴达木盆地、青藏高原西北部等 | 主要为荒漠草原、荒漠 | 以畜牧业为主，有绿洲农业 |

## （三）气候特征及其影响

我国的气候特征及其影响见表1-3-41。

表1-3-41　我国的气候特征及其影响

| 特征 | 内容 | 成因 | 对农业生产的影响（有利影响） | 对农业生产的影响（不利影响） |
| --- | --- | --- | --- | --- |
| 大陆性季风气候显著 | ①大多数地方夏季炎热多雨，冬季寒冷干燥；②与同纬度其他地区比，冬季较冷，夏季较热，气温年较差大；③降水的季节变化和年际变化都较大 | 由于海陆热力性质的差异，我国冬季受寒冷的冬季风影响，寒冷干燥；夏季受来自海洋的夏季风影响，暖热多雨 | 夏季暖热多雨，对农作物生长有利 | 冬季寒冷不利于作物生长；降水过于集中在夏季，造成春旱、夏涝现象严重；降水的年际变化大，水旱灾害多；寒潮带来严寒、大风、霜冻等恶劣天气 |
| 雨热同期 | 夏季，我国除高原、高山外，高温期与多雨期一致，水热配合好 | 夏季，我国大多地区得到的太阳光热多，且受夏季风影响，降水较丰沛 | 雨热同期是我国气候资源的一大优势；北方地区能种植棉花、水稻、玉米等喜温作物 | |

(续表)

| 特征 | 内容 | 成因 | 对农业生产的影响 有利影响 | 对农业生产的影响 不利影响 |
|---|---|---|---|---|
| 气候复杂多样 | 我国有多种多样的温度带和干湿地区 | 我国地域广阔,东西、南北差异大,地形复杂多样 | 我国的农作物及各种动植物资源极其丰富 | 高原、干旱气候区不利于农业发展 |

**经典真题**

(2020下·单选)读图,回答下题。

甲 海南椰林　　乙 井冈山竹林　　丙 大兴安岭针叶林　　丁 新疆胡杨林

下列关于甲、乙、丙、丁四图的自然特征的描述正确的是( )。

A.甲图所示地区土壤肥沃　　　　　　B.乙图所示地区易发春旱

C.丙图所示地区降水多,有冻土分布　　D.丁图所示地区日照强,气温日较差大

【答案】D。解析:甲图所示地区位于热带,地带性土壤为砖红壤,砖红壤呈酸性,质地黏重,有机质含量低,并不肥沃,A项错误。乙图所示地区位于亚热带,气候湿润,春季不易发生干旱,易发生春旱的是华北地区,B项错误。丙图所示地区位于我国东北地区,大部分属于温带季风气候区,全年降水偏少,C项错误。丁图所示地区位于我国西北地区,气候干旱,日照丰富,白天日照强,升温快,晚上大气保温作用弱,散热快,气温日较差大,D项正确。

### (四)季风

我国季风气候显著,夏季盛行夏季风,冬季盛行冬季风。

我国以大兴安岭—阴山—贺兰山—巴颜喀拉山—冈底斯山一线为界,东部为季风区,西部为非季风区。季风区受夏季风影响明显,降水较多,在400 mm以上,属于半湿润和湿润区。非季风区由于距海远,受地形阻挡等,受夏季风影响小,降水少,属于半干旱和干旱区。

表1-3-42　我国冬、夏季风的差异

| 项目 | 冬季风 | 夏季风 |
|---|---|---|
| 源地 | 亚洲内陆 | 太平洋、印度洋 |
| 风向 | 偏北风 | 偏南风(东南季风、西南季风) |
| 性质 | 寒冷干燥 | 温暖湿润 |
| 影响范围 | 除青藏高原、云贵高原、台湾岛、海南岛外其他地区都受影响 | 季风区即大兴安岭—阴山—贺兰山—巴颜喀拉山—冈底斯山一线以东以南地区 |

(续表)

| 项目 | 冬季风 | 夏季风 |
|---|---|---|
| 对气候的影响 | 加剧北方的严寒,使南北温差加大,活动异常时带来严寒、大风、霜冻等恶劣天气 | 影响我国降水量的时空分布,活动异常时易发生水旱灾害 |

**知识拓展**

秦岭—淮河一线的地理意义

秦岭—淮河一线是我国重要的地理分界线。它的地理意义:是年降水量800 mm等降水量线、1月份0℃均温等温线、湿润区与半湿润区的分界线、亚热带与温带的分界线、亚热带常绿阔叶林与温带落叶阔叶林的分界线、北方地区与南方地区的分界线、水田与旱地的分界线、长江流域与黄河流域的分界线等。

## 四、中国的河流与湖泊

### (一)河流概况

我国河流众多;水量丰富,河流年径流量居世界第六位;水能蕴藏量大,居世界首位。

河流按归宿可分为外流河和内流河。外流河是最终流入海洋的河流,其集水区域称为外流区。内流河是最终未流入海洋的河流,其集水区域称为内流区。

我国的内流区与外流区见表1-3-43。

表1-3-43 我国的内流区与外流区

| 项目 | 外流区 | 内流区 |
|---|---|---|
| 分界线 | 北段大致沿着大兴安岭—阴山—贺兰山—祁连山东端一线,南段沿巴颜喀拉山—冈底斯山一线(与季风区、非季风区的界线大体相近) | |
| 占全国总面积的比重 | 约三分之二 | 约三分之一 |
| 主要大河 | 注入太平洋的有黑龙江、松花江、辽河、海河、黄河、长江、珠江、澜沧江(境外称湄公河);注入印度洋的有雅鲁藏布江(在印度境内称布拉马普特拉河)、怒江;注入北冰洋的有额尔齐斯河 | 塔里木河 |

我国不同地区外流河的水文特征和成因见表1-3-44。

表1-3-44 我国不同地区外流河的水文特征和成因

| 项目 | | 东北北部 | 秦岭—淮河以北 | 秦岭—淮河以南 |
|---|---|---|---|---|
| 河流 | | 黑龙江、松花江 | 辽河、海河、黄河 | 长江、珠江 |
| 水量 | 特征 | 丰富 | 较小 | 丰富 |
| | 成因 | 流经森林茂密、气候湿润和半湿润的地区 | 流经半湿润和半干旱地区 | 流经降水丰富的湿润地区 |

(续表)

| 项目 | | 东北北部 | 秦岭—淮河以北 | 秦岭—淮河以南 |
|---|---|---|---|---|
| 水位变化 | 特征 | 较小 | 大 | 小 |
| | 成因 | 河流补给多样 | 河流补给主要是夏秋季的降水 | 雨季长 |
| 汛期 | 特征 | 汛期较短,有春汛、夏汛 | 汛期较短 | 汛期长 |
| | 成因 | 春天积雪融化,形成春汛;夏季受降水影响,形成夏汛 | 雨季短 | 降水多,雨季长 |
| 含沙量 | 特征 | 小 | 大 | 小 |
| | 成因 | 森林茂密,水土流失少 | 河流上、中游水土流失严重 | 植被较好 |
| 结冰期 | 特征 | 长 | 较短 | 无 |
| | 成因 | 冬季长,气温低 | 冬季低温时间较短 | 冬季气温在0 ℃以上 |

我国内流河的特征和成因见表1-3-45。

表1-3-45 我国内流河的特征和成因

| 特征 | 成因 |
|---|---|
| 水量小且季节变化大,属季节性河流 | 内流河主要分布在我国西北内陆,这里降水稀少、气候干燥、沙漠广布,有大面积的无流区;河水主要来自高山冰雪融水和山地降水,水量较小;夏季水量较丰富,冬季断流,水量季节变化大且有显著的日变化 |
| 汛期短,出现在夏季 | 夏季气温高,冰雪融水量多,山地降水也较多,出现短暂的汛期 |
| 下游水量减少或出现断流 | 内流河河水沿途大量蒸发、下渗,加上沿途引水灌溉,使河流下游水量减少甚至断流 |

**经典真题**

(2019上·单选)读我国某河流的年径流量变化曲线图,完成1~2题。

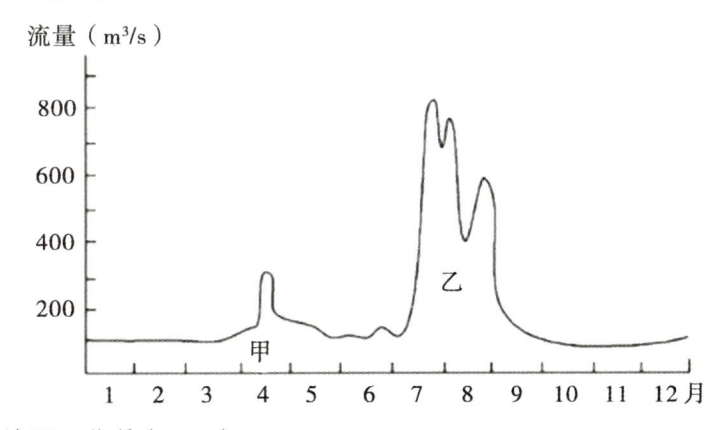

1.该河流所处的地区可能是(　　)。

A.华南地区　　　　B.西南地区　　　　C.华北地区　　　　D.东北地区

【答案】D。解析:本题考查的是中国的河流。据图可知,该河流有春汛和夏汛两个汛期,符合我国东北地区河流的情况,故本题选D。

2.关于该河流流量变化及其影响因素的叙述,正确的是( )。

A.甲处流量变化与气温紧密相关

B.甲处流量大的主要原因是大气降水多

C.乙处流量变化与蒸发紧密相关

D.乙处流量大的主要原因是冰雪融水多

【答案】A。解析:甲处为春汛,河流流量主要受季节性冰雪融水的影响,与气温紧密相关,A项正确,B项错误。乙处为夏汛,主要受降水的影响。夏季降水多,所以河流流量变大,C、D两项错误。故本题选A。

## (二)主要河流

### 1.长江、黄河和珠江概况

长江、黄河和珠江概况见表1-3-46。

表1-3-46 长江、黄河和珠江概况

| 项目 | | 长江 | 黄河 | 珠江 |
|---|---|---|---|---|
| 发源地 | | 青海省唐古拉山的各拉丹冬峰 | 青海省巴颜喀拉山北麓 | 云南省乌蒙山东南侧 |
| 注入的海洋 | | 东海 | 渤海 | 南海 |
| 长度 | | 6397千米 | 5464千米 | 2320千米 |
| 流域面积 | | 约180万平方千米 | 约75万平方千米 | 约45万平方千米 |
| 流经地形区 | | 青藏高原、横断山区、云贵高原、四川盆地、长江中下游平原 | 青藏高原、内蒙古高原、黄土高原、华北平原 | 云贵高原、两广丘陵、珠江三角洲 |
| 干流流经省(区、市) | | 青、川、藏、云、渝、鄂、湘、赣、皖、苏、沪(11个) | 青、川、甘、宁、内蒙古、晋、陕、豫、鲁(9个) | 云、贵、桂、粤(4个) |
| 上、中、下游分界 | | 上、中游以湖北宜昌为界;中、下游以江西湖口为界 | 上、中游以内蒙古河口镇为界;中、下游以河南桃花峪为界 | — |
| 主要支流 | | 雅砻江、岷江、嘉陵江、乌江、湘江、汉江(最大)、赣江 | 上游有洮河和湟水,中游有汾河和渭河 | 包括西江、东江、北江三大支流等,西江为珠江的干流 |
| 水文水系特征 | 上游 | 落差大,水流急,水能丰富 | 流量大,含沙量小,多峡谷 | 整个河段河道弯曲,流量大、汛期长、含沙量小;中、上游水流急,水能资源丰富;下游地区河道多,水流平稳 |
| | 中游 | 河道弯曲,支流、湖泊多(鄱阳湖、洞庭湖等) | 支流多,含沙量大 | |
| | 下游 | 水量大,江阔水深 | 泥沙淤积,形成"地上河" | |

(续表)

| 项目 | 长江 | 黄河 | 珠江 |
|---|---|---|---|
| 开发利用 | 对上游进行水能开发,先后修建了二滩(雅砻江)、葛洲坝(三峡的上游干流)、三峡(我国最大)等水电站;中下游发展航运、灌溉等 | 主要是上游河段的水能开发,先后修建了龙羊峡、李家峡等多个梯级电站;引黄灌溉 | 中上游地区进行水能开发,先后修建了天生桥、龙滩、岩滩等水电站;中下游发展航运等 |
| 河流的治理 | 包括上游的水土保持,中、下游的防洪工作(整治河道、修建堤坝等) | 包括中游地区的水土保持工作,下游地区疏通河道、加固大堤等工作和水资源的管理工作 | 包括上游的水土保持,下游地区的航道疏通和水污染治理工作 |
| 河流的地位 | 我国第一大河,是我国长度最长(世界第三长河)、流域面积最大、支流最多、流量最大、水能最丰富、航运量最大的河流 | 我国第二长河,也是世界上含沙量最大的河流 | 我国汛期最长、流量第二、航运价值较高的河流 |

**2.长江的开发及治理**

经过开发,目前长江全流域的灌溉面积已占到耕地总面积的60%,沿岸工农业发达。长江在宜宾以下全年可通航,而且运输能力强,既沟通内地和沿海,又通过铁路和京杭运河联系南北广大地区,航运价值高,被称为"黄金水道"。长江上、中游修建了许多大型水电站,缓解了东部地区的能源紧张问题。

长江面临的主要问题是中下游的洪涝灾害,主要任务是中下游的防洪工作。

长江中下游洪涝灾害的成因:①流域面积广,支流多,水量大;②流经地区降水丰沛,汛期长,水量大,暴雨时各支流同时涨水;③中下游地区地势低平,河道弯曲,排水不畅;④中上游地区植被遭到破坏,引起水土流失,导致下游泥沙淤积,阻塞河道;⑤中下游地区由于围湖造田等,湖泊面积缩小,径流调节能力减弱。

防洪措施:中上游植树造林,保护植被,保持水土;修建水库等分洪、蓄洪工程。中下游治理河道,保持水流畅通;采取退耕还湖等措施,保护湖泊等湿地;加固堤防。

**3.黄河的贡献及忧患**

黄河作为母亲河,为沿岸的广大地区做出了贡献。具体表现:①形成冲积平原。黄河是塑造华北平原的主要河流,并且在宁夏、内蒙古境内孕育了具有"塞上江南"美称的宁夏平原和河套平原。这些平原是我国重要的农耕区。②提供水能资源。黄河上中游多在高山、高原的峡谷中穿行,蕴藏着丰富的水能资源,已陆续建成青海龙羊峡、李家峡,甘肃刘家峡,宁夏青铜峡,河南三门峡、小浪底等大型水利枢纽和水电站。③孕育了灿烂的文化。千百年来黄河流域的人民,在黄河的哺育下,创造了中华民族的灿烂文化。

同时,黄河也会带来忧患。黄河是世界上含沙量最大的河流。黄河下游河床高出两岸,形成"地上河",一旦决堤会导致河水泛滥成灾。

"地上河"的形成是由于黄河流经中游黄土高原后携带大量泥沙,在下游淤积,且两岸人们不断修筑、加高堤坝,导致河床抬高。"地上河"的治理措施:进行植树种草、打坝淤地等,加强中游的水土保持;上中游修建水库,做到防洪与治沙并举;下游加固堤坝、疏浚河道,做好泄水工作。总之,黄河之害在于下游决口改道,治黄的关键是治沙,加强中游的水土保持工作是治黄的根本。

> **知识拓展**

### 凌汛

凌汛是冰坝阻塞河道,造成水位急剧上升的现象,主要发生在河流由低纬流向高纬的河段。较高纬度河段气温低,秋末冬初结冰早,冬末春初解冻迟,容易形成冰坝,阻塞低纬河段的来水,导致河水上涨。黄河凌汛发生的河段主要是上游的刘家峡至包头河段和下游的开封至入海口河段(即河流由低纬流向高纬的河段)。凌汛的治理措施通常是采用飞机、大炮等炸开冰坝。

### 4.京杭运河

京杭运河北起北京,南至杭州,流经京、津、冀、鲁、苏、浙6省市,沟通海河、黄河、淮河、长江、钱塘江五大水系。京杭运河在历史上沟通了南北航运;在现代,山东济宁以南河段还在通航,且在苏浙境内航运发达,其年运输量仅次于长江。此外,京杭运河还是南水北调东线工程的主要引水渠。

## (三)湖泊

湖泊可分为内流湖(咸水湖)和外流湖(淡水湖)。

我国湖泊众多,在青藏高原和长江中下游平原分布最为集中。我国的两大湖区为青藏高原湖区和东部平原湖区。

青藏高原湖区是世界上海拔最高的高原湖区,也是我国湖泊分布最为集中的区域,绝大多数属内流湖,为咸水湖和半咸水湖。其中青海湖是我国面积最大的湖泊(属咸水湖),而纳木错为世界上海拔最高的湖泊。察尔汗盐湖(位于青海柴达木盆地)是我国最大的盐湖。

东部平原湖区主要分布在长江中下游平原及淮河下游等地,是我国淡水湖分布最集中的地区,全部为外流湖。鄱阳湖(赣)、洞庭湖(湘)、太湖(苏)、洪泽湖(苏)、巢湖(皖)为我国五大淡水湖泊。其中鄱阳湖是我国面积最大的淡水湖。

除天然湖泊外,我国还有许多人工湖泊与水库。

湖泊与水库具有调节气候、调蓄水量、灌溉、航运、养殖、发电、提取化工原料和发展旅游业等多种功能。

> **知识拓展**

### 关注湿地

每年的2月2日是世界湿地日。我国湿地的主要类型包括沼泽湿地、湖泊湿地、河流湿地、海岸滩涂、浅海水域、水库、池塘、稻田等自然湿地和人工湿地。我国湿地面积占世界湿地的10%,位居亚洲第一位,世界第四位。目前,我国青海湖的鸟岛、湖南省的洞庭湖、江苏盐城国家级珍禽保护区和香港米浦等湿地已被列为"国际重要湿地名录"。

湿地的直接利用功能:①提供水资源及丰富的动植物产品;②提供矿物资源、能源和水运条件。

湿地的间接利用功能：①调蓄水量、调节气候；②沉积营养物质，净化污水；③与地下水交流，防止海水入侵；④具有独特的生态功能，维持生物多样性；⑤具有旅游、教育和科研价值。

### 五、中国的自然资源

我国自然资源的基本特征：①自然资源总量大、种类齐全；②人均资源占有量相对短缺；③自然资源形势严峻，破坏、浪费严重。

#### （一）水资源和水能资源

**1.水资源**

（1）水资源的特点

我国水资源总量丰富，但时空分布不均，导致水资源短缺。

（2）水资源的分布

空间分布不均：南多北少，东多西少。

时间分配不均：夏秋多、冬春少，降水的季节变化和年际变化大。

（3）水资源利用中的问题和解决措施

我国水资源利用中的问题有水土配合欠佳（华北缺水严重），淡水日趋紧张，水污染和水浪费严重。

解决水资源不足的主要措施：①进行跨流域调水，解决水资源的空间分布不均问题，如引滦入津、引黄济青、南水北调等；②兴修水库、植树造林，解决水资源季节变化大的问题；③节约用水，防治水污染，具体可以加大污水处理力度，发展节水农业，促进水资源的综合利用，减少水资源的浪费现象。

**2.水能资源**

水能资源具有清洁、廉价的特点，而且是可再生资源。

我国水能资源的特点是蕴藏量大（6.8亿千瓦，居世界第一位），但开发程度不高且分布不均。我国水能主要集中在西南三省一市和西藏自治区。长江、雅鲁藏布江、黄河和珠江水系等水能丰富，主要有三峡、小浪底、二滩、葛洲坝、龙羊峡等水电站。

我国水能资源开发面临的问题：①水能资源集中地远离经济中心；②水能开发受自然条件影响大。

对策：①大力发展水电事业；②实施西电东送。

#### （二）土地资源

**1.我国土地资源的主要特点**

我国土地资源的特点：①我国土地资源丰富，类型多样，形成了耕地、林地、草地等多种土地类型。这有利于因地制宜，进行多样化的开发利用。②各类土地所占的比例不尽合理，表现为山地多，平地少，耕地、林地比重小，难利用的土地比重大，后备土地资源不足。如分布在新疆、内蒙古的干旱荒漠和青藏高原上的高寒荒漠等比重较大。③农业用地绝对数量多，人均占有量少。我国人均土地面积不到世界的三分之一，特别是人与耕地的矛盾尤为突出。因此人多地少是我国的基本国情。④各类土地资源空间分布不均，土地生产力地区差异显著。例如，我国耕地主要分布在东部季风区的平原和盆地地区。我国西部地区耕地面积小，零星分布。

## 2.土地利用中存在的问题及解决措施

耕地:城乡建设占用耕地,导致耕地减少;土地利用不当引起土地退化。

草地:过度放牧和不合理垦殖导致草地荒漠化。

林地:滥砍滥伐导致水土流失。

解决措施:①坚持因地制宜、合理布局的基本原则;②遵守"十分珍惜和合理利用每一寸土地,切实保护耕地"的基本国策;③依照政策法令进行管理;④做好开源与节流两项工作;⑤加强对土地资源的管理与保护。

### (三)矿产资源

#### 1.特点

我国矿产资源的特点:①总量大,种类多。②分布广泛,相对集中。北方多煤、铁、石油,南方多有色金属,增加了运输负担。③伴生矿多,某些重要矿种(例如铁矿)贫矿多、富矿少,增加了开采运输和分选冶炼的难度。④矿产资源形势严峻,一方面人均占有量少;另一方面,浪费严重,利用率低。

#### 2.开发利用中的主要问题和对策

主要问题:乱采滥挖、破坏环境、浪费严重;采富弃贫,利用率低。

对策:认真执行《中华人民共和国矿产资源法》,有效保护和合理使用矿产资源,开展矿产的综合利用,并研究利用替代性新材料。

### (四)海洋资源

#### 1.特点

我国的海洋资源类型丰富,开发条件较为优越。

其中,舟山渔场位于东海,是我国第一大渔场。我国是世界第一大海盐生产国。渤海岸的长芦盐场是我国最大的盐场。我国近海石油资源丰富,目前已在渤海、东海、南海等部分海域开采出海底石油。

**备考点拨**

渔场形成的有利条件:①宽浅的大陆架,水温适宜;②河流注入带来丰富有机质、营养盐类;③寒暖流交汇,带来丰富的营养盐类。这样的条件有利于浮游生物的生长,为鱼类提供了充足饵料。

舟山渔场成为我国第一大渔场的原因:①地处台湾暖流和沿岸冷海流交汇处,鱼的种类多;②有长江、钱塘江等河流排放到该海域的大量有机物质和盐类,鱼的饵料丰富;③周围岛屿众多,为鱼的生活和繁殖提供了有利条件;④位置适中,处在我国南北海岸线的中心地带。

盐场的分布受地形和气候两方面影响。长芦盐场地处渤海湾西岸,其晒盐的优越自然条件有:①有漫长、宽广、平坦的泥质海滩;②有利于海水蒸发的天气,即雨季短、春季气温回升快,蒸发旺盛。

#### 2.海洋资源开发面临的问题及对策

海洋资源开发面临的问题:过度捕捞,海洋污染,开发利用程度低。

对策:禁止过度捕捞,做到养殖、捕捞结合;合理开发;防治海洋污染。

## 六、中国的人口、民族与聚落

### (一)人口

#### 1.人口数量、结构及分布

**(1)人口数量和结构**

据第七次全国人口普查(2020年)结果显示,全国人口共14.1178亿人(不含港澳台居民),近10年年平均增长率为0.53%,保持低速增长。

我国仍是世界上人口最多的国家,人口密度在139人/平方千米以上,人口密度远大于俄、加、美、巴等国家。

其中,我国0—14岁人口占17.95%;15—59岁人口占63.35%;60岁及以上人口占18.70%(其中,65岁及以上人口占13.50%)。我国人口老龄化程度加剧,人口的性别结构继续改善。

**(2)人口分布**

我国人口的空间分布特点是东南多、西北少,大致以黑河—腾冲一线为界。东部地区人口比重较中、西部地区大,占39.93%。人口继续向经济发达区域和城市群集聚。(据第七次全国人口普查结果)

#### 2.人口的突出特点

我国人口的突出特点是人口基数大,人口增长多,人口分布不均。

#### 3.人口问题

目前,人口问题已成为制约我国经济、社会发展的重要因素之一。我国的人口问题及影响见表1-3-47。

表1-3-47 我国的人口问题及影响

| 人口问题 | 影响 |
| --- | --- |
| 人口增长过多 | 每年国家所产生的新增财富很大一部分为新增人口所抵消,国家、社会、家庭面临沉重的负担,妨碍了人民生活水平的迅速提高;资源、环境面临巨大的压力 |
| 农村人口比重大,城镇人口比重小 | 目前我国城镇人口比重已经超过50%,但仍低于发达国家平均水平,同时我国又是世界上城镇人口最多的国家。今后随着我国社会、经济的快速发展,城镇人口还将快速增长。与此同时,我们又要防止城市人口膨胀所带来的城市问题。因此国家对城市发展的方针是严格控制大城市规模,合理发展中小城市,建设有特色的新型乡镇,使大中小城市有机结合,城乡人口合理布局 |
| 人口迁移问题 | 目前,我国每年都有数千万农民进城务工、经商,形成了特殊的"民工潮"。民工流动一方面使城乡差距缩小,促进了城市的发展与繁荣,使农村剩余劳动力部分实现就业,增加了农民收入;另一方面,也给城市就业、交通、居住环境、社会治安等带来很大压力 |
| 人口老龄化 | 近年来,我国人口老龄化的趋势发展较快。人口老龄化将给国家、社会和家庭带来沉重负担。同时,如何解决老年人的生活、娱乐、社会福利、医疗保障等问题,使每个老年人都有一个健康、快乐的晚年,是摆在我们面前的重大课题 |

### 4.我国的人口老龄化及其对策

我国人口老龄化的特点：①绝对数量大；②发展速度快；③人口老化速度大于经济增长速度等。

我国人口老龄化的原因：由于计划生育政策等因素，生育率下降；人口寿命延长。

我国人口老龄化的对策：①长期稳定低生育水平，减少未来老年人口；②突出老年人的精神价值；③大力发展老年产业；④加强积累，奠定基础，细化老龄程度，抓住发展机遇；⑤构建完善的中国特色养老保障体系（自养、家庭养老、社会养老）；⑥加强技术投入，加快产业调整，以技术发展缓解人口老龄化压力；⑦充分发挥社区优势，推进社会化养老步伐。

### 5.人口政策

庞大的人口数量严重地制约了我国社会的发展，所以国家把实行计划生育作为一项长期的基本国策。其主要内容是控制人口数量、提高人口素质，具体要求是晚婚、晚育、少生、优生。

继2016年实行的"全面二孩"政策，2021年7月20日，为进一步优化生育政策，积极应对人口老龄化，促进人口长期均衡发展，我国公布了"三孩"政策，即实施一对夫妻可以生育三个子女政策及配套支持措施。

## （二）民族

### 1.民族数量与人口

我国共有56个民族，其中汉族人口最多，超过90%，其他55个民族被称为少数民族。少数民族中壮族人口最多，其他人口较多的少数民族有壮、满、回、苗、维吾尔、藏、彝、土家、蒙古族等。

### 2.民族分布

汉族的分布遍及全国，主要集中在东部和中部。少数民族多分布在西南、西北和东北部地区。云南省是我国少数民族最多的省份。我国民族分布具有"大散居，小聚居，交错杂居"的特点。

### 3.少数民族的风俗习惯和文化传统

我国少数民族具有自己的风俗习惯和文化传统，如蒙古族的那达慕大会，傣族的泼水节，朝鲜族的跳板、长鼓舞，回族的开斋节和彝族的火把节等。

### 4.民族的宗教信仰

汉族以信仰佛教为主。维吾尔族、回族信仰伊斯兰教。藏族、蒙古族多数信仰喇嘛教。

## （三）聚落

我国的传统民居及其所在的地理环境和作用见表1-3-48。

表1-3-48　我国的传统民居及其所在的地理环境和作用

| 传统民居 | 地理环境和作用 |
| --- | --- |
| 西双版纳的竹楼 | 为热带气候，高温多雨，低洼湿热，虫蛇较多，竹材丰富；竹楼有利于通风散热、防虫、防潮 |
| 东北地区的暖屋 | 冬季漫长而严寒，夏季短暂而凉爽；暖屋可防寒、保温、采暖 |
| 黄土高原的窑洞 | 冬季寒冷，夏季炎热，降水少，气温年较差大，黄土干燥、直立性好；窑洞冬暖夏凉，其修建可就地取材 |

(续表)

| 传统民居 | 地理环境和作用 |
|---|---|
| 华北的四合院 | 冬季寒冷,夏季炎热,冬春多风沙;四合院保温、防寒、避风沙 |
| 华南的行人廊(骑楼) | 长夏无冬,炎热多雨;骑楼能遮阳避雨 |
| 吐鲁番的土拱 | 温差大,降水极少,多风沙;土拱保温、防风沙 |
| 内蒙古的蒙古包 | 为干旱、半干旱区,草原广阔,当地居民从前逐水草而居;蒙古包易于携带,拆装方便 |

## 七、中国的农业

### (一)种植业

**1.概况**

种植业是我国农业的主体,主要分布在湿润、半湿润的平原地区。我国主要的种植业区域概况见表1-3-49。

表1-3-49 我国主要的种植业区域概况

| 地区 | 农业区 | 分布 | | 主要作物 | 熟制 |
|---|---|---|---|---|---|
| 东部地区 | 旱作农业区 | 秦岭—淮河以北 | 东北平原 | 春小麦、玉米、水稻、大豆、甜菜 | 一年一熟 |
| | | | 华北平原 | 冬小麦、玉米、棉花、花生 | 两年三熟或一年两熟 |
| 东部地区 | 水田农业区 | 秦岭—淮河以南 | 长江中下游平原 | 水稻、棉花、油菜 | 一年两熟或三熟 |
| | | | 珠江三角洲 | 水稻、甘蔗 | 一年三熟 |
| 西部地区 | 灌溉农业区(绿洲) | 宁夏平原、河套平原、河西走廊和新疆绿洲等地 | | 小麦、棉花 | 一年一熟 |
| | 河谷农业区 | 青藏地区的雅鲁藏布江谷地、湟水谷地等 | | 青稞、小麦、豌豆 | 一年一熟 |

我国典型地区农业生产的主导因素和限制性因素举例见表1-3-50。

表1-3-50 我国典型地区农业生产的主导因素和限制性因素举例

| 农业区 | 主导因素 | 限制性因素 |
|---|---|---|
| 东北商品农业基地 | 地广人稀(适宜大规模机械化生产),土壤肥沃 | 纬度高,热量不足(一年一熟) |
| 华北旱作农业区 | 地势平坦,土壤肥沃,光热充足 | 水源不足,旱涝、盐碱、风沙灾害严重 |
| 南方水田农业区 | 地势平坦,土壤肥沃,水热充足 | 洪涝灾害严重 |
| 西北灌溉农业区 | 光照充足,昼夜温差大,有水源 | 降水稀少,水源缺乏 |

(续表)

| 农业区 | 主导因素 | 限制性因素 |
|---|---|---|
| 青藏高原河谷农业区 | 光照充足,昼夜温差大,有水源 | 海拔高,热量不足 |
| 云贵高原坝子农业 | 纬度低,水热充足 | 地表崎岖,缺水,土壤贫瘠 |

#### 2.主要的农业生产基地

我国主要的农业生产基地见表1-3-51。

表1-3-51　我国主要的农业生产基地

| 基地类型 | | 分布地区 |
|---|---|---|
| 商品粮基地 | | 九大基地中生产条件好的地区有太湖平原、洞庭湖平原、江汉平原、鄱阳湖平原、成都平原、珠江三角洲,增产潜力较大的地区是江淮地区,粮食商品率较高的地区有松嫩平原、三江平原。主要粮食作物有水稻、小麦和玉米 |
| 商品棉基地 | | 五大基地或三大棉区。五大基地有江汉平原、冀中南、鲁西北、豫北平原、长江下游滨海、沿江平原、黄淮平原、南疆;三大棉区为新疆、黄河流域和长江流域 |
| 油料作物基地 | 花生 | 主要分布在温带、亚热带的沙土和丘陵地区;山东产量最多 |
| | 油菜 | 我国播种面积最大的油料作物,主要分布在长江流域,有"北移南迁"的趋向,种植范围到达华北平原、东北平原及华南地区 |
| | 大豆 | 东部地区是我国最主要的大豆产区 |
| 糖料作物基地 | 甘蔗 | 甘蔗喜高温,需水肥量大,生长期长。台湾、广东、福建、四川、云南、海南是主要产区(热带、亚热带地区) |
| | 甜菜 | 甜菜喜温凉、耐盐碱、干旱,生长期短,主要分布在黑龙江、吉林、内蒙古、新疆四个省区(中温带、寒温带) |

### (二)林业、牧业和渔业

#### 1.我国的林业

森林是重要的自然资源,它为人类提供木材、多种原材料、食品、饲料,不仅具有巨大的经济效益,而且还具有重要的环境效益。我国已成为世界上人工林面积最大的国家。

我国林业集中分布在三大林区。东北的大、小兴安岭和长白山地区,是我国最大的天然林区;西南横断山区是我国第二大天然林区;东南部的台湾、福建、江西等省山区以人工林、次生林为主。除森林外我国还有多种多样的经济林,如温带、亚热带的果树,亚热带的茶树,热带的天然橡胶等。

目前,我国大力控制采伐量,加强造林;实施退耕还林政策;积极发展多种经营,增加林区人民收入。

#### 2.我国的牧业

我国的畜牧业可以分为牧区畜牧业和农耕区畜牧业两类。两者的界线大体接近400 mm等降水量线。

我国的牧区畜牧业主要分布在北方半干旱、干旱草原区和青藏高原。内蒙古、新疆、青海、西藏是我国四大牧区。著名的优良畜种有内蒙古的三河牛、三河马，新疆的细毛羊，宁夏滩羊，藏绵羊，牦牛等。

农耕区畜牧业主要是指农民家庭饲养禽、畜。目前，我国农耕区畜牧业在畜产品生产中占主要地位，是城市乳肉产品的主要来源。

### 3.我国的渔业

渔业分为淡水渔业和海洋渔业，根据生产方式又可分为天然捕捞和人工养殖两大类。

我国的海洋渔业主要分布在沿海地区，主要渔场有舟山渔场、黄渤海渔场、北部湾渔场、南部沿海渔场等。淡水渔业主要分布在湖北、湖南、江西、安徽、江苏、广东等省。

我国东南部渔业发达的原因：①东南部临海，水域宽广；②东南部人口稠密，居民有食鱼的爱好；③城市多，交通便利，消费市场广阔；④水产捕捞、加工技术水平较高。

## 八、中国的工业

### 1.工业发展的条件

我国工业发展的条件：①劳动力资源丰富。②资源丰富，资源配套较好。丰富的矿产资源和农业资源为我国工业生产提供了原料。③工业技术水平不断提高。④我国实行改革开放和西部大开发的政策，为工业发展提供了巨大的动力。

### 2.主要的工业部门及其分布

我国主要的工业部门及其分布见表1-3-52。

表1-3-52　我国主要的工业部门及其分布

| 工业部门 | 分布 |
| --- | --- |
| 煤炭工业 | 山西、内蒙古、陕西是我国最主要的煤炭工业基地 |
| 石油、天然气工业 | 主要分布在东北松辽石油基地、华北及环渤海油气产区、兰州、上海等地 |
| 电力工业 | 火电是主体，分布于北方的重要煤炭基地和大城市。水电主要分布在长江、黄河、珠江等河流上游 |
| 钢铁工业 | 主要分布在环渤海和长江沿岸地区，主要工业中心有鞍山、包头、攀枝花、武汉、京津唐、上海等 |
| 机械工业 | 辽宁、上海—南京、北京—天津地区已成为全国性的大型机械工业基地，其他省区也有分布 |

### 3.四大工业基地

我国的四大工业基地见表1-3-53。

表1-3-53　我国的四大工业基地

| 项目 | 京津唐 | 沪宁杭 | 辽中南 | 珠江三角洲 |
| --- | --- | --- | --- | --- |
| 地理位置 | 位于华北地区东部，包括北京市、天津市和河北省东北部地区，东临渤海 | 位于长江下游的上海、杭州、南京的三角地带；上海在我国东部沿海地带的中点，扼长江入海口 | 位于辽宁省中部和南部，地处东北平原南部，南临渤海和黄海 | 位于东南沿海以广州为中心的广东省中南部地区，毗邻香港、澳门，面向南海 |

(续表)

| 项目 | 京津唐 | 沪宁杭 | 辽中南 | 珠江三角洲 |
|---|---|---|---|---|
| 地位 | 我国北方最大的综合性工业基地 | 规模最大,结构最完整,技术水平和效益最高,是我国最大的综合性工业基地 | 我国的老工业基地之一,是我国最大的重工业基地,拥有较多骨干企业 | 以轻工业为主的综合性工业基地 |
| 工业中心 | 北京、天津、唐山等 | 上海、南京、杭州等 | 沈阳、鞍山、大连等 | 广州、深圳、珠海等 |
| 工业部门 | 钢铁、机械、石化、煤炭、化学、电子、纺织、食品等 | 钢铁、机械、化学、电子、纺织、有色金属等 | 钢铁、机械、化学、造船等,以重工业为主 | 纺织、造纸、钢铁、石化、机械、制糖等 |
| 发展条件 | 有丰富的煤、铁、石油、农产品、海盐等资源;靠近能源基地;有统一的电网;交通运输便利;人才聚集,科技力量雄厚 | 历史悠久,工农业基础雄厚;水陆空交通运输发达;资金、技术力量雄厚;有统一的电网;人口密集,市场庞大 | 煤、铁、石油等资源丰富;铁路网密集,交通便利;工业基础好 | 靠近香港、东南亚,可引进外资、先进的技术和管理方法,发展以出口为主的多种加工工业和制造工业;交通运输便利 |
| 存在问题 | 水资源和能源紧缺;环境污染严重;高科技产业发展不足;产业结构转换艰难 | 能源、矿产缺乏;水污染导致水质型缺水 | 能源、水源供应不足;环境污染严重;高科技产业发展不足;工业产品类型单一,技术落后 | 缺少矿产和能源;重工业和机械制造业不发达;市场腹地小 |
| 发展方向 | 重点发展钢铁、石化、海洋化工、电子、高档轻纺和精细化工等;积极发展高科技产业,增加产品类型,加强技术改造 | 工业结构轻型化,内联外引,加强新技术、新产品的研发,开拓国际市场 | 发挥重工业基地的优势,更新设备,提高质量,限制能耗大、原料缺乏的工业的发展 | 继续发挥优势,发展多种以出口为主的加工工业和制造业 |

### 4.三大工业地带

表1-3-54 我国的三大工业地带

| 项目 | 东部沿海工业地带 | 长江沿岸工业地带 | 陇海—兰新沿线工业地带 |
|---|---|---|---|
| 范围 | 沿海经济特区,沿海开放城市、经济开放区 | 长江沿岸地带 | 郑州、徐州、洛阳、西安、连云港、兰州、乌鲁木齐等 |
| 发展条件 | 位置优越,港口众多,铁路网密集,交通便利;工农业基础好,资金、技术力量雄厚;便于引进外资,发展外向型经济和对外贸易 | 工农业发达;人口众多,城市密集,人才、劳动力丰富;矿产和水力资源丰富;水运条件得天独厚,由沿海深入内地;经济辐射内地;发展潜力大 | 铁路等交通便利;亚欧大陆桥的开通使陆上对外贸易变得便利;煤、石油等矿产资源丰富;"丝绸之路经济带"的政策的推动作用,工业发展前景广阔 |
| 工业部门 | 钢铁、机械、电子、石油、化工、纺织等 | 钢铁(武汉、攀枝花)、电力(宜昌、重庆)、轻纺(武汉)等 | 煤炭(徐州)、轻纺(郑州)、机械工业(洛阳)、飞机制造业(西安)、石化(兰州) |

(续表)

| 项目 | 东部沿海工业地带 | 长江沿岸工业地带 | 陇海—兰新沿线工业地带 |
|---|---|---|---|
| 发展方向 | 发展高新技术产业；引进外资和技术；发展外向型经济 | 完善工业部门，发展多种工业 | 外引内联，逐步形成联系东西部的重要工业地带 |

# 九、中国的交通和对外贸易

## （一）交通

我国已初步形成由铁路、公路、水路、航空和管道运输组成的现代化交通运输网络体系。

### 1.铁路运输

铁路是我国最重要的运输方式，地位突出，遍布全国各地。我国已形成以北京为中心的全国铁路网。铁路干线衔接、交会的地方形成铁路枢纽。多种运输方式的线路交会形成综合性交通枢纽。我国主要的综合性交通枢纽有北京、上海、广州、武汉、郑州等。

我国南北铁路干线有京广线、京哈线、京沪线、京九线、同蒲线、太焦—焦柳线、宝成—成昆线等，东西铁路干线有滨洲—滨绥线、京包—包兰线、陇海—兰新线、沪杭—浙赣—湘黔—贵昆线等。

近年来，我国的高度铁路和城际铁路发展很快，大大缩短了运输时间，促进了沿线城市经济的发展，带来了巨大的社会效益。

### 2.水路运输

#### （1）内河航运

我国的内河航道有11万千米。航运比较发达的航线有长江、京杭大运河、珠江、松花江、淮河。长江是我国内河航道的大动脉，被誉为"黄金水道"。我国的内河航道见表1-3-55。

表1-3-55 我国的内河航道

| 航道 | 沿岸港口 | 特点 |
|---|---|---|
| 长江航道 | 重庆、武汉、南京、上海等 | ①为内河航运大动脉，运量占全国内河航运总量的70%；②通航里程最长；③沟通了沿海和内地，可实现江海联运，促进了沿江外向型经济的发展 |
| 京杭大运河航道 | 济宁、扬州、苏州、无锡等 | ①沟通五大水系（海河、黄河、淮河、长江、钱塘江）；②从济宁到江南段的航运，因向南运煤，向北运输工业品而日益发展；③货运量仅次于长江，居内河航运第二位 |
| 珠江航道 | 广州、梧州 | ①通航里程仅次于长江；②主干是西江，水运中心是广州，它沟通了广东、广西各地及其与沿海地区的物资交流 |
| 松花江航道 | 哈尔滨 | 东北地区的主要水运干线 |

#### （2）海洋运输

我国的海洋运输线路分为沿海航线和远洋航线。我国的主要港口有上海、大连、秦皇岛、天津、烟台、青岛、宁波、广州、湛江等。

### (二)对外贸易

我国外贸出口商品现在以工业制成品为主(占80%以上),主要出口纺织品、服装、机械、茶叶、大米等,进口钢材、机电产品、交通工具、化肥、羊毛、铁矿、小麦等。

我国对外贸易的主要对象为美国、日本、韩国、西欧和东南亚各国,主要外贸口岸有上海、广州、天津、大连等,以及边境城镇。

# 第四节 中国地理分区

## 一、中国的区域差异

### (一)我国的三大自然区

#### 1.三大自然区的划分

我国的三大自然区为东部季风区、西北干旱半干旱区和青藏高寒区。

界线:东部季风区与西北干旱半干旱区的界线是400 mm等降水量线;东部季风区与青藏高寒区的界线是3000 m等高线;西北干旱半干旱区与青藏高寒区的界线是昆仑山—阿尔金山—祁连山一线。

我国三大自然区的划分见表1-3-56。

表1-3-56 我国三大自然区的划分

| 项目 | | 东部季风区 | 西北干旱半干旱区 | 青藏高寒区 |
|---|---|---|---|---|
| 范围 | | 大兴安岭、青藏高原以东,内蒙古高原以南 | 大兴安岭以西,昆仑山—阿尔金山—祁连山和古长城一线以北 | 青藏高原 |
| 自然特征 | 地貌 | 位于第二、三级阶梯上,有三大平原、两大高原、低地、丘陵、盆地海拔较低 | 海拔较高,差别显著,位于第二级阶梯,包括高原、山地、盆地 | 海拔高,位于第一级阶梯,平均海拔在4000米以上,"远看是山,近看成川" |
| | 气候 | 受季风影响显著,降水多,集中在5~9月 | 气候干旱,降水少,气温年较差、日较差大,大风天气多 | 气温低,空气稀薄,太阳辐射强,风力较强 |
| | 植被 | 天然植被以森林为主,部分为森林草原 | 大部分为荒漠,一部分为草原 | 荒漠、草原与高山草甸、灌丛 |
| | 土壤 | 土壤淋溶作用强 | 有机质含量低,可溶性盐分含量高 | 土层薄,发育差 |
| | 河流 | 多外流河,河流以雨水补给为主 | 多内流河,河流短小,靠雨水、冰雪融水补给 | 多为内流河,东南部是许多大江大河的发源地 |
| 人类影响 | | 广泛、深刻,为主要农耕区 | 影响小,只在有水的地方才有人类活动,发展了绿洲农业和畜牧业 | 微弱,原始自然状态保存较完整,以畜牧业为主 |

## 2.东部季风区的内部差异

我国东部季风区的区域划分见表1-3-57。

表1-3-57　我国东部季风区的区域划分

| 地区 | 分界(活动积温/℃) | 地形 | 温度带 | 植被 | 土壤 | 农作物 | 耕作制度 |
|---|---|---|---|---|---|---|---|
| 东北温带湿润半湿润地区 | 3200 | 山环水绕，平原广阔 | 寒温带、中温带 | 针叶林、针阔混交林 | 灰化土、暗棕壤、黑土、黑钙土等 | 春小麦、大豆、甜菜等 | 一年一熟 |
| 华北暖温带湿润半湿润地区 | 4500 | 大平原，大高原 | 暖温带 | 落叶阔叶林 | 棕壤、褐土等 | 冬小麦、棉花、花生 | 一年两熟或两年三熟(旱地) |
| 华中亚热带湿润地区 | 7500 | 有平原、山地、丘陵 | 亚热带 | 常绿阔叶林 | 黄棕壤、黄壤、红壤等 | 水稻、油菜 | 一年两熟到三熟(水田) |
| 华南亚热带—热带湿润地区 |  | 低山丘陵 | 亚热带、热带 | 常绿阔叶林、热带季雨林 | 赤红壤、砖红壤 | 水稻和亚热带—热带经济作物 | 一年三熟 |

## (二)我国的三个经济地带

我国的三个经济地带见表1-3-58。

表1-3-58　我国的三个经济地带

| 地带 | 范围 | 位置 | 优势条件 | 存在问题 | 发展方向 |
|---|---|---|---|---|---|
| 东部 | 包括12个沿海的省级行政区 | 位于我国东部沿海 | 为我国主要农业区、工业区，交通尤其是海运便利，经济国际化程度高，基础设施最好，城市化、科技水平最高 | 能源、原材料不足，北方缺水，江河下游洪涝灾害多发 | 发挥沿海的区位优势，发展第三产业和集约化农业；发挥技术创新的优势，产品向高、精、尖方向发展 |
| 中部 | 包括9个省级行政区 | 位于我国腹地，有承东启西的作用 | 能源和矿产资源丰富，是农林牧产品的重要产区，有色金属和重工业发达，交通运输以铁路和内河航运为主 | 山西煤炭外运不足，黄土高原水土流失严重，东北林区砍伐过度，黄河下游的"地上河"危害，长江中游的洪涝问题，长城沿线的风沙问题 | 发挥能源优势，建设全国的能源和原材料基地；建设农产品的生产、流通和加工基地；加强东西交通建设；加强生态环境建设 |
| 西部 | 包括10个省级行政区 | 位于西部边远地区，少数民族聚居区 | 有70%的国境线，利于进行边境贸易，能源、矿产和旅游资源前景可观，西南水力资源丰富 | 工农业基础薄弱，交通落后，科技文化不发达，西北地区荒漠化严重、生态恶化 | 加强基础设施建设；加大环境保护和生态建设力度；调整优化产业结构，合理开发能源、矿产等资源 |

## 二、四大地区

根据我国各地的地理位置、自然和人文地理环境的不同，将我国划分为四大地理区域，即北方地区、南方地区、西北地区和青藏地区。北方地区与南方地区的分界线是秦岭—淮河一线；北方地区与西北地区的分界线大致以季风区与非季风区分界线或400 mm等降水量线为界；青藏地区与其他3个地区的分界线与第一、二级阶梯的界线基本吻合。

### 1.北方地区

我国北方地区的概况见表1-3-59。

表1-3-59　我国北方地区概况

| 项目 | 内容 |
|---|---|
| 位置 | 大兴安岭、乌鞘岭以东，内蒙古高原以南，秦岭—淮河以北，东临渤海和黄海 |
| 范围 | 包括东北三省、黄河中下游地区以及甘肃、宁夏东南部与江苏、安徽两省北部 |
| 地形 | 以平原为主，主要地形区有东北平原、华北平原和黄土高原，山地有太行山、小兴安岭、长白山等，丘陵有山东丘陵和辽东丘陵 |
| 气候 | 主要为温带季风气候，雨热同期；冬冷夏热，最冷月气温在0 ℃以下；年降水量大多在400~800 mm之间，降水季节变化大，集中在7、8月份；气象灾害频繁，华北夏季多暴雨，冬春多沙尘暴、寒潮等 |
| 水文 | 主要河流有黑龙江、松花江、黄河等，河流冬季都有结冰现象，水量季节变化较大 |
| 植被 | 以温带落叶阔叶林为主 |
| 土壤 | 东北地区多沼泽土、黑土、黑钙土，有冻土分布；华北平原主要为钙质土 |
| 资源 | 本区煤、铁、石油等矿产资源丰富，海盐资源丰富（长芦盐场），水资源缺乏。东北地区的森林资源丰富 |
| 农业 | ①北方地区是我国重要的农耕区，以旱地为主。东北平原的主要作物有春小麦、玉米、大豆、甜菜、亚麻等，作物一年一熟。华北平原有冬小麦、玉米、花生、棉花等，作物两年三熟。黄土高原的粮食作物以谷子为主。②东北平原是我国最大的商品粮基地和林业基地，农业机械化程度高。黄河中下游地区是我国最大的棉麦产区。黄泛区为全国最大的水果带（苹果、葡萄、桃子、杏、梨等）。③商品粮基地有东北的三江平原、松嫩平原。商品棉基地有冀中南、鲁西北和豫北平原 |
| 工业 | 本区有东北重工业基地，包括鞍山钢铁、沈阳机械、大连化工和船舶、长春汽车和哈尔滨的电机制造等产业；有京津唐综合性工业基地，包括首钢、唐钢、燕山石化、天津制碱等，还有发达的轻纺工业和新兴的电子工业等。此外本区还有其他工业，如山西的钢铁、西安的飞机制造等 |
| 交通 | 东北地区铁路网最稠密，以沈阳和哈尔滨为中心，滨洲、滨绥、哈大、京沈、沈丹五条铁路呈"不"字形分布；华北地区铁路以北京为中心呈放射状分布；主要海港有大连、秦皇岛、青岛、烟台、天津、连云港等；机场和航线众多 |
| 环境问题 | 东北的黑土流失和沼泽破坏；华北的风沙、缺水和土地盐碱化；黄土高原的水土流失 |

### 2.南方地区

我国南方地区的概况见表1-3-60。

表1-3-60 我国南方地区概况

| 项目 | 内容 |
|---|---|
| 位置 | 位于秦岭—淮河以南,青藏高原以东,东部和南部濒临东海和南海 |
| 范围 | 包括长江中下游地区、南部沿海地区、西南三省和港、澳、台地区 |
| 地形 | 以平原和丘陵为主,主要地形区有长江中下游平原、四川盆地、云贵高原、东南丘陵、珠江三角洲等,山地主要有横断山、南岭、武夷山、秦巴山地、台湾山脉等 |
| 气候 | 主要为亚热带季风气候,光热充足,降水丰富;最冷月气温在0 ℃以上,年降水量在800 mm以上;长江中下游地区有梅雨和伏旱天气;冬季寒潮和沿海地区夏秋季的台风是主要的灾害性天气 |
| 水文 | 河湖众多,主要河流有长江、钱塘江、珠江等;河流水量大,汛期长,冬季无结冰期;长江中下游地区为我国淡水湖的主要分布区,有鄱阳湖(我国最大的淡水湖)、洞庭湖等 |
| 植被 | 以亚热带常绿阔叶林为主 |
| 土壤 | 自然土壤有红壤、紫色土(四川盆地)、砖红壤;耕作土壤有水稻土 |
| 资源 | 森林资源丰富,分布在我国的西南、东南林区,茶、油桐、毛竹、杉树、樟树等树木繁多;水资源和水能资源丰富;常规能源缺乏,有色金属矿丰富 |
| 农业 | ①南方地区以水田为主,作物一年两熟或三熟,是我国重要的商品粮、桑蚕、糖料作物、油料作物、棉花、黄麻及其他亚热带、热带经济作物(茶叶、柑橘、香蕉、荔枝、桂圆、菠萝)和淡水渔业产区。②主要作物有水稻、棉花、油菜(长江流域)、甘蔗等;用材林丰富,有杉、马尾松、竹等。③海洋渔业发达,其中舟山渔场是我国最大的渔场,沈家门港是我国最大的渔港 |
| 工业 | 主要工业基地有沪宁杭和珠江三角洲工业基地。沪宁杭工业基地是我国最大的综合性工业基地,产品向高、精、尖方向发展,而珠江三角洲是我国最大的轻工业基地。此外本区还划分有长江中下游工业带(发展"高精尖"产业、石化、钢铁、有色金属等)和南部沿海外向型工业地带(生产家用电器、服装、食品、玩具等)。西南地区发展钢铁、有色金属和机械等 |
| 交通 | 铁路运输、公路运输、内河航运、海洋运输密切配合,水陆联运条件好,铁路网密集,内河航运发达,沿海港口众多 |
| 环境问题 | 主要有水体污染、水土流失、酸雨等 |

**经典真题**

(2016上·单选)下表是我国四个城市气候要素统计资料。据此完成1~2题。

| 地名 | 纬度 | 海拔(m) | 年日照时数(h) | 1月平均气温(℃) | 7月平均气温(℃) | 年降水量(mm) |
|---|---|---|---|---|---|---|
| 武汉 | 30°38′N | 23.3 | 2058.4 | 3.0 | 28.8 | 1204.5 |
| 南昌 | 28°40′N | 46.7 | 1903.9 | 5.0 | 29.6 | 1596.4 |
| 成都 | 30°40′N | 505.9 | 1228.3 | 5.5 | 25.6 | 947.0 |
| 昆明 | 25°01′N | 1891.4 | 2470.3 | 7.7 | 19.8 | 1006.5 |

1.成都1月平均气温高于武汉,最主要的影响因素是( )。

A.纬度　　　　　　　　　　　　B.海陆分布

C.地形　　　　　　　　　　　　D.季风环流

【答案】C。解析:成都位于四川盆地,北部有秦巴山地的阻挡,受冬季风的影响较小,冬季气温比同纬度地区高。

2.上述四个城市中,昆明年日照时数最长的原因是( )。

A.冬季气温最高,对流旺盛　　　　B.纬度位置最低,正午太阳高度最大

C.离印度洋较近,水汽丰富　　　　D.位于云贵高原西南部,全年晴天多

【答案】D。解析:昆明位于云贵高原上,海拔高,大气透明度好;阴雨天相对较少,日照时数长。

### 3.西北地区

我国西北地区的概况见表1-3-61。

表1-3-61　我国西北地区概况

| 项目 | 内容 |
| --- | --- |
| 位置 | 位于大兴安岭以西,古长城和昆仑山—阿尔金山—祁连山以北 |
| 地形 | 位于我国第二级阶梯,以高原和盆地为主,包括内蒙古高原、准噶尔盆地、塔里木盆地。山地有阴山、天山、贺兰山等。内蒙古高原平坦开阔,东部为典型的温带草原,中西部多荒漠、戈壁。新疆地形为"三山夹两盆",天山山脉横亘中部,把新疆分为南北两部分。其中天山以南是塔里木盆地,分布着我国第一大沙漠——塔克拉玛干沙漠,天山以北是准噶尔盆地,盆地中央的古尔班通古特沙漠是我国的第二大沙漠 |
| 气候 | 深居内陆,属于典型的温带大陆性气候;冬冷夏热,气温日较差和年较差都较大;降水稀少,年降水量少于400 mm,气候干燥;降水量由东向西逐渐减少 |
| 水文 | 河流稀少,多为内流河,以山地降水和高山冰雪融水为补给,有大片无流区。河流水量小、汛期短、含沙量大。主要河流有黄河、额尔齐斯河(我国唯一流入北冰洋的河流)、塔里木河、黑河、伊犁河等。黄河上游落差大,水力资源丰富 |
| 植被 | 植被或景观类型自东向西为草原—荒漠草原—荒漠 |
| 资源 | 矿产资源丰富,如煤炭、石油、稀土等矿产丰富,开发潜力大;内陆湖泊盛产多种盐类;水资源匮乏 |
| 农业 | 以畜牧业为主,在有水源的地方发展了灌溉农业。本区是全国最重要的畜牧业基地(新疆、内蒙古)、最大的长绒棉基地(新疆)、重要的灌溉农业区(新疆绿洲、宁夏平原、河套平原、河西走廊),主要作物有小麦、棉花、马铃薯、甜菜等,主要畜种有内蒙古的三河马和三河牛、骆驼、新疆细毛羊、阿尔泰大尾羊、宁夏滩羊等 |
| 工业 | 工业初具规模,其中稀土工业、石油工业、有色冶金工业、纺织工业在全国占有一定地位。重要的工业城市有包头(钢铁、稀土、纺织)、金昌(有色冶金)、呼和浩特(毛纺、制糖)、银川(毛纺)、乌鲁木齐(化工、纺织、制糖)、酒泉(航天)等。工业区包括陇海—兰新工业带的西段 |
| 交通 | 陆地交通以铁路运输为主,主要干线有兰新—北疆铁路、南疆铁路 |
| 环境问题 | 土地荒漠化、水土流失、沙尘暴 |

**经典真题**

（2017下·材料分析）**材料一** 我国西北地区地理环境具有明显的干旱特征。人们的生产、生活也深受其影响。

**材料二** 制种是指生产农作物的种子，即首先种植已经培育成功的农作物良种，收获后再进行干燥处理，以方便存储运输。近年来，甘肃省在河西走廊着力打造全国现代化制种示范基地。

**材料三** 我国西北地区示意图如下（图略）。

问题：

（1）宁夏平原被誉为"塞上江南"，贺兰山被誉为宁夏平原的"守护神"。试从自然地理角度说明，贺兰山对宁夏平原的"守护"功能。（4分）

（2）当前玉门的石油资源日趋枯竭，根据其气候资源特点，分析玉门能源产业的发展方向及原因。（6分）

（3）分析甘肃省将河西走廊建设成为全国制种示范基地的优势自然条件。（6分）

【参考答案】

（1）贺兰山位于宁夏平原的西侧，阻挡了西部腾格里沙漠的入侵，冬季削弱了西北寒流的侵袭，夏季东坡为东南季风的迎风坡，增加了降水。

（2）玉门市应大力发展风电、光电等新能源产业。原因：玉门地处我国西北内陆地区，气候干旱，降水少，日照充足，利于发展光电产业；靠近冬季风的发源地，风力资源丰富，利于发展风电产业。

（3）河西走廊地处我国西北内陆，气候干旱，降水少，利于种子的干燥处理；地形平坦开阔，有利于规模化生产；有发源于祁连山的河流流经，灌溉水源充足；光照强，有利于作物进行光合作用；昼夜温差大，有利于有机物的积累，种子的品质好。

**4.青藏地区**

我国青藏地区的概况见表1-3-62。

表1-3-62 我国青藏地区概况

| 项目 | 内容 |
| --- | --- |
| 位置 | 位于横断山以西，喜马拉雅山以北，昆仑山—阿尔金山—祁连山以南 |
| 地形 | 位于我国第一级阶梯——青藏高原上，包括青藏高原和柴达木盆地。青藏高原是世界上海拔最高、最年轻的高原，有"世界屋脊"之称。高原上雪峰连绵、冰川广布，"远看是山，近看成川"，平均海拔超过4000 m。藏南为两大板块碰撞处，地壳活跃。柴达木盆地是我国地势最高的内陆大盆地 |
| 气候 | 海拔高、气温低、冬寒夏凉、昼夜温差大、气温年较差小；降水少且由东南向西北递减；海拔高，大气稀薄、洁净，日照强，太阳辐射强 |
| 土壤 | 主要为寒漠土和山地草甸土 |
| 水文 | 河流以冰川融水补给为主。冈底斯山脉以南受来自印度洋的季风影响，降水较多，河流水量较大，落差大，水力资源丰富，尤其是雅鲁藏布江大峡谷地区，水能开发潜力巨大。本区是许多大河的发源地，有我国最大的自然保护区"三江源自然保护区"。三江源地区是长江、黄河、澜沧江的发源地，被称为"中华水塔"。本区同时是我国内陆湖泊的主要分布区，其中青海湖为我国第一大湖 |

(续表)

| 项目 | 内容 |
| --- | --- |
| 植被 | 以高山草甸为主,藏北有大片高寒荒漠分布,东南边缘地区植被垂直分异明显 |
| 资源 | ①矿产资源丰富,其中柴达木盆地拥有铅锌、钾盐、池盐、煤、石油等多种矿产,素有"聚宝盆"之称。②水能资源丰富,主要集中在藏南雅鲁藏布江大拐弯处和青海黄河上游。③藏南雅鲁藏布江谷地地热资源丰富,建有国内最大的羊八井地热电站。④本区是我国太阳能资源最丰富的地区 |
| 农业 | 本区是我国著名的高寒牧区和河谷农业区。主要畜种有牦牛、藏绵羊、藏山羊等。种植业主要分布在河谷地区,如雅鲁藏布江谷地、湟水谷地,发展了河谷农业。主要作物有青稞、小麦、豌豆等 |
| 工业 | 本区工业基础比较薄弱,畜产品加工业和采矿业在国内占有一定地位。重要的工业城市有西宁(毛纺)、拉萨(皮革、毛毯)、林芝(毛纺)等 |
| 交通 | 陆地交通以公路运输为主,主要干线有川藏、滇藏、青藏、新藏公路,铁路主要有兰青铁路、青藏铁路。交通不便严重制约当地的经济发展 |
| 环境问题 | 生态脆弱,湿地、植被、生物多样性等遭到破坏,水土流失、草场退化等 |

**经典真题**

(2017下·单选)小明7—8月到我国某地考察。老师让携带墨镜、遮阳帽、防晒霜和羽绒服等。据此回答1~2题。

1.小明要去考察的地方可能是(　　)。

A.可可西里　　　　　　　　　　B.海南岛

C.大熊猫保护区　　　　　　　　D.内蒙古

【答案】A。解析:材料中小明的考察时间为7—8月,为我国夏季。所带物品有墨镜、遮阳帽、防晒霜和羽绒服,说明该地日照强烈、气温低。所以该地区可能是可可西里。可可西里位于青藏高原地区,海拔高,气温低,日照强烈。

2.下列四幅图,在考察地可能看到的是(　　)。

A　　　　B　　　　C　　　　D

【答案】B。解析:根据材料,小明考察的地区可能为青海可可西里国家级自然保护区,可能看到藏羚羊。

# 「强化练习」

## 一、单项选择题

下图是东南亚和西亚的传统民居。读图回答1~2题。

东南亚　　　　　　西亚

1.西亚房屋具有墙体厚、窗户小的特点,主要是为了（　　）。
A.防寒保暖　　　B.防潮保温　　　C.防风隔沙　　　D.防风隔热

2.引起西亚和东南亚房屋类型差异的因素是（　　）。
A.气候　　　　　B.文化　　　　　C.降水　　　　　D.太阳辐射

下表为我国四个地区典型农作物统计表。据表完成3~4题。

| 地区 | 甲地 | 乙地 | 丙地 | 丁地 |
|---|---|---|---|---|
| 粮食作物 | 冬小麦 | 春小麦 | 水稻 | 水稻 |
| 经济作物 | 棉花、花生 | 亚麻、甜菜 | 棉花、柑橘 | 甘蔗、茶叶 |

3.对四个地区的判断,匹配正确的是（　　）。
A.甲地—东北平原　　　　　　B.乙地—江汉平原
C.丙地—华北平原　　　　　　D.丁地—珠江三角洲

4.关于四个地区自然环境特征的比较,叙述正确的是（　　）。
A.甲地比乙地的正午太阳高度大　　　B.甲地比丙地的年太阳辐射量大
C.乙地比丙地的气温年较差小　　　　D.丙地比丁地更易受到台风影响

在低碳要求下,林业碳汇的经济、生态、社会效益引发了越来越多的关注。相比于耕地与草地,林地具有更强的碳吸收能力。林地面积和生物量是影响其固碳价值的主要因素。下表是2013年我国东北（大、小兴安岭和长白山）、北方（华北）、西南（横断山区和喜马拉雅山东段南坡）和南方（东南丘陵）四大林区森林固碳价值和林业经济产值统计表（单位:$10^8$元）。据此完成5~6题。

| 林区 | 森林固碳价值 | 林业总产值 |
|---|---|---|
| 甲林区 | 1598.57 | 93.81 |
| 乙林区 | 1287.84 | 399.19 |
| 丙林区 | 568.36 | 126.90 |
| 丁林区 | 2163.77 | 89.42 |

5.表中代表南方林区的是（　　）。

A.甲林区　　　　B.乙林区　　　　C.丙林区　　　　D.丁林区

6.提高丙林区森林固碳价值的主要途径是（　　）。

A.更换绿化树种　　　　　　　　B.采林、育林结合

C.禁止采伐森林　　　　　　　　D.营造护田林网

阿留申群岛附近海域总是不定期地出现白色浪花，数以亿计的海鸟和成百上千的座头鲸会突然出现并追逐浪花，随着浪花的消失，它们也会退去。考察队准备登上其中一座岛一探究竟。据此，回答7~9题。

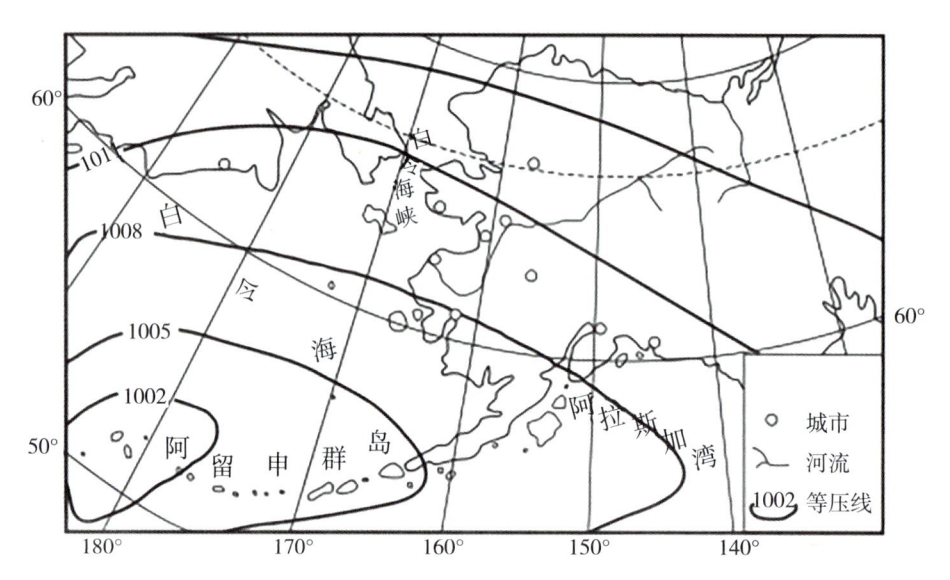

7.考察队登岛后最可能看到（　　）。

A.地缝中喷涌的水汽　　　　　　B.平坦开阔的地表

C.高大茂盛的树木　　　　　　　D.随处可见的冰屋

8.科考队推测数以亿计的海鸟聚集出现，其主要原因是（　　）。

A.云雾笼罩　　　　　　　　　　B.白色的浪花

C.寒暖流交汇　　　　　　　　　D.浮游生物丰富

9.不定期出现的浪花形成的动力来自（　　）。

A.风力　　　　B.海底地震　　　　C.潮汐　　　　D.温度变化

二、材料分析题

10.下表为珠江、淮河流域有关数据对比表。读表并回答问题。

| 流域 | 流域面积（万平方千米） | 多年平均降水量（毫米） | 径流总量（亿立方米） | 水库库容与径流量的比值（%） | 水资源利用率（%） |
| --- | --- | --- | --- | --- | --- |
| 珠江流域 | 45 | 1470 | 3338 | 12.3 | 18.5 |
| 淮河流域 | 27 | 920 | 622 | 63.3 | 59.4 |

问题：

（1）淮河流域面积约为珠江流域的3/5，而径流总量却不足珠江的1/5，其主要原因是什么？

(2)淮河流域水资源利用率远高于珠江流域的主要原因是什么?

(3)珠江中下游地区夏秋季节多突发性暴雨洪水,冬季河口处常受海水入侵的威胁,其主要原因是什么?

(4)淮河流域7、8月份多洪水的主要气候原因是什么?

## 参考答案及解析

### 一、单项选择题

1.【答案】D。解析:西亚地区的气候主要为热带沙漠气候,气候炎热干燥,多风沙,其房屋特点是墙厚、门窗小、色浅。厚墙用来隔热,门窗小可以减少强烈阳光的照射和热风的影响,也可防止风沙侵袭,色浅可以反射较强的太阳光线。故选本题选D。

2.【答案】A。解析:西亚和东南亚房屋类型不同的主要原因是两地的气候不同。为了适应当地的气候,人们因地制宜建造了不同类型的房屋。

3.【答案】D。解析:甲地种植冬小麦、棉花和花生,而东北平原种植春小麦,因此甲地不是东北平原,有可能是华北平原,A项错误。乙地种植春小麦及甜菜可能为东北平原,而江汉平原位于我国南方地区,因此B项错误。丙地种植水稻和柑橘,为我国南方地区,C项错误。丁地生产水稻、甘蔗和茶叶,可能为我国珠江三角洲地区,D项正确。

4.【答案】A。解析:甲地种植冬小麦,乙地种植春小麦,说明甲地冬季气温较乙地高,因此甲地的纬度更低,正午太阳高度角更大,A项正确。由于甲、丙两地的具体地点不明确,无法说明甲地比丙地的年太阳辐射量大,B项错误。乙地位于我国北方地区,丙地位于南方地区,因此乙地的气温年较差更大,C项错误。从经济作物可以看出,丁地生产甘蔗,纬度比丙地低,可能是珠江三角洲地区,更容易受到台风的影响,D项错误。

5.【答案】B。解析:南方(东南丘陵)林区主要为人工林区,范围小于我国东北林区和西南林区,但产值最高。故B项正确。

6.【答案】D。解析:提高森林固碳价值的主要途径是植树造林,增加森林面积。丙为我国北方(华北)林区。华北为我国主要农耕区,风沙危害严重,因此应积极营造护田林网。更换绿化树种,采林、育林结合,禁止采伐森林对提高森林面积作用不大。

7.【答案】A。解析:读图可知,该岛为阿留申群岛中的一座岛,阿留申群岛是环太平洋火山带的一段,岩浆活动频繁,可看到地缝中喷涌的水汽,A项正确。群岛中大部分为火山岛,地形以山地为主,地表并不平坦开阔,B项错误。阿留申群岛受阿拉斯加暖流和极地海洋气团的影响,多强风,因而岛上没有高大的树木,C项错误。冰屋是因纽特人的代表建筑,因纽特人主要在北极圈以内地区活动,极少出现在60°N以南地区,D项错误。

8.【答案】D。解析:阿留申群岛地处板块交界地带,地壳运动活跃导致下层海水上涌,使得深海磷虾及其他浮游生物被携带到海洋表层,从而吸引座头鲸以及大量海鸟经常集聚。故D项正确。

9.【答案】D。解析:阿留申群岛海域位于环太平洋火山、地震带附近,地下岩浆活动活跃,岩浆涌出,使得底层海水受热,海水热对流运动频繁,海水上泛形成白色浪花,故D项正确。

二、材料分析题

10.【参考答案】

(1)珠江流域降水丰富(淮河流域降水少)。

(2)淮河流域的水库库容与径流量的比值高。

(3)夏秋季受台风影响;冬季流域内降水少,径流量小。

(4)夏季降水集中,多暴雨。

# 第四章　其他地理知识

## 考情分析

本章主要考查旅游地理、自然灾害、地质、土壤、文化扩散、经济地理、地图与地理信息系统等内容，考查难度不大，考查题型为单选题，要求考生能够了解相关的基本概念和理论等。

## 考点精讲

# 第一节　旅游地理与自然灾害

## 一、旅游景观的欣赏

### （一）旅游景观的审美特征

旅游景观是旅游资源单体的组合，是适合旅游者欣赏的对象。旅游资源的组合构成了旅游景观审美的各种形态。旅游景观审美的形态从总体上可分为两大类：自然美和人工美。

**1.自然美**

自然美是指大自然中的自然物或自然现象在不同的条件下，呈现出的审美状态，如形象美、色彩美、动态美、朦胧美、声音美等。

此外，声音美有溪流浅涧，瀑落深潭，泉泻清池，雨打芭蕉，鸟语花香，虫鸣寂夜等。

**2.人工美**

人工美是指能够吸引人们进行旅游活动、反映古今人类创造的物质文明和精神文明的事物所呈现出的审美状态，如古典园林美、古建筑美和古迹美、民俗风情美、书画艺术美、雕塑艺术美等。

### （二）旅游景观欣赏的方法

**1.选择观赏位置**

观赏位置主要考虑观赏距离和角度。

表 1-4-1　观赏位置的选择

| 观赏位置 | | 旅游景观 | 观赏效果 |
|---|---|---|---|
| 远望 | 远眺 | 峰峦 | 雄伟、峻秀、奇特 |
| | | 丘陵地区的梯田 | 高低错落，弯曲流畅，形成线与面的完美结合 |
| | | 故宫 | 宏伟气派 |
| | 俯瞰、远望 | 江、河、大海 | 观其旷景，体会远望情趣 |
| 近看 | 平视 | 城市中的湖泊 | 周围的建筑物更高，湖显得更小、更美 |
| | 低看 | 较小的湖沼池塘 | 临廊、榭，观水中倒影，体验天地之美妙 |
| | 乘船沿水路 | 山水组合景观 | 水流、船动、山移，如游画中、心旷神怡 |

**2. 把握观赏时机**

旅游景观的观赏时机把握见下表。

表 1-4-2　观赏时机的把握

| 景观类型 | 景观举例及其最佳观赏时机 |
|---|---|
| 随季节变化的自然景观 | 北方山水风景—夏季；北国风光—冬季 |
| 随气象和时间而变化的自然景观 | 泰山的日出—凌晨；黄山日落—黄昏 |
| 特定时间出现的自然或人文景观 | 钱塘江大潮—农历八月十五；青海湖候鸟—五月；赛龙舟—农历五月初五端午节 |

**3. 抓住景观特色**

只有全面了解景观，抓住景观特色，才能有重点、有目的地进行欣赏，深化已有认识，获得最佳的观赏效果。

如有些古代建筑景观需要洞悉其文化定位，了解其历史渊源和文化底蕴；有些建筑、园林需要把握其结构布局的节奏韵律等。

**4. 领悟自然和人文的和谐**

自然景观与人文景观融为一体是我国自然风景区特色之一。许多人文景观布局、设计的基本思想是因势、得体，与自然协调，突出自然美。人们还通过文学艺术形式来渲染自然景观，增强了景观的感染力。

因此，在旅游景观欣赏中需要领悟自然和人文旅游资源和谐统一的关系。

**5. 以情观景**

以情观景要求综合感受；发挥想象；移情于景，情景交融；登山涉水，求质求真。只有以情观景，才能深入感悟景观的美。

## 二、自然灾害与防治

### （一）气象灾害

气象灾害类型主要有干旱、台风、寒潮、沙尘暴等。

1.热带气旋

(1)热带气旋概述

概念:发生在热带或副热带洋面上的深厚的低气压涡旋。

形成条件:有广阔的暖洋面,海水通过蒸发,能向大气提供充足的水汽;下热上冷的不稳定的大气层结,促使气流强烈上升及水汽凝结致雨;受到地转偏向力的影响。

影响地区:孟加拉湾北部及沿海地区,中国东南沿海、日本和东南亚国家,加勒比海和美国东部海岸。

(2)台风

概念:中心附近平均最大风力在12级以上的热带气旋。

结构及特征:发展成熟的台风由外围大风区、旋涡风雨区和台风眼三部分组成。外围大风区的风速从外向内增加;最强烈的降水产生在旋涡风雨区;台风眼的天气表现为无风、少云和干暖。

发生时间:一年四季均有发生,集中在7~11月。

危害:有狂风、暴雨、巨浪,来势凶猛,破坏力很强。

防御措施:加强对台风的监测和预警;植树造林,修建水利和护坡工程,防浪护堤;制定救灾应急预案等。

2.干旱与旱灾

(1)概念

干旱是因长时期无降水或降水少而造成空气干燥、土壤缺水的一种现象。旱灾是一种渐发性的自然灾害。水资源缺乏,不足以维持人们生产生活需要,甚至危及人和动植物生存,就酿成旱灾。

(2)危害及防御

危害:造成粮食减产,人畜饮水困难,影响经济发展和社会稳定。

防御措施:修建水利工程,营造防护林,种植耐旱作物,因地制宜发展农林牧结合的农业,节约用水。

3.寒潮

概念:寒潮是一种大范围强冷空气活动,主要发生在北半球中高纬地区的深秋到初春季节。

衡量的一般标准:冷空气过境后,气温在24小时内下降10℃以上,并且在这一天内,最低气温在5℃以下。

危害:短期内气温骤降,并伴有大风、霜冻等现象;有时寒潮还带来暴风雪、沙暴等恶劣天气,给工农业生产和民众的生活带来不利影响。

防御措施:做好监测和预报,及时采取防寒措施。

有利影响:低温天气有效杀灭害虫和病菌;带来大量降雪,利于农作物越冬、生长;提供风能。

## (二)地质灾害

1.地震

(1)概念:当地壳中积累的地应力超过岩层所能承受的限度时,岩层会突然断裂或错位,使地壳内部的能量急剧释放,并以地震波的形式向四周传播,使地面发生震动,形成地震。

(2)相关概念:地球内部岩层破裂引起震动的地方称为震源;震源释放的使地面遭受破坏的能量波

称为地震波;震源到地面的垂直距离称为震源深度;地面正对震源的那一点称为震中;地面上任何一点到震中的直线距离称为震中距;把地面破坏程度相似的各点连接起来的曲线称为等震线。

（3）地震是危害和影响最大的地质灾害,危害人类生命财产安全。

（4）震级和烈度的内容见下表。

表1-4-3　地震的震级和烈度

| 项目 | 震级 | 烈度 |
| --- | --- | --- |
| 概念 | 衡量地震释放能量大小的指标 | 衡量地震发生时地面受到的影响和破坏程度的指标 |
| 影响因素 | 地震释放能量的多少 | 震级、震源深度、震中距、地质构造、地面建筑等 |
| 数量 | 一次地震只有一个震级 | 一次地震可有多个烈度 |
| 关系 | 震级越大,烈度越大 ||

（5）世界上的两大地震带:地中海—喜马拉雅地震带和环太平洋地震带。

### 2.滑坡和泥石流

滑坡和泥石流概述见下表。

表1-4-4　滑坡和泥石流

| 项目 | 滑坡 | 泥石流 |
| --- | --- | --- |
| 概念 | 山地斜坡上不稳定的岩体与土体,在重力作用下沿一定滑动面整体向下滑动的地质现象 | 山区沟谷中由暴雨、冰雪融水等激发的、含有大量泥沙石块的特殊洪流 |
| 形成条件 | 岩体破碎;地势起伏大;植被覆盖较差 | 地形陡峻;有丰富的松散物质;短时间有大量水流 |
| 成因 | 地形复杂,山地多,坡度大;降水集中,多暴雨;植被的破坏,水土流失严重;不合理的工程建设 ||
| 危害 | 破坏和掩埋坡上和坡下的农田、建筑物和道路,造成人员伤亡和财产损失 | 堵塞江河、摧毁城镇和村庄,破坏森林、农田、道路,对人民的生命财产、生产活动以及环境造成很大的伤害 |

**经典真题**

（2018下·单选）我国是个多山的国家,泥石流灾害频发。随着山区经济发展,人们对泥石流减灾提出了更高的要求。下表为某地区重点监测沟谷的参数。据表完成下题。

| 沟谷编号 | 集水面积（km²） | 平均坡度（°） | 流域落差（m） | 植被覆盖率（%） |
| --- | --- | --- | --- | --- |
| ① | 5.3 | 24.3 | 537.2 | 15.7 |
| ② | 2.7 | 30.1 | 670.3 | 19.6 |
| ③ | 20.0 | 40.8 | 1353.7 | 13.2 |
| ④ | 4.5 | 26.1 | 384.7 | 20.5 |

根据表中参数推测,发生泥石流可能性最大的沟谷是（　　）。

A.①　　　　B.②　　　　C.③　　　　D.④

【答案】C。解析:泥石流的发生条件包括地形地貌、松散物质和水源三个条件。地形地貌条件需要满足山高沟深、地势陡峻、落差大,易于水流汇集且沟谷上游有一定的汇水面积。泥石流的发生需要丰富的松散物质。一般来说,地质不稳定、植被覆盖率低、风化严重或人类活动强烈的地区松散物质较为丰富。暴雨、连续性降水、冰雪大量消融或湖泊溃决等引发的洪水为泥石流的发生提供了水源条件,是泥石流的诱发因素。读表可知,沟谷③集水面积、平均坡度和流域落差最大且植被覆盖率最低,发生泥石流的可能性最大。

## (三)水文灾害

### 1.洪涝(包括洪水和涝渍两种类型)

关于洪水和涝渍的内容见下表。

表1-4-5　洪水和涝渍

| 项目 | | 洪水 | 涝渍 |
| --- | --- | --- | --- |
| 成因 | | 特大地表径流不能被江河、湖库容纳,水位上涨而泛滥 | 洼地积水不能及时排除 |
| 分布 | 气候分布 | 集中在中低纬度地区,主要是亚热带季风区、亚热带湿润气候区、温带海洋性气候区 | |
| | 地形分布 | 江河的两岸,尤其是河流中下游地区 | 低湿洼地 |
| 关系 | | 两者往往接连发生,在低洼地区很难截然分开,通称为洪涝 | |

洪涝的危害:淹没城市、村庄、农田,造成巨大的生命财产损失,引起疫病流行等。

### 2.风暴潮

**(1)概况**

风暴潮指由于强烈大风扰动,引起海岸水面异常升高,海水漫溢上陆的现象。它多发生在热带气旋或温带气旋与高纬度地带冷暖空气交互影响的地区,按成因可分为台风风暴潮和温带风暴潮。

**(2)特点**

风暴潮的特点见下表。

表1-4-6　风暴潮的特点

| 项目 | 台风风暴潮 | 温带风暴潮 |
| --- | --- | --- |
| 发生季节 | 夏秋季节 | 春秋季节 |
| 特点 | 来势猛,速度快,强度大,破坏力强 | 增水过程相对平缓 |
| 分布地区 | 受台风影响的沿岸地区 | 常出现在中纬度沿海地区,以欧洲北海沿岸、美国东海岸以及我国的北方海区沿岸为多 |

## (四)我国的自然灾害

### 1.我国自然灾害多发的地理背景

**(1)自然背景**

①气候背景

我国东部濒临太平洋,临近世界上最大的台风源区(西北太平洋台风区);季风气候显著,降水季节和年际变化大,空间分布不均,不同地区以及同一地区的不同季节交替出现水旱灾害,水旱灾害频繁。

②地质地貌背景

我国位于亚欧板块和太平洋板块交界地带,同时处于亚欧板块和印度洋板块挤压碰撞带的北东边界,地壳运动活跃;地形复杂多样,西高东低,起伏较大,以山地丘陵为主,地质灾害等多发。

③生物背景

我国地域辽阔,气候多样,土壤和植被类型多样,滋生和繁殖了多种有害生物。

(2)人文背景

①生态环境脆弱

我国是一个历史悠久、人口众多的农业大国,长期对自然环境进行过度和不合理利用,如乱砍滥伐、过度放牧等,形成了脆弱的生态环境。人类活动对自然环境造成的破坏效应往往以各种灾害的形式表现出来。

②承受能力和抵御能力差

我国是发展中国家,经济能力有限,对防灾减灾的投入相对不足。我国社会经济系统对自然灾害的承受能力和防御能力低。

③人口和经济密集区与灾害多发区重合

我国是世界上人口最多的国家,自然灾害给社会经济造成的影响往往比人少地多的国家严重。我国人口和经济高度集中在灾害多发、易损的东部地区。这种地理分布的不平衡性在很大程度上加剧了自然灾害的严重性。

**2.我国的地质灾害**

**(1)我国的滑坡、泥石流灾害**

我国的滑坡、泥石流灾害主要分布在我国的山区,即从太行山到秦岭,经鄂西、四川、云南到藏东一带以及青藏高原以东的第二级阶梯。西南地区是我国滑坡、泥石流的重灾区。

**(2)我国泥石流灾害的区域特征**

我国泥石流灾害的区域特征见下表。

表1-4-7 我国泥石流灾害的区域特征

| 区域 | 成因类型 | 特点 |
| --- | --- | --- |
| 青藏高原东南部山地 | 冰川泥石流 | 规模巨大,爆发频繁而猛烈 |
| 川滇地区 | 降雨泥石流 | 爆发较频繁,与人类经济活动密切相关 |
| 黄土高原 | 暴雨激发的黄土泥流 | 爆发频率、规模和强度均不及山区泥石流 |
| 华北和东北山地 | 暴雨引发泥石流 | 爆发频率较低,但规模较大且来势凶猛 |

**(3)地质灾害多发区——西南地区**

我国西南地区(四川、重庆、云南、贵州和西藏)地质灾害多发,其中西藏和云南是地震、滑坡和泥石流最为严重的地区。

西南地区地质灾害多发的原因如下。

自然原因:西南地区地处印度洋板块和亚欧板块碰撞边界附近,地壳运动活跃,地震多发;地处第一、二级阶梯分界线附近,地形复杂、地表不稳;降水多,夏季多暴雨。

人为原因:人们不合理的开发,如开发山区、破坏植被等;人口和经济等趋于密集;人们的防范意识和措施不到位。

### 3.我国的水文灾害

我国海陆兼备,地势西高东低,东部平原和低地易发洪水和内涝灾害,沿海地区还受到风暴潮等的影响。

**(1)洪水灾害**

①我国洪水灾害的特点

我国的洪水灾害分布范围广、发生频繁、突发性强,而且损失大。其造成的人员伤亡和经济损失在我国各种自然灾害中居第一位。农业受洪水灾害的影响最为严重。

我国的洪水灾害在分布上东部多,西部少;沿海多,内陆少;平原低地多,高原山地少;山脉东坡和南坡多,西坡和北坡少。

②我国洪水灾害的成因

自然原因:季风气候显著,降水集中且年际变化大,全国大部分地区5~9月降水量占全年的比重高达80%左右;凌汛、风暴潮等的发生;地势低洼,排水不畅;江河水的汇聚使水位上涨;河道曲折影响河流泄洪;等等。

人为原因:人们对土地的不合理使用,包括在河流上游破坏植被(滥砍滥伐、陡坡开荒)及在下游低洼地进行不合理或过多的经济活动(围湖造田、占用河道等),导致水土流失、河湖淤积、排水受阻,流域的蓄洪、泄洪能力减弱。

**(2)风暴潮灾害**

我国风暴潮灾害广泛发生于辽东湾到北部湾沿海。东南沿海主要是台风风暴潮,其中长江口、钱塘江口、珠江三角洲、台湾、海南等地受灾最为严重。台风风暴潮主要发生在7~10月,以8月和9月最为集中;温带风暴潮主要发生在春季和秋季。

**(3)水文灾害多发区——长江流域**

长江流域是我国暴雨和洪涝灾害的多发地区,其中洞庭湖平原、鄱阳湖平原和长江三角洲地区受灾尤为频繁。

### 4.我国的气象灾害

我国地域辽阔,季风气候不稳定,气象灾害种类较多,主要包括干旱、暴雨、台风、干热风、沙尘暴、寒潮等,其中干旱、台风、寒潮对我国农业的影响较大。

**(1)旱灾**

旱灾是我国发生范围最广、频次高、持续时间最长的渐发性气象灾害。我国有四个旱灾多发中心,即华北、华南、西南和江淮地区。受季风气候的影响,我国旱灾与涝灾在时间上交替、在空间上交错出现。

旱灾全国各地均可发生,全年均可发生。我国水土资源组合不平衡,特别是北方地区,易发旱灾。其中,华北地区是全国旱灾最频繁、影响最严重的地区,春旱尤其严重。此外,长江中下游地区的伏旱,华南的夏秋旱也比较严重。

### (2)台风灾害

我国的台风灾害概况见下表。

表1-4-8 我国的台风灾害概况

| 项目 | 内容 |
|---|---|
| 成因 | 台风是热带或副热带洋面上强烈发展的热带气旋 |
| 发生时间 | 夏秋季节 |
| 源地 | 西北太平洋的热带和副热带海区 |
| 空间分布 | 我国台风灾害具有沿海重、南方重的特点,主要分布在东南沿海的粤、琼、闽、浙等省区 |
| 灾情 | 台风造成的损失约占全国自然灾害损失的15%~20%,其中沿海省区灾情最重 |
| 有利影响 | 台风带来的大量降水可缓解我国内地的旱情,如长江中下游的伏旱 |

### (3)寒潮灾害

我国的寒潮灾害概况见下表。

表1-4-9 我国的寒潮灾害概况

| 项目 | 内容 |
|---|---|
| 发生时间 | 发生在每年的9月至次年5月,每年的春秋两季有两个寒潮高峰期,即3~4月和10~11月,前者更强 |
| 侵袭路径 | ①偏西路径是经新疆和蒙古高原向日本海及东海北部移动;②偏北路径是经蒙古高原向我国南方移动;③东北路径经日本海或我国东北向我国东部沿海侵入 |
| 表现 | 北方主要表现为大风、降温、霜冻、暴风雪等;南方主要表现为降温、冻害、雨雪等 |
| 危害及预防措施 | 危害举例:①大雪、冰冻等造成交通堵塞,通信、电力中断;②大风造成海上翻船事故;③寒潮带来的低温和大风危害农牧业,如使农作物遭受冻害,使牧草和牲畜受灾<br>措施:发布准确的寒潮预警,对农作物和牧区的牲畜做好防寒准备(农作物可以采用薄膜覆盖、熏烟、增加湿度等措施),海上船只及时回港等 |
| 分布及原因 | 分布:寒潮影响范围大,可长驱南下到两广地区。寒潮发生的频次东北地区最多,华北次之,再次为西北和长江流域,华南最少。西藏、云南、贵州、海南、台湾几乎不受寒潮影响<br>原因:北方距冬季风源地近,冬季风强烈,受寒潮影响大;东西向高大山脉的层层阻挡使得寒潮自北向南影响减小;青藏高原和云贵高原地势高,冬季风爬升受阻 |

### (4)气象灾害多发区——华北地区

华北地区是我国气象灾害多发区,最常发生的气象灾害有干旱、寒潮、沙尘暴、冰雹、干热风、霜冻等,其中干旱—沙尘暴和干旱—虫灾是主要的气象灾害。

华北地区是我国范围最广、强度最大、灾情最重的旱灾中心。华北地区人口众多,经济发达,工农业和生活用水量大,水资源缺乏。近年来,华北已成为我国最缺水的区域。受灾体因严重缺水变得脆弱,极易形成"小旱大灾"。

沙尘暴是对华北地区春季影响很大的气象灾害。沙尘暴是沙暴和尘暴两者兼有的总称,是指强风把地面大量沙尘卷入空中,使空气混浊,水平能见度小于1千米的天气现象。

华北地区气象灾害多发的原因如下。

自然原因:水热条件不稳定,春旱严重;是冬季风的通道;临近沙源地;蒸发强烈,植被盖度低。

人为原因:华北为主要农业商品生产基地,灌溉用水量大;人口、城市密集,人均水资源匮乏;过量抽取地下水,导致地面沉降、海水倒灌。

以上原因导致华北地区易发干旱、寒潮灾害。寒潮带来的大风携带沙尘形成沙尘暴。

# 第二节　地理学发展概述

## 一、世界地理学发展概述

地理学的发展可以分为古代、近代和现代三大阶段。

### (一)古代地理学

自远古至18世纪末,是古代地理学时期,主要以描述性记载为主,且这些记载多是片段性的,缺乏理论体系,地理学内部尚未出现学科分化。

在西方,地理学作为一门学科发源于古希腊,例如,古希腊的《荷马史诗》是西方最早的与地理相关的著作;希罗多德最早探索了历史上的人地关系,讨论了区域的界线;希波克拉底创立了人的4种气质学说,探讨了环境对人类行为的影响;亚里士多德进行了气候带的划分。亚里士多德以后的古希腊文明衰落期和罗马帝国时代,是西方经典地理学的建立时期,代表性人物主要有古希腊的埃拉托色尼和古罗马的斯特拉波、托勒密。

古希腊的埃拉托色尼被西方地理学界尊为"地理学之父"。他首创了"地理学"一词,著有《地理学(概论)》(3卷)。他计算了地球的周长,是古代数理地理学的创始人。他还将世界分为欧洲、亚洲和利比亚(以后的非洲)3个地区,以及一个热带、两个温带和两个寒带5个气候带,同时划定了气候带的界线,并首次根据经纬网绘制了世界地图。

古罗马的斯特拉波是西方区域地理的开创者。他整理了《荷马史诗》以来的古代地理知识,继承了亚里士多德和埃拉托色尼的居住适应地带学说,利用当时商业航海的记载并结合自己一生的旅行见闻,写成了17卷的《地理学》,较详细地记载了当时以地中海为中心的罗马帝国的地理情况。

古罗马的托勒密总结了古希腊有关数理地理的知识,著有《地理学指南》(8卷),内容包括地图投影、各地的经纬度表和绘有经纬度的世界地图等,对近代地图学的发展起了重要作用。托勒密还著有

《天文学大成》（又称《大综合论》等）。他的"地心说"影响人类长达千年之久。

地理大发现（包括新航路的开辟、哥伦布发现美洲、麦哲伦环球航行等）期间，技术的改进和数据的积累促进了地图学的革新。墨卡托首次采用等角正圆柱投影（后人命名为墨卡托投影法）编制了一幅适用于航海的世界地图，是第一个较为完整地将地球表面描绘在平面上的人。该图于1569年出版，是真正意义上的第一张世界地图，它是地图史上的里程碑，开创了地理学史上的新篇章。德国明斯特尔的《宇宙志》于1544年出版，被认为是地理大发现的早期代表作。德国的瓦伦纽斯于1650年出版的《普通地理学》首次将地理学领域区分为专论（特殊地理学）和通论（普通地理学）两大部分，前者描述地区特征，后者揭示全球性法则。

文艺复兴时期，17世纪法国哲学家孟德斯鸠提出的气候决定论和18世纪德国哲学家康德提出的二元论，均成为近代地理学的方法论基础。

### （二）近代地理学

**1. 近代地理学特征及分支学科的建立**

从19世纪初到20世纪50年代，是近代地理学时期。近代地理学以对地球表面各种现象及其关系的解释性描述为主体；其逻辑推理和概念体系渐趋完善；学科日益分化，学派林立，部门地理学蓬勃发展。德国为近代地理学的发源地。德国的洪堡、李特尔被誉为世界近代地理学的奠基人。洪堡、李特尔分别在自然和人文两大方面为地理学开创了新局面，而且均重视对区域的分析。近代地理学形成的标志是洪堡的《宇宙》和李特尔的《地学通论》两书的问世。

洪堡为自然地理学和植物地理学奠定了基础。德国的李希霍芬和法国的马东（主要研究山岳冰川、准平原、气候地貌和水文学，著有《自然地理学专论》《中部欧洲》和《法国自然地理》等）在自然地理方面贡献突出。美国的戴维斯和德国的彭克分别创立了侵蚀轮回学说和山坡平行后退理论，标志着地貌学的建立。奥地利沃汉恩的《气候学手册》，俄国沃耶伊科夫的《全球气候及俄国气候》和德国柯本的世界气候分类，为气候学奠定了基础。英国的华莱士对世界动物区进行划分，为动物地理学奠定了基础。俄国的道库恰耶夫的土壤地带性学说等奠定了土壤地理学的基础。德国的李特尔和拉采尔建立了人文地理学。拉采尔的国家有机体说、英国麦金德的陆心说（心脏地带学说）和美国鲍曼的民族自决论，为政治地理学奠定了基础。

**2. 主要人物贡献举例**

洪堡的代表作有《宇宙》（5卷）、《新大陆热带地区旅行记》（30卷）、《植物地理学论文集》等。洪堡将毕生贡献于考察自然界，足迹遍布欧洲、北亚和南、北美洲等。他制作了第一幅世界年均温等值线图，研究植物的分布等，开创了自然地理学和植物地理学，同时在人文地理方面也有不菲贡献。

李特尔是德国第一个地理学讲座教授和柏林地理学会的创建人，也是著名的地理教育家。他的代表作是《地学通论》（19卷）。在近代地理学中，李特尔被认为是最早阐述人地关系和地理学的综合性、统一性的人。他奠定了人文地理学的基础，被认为是人文地理学的创始人。

李希霍芬是德国地理学家、地质学家。他提出地理学是研究地球表面的科学，将地球表面分为4个圈层，并多次到中国考察地质和地理。他的著作《研究旅行指南》，系统叙述了野外考察、收集资料和制图等一系列方法,首次系统地论述了地表形成的过程,对地貌进行了形成过程分类,还研究了土壤形成因素及其类型。他撰写出版的《中国》(5卷,附地图集2卷)一书,是第一部系统阐述中国地质基础和自然地理特征的重要著作,并创立中国黄土风成的理论。李希霍芬的著作还有《当今地理学的任务和方法》和《19世纪地理学的动力与方向》等。他培养出许多地理学家,如斯文·赫定、帕萨尔格、施吕特尔等,对近代地理学的发展产生了重要影响。

德国地理学家、地质学家彭克首创"地表形态学"一词,著有《地表形态学》一书。他在其学生布吕克纳的协助下,撰写成《冰川时期的阿尔卑斯山》(3卷),对冰川学和第四纪地质学做出了重要贡献。

此外,美国的莫里于19世纪中期提出第一个大气环流模式,发表了近代海洋学的第一部著作《海洋自然地理学》。英国的赫伯森完成世界自然区划。德国的克里斯泰勒于30年代提出中心地学说。苏联的气候学家布德科于1956年发表《地表面热量平衡》,等等。

### 3.近代地理学的三种传统和三个学派

**(1)生态传统与环境学派**

环境学派,即环境决定论的代表人物是德国的人文地理学家拉采尔。拉采尔的代表作《人类地理学》阐述了地理环境对人类分布和迁徙的作用。其《政治地理学》是对上一著作的补充,其中受了社会达尔文主义的影响,将"生存空间"的生物学概念,运用于国家。拉采尔的学生,即美国的森普尔女士在20世纪初系统地阐述了环境对人类的支配作用。另一个美国地理学者亨廷顿著有《文明与气候》和《人文地理学》,详述了气候决定论。

随后,欧美各国出现了对环境决定论的怀疑和否定,人地相关的可能论和生态调节论应运而生。可能论的主要代表人物是法国的维达尔·白兰士及其弟子白吕纳。维氏认为地理学的任务是阐述自然和人文条件在空间上的相互关系。白氏的观点更为明确,他说过"环境虽足以影响人类之活动,人类亦有操纵与征服环境之能力"。生态调节论的宣扬者是美国的巴罗斯。他认为地理学应该人文化,成为人类生态学,开创了用生态方法参与实际工作的地理学。

**(2)描述传统与区域学派**

近代地理学区域学派的首倡者是德国的赫特纳,继承者是美国的哈特向。20世纪初,李希霍芬及其弟子赫特纳提出了地理学的核心应是区域研究。赫特纳的代表作为《地理学:它的历史、性质和方法》,还著有《区域地理学基础》等。根据赫氏观点,哈特向分别于30年代末和50年代写了《地理学的性质》和《地理学性质的透视》两本专著,认为地理学应研究地球表面的地域分异特征,部门地理学是起点,区域地理学是终结。20世纪中叶在西方出现了一个区域地理的黄金时代。

**(3)综合传统与景观学派**

德国的施吕特尔于19世纪末和20世纪初提出景观学说,认为地理学的中心是对可见景观的研究。20年代中期,美国的索尔发表著名论文《景观的形态》,把景观看作地表的基本单位。他认为景观由两部分叠加构成:自然景观,即一地区在人进入前的原始景观;文化景观,即被人所改造过的景观。索尔及其弟子研究了大量景观变迁的实例,揭示了人在改变地球面貌上的作用。

### (三)现代地理学

从20世纪60年代至今是现代地理学时期。现代地理学是现代科学技术发展的产物,其标志是地理数量方法、理论地理学的诞生和计算机制图、地理信息系统、卫星等应用的出现。现代地理学强调统一性、理论化、数量化、行为化和生态化。

### 二、中国地理学发展概述

"地理"一词在我国最早出现在《周易·系辞上》中的"仰以观于天文,俯以察于地理"。中国最早的地理学相关著作是《山海经》中的《山经》。此外《尚书·禹贡》(将古代中国版图分为九州)与《管子·地员》(探索了中国土地的分类)也是较早的地理学相关著作。

近现代,我国也涌现了一大批地理学家,取得了一系列成就。其中,张相文是20世纪中国第一位著名的地理学家,编著出版了中国最早的地理教材《初等地理教科书》《中等本国地理教科书》,出版了中国第一部自然地理著作《地文学》,创办了中国最早的地理刊物《地学杂志》。竺可桢,中国近代气象学家、地理学家、教育家,中国近代地理学和气象学的奠基人,中国物候学创始人,主编了《中国自然区划》《中国自然地理》等丛书。他对中国气候的形成、特点、区划及变迁等,对地理学和自然科学史都有深刻的研究,贡献卓著。此外,中国著名地理学家还有黄秉维、胡焕庸、李春芬、施雅风、陈述彭、谭其骧、周立三等。

# 第三节 自然地理学

### 一、地质

#### 1.地球演化与地质年代

地球形成至今已经经历了46亿年的历史。在地球漫长的演化历史中,人类历史极其短暂。

地表岩石多呈层状,具有时间顺序的岩层称为地层。沉积岩具有明显的层理构造。在沉积岩地层中,一般先沉积的在下,后沉积的在上。

在沉积岩的形成过程中,生物的遗体或遗迹会在地层中保存下来,形成化石。生物由低级向高级,由简单向复杂进化。在沉积岩地层中分布有不同时期的生物化石。不同时代的地层往往含有不同的化石。一般情况下,低级生物化石在下,高级生物化石在上。化石的种类和特点反映了当时的地理环境。因此,根据化石不仅可以确定地质年代,还能重建古地理环境。

地层和化石就像是记载地球历史的书页和文字,为人类认识生命出现后的地球演化史提供了主要依据。

地球演化史具有明显的阶段性,科学家据此把地质历史主要分为宙、代、纪、世四级时间单位,进行了系统的编年,形成了地质年代表。

下面是可以表示地球演化历史的地质年代表。

表1-4-10 地质年代表

| 相对年代 ||| 大约距今时间（百万年） | 生物发展阶段 || 主要构造运动 || 其他重要地质事件或现象 |
| --- | --- | --- | --- | --- | --- | --- | --- | --- |
| 宙 | 代 | 纪 | | 植物界 | 动物界 | 中国 | 西欧 | |
| 显生宙 | 新生代 | 第四纪 | 2.6 | 被子植物时代 | 哺乳动物时代第四纪人类出现 | 喜马拉雅运动 | 阿尔卑斯运动 | 生物界与现代接近；形成现代地势起伏的总格局；第四纪北半球出现大冰期 |
| ^ | ^ | 新近纪 | 23.3 | ^ | ^ | ^ | ^ | ^ |
| ^ | ^ | 古近纪 | 65 | ^ | ^ | ^ | ^ | ^ |
| ^ | 中生代 | 白垩纪 | 137 | 裸子植物时代 | 爬行动物（恐龙）时代 | 燕山运动印支运动 | ^ | 中生代尤其是侏罗纪是另一个重要的成煤时代；联合古陆分裂，逐步接近现代海陆分布总格局 |
| ^ | ^ | 侏罗纪 | 205 | ^ | ^ | ^ | ^ | ^ |
| ^ | ^ | 三叠纪 | 250 | ^ | ^ | ^ | ^ | ^ |
| ^ | 古生代（晚古生代） | 二叠纪 | 295 | 被称为孢子植物时代；早古生代以海生藻类为主；晚古生代陆地蕨类植物繁茂 | 两栖动物时代 | 海西运动（华力西运动） | 海西运动（华力西运动） | 石炭—二叠纪是重要的成煤时代；动物从水生发展到陆生；大气接近现代水平；形成联合古陆 |
| ^ | ^ | 石炭纪 | 354 | ^ | ^ | ^ | ^ | ^ |
| ^ | ^ | 泥盆纪 | 410 | ^ | 鱼类时代 | ^ | ^ | ^ |
| ^ | 古生代（早古生代） | 志留纪 | 438 | ^ | 海生无脊椎动物时代 | 加里东运动 | 加里东运动 | ^ |
| ^ | ^ | 奥陶纪 | 490 | ^ | ^ | ^ | ^ | ^ |
| ^ | ^ | 寒武纪 | 543 | ^ | ^ | ^ | ^ | ^ |
| 元古宙 | 新元古代 | 震旦纪 | 680 | 藻类出现，被称为菌藻植物时代 | 低等无脊椎动物出现 | | | 元古代生物进一步发展，从原核到真核，从单细胞到多细胞；大气中开始出现氧气；陆核进一步发展扩大，形成相对稳定的古陆地；地层中矿产较丰富，主要是铁矿 |
| ^ | ^ | 南华纪 | 800 | ^ | ^ | | | ^ |
| ^ | ^ | 青白口纪 | 1000 | ^ | ^ | | | ^ |
| ^ | 中元古代 | 蓟县纪 | 1400 | ^ | ^ | | | ^ |
| ^ | ^ | 长城纪 | 1800 | ^ | ^ | | | ^ |
| ^ | 古元古代 | | 2500 | ^ | ^ | | | ^ |
| 太古宙 | 太古代 | | 3800 | 原核生物出现 | | | | 形成原始地壳、水圈和大气圈；陆核开始形成；生命从无到有，有叠层石为证；太古代是形成铁矿的重要时代 |
| 冥古宙 | | | 4600 | | | | | |

## 2.岩石构造

岩石构造是指组成岩石的矿物集合体的形状、大小、排列和空间分布等构成特征。岩石构造有层理构造、块状构造、气孔构造、杏仁构造、流纹构造、片理构造等。

沉积岩具有层理构造,富含次生矿物、有机质,并含有生物化石。层理是指岩石的颜色、矿物成分、粒度和结构等表现的成层性。

岩浆岩中的喷出岩在温度、压力骤然降低的条件下,溶解在岩浆中的挥发成分以气体形式大量逸出,形成气孔状构造。如果这些气孔形成的空洞被后来的矿物质如方解石、石英、绿泥石等充填,就形成了杏仁状构造。

片理构造即岩石中矿物定向排列的构造,包括板状构造、千枚状构造、片麻状构造、片状构造、条带状构造等。例如,片麻岩具有片麻状构造或条带状构造,板岩具有板状构造。

块状构造又称均一构造,指岩石中矿物成分和结构都很均匀,矿物排列无一定规律的构造。

变质岩的构造主要有片理构造和块状构造。某些岩浆岩如花岗岩等和变质岩如大理岩、石英岩等一般具有块状构造。

**经典真题**

(2015下·单选)喷出岩具有的特殊构造是(　　)。

A.层理构造　　　　　　　　　　B.片理构造

C.气孔构造　　　　　　　　　　D.板状构造

【答案】C。

## 3.沉积相、沉积建造与地层接触

沉积相是沉积物的生成环境、生成条件和其特征的总和。岩相是一定沉积环境中形成的岩石或岩石组合,它是沉积相的主要组成部分。沉积相(岩相)主要分为陆相、海陆过渡相和海相。海相又可分为深海相、半深海相和浅海相。陆相一般包括河流相、湖泊相、沼泽相和滨海相等。

彼此有共生关系的地层或岩相的组合,或岩性大致相同的沉积物组合,就是沉积建造。沉积建造的基本类型有地槽型建造、地台型建造和过渡型建造。地槽型建造主要由海相地层组成,厚度很大,无沉积间断或仅有极短间断,是产生于强烈构造下降区的建造。地台型建造以陆相碎屑沉积为主,厚度不大,未受强烈的构造变动影响,是形成于地壳升降幅度较小的地台上的建造。过渡型建造兼有地槽型与地台型建造的特征,但以碎屑岩占优势,其陆相沉积和潟湖相沉积分布广泛,海相沉积只见于剖面下部。

地层接触关系是指新老地层或岩石在空间上的相互叠置状态。沉积岩地层的接触关系通常有整合、假整合(平行不整合)、不整合(角度不整合)。

整合接触,简称整合,指上、下地层之间没有发生过长时期的沉积中断或地层缺失,即地层是连续的。不整合接触,简称不整合,指上、下地层之间有过长时期的沉积中断,出现了地层缺失,即地层是不连续的。假整合接触是指新老两套地层虽彼此平行,但不连续沉积,有沉积间断或缺少部分地层,且老地层顶面往往可见风化剥蚀的痕迹。

## 4.岩层产状与褶皱类型

### （1）岩层产状

岩层产状是指岩层的产出状态。除水平岩层成水平状态产出外，一切倾斜岩层的产状均以其走向、倾向和倾角表示，称为岩层产状三要素。

岩层面与水平面的交线或岩层面上等高两点的连线即该岩层的走向线，其两端所指的方向为岩层的走向。岩层的走向表示岩层在空间的水平延伸方向。

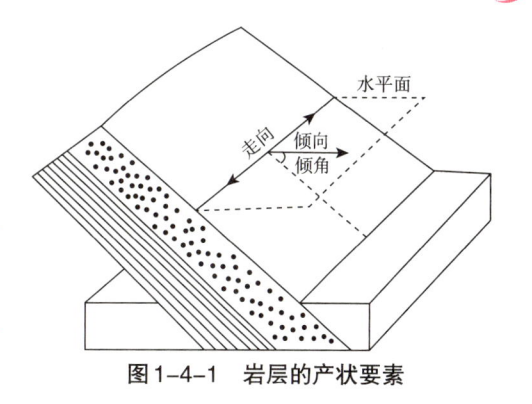

垂直走向线沿倾斜层面向下方所引直线为岩层倾斜线，倾斜线的水平投影线所指的层面倾斜方向就是岩层的倾向。倾向表示岩层向哪个方向倾斜。

层面上的倾斜线和它在水平面上投影的夹角，称倾角，又称真倾角。倾角的大小表示岩层的倾斜程度。

图 1-4-1 岩层的产状要素

### （2）褶皱类型

岩层在地壳运动（构造运动）产生的挤压力作用下发生弯曲形成褶皱。（见第一章第五节内容）

褶皱岩层的两坡称为翼。使两翼呈近似对称状态的假想面即平分褶皱两翼的平面为轴面，如图中虚线P所在的剖面。轴面直立，两翼岩层倾向相反而倾角相近者为直立褶皱，如下图（a）所示。轴面倾斜，两翼岩层倾向相反而倾角不同者为倾斜褶皱，如下图（b）所示。轴面倾斜，两翼岩层倾向相同，其中一翼地层倒转者为倒转褶皱，如下图（c）所示。轴面近于水平，两翼上下重叠且一翼地层层序倒置者为平卧褶皱，如下图（d）所示。轴面弯曲的平卧褶皱为翻卷褶皱，如下图（e）所示。

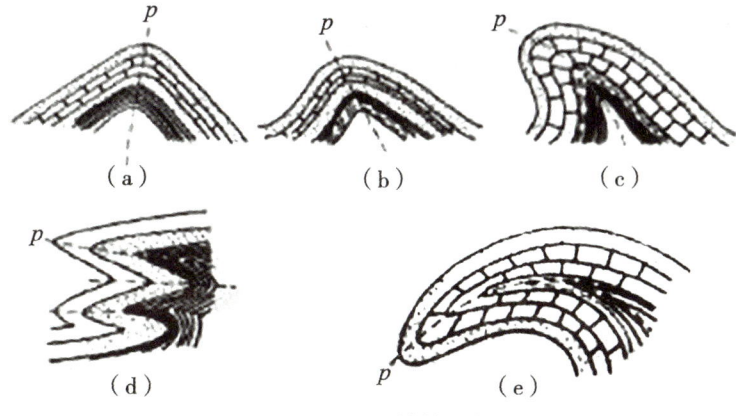

图 1-4-2 褶皱的形态

**经典真题**

（2020下·单选）岩层发生塑性变形，产生弯曲，形成褶皱。据此回答 1~2 题。

1.以下四图是倒转褶皱的是（　　）。

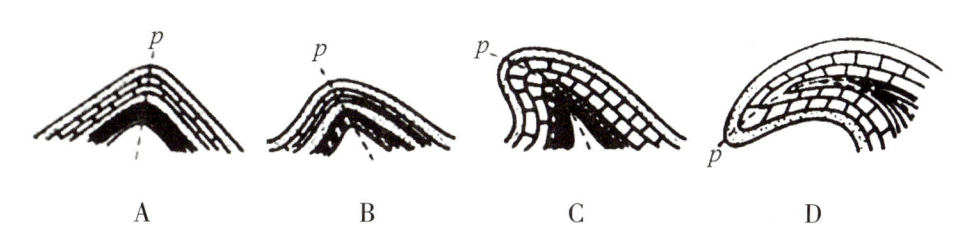

A　　B　　C　　D

【答案】C。

2.形成倒转褶皱的作用力是(　　)。

A.变质作用　　　　　　　　　　B.岩浆活动

C.构造运动　　　　　　　　　　D.侵蚀作用

【答案】C。解析:褶皱形成的作用力是地壳运动,即构造运动。

## 二、海洋

### 1.海洋权益

海洋权益是国家领土向海洋延伸形成的一些权利和利益。一国可主张海洋权益的范围包括本国的内水和领海,本国管辖的毗连区、专属经济区,以及大陆架海床和底土等。和海洋权益相关的几个概念见表1-4-11。

表1-4-11　相关概念

| 概念 | 含义 |
| --- | --- |
| 内水 | 领海基线向陆地一侧的水域,包括沿海国沿岸的河口、港口、海湾和海峡等。如果边缘海或海峡完全属于我国领海,则为我国内海。我国的内海有渤海和琼州海峡 |
| 领海 | 国家领土在海中的延伸,属于国家领土的一部分。领海的范围是从领海基线向海上延伸12海里的范围,国家对领海行使主权 |
| 毗连区 | 领海以外临接领海的一带海域,宽度不超过12海里 |
| 专属经济区 | 领海以外并邻接领海的一个区域,从领海基线起向海中延伸不超过200海里。专属经济区所属国家具有勘探、开发、使用、养护、管理海床和底土及其上覆水域自然资源的权利,具有对人工设施的建造使用、科研、环保等的权利。其他国家享有航行和飞越的自由,以及与这些有关的其他符合国际法的自由(铺设海底电缆、管道等) |

### 2.潮汐

潮汐是由月球和太阳的引力引起的海面周期性的升降现象。

朔望月中朔日(农历初一)和望日(农历十五),太阳、地球和月球的中心几乎在一条直线上,地球所受的引潮力相当于太阳和月球的引潮力之和,潮水位较高,称为大潮。

上弦日(农历初八)和下弦日(农历二十三),三个天体的中心几乎呈一个直角,地球所受到的引潮力相当于太阳和月球的引潮力之差,潮水位较低,称为小潮。

但是,世界上观察到的大小潮并不一定就是在朔望日和两弦日出现,而是多少有些滞后,例如我国沿海的大潮多发生于农历初三和十八。

潮汐按周期变化基本可分为半日潮、混合潮和全日潮三种类型。一个太阴日内出现两次高潮和两次低潮,前一次高潮和低潮的潮差与后一次高潮和低潮的潮差大致相同,相邻的涨潮或落潮的时间也几乎相同,为半日潮。一个太阴日内只有一次高潮和一次低潮,为全日潮。混合潮在一个太阴日内有两次高潮和两次低潮,但潮差和涨、落潮时间不同。潮汐这一大自然的奇观不仅是重要的旅游资源,而且对航海、渔业、盐业等都有重要的影响,同时潮汐还可以用来发电。潮汐能清洁、无污染,且可再生。

**经典真题**

(2017下·单选)潮汐是海水的运动形式之一。读下图结合所学知识,完成1~2题。

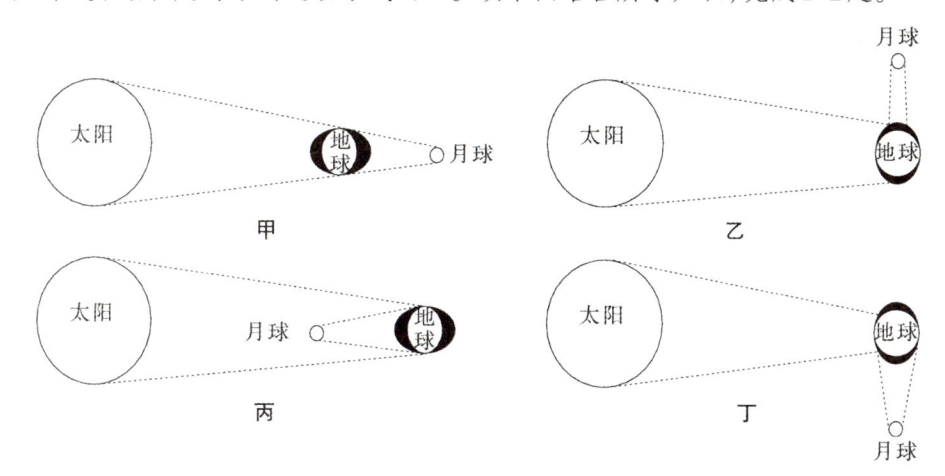

图甲:太阳——地球——月球(一条线上)
图乙:太阳——地球,月球在地球上方
图丙:太阳——月球——地球
图丁:太阳——地球,月球在地球下方

1."八月十五"钱塘江大潮时,日、地、月的位置关系正确的是(　　)。

A.甲　　　　　　B.乙　　　　　　C.丙　　　　　　D.丁

【答案】A。解析:"八月十五"钱塘江大潮时,日、地、月处于同一直线上且地球位于月球与太阳之间,对应图甲。

2.有关潮汐的叙述正确的是(　　)。

A.与波浪具有相同的能量来源　　　　　　B.能量大、清洁无污染且稳定
C.能够诱发赤潮、台风等灾害　　　　　　D.有规律涨落影响沿海养殖

【答案】D。解析:潮汐的能量来源于太阳、月球和地球之间的引力,而海洋中的波浪主要是风浪,其能量来自太阳辐射能,A项错误。潮汐能的能量巨大,清洁无污染,但因受到潮水周期性涨落的影响,相对而言并不稳定,B项错误。赤潮是在特定的环境条件下,海水中某些浮游植物、原生动物或细菌爆发性增殖或高度聚集而引起水体变色的一种有害生态现象,多为海洋污染引发,与潮汐无关。台风是由热带气旋发展而来的,是一种天气系统,与潮汐无关,C项错误。潮汐的有规律涨落会对沿海养殖产生影响,D项正确。

**3.海底地形**

**(1)海底地形的分布**

海底地形从大陆边缘到大洋中心,分成大陆架、大陆坡、岛弧、海沟、洋盆和洋中脊等主要类型。

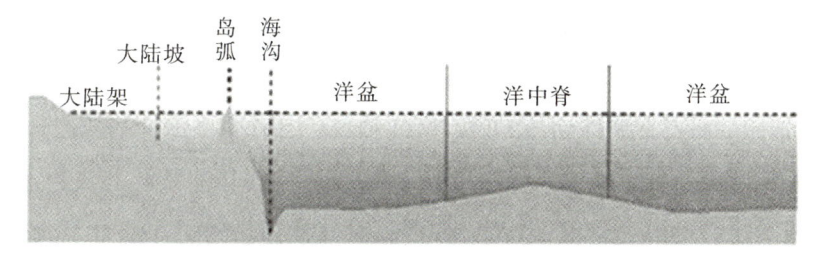

图1-4-3 海底地形分布示意图

### （2）大陆架和大陆坡

大陆架是大陆向海洋的自然延伸，组成物质与陆地相同。大陆架一般坡度较缓，水深在200米以内。其宽度是从低潮线起向海洋方向延伸至坡度显著增大的地方为止。大陆架接受来自陆地的河流沉积物和营养盐，阳光可透射至海底，海洋生物繁盛。

由大陆架向外伸展，海底坡度突然增大，形成一个相对陡峭的斜坡，叫作大陆坡。其水深一般为200~4000米，宽度从十几千米到几百千米不等。

### （3）岛弧和海沟

岛弧是指大陆与洋盆之间呈弧形分布的群岛，也称"岛链"或"弧形列岛"。岛弧分布在大陆坡的前缘，以太平洋西部海域最为典型。

岛弧的外缘常常伴生着狭长而深凹的海沟。海沟是海洋中最深的地方，一般是大陆坡与洋盆的分界线。在西太平洋岛弧的东侧外缘，分布着一系列的海沟，其中马里亚纳海沟是地球上最深的地方，最深处超过11 000米。

岛弧和海沟是地球上构造运动活跃的地带，多火山、地震。

### （4）洋盆和洋中脊

洋盆又称"深海平原"，构成了大洋底部的主体，面积占整个海洋底部面积的一半。洋盆水深一般在4000~6000米，地壳相对稳定，地形较为平坦，但其内部还分布着一些海底火山、海底丘陵及海底山脉。

洋中脊是地球上最长的海底山系，常分布在大洋中心部位。

## 三、土壤

土壤是指陆地表层具有一定肥力，能够生长植物的疏松表层，由矿物质、有机质、水分和空气四种物质组成。

土壤处于岩石圈、水圈、大气圈和生物圈四大圈层的过渡地带，能够生长绿色植物，且具有蓄水、保水功能，是一个开放的系统，与其所在的环境之间有着活跃的物质和能量交换，是联系有机界和无机界的关键环节。

土壤是人类珍贵的资源，与农业甚至人类社会的可持续发展息息相关。所以我们要合理利用并保护土壤资源，保持土壤肥力，防治水土流失。保持土壤肥力常用的方法有休耕、种植绿肥、作物轮作、广施农家肥等。

#### 1.土壤的地带性分布规律

土壤地带性分布中的水平分布规律包括纬度地带性和干湿度地带性。

##### （1）纬度地带性

土壤的纬度地带性分布有全球性的和区域性的两种形式。其中全球性的纬度地带性是指土壤地带沿纬线延伸，横跨全球大陆，由北向南有冰沼土带（对应苔原气候和苔原带）、灰化土带（对应亚寒带大陆性气候和亚寒带针叶林带）和砖红壤带（对应热带雨林气候和热带雨林带）。区域性的纬度地带性在中纬地区表现最典型，如我国东部湿润地区自北向南依次是灰土（灰化土）、淋溶土（暗棕壤、棕壤和黄棕壤）、富铝土（红壤、黄壤、砖红壤），亚欧大陆内部自北向南依次为弱淋溶土（灰色森林土）、均腐土（黑土、黑钙土、栗钙土）、干旱土（灰钙土、棕钙土、灰漠土、灰棕漠土和棕漠土）。

我国东部湿润地区即森林地区土壤、植被等的纬度地带性表现如下表。

表1-4-12　我国东部湿润地区的纬度地带性表现

| 温度带（自北向南） | 土壤 | 植被 |
| --- | --- | --- |
| 寒温带 | 灰化土 | 寒温带针叶林 |
| 中温带 | 暗棕壤 | 针阔混交林 |
| 暖温带 | 棕壤 | 暖温带落叶阔叶林 |
| 亚热带 | 红壤和黄壤 | 亚热带常绿阔叶林 |
| 热带 | 砖红壤 | 热带季雨林 |

（2）干湿度地带性

干湿度地带性在中纬地区表现最为典型，如从我国东北到宁夏，土壤类型依次为淋溶土（灰化土、灰色森林土）、均腐土（黑土、黑钙土、栗钙土）、干旱土（棕钙土、灰钙土和荒漠土）。在我国暖温带内，土壤由东向西依次为淋溶土（棕壤、褐土）、均腐土（黑垆土）、干旱土（灰钙土、荒漠土）。

2.主要成土过程

（1）原始成土过程

原始成土过程是土壤发育的最初阶段，即原始土壤的形成过程，表现为在裸露岩石表面或薄层岩石风化物上着生细菌、真菌等微生物，然后生长藻类，再后是地衣、苔藓，开始积累有机物的过程。

（2）灰化过程

灰化过程是土体亚表层二氧化硅残留、铁铝及腐殖质淋溶及淀积的过程。在寒温带针叶林植被条件下，由于有机酸（主要是富里酸）溶液在下渗过程中使上部土体中的碱金属和碱土金属淋失，土壤矿物中的硅铝铁发生分离，铁铝胶体遭到淋失并淀积于土体下部，而二氧化硅则残留于土体上部，形成一个灰白色的淋溶层。

（3）黏化过程

黏化过程是指土体中黏土矿物的生成和聚积的过程。在土体中水热条件比较稳定的温带、半湿润和半干旱地区，原生矿物强烈分解，次生黏土矿物形成，表层黏粒向下机械淋洗，在土体中下部明显聚积，形成一个黏重层。

（4）富铝化过程

富铝化过程指土壤形成中土体脱硅与铝铁富集的过程。在热带、亚热带湿热气候条件下，土壤中原生矿物强烈分解，盐基离子和硅酸大量淋失，铁铝锰在次生黏土矿物中不断形成氧化物且相对累积。由于铁的染色作用，土体呈红色甚至出现大量铁结核或铁磐层。

（5）钙化过程

钙化过程指碳酸盐在土体中淋溶、淀积的过程。在干旱、半干旱气候条件下，季节性淋溶风化产生的易溶性盐类大部分淋失，硅铁铝氧化物在土体中基本上未发生移动，活跃的钙镁元素发生淋溶和淀积，并在土体中下部形成一个钙积层。

（6）盐渍化过程

盐渍化过程指土体上部易溶性盐类的聚积过程。在干旱、半干旱地区，易溶性盐类随水搬运至排水不畅的低地，盐分在蒸发作用下向土体表层集中，形成盐积层。

（7）碱化过程

碱化过程指土壤吸收性复合体上交换性钠占阳离子交换量的30%以上，pH大于9，呈碱性反应并引起土壤物理性质恶化的过程。碱化和盐化通常相伴发生，但本质不同。

（8）潜育化过程

潜育化过程指低洼积水地区土体发生的还原过程。由于土体长期被水浸润，处于脱氧状态，有机质在分解过程中产生较多的还原物质，高价铁锰转化为亚铁锰，形成一个蓝灰或青灰色的还原层。

（9）潴育化过程

潴育化过程指土壤形成中的氧化还原过程，主要发生在直接受地下水浸润的土层中。由于地下水旱季下降，雨季升高，土层干湿交替，引起土壤中铁锰物质处于氧化（水位下降时铁锰氧化淀积）和还原（土壤浸水时，铁锰被还原迁移）的交替状态，形成一个有锈纹锈斑、黑色铁锰结核的土层。

（10）白浆化过程

白浆化过程指由于土体上层滞水而发生的潴育漂洗过程，发生在土壤下层质地黏重或有冻土层顶托、水分较多的地区。土壤表层经常处于周期性滞水状态，引起铁锰的还原淋溶，部分低价铁锰淋出土壤并逐渐脱色形成白浆层，另一部分低价铁锰旱季时就地氧化形成结核。

（11）腐殖化过程

腐殖化过程指在生物因素的作用下，主要在土体表层发生的腐殖质的累积过程。它是最普遍的一种成土过程，使土体上部形成一个暗色的腐殖质层。

（12）泥炭化过程

泥炭化过程指有机质以植物残体形式的累积过程，主要发生在地下水位接近地表或地表积水的沼泽地段。植物残体因处于厌氧环境不能彻底分解而在地表累积，形成泥炭，有时可保留有机体的组织原状。

（13）土壤的人为熟化过程

土壤的人为熟化过程指在人类合理耕作、利用改良和定向培育下，土壤肥力提高的过程。人类通过耕作培肥等改良措施消除土体的障碍因子，调节土壤的水肥气热条件，使土壤具有适合作物生长、熟化程度高的人为表土层。

3.土壤结构

（1）概念

土壤结构具有土壤结构体和土壤结构性的两重含义。土壤固相颗粒很少呈单粒存在，它们经常相互作用而聚积形成大小不同、形状各异的团聚体，称为土壤结构体。

土壤结构性是指土壤结构体的类型、数量、排列方式、孔隙状况及稳定性的综合特性。

（2）分类

根据土壤结构体的形状，可以将土壤结构分为单粒结构（以单粒形式存在）、团粒状结构（呈类球状，疏松多孔）、块状结构（呈不规则立方体状）、柱状结构（呈立柱状，棱角不明显）、棱柱状结构（呈立柱状，棱角明显）、片状结构（呈片状）等。

（3）影响

土壤结构不同导致土体的孔隙状况差异显著，直接影响土壤水、肥、气、热的供应能力，影响土壤耕作性能。

单粒结构的土壤结构体以单个颗粒存在，是碎石土和砂土的结构特征，其土壤孔隙较大，保水保肥能力差。块状、柱状、棱柱状、片状结构的土壤孔隙配置不当，土壤结构体内部紧实，以无效孔隙为主，有效水分少，空气难以流通；而土壤结构体之间孔隙过大，容易漏水、漏肥。

团粒结构土壤的土壤结构体多为圆球状，具有较高的稳定性，土壤孔隙粗细搭配合理。团粒结构对土壤肥力的作用：①能协调水分和空气的矛盾；②能协调土壤有机质中养分的消耗和积累的矛盾；③能稳定土壤温度，调节土热状况；④能改良耕性和有利于作物根系伸展。因此，团粒结构是农业生产中最为理想的土壤结构。

4.土壤质地

土壤矿物质颗粒按照粒径大小可分为石砾、砂粒、粉粒、黏粒等。土壤质地指土壤中不同大小矿物颗粒的组合状况。从土壤质地看，土壤一般分为砂土、壤土和黏土。

砂土：砂土成分以砂粒占优势，大孔隙多，毛管孔隙少，通气、透水性强，保水、蓄水性能弱，而且有机质易分解，保肥性能弱，但易耕作。

壤土：壤土中所含的砂粒、粉粒、黏粒的比例适中，兼有砂土和黏土的优点，不仅通气、透水性能良好，而且蓄水、保肥性能强，是农业生产理想的土壤质地。

黏土：黏土成分中黏粒占优势，通气、透水性差，蓄水、保水性能强，而且有机质分解缓慢，易积累，保肥性能好，但质地黏重，不易耕作。

5.土壤剖面构造

土壤剖面是指从地面垂直向下的土壤纵剖面，由一些形态特征各异的、大致呈水平展布的土层所构成。在自然土壤中，森林土壤剖面构造最为复杂。

（1）森林土壤

森林土壤剖面由上到下的土层及各土层特点如下。

有机层：以分解和半分解的有机质为主。（由枯枝落叶层和部分分解的有机碎屑层构成）

腐殖质层：腐殖质积累，颜色较深，呈灰黑色或黑色。

淋溶层：由于溶解于水的矿物质随水的下渗向下运移，本层矿物质淋失，颜色较浅。

淀积层：上层土壤淋失的物质在此层沉淀、积累，质地黏重、紧实，呈棕色或红棕色。

母质层：疏松的风化碎屑物质。

母岩层：坚硬的岩石。

### （2）耕作土壤

耕作土壤由自然土壤经过人为耕作形成。耕作土壤剖面自上到下一般为耕作层、犁底层和自然土层。

耕作土壤剖面由上到下的土层及各土层特点如下。

耕作层：又称表土层或熟土层，土质疏松，有机质比例高，颜色较暗。

犁底层：又称亚表土层，土层紧实，颜色较浅，具有保肥保水的作用。

自然土层：未经耕作熟化，不利于作物生长。

#### 6.土壤的主要形成因素

19世纪俄国著名土壤学家道库恰耶夫创立5大成土因素学说，将土壤作为一个独立的自然体看待。土壤是环境各要素综合作用的产物。土壤的主要形成因素包括成土母质、生物、气候、地貌、时间等。

**（1）成土母质**

成土母质是岩石的风化产物，是形成土壤的物质基础，决定了土壤矿物质的成分和养分状况，影响土壤的质地。

**（2）生物**

生物是影响土壤发育的最活跃的因素，在土壤形成中不可缺少。生物残体为土壤提供有机质。有机质在微生物作用下转化为腐殖质。生物循环使营养元素在土壤表层富集。植物、动物、微生物的综合作用，可以促使土壤矿物质颗粒团聚，增加土壤肥力，加快岩石风化和土壤形成的过程。

**（3）气候**

在土壤与气候关系的研究中，水热条件常常被看作一般的气候指标。水热条件影响岩石风化的强度和速度，进而影响土壤形成的快慢和发育程度。与干冷地区相比，湿热地区土壤形成速度快很多，土壤化学风化作用和淋溶作用强，养分流失，一般为红壤、砖红壤、富铁铝，呈酸性，土壤黏粒比重高、较黏重，土壤肥力较差。干旱、高温地区土壤有机质积累少，而冷湿环境利于有机质积累。

气候会通过植被的影响而间接地影响土壤形成。气候的分布规律影响着土壤的分布规律。

**（4）地貌**

地貌对土壤发育的影响表现为通过影响水热条件和成土母质而影响土壤发育。例如，阴坡和阳坡、迎风坡和背风坡的水热条件不同，发育的土壤不同；从山顶到山前的地平洼地，由于成土母质的颗粒粗细不同，发育的土壤质地不同。

**（5）时间**

在其他因素相同的情况下，具有不同年龄的土壤性状不同。在上述成土因素综合作用下，土壤发育的时间越长，土壤层越厚，土层分化越明显。

除自然原因之外，人类活动对土壤的影响极为深刻，如耕作土壤是在人类的长期耕作和培育下形成的。

### 四、植被

自然界成群生长的各种植物的整体，称为植被，包括森林、草原、荒漠等天然植被和人工经济林、人工草场等人工植被。天然植被一般形成了与当地环境相适应的特征。

### 1.森林

森林主要分布在热带和温带的湿润、半湿润地区且类型多样。

表1-4-13 不同类型的森林

| 项目 | 热带雨林 | 常绿阔叶林 | 落叶阔叶林（夏绿林） | 亚寒带针叶林 | 亚热带常绿硬叶林 |
|---|---|---|---|---|---|
| 分布地区 | 热带雨林气候区和热带季风气候区 | 亚热带季风气候区和亚热带湿润气候区 | 温带季风气候区和温带海洋性气候区 | 亚欧大陆和北美大陆的亚寒带地区 | 地中海气候区 |
| 气候特点 | 全年高温，降雨丰沛 | 夏季炎热多雨，冬季温和且无明显干季 | 夏季炎热或温暖，冬季较冷，且降水适宜 | 夏季温和、短促，冬季寒冷、漫长 | 夏季炎热干燥，冬季温和多雨 |
| 植被特点 | 植物种类丰富、垂直结构复杂、全年生长旺盛，有大量藤本植物和附生植物，有茎花、板根等现象 | 森林常绿，垂直结构较简单，藤本植物、附生植物较少，少茎花、板根现象 | 乔木叶片宽阔，春季发叶，秋冬季落叶，季相变化明显 | 植物种类较少，以松、杉类植物为主，树叶呈针状，以抗寒抗旱 | 植被并不高大，为乔木或灌木，结构简单，叶片常绿坚硬、常披茸毛或退化成刺，以耐高温干旱 |

### 2.草原与荒漠

在水分条件较差的热带和温带地区，森林不能生长，出现了以草本为主的植被，即草原；而在水分更少的干旱地区，则形成荒漠植被。

热带草原一般分布在热带雨林的南北两侧。这里全年高温，干湿季明显。湿季降水丰沛，植物生长旺盛，草原葱绿。干季长达4—6个月，降水稀少，草木枯黄。有的热带草原中散生着乔木或灌木。

温带草原地区夏季温暖，冬季寒冷，气候干燥。草原夏绿冬枯，植被高度较热带草原低，也有一些矮小的灌木。

从热带至温带，干旱地区的植被可统称为荒漠植被。荒漠植物以旱生的灌木为主，具有耐长期干旱的形态和结构，也有些非旱生的短生命植物，当迎来合适的降水，即能完成生命活动的周期，如智利沙漠中的雨后花海。

# 第四节 人文地理学

## 一、文化扩散

文化扩散就是文化现象的空间移动过程和时间发展过程，它可以分为扩展扩散和迁移扩散两种类型。

扩展扩散就是指某文化现象出现以后，通过其居民，从一地向四周不断地传播，其所占据的空间也就越来越大。这种扩散的特点是空间上具有连续性。扩展扩散分为三种类型：①接触扩散，又称传染扩散，指某种文化现象易于为接触者所接受，几乎接触该文化现象的人，如同接触到易于传染的病菌一样，就自然地接受了这种文化现象，从而实现了其扩散。②等级扩散，指某种文化现象的传播或接受某种文化现象的人，在空间上或人群等方面，有一种等级现象。例如，在我国广西壮族自治区，城市中普通话普及程度高，中小城镇人们多使用普通话，而在土著居民家庭，特别是妇女间，普通话的使用就大为减少。在乡村中，政府部门人员使用普通话，农民则很少使用普通话。③刺激扩散（适应性扩散），指某种文化现象由于某种原因而无法在一地存在，人们不得不将其做某种程度的改变，使其得以存在并传播。例如，居住在俄罗斯西伯利亚地区的土著人，因气候寒冷无法经营农业，只靠狩猎为生，后来受到南部草原上驯养牛、羊的刺激，开始驯化只能在当地生存的驯鹿，结果获得成功。当地土著人的生产方式就由狩猎转为放牧驯鹿。

迁移扩散指某种文化现象与拥有这种文化的人或集团紧密联系，往往随拥有这种文化的人或集团迁移而扩散。迁移扩散具有三个特点：一是扩散速度比较快，因为文化是随具有这种文化的人迁移的，比扩展扩散的速度要快；二是易于保持原文化的特征，因为随人迁移的是地道的原本文化；三是与原文化区不连续，由于文化现象是随人迁移的，有时会迁移到比较远的地方，因此，这种迁移的文化现象的分布表现为孤立的点或小区，与其原文化区在空间上是不连续的。例如客家的迁移文化。

**经典真题**

1.（2020下·单选）一般情况下，普通话在城市普及程度高，在乡村普及程度低。这种文化扩散形式是（　　）。

A.传染扩散　　　　　　　　　　B.刺激扩散

C.等级扩散　　　　　　　　　　D.迁移扩散

【答案】C。

2.（2018上·单选）现代文化迁移扩散的主要特征是（　　）。

A.空间上不连续　　　　　　　　B.源地保留不变

C.通过居民接触　　　　　　　　D.扩散速度较慢

【答案】A。

## 二、政治地理

政治地理是研究人类社会政治活动与地理环境的相互关系，以及政治活动的空间特点和形式的人文地理学分支。

### 1.政治地理要素

（1）政治地理现象

人类社会的政治活动与地理环境之间存在着密切的联系。这种联系就构成了政治地理现象。

（2）政治地理单元

概念：在一定地理环境及社会文化条件下形成、由具体政治组织或集团支配、具有一定范围的区域。

**经典真题**

（2021下·单选）在一定地理环境及社会文化条件下形成、由具体政治组织或集团支配、具有一定范围的地理区域是（　　）。

A.政治地理单元　　　　　　　　B.政治地理结构

C.政治地理现象　　　　　　　　D.政治地理过程

【答案】A。

分类：按等级可分为国家级（主权国家）、国际级（区域性或全球性国家集团）和国内级（一国内部的行政分区）。

国家是最基本的政治地理单元，是最重要的政治地理现象。

**2.政治地理结构**

概念：政治地理单元的结构，可分为政治空间结构和政治实力结构。

政治空间结构：由政治地理单元中包括领土范围、边界、位置、形状和具有支配地位的中心性区域等空间要素组成。

政治实力结构：是由诸如领土、自然条件、人口、军事、经济、科学技术、国民士气及政府能力等实力要素组成。

**3.政治地理过程**

政治地理过程就是政治地理单元及其结构要素发生和发展的过程。

政治地理过程主要包括以下几点。

**（1）政治扩散**

政治扩散指政治现象在某一地方出现后，可通过各种方式向另一地方传播，形成政治事件的扩散。扩散方式包括迁移扩散和扩展扩散。

**（2）政治整合**

政治整合就是若干较小的政治地理单元，因为某种权力和利益的需要自愿组合成具有共同利益和期望、采取共同行动的更大的政治地理单元的过程。

**（3）政治分离**

政治分离是与政治整合相反的政治地理过程。政治分离方式有帝国崩溃、殖民体系瓦解、国家政治分裂等。

**（4）主权的变化**

主权是指某一政治组织及其全体公民对某一政治地理单元的支配权。这种支配权常因领土变化、民族独立而发生变化。

**4.国家政治地理**

**（1）国家**

国家的概念：有一定公民占据固定领土，拥有独立主权的政治地理单元。

组成要素：领土、居民、政府和主权。

国家的类型：按地理位置划分，国家可划分为岛国（领土全部由岛屿组成）、内陆国（领土四周皆为陆地,不濒临海洋)和大陆国(分布在大陆上且具有海岸线)。

国土是国家主权所及的空间范围,包括领陆、领水和领空。领陆指疆界以内的陆地。领水指位于陆地疆界以内(内水)或与陆地疆界邻接的一定宽度的水域(领海)。领空包括国家的领陆和领水之上的全部上空,高度范围为整个大气空间。

**(2)领土对政治活动的影响**

领土对政治活动的影响可从三个方面考虑。

①领土位置

领土位置在一个国家的政治和社会经济发展中具有重要的作用。优越的地理位置能够为一个国家社会经济的发展创造良好的条件,如新加坡。对临海国家而言,由于有海上通道而与外界联系方便;对内陆国来说,进出口货物等对外联系都要通过其他国家,一般需要谈判,一方面会增加费用,削弱产品竞争力,另一方面,还得承受技术事故、自然灾害甚至国际冲突的后果。

②领土大小

一般来说,如果一个国家的领土面积大、人口多、资源丰富,则有利于国家的强大。反之,如果领土过小、资源缺乏、人口过少,就会影响国家的发展。领土大小对评价一国的实力只具有一定的参考意义,实际上领土大小的影响并不是绝对的。有的国家虽然领土面积较小,但在历史上却一度十分强大,如英国。有的领土面积较大的国家却一直比较落后。同时,国土广大有时会带来管理与控制的麻烦。

③领土形状

一个国家的领土形状一般有致密(紧实)型、零碎型(松散型或分离型)、狭长型、延伸型、嵌入型和穿孔型等。致密型领土近于圆形或矩形,没有大的曲折,领土紧凑,如柬埔寨、比利时和波兰等。零碎型领土支离破碎,内部联系不便,如印度尼西亚、菲律宾和日本等国。狭长型领土的国家地区之间的差异较大,如越南、瑞典、意大利、智利、挪威等。国土的一端有一个突出的部分或走廊远离国土中心为延伸型领土,如泰国、缅甸等。如果一个国家的领土被另一个国家包围,则被包围国家的领土称为嵌入型领土,另一个国家的领土为穿孔型领土。当某国领土的一部分四周完全被邻国领土所包围,这种领土类型被称为飞地型。

致密型领土紧凑,有利于国家主权的行使。零碎型、狭长型、延伸型领土,地区之间的联系与政府管理有一定困难,主权影响力有时难以到达,容易导致地方主义,从而造成交往与内聚的困难。嵌入型与穿孔型领土,由于管理不便,给所属的国家和东道主国家都带来了诸多不便,容易影响两国正常的关系。

**5.地缘政治**

地缘政治学是政治地理学的一个重要流派,是一种说明和解释政治现象与地理因素、人类政治行为与地理环境关系的理论。

地缘政治学的主要理论如下。

**(1)海权理论**

海权理论是由美国人马汉在20世纪初期提出的,认为制海权,特别是对具有重要战略意义的狭窄航道的控制,是国家力量至关重要的因素。

### （2）陆权理论

英国人麦金德从全球战略角度提出了著名的"大陆腹地"理论，也称"心脏地带"理论（学说）和陆心说。他认为世界历史从根本上说就是陆上国家和海上国家反复斗争的历史。他将欧亚大陆和非洲合称为"世界岛"，将从东欧到中西伯利亚高原的内陆地区称为"心脏地区"，即陆上力量的中心。他认为"心脏地区"具有极其重要的战略意义。"谁控制了东欧，谁就统治了心脏地带；谁控制了心脏地带，谁就统治了世界岛；谁控制了世界岛，谁就统治了世界"是麦金德关于其理论的著名言论。

美国学者斯皮克曼则提出了"边缘地带"理论（陆缘说），他认为"心脏地区"与海洋之间的大陆"边缘地带"是控制世界的关键。

### （3）生存空间理论

这是一种以卡尔·豪斯浩弗为主要代表人物，在纳粹时期直接为德国服务的地缘政治理论。这种理论认为国家有很多需要，但没什么比生存空间的需要更为根本。

### （4）"多极世界"模式理论

"多极世界"模式理论（模型）是由美国地理学家索尔·柯恩提出的，它是与过去基于统一性基础上的地缘政治模式不同的、多极的、区域的全球地缘政治模式。柯恩把全球分为两种等级的类型区，即战略性的地区和地缘政治性的地区。战略性的地区由许多较小的地缘政治区域组成。地缘政治区域的组成可能是一个大国，也可能是一批较小的国家，其实际分界线不一定是国界线，有自己的政治、经济、文化特征等，有一定的内部凝聚力。

### （5）世界体系论

美国学者沃伦斯坦是"世界体系论"的代表人物。他认为世界体系就是把世界看成是一个由"中心"与"边缘"地区构成的整体。

### （6）文明冲突论

美国政治学家亨廷顿认为文化将是引起人类冲突的主要根源。

## 三、宗教

### 1.宗教的分类

宗教依据起源和演化阶段划分为原始宗教、古代宗教、历史宗教和近现代宗教。

宗教依据流传范围可划分为民族宗教、国家宗教和世界宗教。

宗教依据崇拜神灵的数量可划分为一神教、二神教和多神教。

### 2.世界三大宗教

世界三大宗教指以欧洲为中心的基督教，以西亚、北非为中心的伊斯兰教和以亚洲为中心的佛教。

基督教从公元初年就开始分化，这是宗教传播和人口地域差异相结合的必然结果。天主教、东正教、基督新教是基督教的三大分支。我国习惯上称基督新教为基督教。基督教是世界上分布最广泛的宗教。

伊斯兰教主要分布在西亚、北非和东南亚地区。

佛教起源于古印度，后来传入亚洲其他地区，现在主要分布在东亚和东南亚地区。

### 3.世界主要的民族宗教

世界主要的民族宗教有犹太教、印度教、道教、神道教等。

犹太人信仰犹太教，主要分布在以色列、美国、欧洲等地。印度教的信仰者占印度人口的80%以上。道教是我国本土宗教，崇拜鬼神，求仙并追求长生不老。神道教由日本大和民族的原始宗教发展而来，以万物有灵和崇拜祖先为主要内容。

## 第五节　经济地理学

### 一、经济活动区位的基本概念

#### 1.区位

区位主要是指某事物占有的场所，但也含有位置、布局、分布、位置关系等方面的意义。由于区位理论限定于研究人类为生存和发展而进行的诸类活动，从这个意义上讲，区位是人类活动（人类行为）所占有的场所。

#### 2.区位理论

区位理论是关于人类活动占有的场所的理论。它研究人类活动的空间选择及空间内人类活动的组合，探索人类活动的一般空间法则。

区位理论有两层基本含义。一层是人类活动的空间选择，即在区位主体已知的条件下，从区位主体本身的固有特征出发，分析适合该区位主体的可能空间，然后从中优选最佳区位。另一层与前者正好相反，即空间区位已知，根据该空间的地理特征、经济和社会状况等因素，研究区位主体即人类活动的最佳组合方式和空间形态。

经济活动区位研究在于解释经济现象的空间现象，把握经济活动的地域结构，从而形成理论并成为经济地理学的理论基础。关于经济活动的区位理论就构成了经济区位理论。其根据经济活动的具体内容又可以分为农业区位论、工业区位论、商业区位论等。

#### 3.区位条件

区位条件是指区位所具有的属性或资质。人类对活动场所的选择在很大程度上取决于区位条件的优劣。

现实中，某种类型的人类活动常常在局部地点（场所）进行而并非均匀地分布在地球表面。这主要是因为不同的场所具有不同的属性或资质，即区位条件不同，因而其能够满足的人类活动也会不同。

就区位条件而言，对区位主体的区位选择影响大的为主要区位条件，影响相对较小的为次要区位条件。

#### 4.区位因子

区位因子是指影响区位主体分布的原因。最早提出区位因子的韦伯，将其定义为经济活动发生在某特定地点而不是发生在其他地点所获得的优势,即特定产品在某处生产比在其他场所生产的费用降低的可能性。

## 二、区位理论

### (一)杜能的农业区位理论

#### 1.理论前提

杜能对于其假定的"孤立国",给出了以下六个前提条件:①肥沃的平原中央只有一个城市;②不存在可用于航运的河流和运河,马车是唯一的交通工具;③土质条件一样,任何地点都可以耕作且收成相同;④距城市80 km之外是荒野,与其他地区隔绝;⑤人工产品供应只来源于中央城市,而城市的食物供给则只来源于周围平原;⑥矿山和食盐坑都在城市附近。

另外,企业经营型农业即合理的农业,是追求利益最大化的农业,因此,追求利益最大化也是其重要的前提条件。

这样就出现了下面两个问题:第一,在这样的条件下,农业将呈现怎样的状态;第二,合理经营农业时,距离城市的远近将对农业产生怎样的影响,即为了从土地取得最大的纯收益,农场的经营随着距城市距离的增加将如何变化。

杜能考察问题的方法是"孤立化"的方法。利用这一方法是为了排除其他要素(土质条件、土地肥力、河流等)的干扰,而只探讨一个要素即市场距离的作用。即不考虑所有的自然条件差异,而只考察在一个均质的假想空间里,农业生产方式的配置与距城市距离的关系。

#### 2.杜能圈的形成

杜能认为,一般在距离城市近处种植相对于其价格而言运费贵或笨重、体积大的作物,或者是生产易于腐烂或必须在新鲜时消费的产品,而随着距城市距离的增加,则种植相对于农产品的价格而言运费小的作物。这样在城市的周围,将形成以不同农作物为主的依次排列的同心圆结构。随着种植作物的不同,农业形态也发生变化,从而产生各种不同的农业生产方式,即以城市为中心,由里向外依次为自由式农业、林业、轮作式农业、谷草式农业、三圃式农业、畜牧业。这样的同心圆结构就是杜能圈。

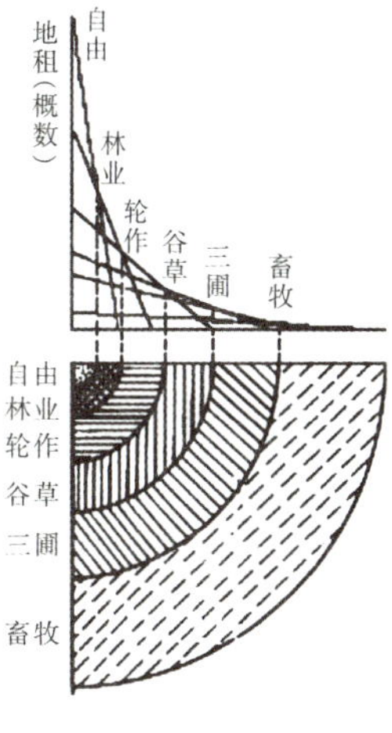

图1-4-4 杜能圈形成机制与圈层结构示意图

(1)第一圈——自由式农业圈

自由式农业圈为距离城市最近的农业地带,主要种植或生产易腐难运的作物或产品,如需要新鲜时消费的蔬菜,不便运输的果品(如草莓等),以及易腐产品(如鲜奶等)等。本圈大小由城市人口规模决定。

(2)第二圈——林业圈

林业圈生产供给城市用的薪材、建筑用材、木炭等。由于其重量和体积均较大,从经济角度考虑,必须在距离城市近处(第二圈)种植树木。

### (3)第三圈——轮作式农业圈

轮作式农业圈没有休闲地,在所有耕地上种植农作物,以谷物(麦类)和饲料作物(马铃薯、豌豆等)的轮作为主要特色。杜能提出每一块地的六区轮作,即第一区为马铃薯,第二区为大麦,第三区为苜蓿,第四区为黑麦,第五区为豌豆,第六区为黑麦。其中耕地的50%种植谷物。

### (4)第四圈——谷草式农业圈

谷草式农业圈为谷物(麦类)、牧草、休耕轮作地带。杜能提出每一块地的七区轮作。同第三圈不同的是第四圈总有一区为休闲地。七区轮作第一区为黑麦,第二区为大麦,第三区为燕麦,第四、五、六区为牧草,而第七区为荒芜休闲地。全耕地的43%为谷物种植区。

### (5)第五圈——三圃式农业圈

三圃式农业圈是距城市最远的谷作农业圈,也是最粗放的谷作农业圈。三圃式农业将农家近处的每一块地分为三区,第一区为黑麦,第二区为大麦,第三区为休闲,三区轮作,即为三圃式轮作制度。远离农家的地方则作为永久牧场。本农业圈内全部耕地中仅有24%为谷物种植。

### (6)第六圈——畜牧业圈

畜牧业圈是杜能圈的最外圈,生产谷麦作物仅用于自给,生产牧草用于养畜,以畜产品如黄油、奶酪等供应城市市场。据杜能计算,本圈层位于距城市51~80 km处。此圈之外,地租为零,为无人利用的荒地。

## (二)韦伯的工业区位理论

德国经济学家韦伯于1909年出版了《工业区位论》,从而创立了工业区位论。

### 1.基本内容

韦伯工业区位理论的中心思想是区位因子决定生产场所,最终将企业吸引到生产费用最少、节约费用最多的地区。区位因子指经济活动发生在某特定地点而不是发生在其他地点所获得的区位优势。韦伯将区位因子分成适用于所有工业部门的一般区位因子和只适用于某些特定工业的特殊区位因子,如湿度对纺织工业、易腐性对食品工业。韦伯确定了三个区位因子:运费、劳动费、集聚(分散)。

韦伯的工业区位理论建立在以下三个基本的假定条件的基础上:①已知原料供给地的地理分布。②已知产品的消费地与规模。③劳动力存在于多数的已知地点,不能移动;各地的劳动力成本是固定的,并且在这种劳动力成本水平下可以得到无限供应的劳动力。

在上述三种假定条件下,韦伯分三个阶段逐步构建其工业区位理论。第一阶段是运费指向论,即假定影响工业区位的因子只有运费一个,由运费指向形成地理空间中的基本工业区位格局。第二阶段是运费指向基础上的劳动力成本指向论,即劳动力成本指向使运费指向所决定的基本工业区位格局发生第一次偏移。第三阶段是运费指向和劳动力成本指向基础上的集聚指向论,即集聚指向使运费指向与劳动力指向所决定的基本工业区位格局再次发生偏移。

### 2.基本理论

韦伯的工业区位论包括3个基本理论,即运费指向论、劳动力成本指向论和集聚指向论。

**（1）运费指向论**

运费指向论解决的是在给定原料产地和消费地的基础上，如何确定运费最小区位。假定铁路是唯一的运输手段，以吨公里的大小计算运费。已知甲为消费地，乙为原料（包括燃料）产地，未知的生产地丙必须位于从生产—销售全过程看吨公里数最小的地点。吨公里数最小的地点在什么地方，是根据运费确定区位的核心问题。韦伯研究了原料指数（即单位原料与产品重量之比）与运费的关系，从而得出一般规律（运费指向论的应用）：原料指数>1时，生产地多设于原料产地（例如钢铁、水泥、面粉、葡萄酒生产）；原料指数<1时，生产地多设于消费区（例如啤酒、酱油生产）；原料指数近似为1时，生产地设于原料地或消费地皆可（例如石油精制、医疗器械制造）。运费最小区位还可利用综合等费用线来说明。

**（2）劳动力成本指向论**

某地劳动费（特定生产过程中单位制品中工资的数量）低廉，将生产区位从运费最小地点转移到该地可以更加节约成本。决定劳动力成本指向的有两个条件：一是基于特定工业性质的条件，通过劳动力成本指数（生产单位重量产品的平均劳动力成本）和劳动系数（每单位区位重量即原料指数加1的劳动力成本）来测定；二是人口密度和运费率等环境条件。劳动力成本指数大，则工业区位从最小运费区位移向廉价劳动力区位的可能性就大。劳动系数大，工业区位远离运费最小区位的可能性大。一般，劳动力成本指数和劳动系数大的纺织、服装及玩具等，是典型的劳动力成本指向型产业。（劳动力成本指向论的应用）人口稠密的地区倾向于劳动力成本取向。运费率低时，工业区位一般集中在特定的劳动力供给地。

**（3）集聚指向论**

集聚利益来自大规模生产或经营的利益；或来自多种企业在空间上集聚带来的企业之间的合作、分工和基础设施的共同利用等。当集聚的节约费用大于因运费（或劳动力成本）指向带来的生产节约费用时，就会发生集聚。分散因子是集聚的反作用，包括集聚带来的地价上升等，其作用主要是抵消集聚因子，从而产生分散导向。

韦伯的理论至今仍为区域科学和工业布局的基本理论，但在实际应用中有较大的局限性。

<u>经典真题</u>

（2018下·单选）下列理论属于韦伯工业区位论的是（　　）。

A.折衷论、劳动力成本论　　　　　　B.竞争优势论、运费指向论

C.集聚指向论、劳动力成本论　　　　D.产品周期论、集聚指向论

【答案】C。解析：韦伯的工业区位论包括运费指向论、劳动力成本论和集聚指向论。

### （三）克里斯泰勒的中心地理论

一般商业和服务业的区位决策都具有市场取向性，而中心地理论是研究市场区位的重要理论。因此，商业和服务业的区位决策应立足于中心地理论。

**1.基本概念**

**（1）中心地**

中心地是区域的中心，是指能够向周围区域的消费者提供各种商品和服务的地点。中心地可以是

一个城市，也可以是一个镇或大的居民点，也可以是一个商业或服务业的中心。

（2）中心性

中心性是指中心地对其周围地区的相对重要程度，也可理解为中心地发挥中心职能的程度。

（3）货物的供给范围

货物的供给范围是指由中心地提供的货物和服务能够到达的范围。货物供给范围的上限（外侧界限）是指中心地提供货物和服务范围的最大极限；下限（内侧界限）是指提供货物和服务的商店能够获得正常利润所需要的最低限度的消费者的范围。

（4）中心地的等级

中心地提供的货物和服务有高低等级之分。中心地的等级取决于其能够提供的货物和服务的水平。一般能够提供高级货物和服务的中心地的等级相对较高，反之较低。

在克里斯泰勒的中心地理论中，中心地的等级和中心职能相互对应。某个等级的中心地不仅具有自己固有的职能，同时兼有比其等级低的中心地的中心职能。同一等级的中心地之间以一定的间隔分布。

等级低的中心地数量多，分布广，服务范围小，提供的商品和服务档次低、种类也少。等级高的中心地数量少，服务范围广，提供的商品和服务种类也多。

2.中心地三原则与中心地系统的空间模型

克里斯泰勒认为中心地的空间分布形态，受市场因素、交通因素和行政因素的制约，形成不同的中心地系统空间模型。

（1）在市场原则基础上形成的中心地系统空间模型中，K=3。

（2）在交通原则基础上形成的中心地系统空间模型中，K=4。

（3）在行政原则基础上形成的中心地系统空间模型中，K=7。

此处，K表示低级中心地的数量为高一级中心地数量的倍数。

在三原则中，市场原则是基础，而交通原则和行政原则可看作是对在市场原则基础上形成的中心地系统的修正。

3.中心地理论的意义和存在的问题

（1）理论和实践意义

中心地理论是重要的区位理论，它直接推动了地理学由传统的区域描述转向对空间规律和法则的探讨；为城市地理学、商业地理学和区域经济学研究奠定了理论基础；对区域规划等具有指导意义。

（2）存在的问题

第一，中心地的布局是按照供给范围的上限大小来决定的，缺乏对商品的供给下限的详细分析，对各种商品如何获取超额利润的论述不明确。

第二，中心地系统的体系固定，即K值在一个系统中是固定不变的。事实上，由于区域的各种条件不同，实际形成的中心地体系无法用一个固定的K值解释。

第三，中心地理论中把消费者看作"经济人"，认为消费者首先是利用离自己最近的中心地。但在现实中，消费者更倾向于在高级中心地进行经济活动。这样导致高级中心地的市场范围扩大，使中心地系统结构发生变形。

第四，中心地理论忽视了集聚利益。实际中，同一等级或不同等级的中心地集中布局会产生出集聚利益，导致中心地体系变形。

第五，中心地理论没有详细论述中心地系统由于交通、人口等的变化而发生的变化。

**经典真题**

（2018下·单选）依据克里斯泰勒的中心地理论，下列叙述正确的是（    ）。

A.适合解释第三产业的区位布局，其体系固定

B.适合解释第二产业的区位布局，其体系固定

C.适合解释第二产业的区位布局，其体系灵活

D.适合解释第三产业的区位布局，其体系灵活

【答案】A。解析：中心地理论是研究市场中心区位的重要理论，适合解释第三产业的区位布局，由德国地理学家克里斯泰勒提出。该理论的不足之一表现为其中心地体系（K值）是固定的。

## 三、跨国公司的区位

### （一）跨国直接投资的区位选择

#### 1.跨国直接投资的原因

**（1）产品周期理论**

弗农把产品的发展分为三个阶段：新产品阶段、成熟产品阶段和标准化产品阶段。然后，他把这些阶段与企业的区位选择联系起来。在新产品阶段，生产集中于主要工业国，产品通过出口供应他国市场。在成熟产品阶段，企业在生产成本低的条件下会选择在他国（以发达国家为主）直接投资。此时产品的市场仍主要在发达国家。在标准化产品阶段，产品的市场扩延至发展中国家，产品生产也转移至发展中国家，产品的原发明和生产国成为该产品的进口国。该理论不适宜解释跨国公司在实行全球战略行为时的投资国别选择，也不适宜解释产品生产工艺流程的国际分工。

**（2）折衷理论**

英国著名跨国公司学者邓宁提出了折衷理论，他认为企业的所有权优势、交易内部化优势和区位优势这三种优势对于解释跨国投资均具有重要意义。对外直接投资的发生需要企业内部利用其拥有的所有权优势并充分利用世界各国的区位优势。

#### 2.跨国投资的国别选择和微观区位选择

**（1）国别选择**

跨国投资国别选择有不同的取向，包括成本取向、市场取向、利润取向、要素取向和公司战略取向等。

**（2）微观区位选择**

一般来说，跨国公司在某国进行直接投资时会集中于经济中心地区、边界地区和社会联系密切地区。

## (二)跨国公司不同组分的区位选择

### 1.公司总部的区位特征

公司总部的区位要求:①便利的交通运输;②及时的信息获取;③便于与关键人员随时接触。

公司总部的实际区位趋于选择主要大都市,原因:①具有公司之间当面接触的可能性;②具有金融、法律、广告等方面的便捷服务;③具有与其他大都市的高度接近性。

### 2.公司研究与开发(R&D)机构的区位特征

研究与开发活动可分为三个阶段:研究阶段、开发阶段和生产阶段。

一般来说,研究与开发活动的区位要求为:①接近科研机构和贸易组织,以获取科技支持和市场需求信息;②接近数量充足、高素质的人才供应地,以满足研究、开发和试制生产等对人才的要求;③接近新产品的使用者,以便及时获得有关样本及新产品的性能、消费者偏好的反馈意见,并引导消费。

一般,跨国公司的研究与开发机构的区位趋于大都市区和科研机构集中区。

### 3.跨国公司生产单位的区位特征

一般,跨国公司生产单位的分布要更加分散。不论部门和公司的差异,迪肯从一般工业公司总体生产组织的角度将生产单位的区位格局分为4种类型。

(1)全球集中生产型

该类生产将生产活动集中在一个区位(或一个区域,一个国家),通过销售网络,将产品销往世界各地市场,受贸易政策影响较大,一般出现在大型区域性集团内部和跨国公司发展的早期阶段。

(2)市场地生产型

该类生产在每一个市场地(国家)均建立生产厂家,这些生产厂家以服务各自的市场为主。该类生产产品销售几乎不跨越国界,属于典型的进口替代型生产,会使生产规模受制于当地的市场规模。该类生产可以降低成本,可根据当地消费者需要及时改进产品并提供快速的售后服务,还可跨越贸易壁垒的障碍。

(3)专业化生产型

该类生产具有多个生产区位(国家),每一区位集中生产一种产品,服务于区域或世界市场。该类生产市场巨大,生产规模大,规模效益突出,适合在贸易壁垒小的大区域内进行,适合规模经济突出的工业部门。

(4)跨国一体化生产型

该类生产按生产过程在不同区位(国家)进行专业化生产,每一区位只负责最终产品的一个生产过程。这些生产单位充当了跨国公司"国际采购点"的角色。

## 四、区域经济发展

### (一)区域经济增长

区域经济增长是指区域经济总量规模的扩大,即区域生产的商品和提供的劳务总量的不断增长。

区域经济增长是实现区域经济发展的基础。

**1.区域经济增长因素**

从资源配置的角度,可将区域经济增长的因素归为资源禀赋、资源配置能力、地理位置和外部环境。

**(1)要素禀赋**

区域经济增长所需的资源可分为矿产、土地、水资源等自然资源和劳动力、资金、技术等经济社会资源。

**(2)资源配置能力**

各种资源怎样配置以实现经济增长,以及资源的配置效率取决于区域的资源配置能力。资源配置能力主要由经济体制、政府的经济管理能力、企业的发展能力和经济结构等构成。

**(3)地理位置**

地理位置是指一个区域在相关的经济空间或地理空间中的位置。它反映了该区域的经济活动与其他区域经济或社会活动及经济社会要素在地理空间距离的约束下相互发生作用的机会和程度。

**(4)外部环境**

由于区域是一个开放的经济系统,所以区域经济增长必然会受到外部环境的影响。一般来说,区域经济增长的外部环境包括全国的经济发展格局、区际经济关系和国际经济背景三个方面。

**2.区域经济增长机制**

**(1)增长极理论**

概括来说,增长极是指具有推动性的主导产业和创新行业及其关联产业在地理空间上集聚而形成的经济中心。增长极通过支配效应、乘数效应、极化与扩散效应而对区域经济活动产生组织作用。

支配效应指增长极能够通过与周围地区的要素流动和商品供求关系对周围地区的经济活动产生支配作用。

乘数效应指增长极因自身发展其对周围地区经济发展的作用会不断地得到强化和放大,影响范围和程度随之放大。

极化效应是指增长极的推动性产业吸引和拉动周围地区的生产要素和经济活动不断趋向增长极,从而加快增长极自身的成长。扩散效应是指增长极向周围地区输出生产要素和经济活动,从而刺激和推动周围地区的经济发展。

**(2)循环积累因果原理**

区域经济增长是由多个相关环节组成的一个循环演进的过程。任何一个环节的变化都会依次传递到其他环节,并返回到该环节,形成互为因果的关系。环节之间的作用强度具有累积的效应,使影响不断增强(正向或负向)。

此外,增长极相关理论还有乘数原理和加速原理等。

### (二)区域产业结构

**1.区域产业结构模式**

区域产业结构模式就是区域内各产业之间的内在联系及比例关系的典型形式。在由主导产业、关联产业和基础性产业所构建的区域产业结构模式中,主导产业是区域产业的组织核心,关联产业和基础性产业依据与主导产业的经济技术联系,彼此连接,形成联系紧密有序、相互依存、相互促进或制约的产业系统。在这个系统中还有支柱产业和潜导产业。

(1)主导产业

主导产业是指在区域经济发展中起组织和带动作用的产业,它是区域产业结构的组织核心。

(2)关联产业

关联产业是指直接与主导产业在产品的投入产出、技术等方面有联系,为主导产业发展进行配套、协作的产业。

(3)基础性产业

基础性产业是指为区域经济发展、社会发展、人民生活提供公共服务的产业。

(4)支柱产业及潜导产业

支柱产业是指在区域经济发展中对总量扩张影响大或所占比重高的产业。

潜导产业是指当前规模较小,对区域经济发展影响有限,但是代表了未来产业进步的方向,发展潜力大、前景广阔的产业。

### 2.区域产业结构演进理论

区域产业结构演进理论旨在解释区域产业结构变化的方向、方式和途径。目前尚无这方面的成熟理论。但是一些理论可以用来解释区域产业结构演进的过程和特点,如佩蒂-克拉克定理、库兹涅茨法则和霍夫曼定理等。

其中佩蒂-克拉克定理指出,随着经济发展,人均国民收入水平提高,劳动力开始从第一产业向第二产业转移。当人均国民收入水平进一步提高时,劳动力便会向第三产业转移。根据该定理推导可知,一个区域的国民收入水平越高,则农业劳动力在全部劳动力中所占的比重越小。反之,亦然。

库兹涅茨法则是在佩蒂-克拉克研究的基础上通过分析各国国民收入和劳动力在不同产业中分布结构的变化得出的,其基本内容如下。随着产业的发展,农业部门在整个国民收入和全部劳动力中的比重均不断下降;工业部门在整个国民收入中的比重大体上升,在全部劳动力中的比重大体不变或略有上升;服务业在整个国民收入中的比重大体不变或略有上升,在全部劳动力中的比重基本是上升的。

霍夫曼定理揭示了一个国家或区域工业结构演变的规律,重点分析了制造业中消费资料工业的净产值和资本资料工业的净产值的比例关系,称之为"霍夫曼比例(系数)"。其核心思想是,工业化进程中霍夫曼比例呈下降趋势。

**经典真题**

(2021下·单选)揭示一个国家或区域工业化进程中工业结构演变规律的理论是(　　)。

A.雁行形态说　　　　　　　　　　　B.霍夫曼定律

C.工业区位论　　　　　　　　　　　D.库兹涅茨法则

【答案】B。

## 五、区域之间的空间组织

### （一）区域间经济发展关系理论

#### 1.赫希曼的极化—涓滴效应学说

赫希曼是世界著名的发展经济学家。他对国家内各区域之间的经济关系进行了深入的研究，提出了极化—涓滴效应学说，解释经济发达区域与欠发达区域之间的经济相互作用及影响。赫希曼认为，如果一个国家的经济增长率先在某个区域发生，那么该区域就会对其他区域产生作用。为了解释方便，他把经济相对发达的区域称为"北方"，把欠发达区域称为"南方"。北方的经济增长对南方将产生不利和有利的作用，分别称为极化效应和涓滴效应。

**（1）极化效应的体现**

随着北方的发展，南方的要素向北方流动，从而削弱了南方的经济发展能力，导致其经济发展恶化。首先，北方由于经济增长，其对劳动力的需求上升，特别是对技术性劳动力的需求增加较快。同时，北方的劳动力收入水平高于南方。这样就导致南方的劳动力在就业机会和高收入的诱导下向北方迁移。结果，北方因劳动力的流入促进了经济的增长，而南方则因劳动力外流特别是技术人员和富于进取心的年轻人的外流，导致劳动力（包括智力）对经济增长的贡献减小。其次极化效应体现为资金的流动。显然，北方的投资机会多，投资的收益率高于南方，所以南方有限的资金也流入北方。而且，资金与劳动力的流动还会相互强化，从而使南方的经济发展能力被削弱。

在国内贸易中，北方由于经济水平相对较高，在市场竞争中处于有利地位。例如，若北方生产进口替代性产品，则南方原来可以按较低价格进口的这些产品，现在不得不在高额关税保护下向北方购买。在出口方面，南方由于生产效率相对较低，无法与北方竞争，导致出口的衰退。

南方本来可以向北方输出初级产品，但是，如果南方的初级产品性能差或价格有所上涨，那么，北方就有可能寻求进口。这样，就使南方的生产受到压制。

**（2）涓滴效应的体现**

北方吸收南方的劳动力，在一定程度上可以缓解南方的就业压力，有利于南方解决失业问题。在互补情况下，北方向南方购买商品和投资的增加，会给南方带来发展的机会，刺激南方的经济增长。特别是，北方的先进技术、管理方式、思想观念、价值观念和行为方式等经济和社会方面的进步因素向南方的涓滴，将对南方的经济和社会进步产生多方面的推动作用。

赫希曼认为，在区域经济发展中，涓滴效应最终会大于极化效应而占据优势。原因是，北方的发展将长期带动南方的经济增长。尤其是北方的发展会导致城市拥挤等环境问题；南方的落后则从国内市场需求方面限制了北方的经济扩张；国家经济发展也将因南方的资源没有得到充分利用而受到损害。于是，国家将出面干预经济发展，加强北方的涓滴效应，促进南方的经济发展。同时，这也有利于北方的经济继续增长。

#### 2.梯度推移学说

梯度推移学说依据区域之间经济总体水平差异，将各区域划分为不同的梯度，解释了创新在不同梯度的区域之间的转移现象。该学说认为，一个区域所处的梯度主要取决于其主导产业部门的先进程度。

按照产品生命周期理论,产业部门可以划分为兴旺部门、停滞部门、衰退部门三种类型。当一个区域的主导产业部门分别为兴旺部门、停滞部门和衰退部门时,该区域相应地属于高梯度区域、中梯度区域和低梯度区域。一般情况下,创新主要发生在高梯度区域,然后依次向中梯度区域、低梯度区域推移。

梯度推移主要通过城市系统来进行。这是因为创新往往集中在城市,城市比其他地方更适于接受创新成果。梯度推移主要有两种方式,一种方式是创新从发源地向周围相邻的城市推移;另一种方式是从发源地向距离较远的第二级城市推移,再向第三级城市推移,以此类推。

**经典真题**

(2017下·单选)关于梯度(TD)转移理论,下列叙述正确的是(    )。

A.TD 仅指区域之间技术水平的差异　　B.TD 转移主要通过多层次城市系统传递

C.区域经济发展按 TD 由低向高推进　　D.区域经济发展的盛衰与其产业结构无关

【答案】B。

### 3.中心-外围理论

中心-外围理论也被称为核心-边缘理论或中心-边缘理论,最初是关于发达国家和不发达国家之间的不平等经济关系的理论,后来被引入到区域经济研究中加以发展,用来解释区域之间经济发展的关系和空间模式。

美国学者弗里德曼在《区域发展政策》(1966)一书中提出了区域的中心-外围理论。他认为在若干区域之间,因多种原因,个别区域会率先发展起来成为"中心",其他区域则因发展缓慢成为"外围"。中心与外围之间存在不平等的发展关系。总体上,中心处于统治地位,而外围在发展上则依赖中心。中心与外围之间形成不平衡的发展格局。

## (二)区域经济联系

区域经济联系是现代区域经济发展的必要条件,对各区域的经济发展具有重要影响。

### 1.空间相互作用理论

空间相互作用是指区域之间所发生的商品、人口与劳动力、资金、技术、信息等的相互传输过程。它一方面能促使相关区域加强联系,带来发展机会;另一方面,引起区域之间的竞争,可能对某些区域造成损害。

空间相互作用发生的前提条件:区域之间存在互补性,区域之间的可达性好,没有干扰机会或干扰机会影响小。

### 2.区域分工理论

区域分工是区域之间经济联系的一种形式。

以国家为对象建立的区域分工理论有成本学说、要素禀赋学说、新贸易理论和竞争优势理论。

#### (1)成本学说

成本学说是一种通过比较生产成本来解释国际分工的理论,包括亚当·斯密的绝对成本学说和大卫·李嘉图的比较成本学说等。绝对成本学说认为每个国家都有适于生产某些特定产品的绝对有利条件,如果进行专业化生产就能使成本绝对降低,然后国家间进行交换,形成国际分工。比较成本学说认为,各国要根据比较成本来开展国际分工与贸易。各国应该根据自己的相对优势进行生产。

（2）要素禀赋学说

要素禀赋学说是由赫克舍和俄林提出的,其基本思想是区域之间或国家之间生产要素的禀赋差异是它们之间出现分工和发生贸易的主要原因。

（3）新贸易理论

新贸易理论从规模经济和不完全竞争的视角解释了发达国家之间的贸易和产业内贸易的现象。规模经济分为内部规模经济和外部规模经济。内部规模经济是因单个企业规模扩大而带来收益的增加。外部规模经济来自企业的集聚。

（4）竞争优势理论

美国著名学者迈克尔·波特于1990年出版了《国家竞争优势》一书,创立了竞争优势理论。他认为一个国家某产业的竞争优势由生产要素,国内需求,支撑产业和相关产业,企业的战略、结构和竞争四个方面的因素所决定,同时还与机遇和政府作用相关。前四个因素相互组合形成一个菱形结构,形似钻石,因此该理论常被称为"钻石理论"。

比较成本学说以完全市场为前提,认为一个国家的比较优势与其初始的条件密切相关,因此其在国际分工中的地位是一定的。而竞争优势理论以不完全市场为前提,强调一个国家要想提高其在国际分工中的地位就必须努力保持和增强国际竞争力,其在国际分工中的地位是变化的,把比较优势转换为竞争优势才能形成真正的经济优势。

### （三）区域经济差异与协调

#### 1.威廉森的倒U形曲线学说

威廉森认为,区域发展的不平衡程度随着区域经济的发展出现倒U形曲线变化。

#### 2.区域经济协调发展观点

区域经济协调发展是指在区域开放条件下,区域之间经济联系日益密切、经济相互依赖日益加深、经济发展上关联互动和正向促进,各区域的经济均持续发展且区域经济差异趋于缩小的过程。

促进区域经济协调的关键在于建立和完善区域经济协调发展的机制。这些机制包括市场机制、空间组织机制、合作机制、援助机制和治理机制。

## 第六节 地图与地理信息系统

### 一、地图

#### （一）地图的分类

按照比例尺可将地图分为大比例尺地图、中比例尺地图和小比例尺地图。大比例尺地图的比例尺大于或等于1∶10万;中比例尺地图的比例尺大于1∶100万而小于1∶10万;小比例尺地图的比例尺小于或等于1∶100万。

### (二)地图符号

#### 1.图形变量

图形变量是构成地图符号的基础。地图的六个基本图形变量包括形状、大小、方向、色彩、亮度和密度。

#### 2.地图符号的分类

(1)按符号表现的制图对象的集合特征的分类

点状符号:位于空间某位置的点,大小与比例尺无关,具有定位特征。

线状符号:位于空间某位置的线,沿某方向的长度与比例尺有关。

面状符号:位于空间某位置的面,所处的范围大小与比例尺有关。

(2)按符号与地图比例尺的关系的分类

依比例尺符号:实地占有较大面积的物体一般采用依比例尺符号表示。这类物体按比例尺缩小后,仍能显示其轮廓,如大面积街区、大湖等。通常以线划表示其外轮廓,并填绘符号或普染颜色。

不依比例尺符号:实地面积较小,一般具有方位意义,缩至图上只能显示一个点的物体一般采用不依比例尺符号表示。这类符号仅以其定位点表示物体的位置。

半依比例尺符号:实地中的狭长物体,其长度能依比例尺表示,而宽度则需夸大,如狭长街区、铁路、公路、土堤等用半依比例尺符号表示。在图上其宽度均已扩大,只能测其长度,不能测其宽度。

**经典真题**

(2018下·单选)地图是地理学的第二语言。下列地理事物在地图中采用半依比例尺符号表示的是( )。

A.青海湖　　　　　B.京九铁路　　　　　C.渤海　　　　　D.天安门

【答案】B。解析:半依比例尺符号是长度依地图比例尺表示,而宽度不依地图比例尺表示的线状符号,一般用来表示长度大而宽度小的狭长地物,如铁路、公路、河流、堤坝、管道等。这种符号能精确定位和测量长度,但不能显示宽度。

### (三)地图投影

地图投影是按照一定的数学法则,将地球表面的经纬网转换到平面上,以建立球面点位和平面点位之间对应关系的方法。

将地球表面上的经纬网投影到平面、圆锥面或圆柱面(圆锥和圆柱面可以展开成为平面)上,可以得到常见的几种地图投影。

#### 1.方位投影

将平面作为投影面,使地球表面与平面相切,然后将地球表面上的经纬网投影到平面上,得到方位投影。方位投影主要用于绘制极地地区的地图。

根据投影面和地球表面相切位置的不同,方位投影可分为正(轴)方位投影(投影面切于地球极点)、横(轴)方位投影(投影面切于赤道)和斜(轴)方位投影(投影面切于其他位置)。制作两极地区和南、北半球的地图适合采用正方位投影。制作赤道附近地区和东、西半球的地图适合采用横方位投影(更适宜圆形区域)。制作中纬度地区的地图适宜采用斜方位投影(更适宜圆形区域)。

**2.圆锥投影**

将圆锥面作为投影面,使地球表面与圆锥面相切,将地球表面上的经纬网投影到圆锥面上,然后再沿着投影后的经线(如180°经线)将圆锥面展开成为平面,得到圆锥投影。圆锥投影中通常采用的是正轴圆锥投影。正轴圆锥投影适合用于绘制中纬度沿纬线(东西方向)延伸的较大范围地区(如中、俄、美、加等国家)的地图。

**3.圆柱投影**

将圆柱面作为投影面,使地球表面与圆柱面相切,将地球表面上的经纬网投影到圆柱面上,然后再沿着投影后的经线(如180°经线)将圆柱面展开成为平面,得到圆柱投影。圆柱投影(更适宜沿纬线方向的长条形区域)主要用于绘制低纬度地区的地图及航海图。

### 经典真题

(2020下·单选)如果制作两极地区的地图,则适合采用(　　)。

A.正轴方位投影　　　B.横轴方位投影　　　C.斜轴方位投影　　　D.圆锥投影

【答案】A。解析:见上文。

## 二、地理信息系统

地理信息系统(GIS)是对地理数据进行输入、处理、存储、管理、查询、分析、输出等的计算机信息系统。地理信息系统的操作对象是地理数据或空间数据。

### (一)地理数据

地理数据是地理信息系统的操作对象,是地球表层所有涉及地理位置的事物和现象的数字表达,是地理信息系统的操作对象及地理信息系统数据库的主要内容。地理数据具有定位(定位特征主要有两种表达方法:矢量数据表达法和栅格数据表达法)、属性(地理事象的定性和定量指标)和时态(地理事象发生变化的时刻或时段)三个基本特征。

### (二)空间数据

空间数据是对现实世界中存在的具有定位意义的事物和现象的定量描述。地理数据包括空间数据和非空间属性数据。

**1.空间数据的基本特征**

**(1)空间特征**

空间特征是指地理现象和过程的位置、形状和大小等几何特征,以及与相邻地理现象和过程的空间关系,包括方位关系、拓扑关系、相邻关系、相似关系等。空间位置可以通过坐标数据来描述,称为定位特征或定位数据。空间关系称为拓扑特征或拓扑数据。

### (2)属性特征

属性特征是指地理现象和地理过程所具有的专属性质,通常包括名称、数量、质量、性质等,称为属性数据。

### (3)时间特征

时间特征是指一定区域内的地理现象和过程随时间的变化情况,称为时态数据。

### 2.空间数据的分类

按数据来源分类,空间数据可分为地图数据、影像数据和文本数据;按数据结构分类,空间数据可分为矢量数据和栅格数据。

**经典真题**

(2021下·单选)地理信息系统空间数据可以按多种方式进行分类。下列属于按数据结构分类的是(    )。

A.地图数据　　　　　B.空间数据　　　　　C.矢量数据　　　　　D.影像数据

【答案】C。

### 3.空间数据在空间数据库中表示的基本方法

空间数据表示的基本方法:空间分幅、属性分层、时间分段。

### 4.空间数据结构

空间数据结构是指空间数据在计算机内的组织和编码形式。它适用于计算机系统存贮、管理和处理的空间数据的逻辑结构,是地理实体的空间排列和相互关系的抽象描述。空间数据结构的主要类型有栅格数据结构和矢量数据结构。

栅格数据结构属性明显、定位隐含。其优点是数据结构简单,空间分析和地理现象的模拟较易实现,有利于与遥感数据的匹配应用和分析,输出方法快速,成本低;缺点是数据量大,冗余度高,投影转换比较困难,图形显示质量和现象识别效果比矢量差,定位精度比矢量低,拓扑关系难以表达。

矢量数据结构定位明显、属性隐含,其优点是数据结构紧凑、冗余度低,便于面向实体和现象的数据表达,拓扑结构有利于网络和检索分析,图形显示质量好、精度高;缺点是数据结构复杂,多边形叠加等分析比较困难,软件实现的数据要求较高,成本高。

### 5.拓扑关系

地理信息系统中拓扑关系用来描述地理要素的空间位置和空间关系。拓扑关系是明确定义空间关系的一种数学方法。在地理信息系统中用它来描述并确定空间的点、线、面之间的关系及属性,并可实现相关的查询和检索。

拓扑关心的是空间的点、线、面之间的连接关系,而不管实际图形的几何形状。因此,几何形状相差很大的图形,它们的拓扑结构却可能相同。拓扑关系反映了空间实体之间的逻辑关系,它不需要坐标、距离信息,不受比例尺限制,也不随投影关系变化。

空间数据的拓扑关系包括拓扑邻接、拓扑关联和拓扑包含。拓扑关联表示空间图形中不同类型元素,如结点、弧段及多边形之间的拓扑关系。拓扑邻接表示图形中同类元素之间的拓扑关系,如多边形之间的邻接性,弧段之间的邻接性以及结点之间邻接关系(连通性)。拓扑包含表示空间图形中,面状实体中所包含的其他面状实体或线状、点状实体的关系。

空间拓扑关系的意义：①根据拓扑关系，不需要利用坐标或者计算距离，就可以确定一种地理实体相对于另一种地理实体的空间位置关系。②利用拓扑数据有利于空间要素的查询。③可以利用拓扑数据作为工具，重建地理实体。

**经典真题**

（2018下·单选）下列选项中属于栅格数据结构优点的是（　　）。

A.便于面向现象的数据表达　　　　B.数据结构紧凑、冗余度低

C.空间分析比较容易实现　　　　　D.拓扑结构有利于网络分析

【答案】C。解析：栅格数据结构的优点是数据结构简单，空间分析和地理现象的模拟较易实现，成本低；缺点是数据量大，投影转换比较困难，图形显示质量和现象识别效果较差。矢量数据结构的优点是数据结构紧凑、冗余度低，便于面向现象的数据表达，有利于网络和检索分析，图形显示质量好、精度高；缺点是数据结构复杂，多边形叠加分析比较困难，成本高。

### （三）核心与功能

计算机系统是地理信息系统的核心，包括硬件系统和软件系统。硬件系统用以存储、处理、传输和显示地理数据。软件系统用于执行空间数据的各种操作，包括地理数据的采集、输入、处理，数据库建立与管理，空间分析，产品制作与输出等。

从总体上看，地理信息系统的功能包括数据采集与编辑、数据存储与管理（数据库管理系统）、空间查询与空间分析、可视化表达与输出（制图）等。空间查询和空间分析是地理信息系统应用最为广泛的功能。空间分析是地理信息系统的核心功能，是地理信息系统区别于其他类型系统的一个最主要的功能。

空间查询是按照一定的条件将空间对象检索出来，并在地图上进行位置和属性的展示。空间分析用来分析和解决现实世界中与空间相关的问题。

### （四）空间分析方法

地理信息系统中常用的空间分析方法主要有空间信息量算、空间信息分类、缓冲区分析、叠加分析、网络分析、数字地形模型分析及空间统计分析等。

根据数据结构的不同，空间分析方法分为基于栅格数据的空间分析方法和基于矢量数据的空间分析方法。常用的矢量数据分析方法有包含分析、叠置分析、缓冲区分析、网络分析、量算分析和矢量地形分析等。常用的栅格数据分析处理方法包括聚类和聚合分析、叠置分析、窗口分析、追踪分析、量算分析和栅格地形分析等。

#### 1.叠置分析（叠加或叠合分析）

将GIS中同一地理空间位置和同一比例尺的两个或多个地理要素图层重叠在一起，经过图形与属性的运算处理，生成一个新的要素图层后进行分析的方法，称为叠置分析。

根据叠置对象图形特征的不同，叠置分析分为点与多边形叠合、线与多边形叠合、多边形与多边形叠合等。根据所采用的数据结构的不同，叠置分析分为基于矢量数据的叠置与基于栅格数据的叠置。

利用栅格数据更易实现叠置操作。

实际中某一空间问题与同一地理空间上的多种因素有关。这种情况涉及现状或预测分析、选址分析、比较分析等，需要利用叠置分析。如选址分析问题中进行机场选址时，需要考虑地形起伏因素、交通、飞机噪音的影响、周边建筑的影响等；超市选址一般考虑人口、基础设施、交通、地租、竞争等情况。又如在城市规划管理中，有时需要对城市不同时期的发展与变化进行比较分析，以便对城市进行合理规划，有时需要查找城市的违规建设等，这类分析属于比较分析问题。

2.缓冲区分析

缓冲区分析是为了识别某个空间目标对其周围环境的影响范围或服务范围，而在其周围建立具有一定宽度的带状区（缓冲多边形）。

在空间目标指定范围之内的区域称为缓冲区。选定的空间目标可以是点、线、面或复杂要素。空间缓冲区可以采用矢量方式实现，也可以采用栅格方式实现，主要描述地理实体目标的影响范围和服务范围。缓冲区分析是地理信息系统最重要、最基本的空间操作功能之一。

3.网络分析

网络分析属于基于矢量数据的空间分析方法。网络分析是通过研究网络的状态及模拟和分析资源在网络上的流动和分配情况，对网络结构及其资源等的优化问题进行研究的一种空间分析方法。网络分析是对地理网络和城市基础设施网络（如交通网络、网线、供排水管线等）等网状事物以及它们的相互关系和内在联系进行地理分析和模型化。

网络分析的两个主要作用：一是选择最佳路径；二是选择最佳布局中心的位置。最佳路径是一般指从起点到终点的耗费资源最少的路线，这个资源指时间、距离和成本等。最佳布局中心位置是指各中心所覆盖范围内任意一点到中心耗费资源最少。

网络分析功能包括路径分析、资源分配和地址匹配等。路径分析中常见的是最佳路径的分析。地址匹配实质是地理位置的查询。资源分配也叫定位与分配问题。定位问题即选址问题，已知需求源的分布，确定供应点的位置。网络分析的选址功能是指在一定约束条件下，在某一指定区域内选择服务设施的最佳位置，如确定连锁超市、邮筒、消防站、医院、飞机场、仓库等的最佳位置。网络分析中的选址问题，一般限定设施必须位于某个结点或位于某条网线上，或限定在若干候选地点中。所以网络分析的选址功能是有约束条件的。分配问题即已知供应点的位置，确定需求源的范围，现实中是确定设施的服务范围及其资源的分配范围，如确定供水站的供水区、消防站的服务范围。

4.栅格数据的空间分析方法

（1）聚类分析和聚合分析

聚类分析是指根据设定的聚类条件对原有数据系统进行信息提取而建立新的栅格数据系统。聚合分析是指根据空间分辨率和分类表，进行数据类型的合并或转换以实现空间地域的整合。从小区域到大区域的制图综合变换常使用这种处理方法。

（2）叠置分析和追踪分析

栅格数据的突出优点之一是能够非常便利地进行同地区多层面空间信息的自动复合叠置分析。所以栅格数据常被用来进行区域适宜性评价、资源开发利用、城市规划等多因素分析研究工作。追踪分析方法在扫描图件的矢量化、利用数字高程模型自动提取等高线、污染水源的追踪分析等方面应用较多。

（3）窗口分析

窗口分析是指对栅格数据系统中的一个、多个栅格点或全部数据，开辟一个有固定分析半径的分析窗口，并在该窗口内进行诸如极值、均值等一系列统计计算，或与其他层面的信息进行必要的复合分析，从而实现栅格数据有效的水平方向扩展分析。该分析可以反映地理事物空间上联系的特点。

（4）量算分析

空间信息的自动化量算是地理信息系统的重要功能，也是进行空间分析的定量化基础。利用栅格数据模型，很容易进行距离、面积和体积等数据的量算，如计算耕地的面积，利用栅格格式的数字高程模型（DEM）数据进行工程土方计算、水库库容估算等。

# 「强化练习」

旅游离不开欣赏，旅游景观欣赏既是一门学问，又是一门艺术。据此完成1~2题。

1.旅游景观欣赏需要考虑多种因素，其中观景位置选择要考虑的主要因素有（　　）。

①距离　　　　　　　　　　②角度
③季节　　　　　　　　　　④时机

A.①②　　　　　　　　　　B.①④
C.②③　　　　　　　　　　D.②④

2.吉林有"夜看雾，晨看挂，待到近午看落花"的说法。这说明观赏雾凇要考虑的主要因素是（　　）。

A.选择观赏位置　　　　　　B.选择观赏角度
C.把握观赏时机　　　　　　D.把握观赏距离

3.最早阐述人地关系以及地理学的综合性和统一性，奠定了人文地理学基础的地理学家是（　　）。

A.洪堡　　　　　　　　　　B.李希霍芬
C.李特尔　　　　　　　　　D.赫特纳

4.农业区位论的提出者是（　　）。

A.克里斯泰勒　　　　　　　B.韦伯
C.杜能　　　　　　　　　　D.洪堡

5.在GIS中，明确定义空间结构关系的数学方法是（　　）。

A.拓扑关系　　　　　　　　B.关联关系
C.包含关系　　　　　　　　D.邻接关系

6.在地理信息系统中，空间数据代表现实世界地理实体或者现象在信息世界中的映射。下列属于空间数据的基本特征有（　　）。

①空间特征　　　　　　　　②属性特征
③时间特征　　　　　　　　④数字特征

A.①②③　　　　B.①②④　　　　C.②③④　　　　D.①③④

7.地理信息系统区别于其他类型系统的一个最主要的功能特征是（　　）。
A.属性分析　　　　　　　　　　　　B.统计分析
C.计量分析　　　　　　　　　　　　D.空间分析

8.中国大陆轮廓基本形成和喜马拉雅山脉隆起的地质年代分别是（　　）。
A.元古代　古生代　　　　　　　　　B.古生代　新生代
C.古生代　中生代　　　　　　　　　D.中生代　新生代

9.在农业生产中,最为理想的土壤结构是（　　）。
A.片状结构　　　　　　　　　　　　B.块状结构
C.柱状及棱柱状结构　　　　　　　　D.团粒结构

海洋权益是国家领土向海洋延伸形成的权益。下图为我国海洋权益范围划分示意图。据此完成10~11题。

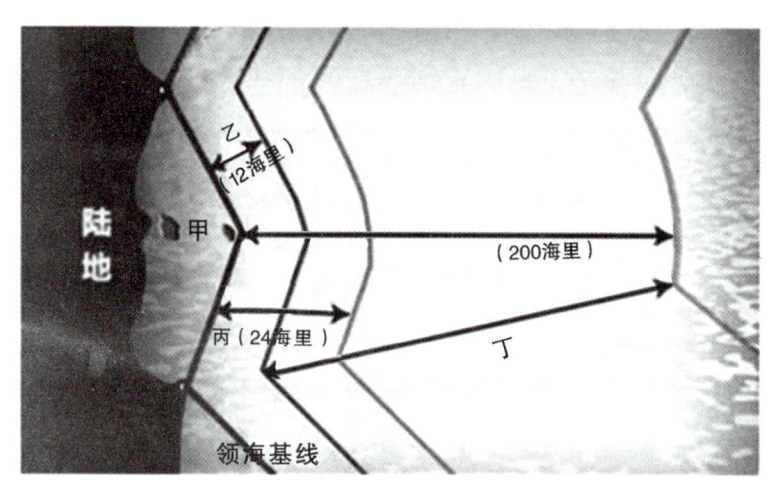

10.图中属于我国领海的是（　　）。
A.甲　　　　　　　　　　　　　　　B.乙
C.丙　　　　　　　　　　　　　　　D.丁

11.我国可在专属经济区进行海洋资源开发与管理。下列属于专属经济区的是（　　）。
A.甲　　　　　　　　　　　　　　　B.乙
C.丙　　　　　　　　　　　　　　　D.丁

12."半日潮"是指一个太阴日内的潮汐变化情况,下列叙述正确的是（　　）。
A.有两次高潮和两次低潮,且两相邻高潮或低潮的潮高不相等
B.有两次高潮和两次低潮,且两相邻高潮或低潮的潮高基本相等
C.有一次高潮和一次低潮,且高潮和低潮的潮时出现相差12小时
D.有一次高潮和一次低潮,且高潮和低潮的潮时出现没有规律

13.把冰鞋的冰刀改为滚轴,形成新的"旱冰鞋",这种文化扩散现象是（　　）。
A.传染扩散　　　　　　　　　　　　B.等级扩散
C.刺激扩散　　　　　　　　　　　　D.迁移扩散

## 参考答案及解析

1.【答案】A。解析：旅游景观观赏位置的选择主要考虑观赏距离和角度。

2.【答案】C。解析：观赏雾凇要考虑的因素是把握观赏时机。

3.【答案】C。解析：洪堡是世界第一个大学地理系——柏林大学地理系的第一任系主任，著有《新大陆热带地区旅游记》《宇宙》等。李希霍芬首次系统地论述了地表形成过程，对地貌进行了形成过程分类，研究了土壤形成因素及其类型。李特尔最早阐述了人地关系和地理学的综合性、统一性，奠定了人文地理学的基础。赫特纳是近代地理学区域学派的奠基人。

4.【答案】C。解析：德国经济学家杜能最早注意到区位对运输费用的影响，在《孤立国对于农业和国民经济之关系》（1826）一书中，杜能指出距离城市远近的地租差异是决定区域农业土地利用方式与农作物布局的关键因素，并提出了以城市为中心呈六个同心圆状分布的农业地带理论，即著名的"杜能圈"。德国经济学家韦伯于1909年出版《工业区位论》，从而创立了工业区位论。德国经济地理学家克里斯泰勒通过对德国南部的城市和乡镇及其与四周的农村服务区之间的空间结构特征的研究，于1933年出版了《德国南部的中心地》一书，提出了中心地理论。洪堡是近代自然地理学的奠基人。

5.【答案】A。解析：在GIS中，拓扑关系是明确定义空间结构关系的一种数学方法。它不但用于空间数据的编辑和组织，而且在空间分析和应用中都具有非常重要的意义。拓扑关系的类型有拓扑邻接、拓扑关联和拓扑包含关系。拓扑邻接关系指存在于空间图形的相同类型元素之间的拓扑关系。拓扑关联关系指存在于空间图形的不同类型元素之间的拓扑关系。拓扑包含关系指存在于空间图形的相同类型但不同等级的元素之间的拓扑关系。

6.【答案】A。解析：空间数据描述的是现实世界各种现象的三大基本特征：空间特征、时间特征和属性特征（又称专题特征、空间现象）。

7.【答案】D。解析：地理信息系统是在计算机硬、软件系统支持下，对整个或部分地球表层空间中的有关地理分布数据进行采集、储存、管理、运算、分析、显示和描述的技术系统。地理信息系统属于空间信息系统，它区别于其他类型系统的一个最主要的功能特征是空间分析。

8.【答案】B。解析：中国大陆轮廓基本形成于晚古生代的海西运动，喜马拉雅山脉形成于新生代的喜马拉雅运动，所以本题选B。

9.【答案】D。解析：土壤团粒结构是由若干土壤单粒黏结在一起形成团聚体的一种土壤结构，因为单粒间形成小孔隙、团聚体间形成大孔隙，所以与单粒结构相比较，其总孔隙度较大。小孔隙能保持水分，大孔隙则保持通气，团粒结构土壤能保证植物根的良好生长，适于作物栽培。片状结构多出现于老耕地的犁底层。在表层发生结壳或板结的情况下，也会出现这类结构。片状结构不利于种子出苗和水稻栽插，妨碍通气。块状结构常见于黏重的心、底土中，是由石灰质或氢氧化铁胶结而成，通透性差，耕作困难，易造成出苗不齐和根系发育不良。柱状及棱柱状结构常出现于半干旱地带的心土和底土中，这种结构坚硬紧实、不利于根系伸展，且易漏水漏肥。

10.【答案】B。解析：《中华人民共和国领海及毗连区法》规定，"中华人民共和国领海的宽度从领海基线量起为十二海里"。因此属于我国领海的是乙。

11.【答案】D。解析:《中华人民共和国专属经济区和大陆架法》规定,"中华人民共和国的专属经济区,为中华人民共和国领海以外并邻接领海的区域,从测算领海宽度的基线量起延至二百海里"。因此属于专属经济区的是丁。

12.【答案】B。解析:在一天(指太阴日历时24小时50分)中有两次高潮,两次低潮,且高潮位与高潮位、低潮位与低潮位潮高相等,涨、落潮历时相等的潮汐称半日潮。

13.【答案】C。解析:刺激扩散是文化扩散的一种类型。它是指一种文化现象由一地传到另一地后,保留了思想实质而摒弃了具体形式的扩散过程。

# 第二部分

# 课程标准与教学知识

**考纲要求** ▶ 考试大纲的考试目标要求考生了解初中地理课程的性质、地位、理念、设计思路和主要内容，掌握地理教学的基础知识、基本技能和常用方法，会初步运用地理教学的基本理论分析、解决地理教学的实际问题；同时了解初中学生地理学习需求和已有学习经验，掌握地理教学设计的基本环节，能够结合具体的课题进行地理教学设计。

**历年考情** ▶ 在历次考试中，本部分考查内容所占分值为整体分值的一半左右，主要考查题型为简答题、材料分析题和教学设计题，考查内容主要有课标、板图教学、教学分析与评价、教学设计等。

**本部分内容** ▶ 本部分内容结合考纲和历年真题，设置了三章，分别为初中地理课程标准及解读、地理教学知识和地理教学设计，精心编写了大部分考试涉及内容，追求内容实用有效，列举了部分例子，提供了部分题目的作答思路，力求帮助考生更好地备考。

# 第一章　初中地理课程标准及解读

## 考情分析

本章主要考查考生对课标内容的记忆和理解,涉及课程性质、理念,课程目标,教学建议和评价建议等。

## 考点精讲

# 第一节 《义务教育地理课程标准(2011年版)》的内容

### 一、前言

现代社会要求公民能够科学、充分地认识人口、资源、环境和社会等相互协调发展的重要性,树立可持续发展观念,不断探索和遵循科学、文明的生产方式和生活方式。这对义务教育地理课程改革提出了新课题。

义务教育地理课程有助于学生感受不同区域的自然地理、人文地理特征,从地理的视角认识和欣赏我们所生存的这个世界,从而提升生活品位和精神体验层次,增进学生对地理环境的理解力和适应能力;有助于学生形成正确的情感、态度与价值观和良好的行为习惯,培养学生应对人口、资源、环境与发展问题的初步能力。这将利于为国家乃至全球的环境保护和可持续发展培养活跃的、有责任感的公民。

#### (一)课程性质

义务教育地理课程是一门兼有自然学科和社会学科性质的基础课程,具有以下几个特征。

**1.区域性**

义务教育地理课程内容以区域地理为主,展现各区域的自然与人文特点,阐明不同区域的地理概况、发展差异及区际联系。

**2.综合性**

地理环境是地球表层各种自然和人文要素相互联系、相互作用而成的复杂系统。义务教育地理课程初步揭示自然环境各要素之间、自然环境与人类活动之间的复杂关系,从不同角度反映地理环境的综合性。

> 经典真题

（2016上·简答）简述《义务教育地理课程标准（2011年版）》课程性质中的"区域性"和"综合性"的含义。

【参考答案】见上文。

### 3.思想性

地理课程突出当今社会面临的人口、资源、环境和发展问题，阐明科学的人口观、资源观、环境观和可持续发展的观念，富含热爱家乡、热爱祖国、关注全球以及可持续发展思想的教育内容。

### 4.生活性

地理课程内容紧密联系生活实际，突出反映学生生活中经常遇到的地理现象和可能遇到的地理问题，有助于提升学生的生活质量和生存能力。

### 5.实践性

地理课程含有丰富的实践内容，包括图表绘制、学具制作、实验、演示、野外观察、社会调查和乡土地理考察等，是一门实践性很强的课程。

> 经典真题

（2018下·简答）简述《义务教育地理课程标准（2011年版）》课程性质中的"思想性"和"实践性"的含义。

【参考答案】见上文。

## （二）课程基本理念

学习对生活有用的地理。地理课程选择与生活密切相关的地球与地图、世界地理、中国地理和乡土地理等基础知识，引导学生在生活中发现地理问题，理解其形成的地理背景，提升学生的生活品位，增强学生的生存能力。

学习对终身发展有用的地理。地理课程引导学生从地理的视角思考问题，关注自然与社会，使学生逐步形成人地协调与可持续发展的观念，为培养具有地理素养的公民打下基础。

构建开放的地理课程。地理课程着眼于学生创新意识和实践能力的培养，充分重视校内外课程资源的开发利用，着力拓宽学习空间，倡导多样的地理学习方式，鼓励学生自主学习、合作交流、积极探究。

## （三）课程设计思路

义务教育地理课程分为四大部分：地球与地图、世界地理、中国地理、乡土地理。其中，"地球与地图"是学习区域地理的基础。

义务教育地理课程原则上不涉及较深层次的地理成因问题。

地理要素采用单独列出和与区域地理结合两种方式。例如，世界地理的自然部分只列出气候要素，其他自然地理要素归入"认识区域"的相关内容之中。

世界地理和中国地理的"认识区域"部分，除本标准规定的少量区域外，其他区域均由教材编写者和教师选择。本标准只列出区域的基本地理要素和学习区域地理必须掌握的基础知识与基本技能，以及必选区域的数量。

乡土地理既可作为独立学习的内容，也可作为综合性学习的载体。学生可以通过收集身边的资料，运用掌握的地理知识和技能，开展以环境与发展问题为中心的探究式实践活动。

**经典真题**

（2019上·简答）简述《义务教育地理课程标准（2011年版）》"课程设计思路"中"世界地理和中国地理的'认识区域'部分"和"乡土地理"的内容。

【参考答案】见上文。

义务教育地理课程内容的基本结构如下图所示。

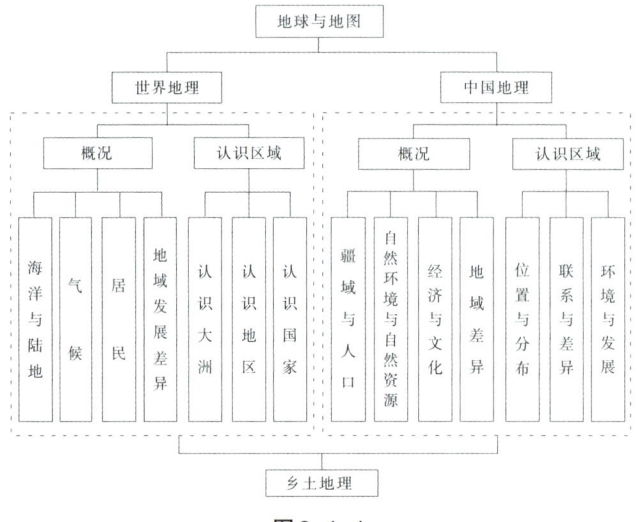

图2-1-1

## 二、课程目标

义务教育地理课程的总目标是：掌握基础的地理知识，获得基本的地理技能和方法，了解环境与发展问题，增强爱国主义情感，初步形成全球意识和可持续发展观念。

下面从知识与技能，过程与方法，情感、态度与价值观三个方面来表述。这三个方面在实施过程中是一个有机的整体。

### （一）知识与技能

掌握地球与地图的基础知识，能初步说明地形、气候等自然地理要素在地理环境形成中的作用以及对人类活动的影响；初步认识人口、经济和文化发展的区域差异。

了解家乡、中国和世界的地理概貌，了解家乡与祖国、中国与世界的联系。

了解人类所面临的人口、资源、环境和发展等重大问题，初步认识环境与人类活动的相互关系。

掌握阅读和使用地球仪、地图的基本技能；掌握获取地理信息并利用文字、图像等形式表达地理信息的基本技能；掌握简单的地理观测、地理实验、地理调查等技能。

### （二）过程与方法

通过各种途径感知身边的地理事物和现象，积累丰富的地理表象；初步学会根据收集到的地理信息，通过比较、分析、归纳等思维过程，形成地理概念，归纳地理特征，理解地理规律。

运用已获得的地理基本概念和地理基本原理，对地理事物和现象进行分析，做出判断。

具有创新意识和实践能力，善于发现地理问题，收集相关信息，运用相关知识和方法，提出解决问题的设想。

运用适当的方式方法，表达、交流地理学习的体会、想法和成果。

### （三）情感、态度与价值观

增强对地理事物和现象的好奇心，提高学习地理的兴趣以及对地理环境的审美情趣。

关心家乡的环境与发展，关心我国的基本地理国情，增强热爱家乡、热爱祖国的情感。

尊重世界不同国家的文化和传统，增强民族自尊心、自信心和自豪感，理解国际合作的意义，初步形成全球意识。

初步形成尊重自然、与自然和谐相处、因地制宜的意识及可持续发展的观念，增强防范自然灾害、保护环境与资源和遵守相关法律法规的意识，养成关心和爱护地理环境的行为习惯。

**经典真题**

（2015上·简答）简述《义务教育地理课程标准（2011年版）》课程目标中的总目标。

【参考答案】见上文。

## 三、课程内容

关于"课程内容"部分的编排体例，说明如下：

（1）课程内容部分由"标准"和"活动建议"等组成；
（2）"标准"是学生学习地理课程必须达到的基本要求，以行为目标方式陈述；
（3）"活动建议"是为开展教学活动提供的参考性建议，可根据条件选择，也可自行设计；
（4）"说明"是对"标准"中某些问题的进一步解释。

### （一）地球与地图

#### 1.地球与地球仪

表2-1-1

| 标准 | 活动建议 |
| --- | --- |
| 1.地球的形状、大小与运动<br>•了解人类认识地球形状的过程<br>•用平均半径、赤道周长和表面积描述地球的大小<br>•用简单的方法演示地球自转和公转<br>•用地理现象说明地球的自转和公转<br>2.地球仪<br>•运用地球仪，说出经线与纬线、经度与纬度的划分<br>•在地球仪上确定某地点的经纬度 | 开展地理观测、动手制作等活动。例如，观察不同季节（或一天内）太阳光下物体影子方向和长度的变化；用乒乓球或其他材料制作简易地球仪模型 |

## 2. 地图

表2-1-2

| 标准 | 活动建议 |
| --- | --- |
| • 在地图上辨别方向，判读经纬度，量算距离<br>• 在等高线地形图上，识别山峰、山脊、山谷，判读坡的陡缓，估算海拔与相对高度<br>• 在地形图上识别五种主要的地形类型<br>• 根据需要选择常用地图，查找所需要的地理信息，养成在日常生活中使用地图的习惯<br>• 列举电子地图、遥感图像等在生产、生活中应用的实例 | 开展运用地图、动手制作等活动。例如，在地图上查找地名并选择到达该地点的最佳交通路线；使用地图、手持定位仪等进行"定向越野"活动；利用泡沫塑料、沙土等制作地形模型 |

## （二）世界地理

### 1. 海洋与陆地

表2-1-3

| 标准 | 活动建议 |
| --- | --- |
| 1.海陆分布<br>• 运用地图和数据，说出地球表面海、陆所占比例，描述海陆分布的特点<br>• 运用世界地图说出七大洲、四大洋的分布<br>2.海陆变迁<br>• 举例说明地球表面海洋和陆地处在不断的运动和变化之中<br>• 知道板块构造学说的基本观点，说出世界著名山系及火山、地震分布与板块运动的关系 | 开展拼图游戏、模拟演示等活动。例如，开展七大洲、四大洋拼图游戏；自选实验材料或使用计算机，模拟海底扩张、大陆漂移 |

说明："知道板块构造学说……"一项，要注意科学史教育及科学兴趣的培养。

### 2. 气候

表2-1-4

| 标准 | 活动建议 |
| --- | --- |
| 1.天气<br>• 区分"天气"和"气候"的概念，并能正确运用<br>• 识别常用的天气符号，能看懂简单的天气图<br>• 用实例说明人类活动对空气质量的影响<br>2.气温与降水的分布<br>• 阅读世界年平均和1月、7月平均气温分布图，归纳世界气温分布特点<br>• 阅读世界年降水量分布图，归纳世界降水分布特点<br>• 运用气温、降水量资料，绘制气温曲线图和降水量柱状图，说出气温与降水量随时间的变化特点<br>3.主要气候类型<br>• 运用世界气候分布图说出主要气候类型的分布<br>• 举例说明纬度位置、海陆分布、地形等因素对气候的影响<br>• 举例说明气候对生产和生活的影响 | 开展参观、观测、体验等活动。例如，参观当地的气象台（站）或大气环境监测站；使用测量仪器，观测气温、降水和风向；收看（听）和记录天气预报内容，模拟预报天气 |

说明:"常用的天气符号"和"简单的天气图",是指电视等媒体天气预报中经常出现的天气符号和天气图。

### 3.居民

表2-1-5

| 标准 | 活动建议 |
| --- | --- |
| 1.人口与人种<br>•运用地图和其他资料归纳世界人口增长和分布的特点<br>•举例说明人口数量过多对环境及社会、经济的影响<br>•说出世界三大人种的特点,并在地图上指出三大人种的主要分布地区<br>2.语言和宗教<br>•运用地图说出汉语、英语、法语、俄语、西班牙语、阿拉伯语的主要分布地区<br>•说出世界三大宗教及主要分布地区<br>3.聚落<br>•运用图片描述城市景观和乡村景观的差别<br>•举例说出聚落与自然环境的关系<br>•懂得保护世界文化遗产的意义 | 开展辩论活动。例如,围绕"人口多好,还是人口少好""住乡村好,还是住城市好"等辩题组织辩论 |

### 4.地域发展差异

表2-1-6

| 标准 | 活动建议 |
| --- | --- |
| •通过实例,认识不同地域发展水平存在差异<br>•运用地图归纳发展中国家与发达国家的分布特点<br>•用实例说明加强国际经济合作的重要性 | 开展讨论活动。例如,收集两个不同发展水平地域的资料,进行比较并开展讨论 |

### 5.认识区域

表2-1-7

| 标准 | 活动建议 |
| --- | --- |
| 1.认识大洲<br>•运用地图等资料简述某大洲的纬度位置和海陆位置<br>•运用地图和其他资料,归纳某大洲地形、气候、水系的特点,简要分析其相互关系<br>2.认识地区<br>•在地图上找出某地区的位置、范围、主要国家及其首都,读图说出该地区地理位置的特点<br>•运用地形图和地形剖面图,归纳某地区地势及地形特点,解释地形与当地人类活动的关系<br>•运用图表说出某地区气候的特点以及气候对当地农业生产和生活的影响<br>•运用地形图说明某地区河流对城市分布的影响<br>•运用地图和其他资料,指出某地区对当地或世界经济发展影响较大的一种或几种自然资源,说出其分布、生产、出口等情况 | 开展学习交流、角色扮演等活动。例如,选择一个教科书没有介绍过的区域,收集、整理资料,归纳该区域地理特征,以适当方式(如墙报、图片展等)予以展示,并回答同学的质疑;就热带雨林开发与保护问题,分别扮演地理学家、政府官员、热带雨林区土著居民、世界环保组织成员、开发商等角色,从各自角度提出见解 |

(续表)

| 标准 | 活动建议 |
| --- | --- |
| • 举例说出某地区发展旅游业的优势<br>• 运用资料描述某地区富有地理特色的文化习俗<br>• 说出南、北极地区自然环境的特殊性，认识开展极地科学考察和保护极地环境的重要性<br>3.认识国家<br>• 在地图上指出某国家的地理位置、领土组成和首都<br>• 根据地图和其他资料概括某国家自然环境的基本特点<br>• 运用地图和其他资料，联系某国家自然条件特点，简要分析该国因地制宜发展经济的实例<br>• 用实例说明高新技术产业对某国家经济发展的作用<br>• 举例说出某国家在自然资源开发和环境保护方面的经验、教训<br>• 根据地图归纳某国家交通运输线路分布的特点<br>• 根据地图和其他资料说出某国家的种族和人口（或民族、宗教、语言）等人文地理要素的特点<br>• 用实例说明某国家自然环境对民俗的影响<br>• 举例说出某国家与其他国家在经济、贸易、文化等方面的联系 | 开展学习交流、角色扮演等活动。例如，选择一个教科书没有介绍过的区域，收集、整理资料，归纳该区域地理特征，以适当方式（如墙报、图片展等）予以展示，并回答同学的质疑；就热带雨林开发与保护问题，分别扮演地理学家、政府官员、热带雨林区土著居民、世界环保组织成员、开发商等角色，从各自角度提出见解 |

说明：本单元规定从世界范围内选学部分大洲、地区、国家，旨在使学生通过认识所学区域自然地理和人文地理的主要特征，初步掌握学习和探究区域地理的基本方法。

南、北极地区是必学区域。此外，教材编写者和教师还必须从世界范围内选择至少一个大洲、四个地区（例如南亚）和五个国家编写教材和组织教学。

在编写教材和组织教学中，所选择的"大洲—地区—国家"组合应涉及所有大洲，其内容必须涵盖本单元全部"标准"。就某一区域而言，可以选择若干条"标准"，合理组织材料。

### （三）中国地理

#### 1.疆域与人口

表2-1-8

| 标准 | 活动建议 |
| --- | --- |
| 1.疆域与行政区划<br>• 运用地图说出我国的地理位置及其特点<br>• 记住我国的领土面积，在地图上指出我国的邻国和濒临的海洋，认识我国既是陆地大国，也是海洋大国<br>• 在我国政区图上准确找出34个省级行政区域单位，记住它们的简称和行政中心<br>2.人口与民族<br>• 运用有关数据说明我国人口增长趋势，理解我国的人口国策<br>• 运用中国人口分布图描述我国人口的分布特点<br>• 运用中国民族分布图说出我国民族分布特征 | 开展拼图游戏、学习交流等活动。例如，开展我国省级行政区域单位拼图游戏；收集并交流反映我国一些民族的风俗、服饰图片和文字资料，描述、讲解这些民族的风土人情 |

## 2.自然环境与自然资源

表2-1-9

| 标准 | 活动建议 |
|---|---|
| 1.自然环境<br>• 运用中国地形图概括我国地形、地势的主要特征<br>• 运用资料说出我国气候的主要特征以及影响我国气候的主要因素<br>• 在地图上找出我国主要的河流,归纳我国外流河、内流河的分布特征<br>• 运用地图和资料,说出长江、黄河的主要水文特征以及其对社会经济发展的影响<br>• 了解我国是一个自然灾害频繁发生的国家<br>2.自然资源<br>• 举例说明可再生资源和非可再生资源的区别<br>• 运用资料,说出我国土地资源的主要特点,理解我国的土地国策<br>• 运用资料说出我国水资源时空分布的特点及其对社会经济发展的影响<br>• 结合实例说出我国跨流域调水的必要性 | 开展野外地理观察、讨论等活动。例如,实地观察家乡某条河流,描述该河流的特征;收集资料,讨论"我国为什么要实行最严格的耕地保护制度" |

说明:"标准"没有面面俱到地列出各种类型的自然资源。教学中应以水、土资源为案例,引导学生了解我国自然资源总量大、人均少、时空分布不均等特点,进一步认清我国国情,并进行保护与节约资源的教育。

## 3.经济与文化

表2-1-10

| 标准 | 活动建议 |
|---|---|
| 1.经济发展<br>• 运用资料说出我国农业分布特点,举例说明因地制宜发展农业的必要性和科学技术在农业发展中的重要性<br>• 运用资料说出我国工业分布特点,了解我国高新技术产业的发展状况<br>• 比较不同交通运输方式的特点,初步学会选择恰当的交通运输方式<br>• 运用地图说出我国铁路干线的分布格局<br>2.文化特色<br>• 举例说明自然环境对我国具有地方特色的服饰、饮食、民居等的影响<br>• 结合有关资料说明我国地方文化特色对旅游业发展的影响 | 开展辩论活动。例如,围绕"高速铁路(公路)建设利大于弊,还是弊大于利"等辩题组织辩论 |

## 4.地域差异

表2-1-11

| 标准 | 活动建议 |
|---|---|
| • 在地图上找出秦岭、淮河,说明"秦岭—淮河"一线的地理意义<br>• 在地图上找出北方地区、南方地区、西北地区、青藏地区四大地理单元的范围,比较它们的自然地理差异<br>• 用实例说明四大地理单元自然地理环境对生产、生活的影响 | 开展地理知识竞赛活动。例如,围绕"秦岭—淮河"一线南北两侧的地理差异,进行专题知识竞赛 |

说明:为方便教学,并使学生更好地认识我国的地域差异,这里将我国划分为四大地理单元。四大地理单元是根据自然地理和人文地理特征而划分的综合地理区。应该注意,这是一种宏观尺度的地域划分,即使在同一地理单元内也存在着很大的差异。

### 5.认识区域

表2-1-12

| 标准 | 活动建议 |
| --- | --- |
| 1.位置与分布<br>• 运用地图简要评价某区域的地理位置<br>• 在地形图上识别某区域的主要地形类型,并描述区域的地形特征<br>• 运用地图与气候统计图表归纳某区域的气候特征<br>• 运用地图和其他资料说出某区域的产业结构与产业布局的特点<br>• 运用地图和其他资料归纳某区域人口、城市的分布特点<br>2.联系与差异<br>• 举例说明区域内自然地理要素的相互作用和相互影响<br>• 举例说出河流在区域发展中的作用<br>• 运用资料比较区域内的主要地理差异<br>• 举例说出区际联系对区域经济发展的意义<br>• 举例说明祖国内地与香港、澳门经济发展的相互促进作用<br>• 运用有关资料分析说明外向型经济对某区域发展的影响<br>3.环境与发展<br>• 根据资料,分析某区域内存在的自然灾害与环境问题,了解区域环境保护与资源开发利用的成功经验<br>• 以某区域为例,说明区域发展对生活方式和生活质量的影响<br>• 运用资料说出首都北京的自然地理特点、历史文化传统和城市职能,并举例说明其城市建设成就<br>• 认识台湾省自古以来一直是祖国不可分割的神圣领土;在地图上指出台湾省的位置和范围,分析其自然地理环境和经济发展特色<br>• 以某区域为例,说明我国西部开发的地理条件以及保护生态环境的重要性 | 开展学习交流、撰写小论文等活动。例如,选择一个教科书没有介绍过的区域,收集、整理资料,归纳该区域地理特征,以适当方式(如墙报、图片展等)予以展示,并回答同学的质疑;围绕某区域自然资源开发利用、自然灾害防治、节能减排、低碳生活等主题,自拟题目,撰写小论文 |

说明:本单元规定选学我国部分区域,旨在使学生通过认识所学区域的自然地理和人文地理的主要特征,进一步掌握学习区域地理的一般方法。学习内容要体现区域的地域性、综合性特点,注重自然地理和人文地理的内在联系,具体的学习内容要从所选区域的实际出发,不要求面面俱到。

北京、台湾、香港、澳门为必学区域。此外,教材编写者和教师还必须从全国范围内选择至少五个不同空间尺度的区域编写教材和组织教学。就某一具体区域而言,可以选择若干条"标准",合理组织材料,但所选区域组合,必须涵盖本单元所有"标准"。

在学习区域时,要引导学生用科学的发展观理解不同区域的差异,认识区域发展及其存在的问题。

## （四）乡土地理

表2-1-13

| 标准 | 活动建议 |
| --- | --- |
| • 运用地图，描述家乡的地理位置，分析其特点<br>• 利用图文资料说明家乡主要地理事物的变迁及其原因<br>• 举例分析自然资源、自然灾害对家乡社会、经济等方面的影响<br>• 运用家乡的人口资料与全国人口情况进行比较，说出家乡人口数量和人口变化的特点<br>• 了解家乡的对外联系现状，认识家乡进一步改革开放的重要性<br>• 了解家乡的发展规划，关注家乡的未来发展，树立建设家乡的志向 | 开展乡土地理调查、为家乡建设献计献策等活动。例如，提出一个自己感兴趣的乡土地理课题，开展调查，交流调查结果；开展为实现家乡的绿色生活献计献策的活动 |

说明：乡土地理是必学内容。乡土地理帮助学生认识学校所在地区的生活环境，引导学生主动参与、学以致用，培养学生的实践能力，使学生树立可持续发展的观念，增强学生爱祖国、爱家乡的情感。

这里的"乡土"范围一般是指县一级行政区域。根据各地的实际情况，乡土地理的教学也可以讲授本地区（省辖市）地理，或者本省（自治区、直辖市）地理。

乡土地理教材的编写应纳入地方课程开发计划，并切实加以落实。提倡积极开发小尺度区域（乡、镇以下）的乡土地理校本课程。

在乡土地理教学中，至少应安排一次野外（校外）考察或社会调查。

## 四、实施建议

### （一）教学建议

地理课程的实施，关键在于教师的教学。在地理教学中，地理教师需要领悟本标准的课程基本理念，了解课程设计思路，按照课程目标和课程内容标准设计具体的教学目标。教学时尤其要注意突出地理学科特点，灵活运用多种教学方式方法，充分重视地理信息资源和信息技术的利用，关注培养学生的学习兴趣、学习能力、创新意识和实践能力。

**1. 突出地理事物的空间差异和空间联系**

地理教学要强调地理各因素之间的相互作用，特别是自然因素和人文因素对地理现象和地理过程的综合影响。引导学生理解地理事物的空间差异和空间联系，从地理的视角看待地理现象和地理问题。例如，在以一个国家为例学习区域地理时，需要引导学生从该国的地理位置、地形、气候、水文、植被、矿产等多方面认识自然地理要素对该国地理特征的综合影响。

`经典真题`

（2018上·简答）简述《义务教育地理课程标准（2011年版）》"教学建议"中"突出地理事物的空间差异和空间联系"的内容。

【参考答案】见上文。

## 2.选择多种多样的地理教学方式方法

要根据教学目标、教学内容的特点、学生的年龄特征、学校条件以及教师自身特质选择合适的地理教学方式,注意运用多样化的教学方法,帮助学生学会学习。

应坚持启发式教学原则,提倡探究式学习,培养学生的探究意识。引导和鼓励学生独立思考、自主学习,体验解决地理问题的过程,逐步掌握分析和解决地理问题的方法。例如,可以用问题解决的方式进行经纬网内容的教学,将学习内容转化为类似"设计出行路线进行救援"的任务,提出完成任务过程中可能遇到的"问题",通过理解、分析,解决这些"问题"。

## 3.重视地理信息载体的运用

地理图像以及地理视频、计算机网络都承载了大量的地理信息。教师要充分利用这些地理信息载体,丰富课程内容,优化教学活动。

教师要重视地理图像的利用,通过阅读、使用地理图像和绘制简易地图,帮助学生掌握阅读、观察地理图像的基本方法,逐步发展学生从地理图像中获取地理信息的能力以及利用图像说明地理问题的能力。例如,可以引导学生对比不同地理景观图片来观察不同地区某一方面的地理特征,也可指导学生用地理语言描述或解释地理图像所反映的地理现象。

教师要积极利用地理信息资源和信息技术手段,优化和丰富地理教学活动,促进学生学习方式的转变。例如,有条件的学校,可以利用计算机网络进行有关地域文化、区域旅游业发展等方面内容的教学,指导学生确定学习的主题,在网络上搜集相关的数据、文字、地图、图片、音乐、视频等资料,并进行取舍、整理、归纳,按照学生自己喜爱的方式制作成以多媒体为载体的作品,并在班级内展示、交流。

**经典真题**

(2017下·简答)简述《义务教育地理课程标准(2011年版)》"教学建议"中"重视地理信息载体的运用"的基本内容。

【参考答案】见上文。

## 4.关注培养创新意识和实践能力

地理教学要重视培养学生的创新意识,激发学生的学习兴趣,培养学生独立思考的习惯,鼓励学生大胆质疑并提出自己的观点、看法,为学生自主学习营造宽松的学习环境。

应积极开展地理实践活动,增强学生的地理实践能力。一方面,立足校园开展地理实践活动。例如,利用学生已学习过的地图知识,以"我帮学校做规划"为主题,开展地理实践活动,从而达到构建开放的地理课堂、拓宽学习空间、培养学生热爱学校和保护环境的责任感的目的。另一方面,应提倡开展野外(校外)考察和社会调查,鼓励学生走进大自然、进入社会,使学生亲身体验地理知识产生的过程。

**经典真题**

(2014下·简答)简述对《义务教育地理课程标准(2011年版)》中"关注培养创新意识和实践能力"这一教学建议的理解。

【参考答案】见上文。

## （二）评价建议

地理学习的评价应注重多途径收集信息，准确反映学生地理学习的结果及过程，激励学生有效地学习，帮助教师改进教学。评价时，既要关注学生的学习结果，更要关注学生的学习过程，强化评价的诊断和发展功能，弱化评价的甄别和选拔功能。评价应以本标准中的课程目标和课程内容标准为依据，体现课程基本理念，全面评价学生在知识与技能，过程与方法，情感、态度与价值观等方面的发展与变化。评价应注重评价目标全面化、评价手段多样化，实现形成性评价和终结性评价的结合、定性评价和定量评价的结合。

### 1.根据地理课程目标和课程内容标准定评价标准

**（1）对"知识与技能"的评价**

对地理知识的评价，要依据课程内容标准的行为动词来确定评价的层次要求。例如，对于要求描述、说出的内容，评价标准应定位在评价学生的表达状况；对于要求学会、运用、举例、用实例说明、用图说明的内容，重在评价学生对地理知识的理解与运用的水平和进步状况，即评价学生对地理概念、原理、规律的理解程度以及能否将相关地理知识迁移到具体情境之中。

对地理技能的评价，主要考查学生对地理技能的方法和要领的了解程度，选择应用地理技能的合理程度，运用地理技能的熟练程度。例如，若评价"运用地形图和地形剖面图，归纳某地区地势及地形特点"这一标准要求的地理技能，可以采取安排学生读地形图、完成读图分析题等方式加以评价。评价可围绕以下方面展开：一是考查学生能否利用和激活下图所示的认知结构，评价的重点在于，学生头脑中有无这样的认知结构，如有，则要判断其是否完整和准确；二是评估学生是否有条理、有顺序并能熟练地从地势、地形类型构成和地形分布状况等方面获取信息；三是评估学生能否合理运用从地形图和地形剖面图中获取的信息得出相关结论。

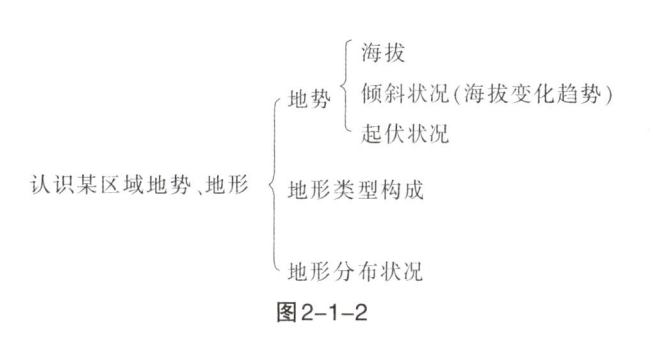

图2-1-2

**（2）对"过程与方法"的评价**

对过程与方法的评价，应以评价学生参与地理学习活动过程的表现以及地理方法掌握与运用的情况为基本目标。

在评价学生参与探究性活动过程的表现时，应重点评价学生：①能否提出地理问题；②能否通过阅读地图、图表等以及通过实地观测与调查等方式收集资料、获得资料；③能否将地理信息资料恰当归类和将地理信息资料绘制成地理图表以及简单的地图；④能否通过分析地理信息资料得出结论并进行检验；⑤参与地理观察与观测、调查、实验、讨论等活动的质量。

**经典真题**

（2017上·简答）简述《义务教育地理课程标准（2011年版）》"评价建议"中"评价学生参与探究性活动过程的表现"应重点评价哪些方面。

【参考答案】见上文。

在评价学生地理方法的掌握与运用情况时,应注重对学生地理观察、区域分析与综合、地理比较、地理实验等常用地理方法的领悟、掌握状况和运用水平进行评价。例如,要检测学生"通过实例,认识不同地域发展水平存在差异"的达成度,教师可先提出探究活动要求,让学生根据地图选出几个代表性的区域并举出实例,说明不同地域发展水平的差异。具体可让学生围绕以下几个问题展开探究:①如何选择代表性区域;②从哪些方面对所选区域进行比较;③从比较中得出什么结论。以上探究活动可以评价学生"地理比较方法"的运用是否合理。为此应当观察学生是否能有效利用地图,是否有条理、有步骤、认真细致地观察地图;要判断学生所选择的比较地域和确定的比较项目是否合理,得出的结论是否正确。通过上述的观察与判断,可以对学生地理观察、比较、区域综合分析等方法的领悟和运用水平做出相应的评价。

**(3)对"情感、态度与价值观"的评价**

评价学生在情感、态度与价值观方面的真实表现和发展状况,应着重评价学生:①是否具有浓厚的地理学习兴趣,是否对地理事物、地理现象具有好奇心;②是否积极主动地与同伴配合参与探究活动,是否在探究过程中有发现问题的意识并大胆质疑;③是否善于提出自己的意见,乐于听取同伴的建议,修正、发展自己的观点;④是否关注地理学与现实生活的密切联系和地理学的应用价值;⑤是否形成初步的人地协调、因地制宜等地理观点;⑥是否关心家乡的环境与发展,关心我国的基本地理国情;⑦是否形成有关环境、资源的保护意识和法制意识以及关心和爱护地理环境的行为习惯。

**经典真题**

(2021下·简答)"情感·态度·价值观"的评价是教学评价的重要组成部分。邓老师遵循《义务教育地理课程标准(2011年版)》"评价建议"中的要求,注意激发学生的地理学习兴趣,鼓励学生大胆质疑;注意引导学生关心家乡的环境和发展,养成爱护地理环境的行为习惯,有效地促进了学生的发展。

写出邓老师遵循的《义务教育地理课程标准(2011年版)》"评价建议"中对"情感·态度·价值观"的评价内容的要求。(10分)

【参考答案】见上文。

**2.评价方法的选择与使用**

评价方法的选择与使用要符合诊断学生的学习质量和促进学生发展的基本目的。知识与技能,过程与方法,情感、态度与价值观目标的达成度要选用不同的评价方法予以考查和评价,因此要发挥不同评价方法的特点,规避其不足。

丰富而准确的评价信息是评价的基础。获取评价信息的方法主要有纸笔测验法、档案袋法、观察法等;相应的评价方法有纸笔测验评价方法、档案袋评价方法、观察评价方法等。

**(1)纸笔测验评价方法**

纸笔测验评价方法是通过学生的书面回答,了解学生学习情况的一种评价方法。运用纸笔测验评价方法评价学生的地理学习状况,试题的质量至为关键,命制纸笔测验试题时应注意以下几点:

①注重对地理基础知识和基本技能的考查,内容主要包括学生对地理位置、地理概念、地理特征、地理空间分布、地域差异等方面的理解,以及学生能否在具体情境中合理应用地理知识。应淡化特殊的解题技巧,不出偏题、怪题。

②突出地理科学的综合性和地域性特点,关注学生整体观念、空间观念、地理视角、地理学科能力等的形成状况,并进行考查。

③有效地发挥各种类型题目的功能。例如,考查学生对于地理事物的记忆能力,可以设计填图、填充、选择类试题;考查学生从具体情境中获取地理信息的能力,可以设计读图、阅读分析类试题;考查学生解决问题的能力,可以设计具有实际背景的试题;考查学生的探究、创造能力,可以设计开放性试题。

**(2)档案袋评价方法**

档案袋评价方法是有目的地收集有关学生学习情况的材料,体现学生在较长时间内在课程的一个或多个领域中所做出的努力、获得的进步和学业成绩的一种评价方法,对于评价学生进步程度、努力程度、自我反思能力及其最终发展水平方面具有重要意义。地理学习档案袋可包括以下内容:学生绘制的地图、制作的模型、收集的地理图片和资料;地理探究活动的过程记录、疑难问题及其解答;学习方法和策略的总结、自我评价和他人评价的结果等。在建立档案袋的过程中,地理教师可以更多地将其作为"反映学生进步"和"展示学生作品"的工具,应十分注重在评价过程中学生的参与。学生与教师一样是最重要的评价主体。此外,家长、管理者等也可以参与档案袋的评价。

**(3)观察评价方法**

观察评价方法是评价者根据学生在地理学习中行为表现等的观察记录,对照事前制定的标准进行评价的方法。观察评价方法适用于评价学生:①参与一般地理学习活动的表现,如在口头表达、描绘地图、绘制地理图表、读图分析等一般地理活动中的表现;②在提出地理问题、收集地理信息、讨论、实地观察与观测、真实性情境的问题解决等地理探究活动中的表现;③地理方法掌握与运用的状况,如区域比较、区域综合分析等方法的掌握与运用;④在情感、态度与价值观方面的真实表现和发展状况。

**3.评价的实施**

评价应注重过程性评价,把评价渗透到地理教学过程的各个环节之中,克服"一张考卷定终身"的弊端。建议对学生的答问、演讲、绘图、读图与分析、观察与观测、调查、制作等各种活动都进行评价,使评价过程变为教育过程。

由于学生的心理特征、学习形式和学习特点存在差异以及各种评价方法存在不足,因此评价应采取多种方法。

要重视多元评价,调动学生自评和互评的积极性,鼓励学生主动参与评价;要对学生学习的全过程进行综合评价,而不是对学生进行一次性的、部分内容或部分项目的评价。地理学习评价建议采用评语和等级、评分相结合的方式。

**4.评价结果的解释**

评价结果的解释就是通过对利用评价工具所获得的信息和数据进行分析处理,得出评价结论。评价结果的解释重点应放在学生在学习过程中的变化上,在于"发现闪光点、激励自信心"。评价结果的解释须对学生在学习过程中的变化做出多角度和较为全面的评价。要随时关注学生在学习过程中的表现与反应,给予必要的、及时的、适当的鼓励性、指导性评价。评语既要简练、中肯、有针对性,又要富于感情、有重点、不求全责备,使学生准确了解自己的学习结果,知道以后的努力方向。

给学生做出评价的最终目的是为学生的成功学习创造良好的心理环境,使学生从评价中得到成功的体验,从而激发学生的学习动力,使他们积极参加学习活动,以达到促进学生发展,提高教育质量的目的。

### (三)教材编写建议

地理教材包括地理教科书、地理教师用书、地理图册等。

地理教科书的编写要以本标准为依据,充分体现地理课程的基本理念,全面落实地理课程内容标准的各项要求,使地理教科书成为教师创造性教学和学生主动学习的最基本的教学资源。

**1. 建立合理的内容结构**

地理教科书的编写应对课程内容标准进行合理组合,建立有利于学生学习的内容结构体系,而不必拘泥于区域地理的学科体系。

世界地理和中国地理的"认识区域"部分,教科书编写者选择区域时,既要注意区域的典型性、独特性,也要注意区域组合的覆盖面,适当分散难点,注意知识再现。

**2. 选择联系学生实际、反映时代特征的素材**

地理教科书教学内容的选择与组织,应联系生产和生活实际,尤其是发生在学生身边的地理事物、地理现象和地理问题,体现"学习对生活有用的地理"和"学习对终身发展有用的地理"的课程基本理念。地理教科书的编写应反映时代特征,体现社会主义核心价值观,密切关注地理科学和教育科学的发展、国家和社会的发展以及学生群体的发展,不断积累素材,及时加以修订。

**3. 设计有一定弹性的教学内容**

地理教科书的编写应注意我国各个地区在自然、社会、经济、文化、教育等方面的差异,充分考虑地理教科书的地区适应性。

地理教科书教学内容的选择与组织也应具有不同层次和一定的弹性。例如,可适当安排一定数量的选学、自学和阅读内容,以满足不同学生的学习需要。

**4. 突出能力培养,发挥教科书的学习引导功能**

地理教科书的编写要注重对学生地理学习能力的培养,发挥地理教学方法的指导作用,体现课程基本理念所提倡的探究学习方式。采取的形式可以有多种,例如,可以设计探究式的学习活动,引导学生在探究活动中学习新内容;可以将有些内容设计成开放式的,不直接提供结论。

**5. 采用符合学生身心特点和接受能力的内容呈现方式**

地理教科书的编写应从学生身边的或熟悉的地理事物入手,课文要简明、通俗、科学、直观、生动、亲切,活动的设计要密切联系学生现实生活的经历和体验,难易程度恰当;提倡多使用地图以及剖面图、景观图、示意图、遥感图等图像;采用一些能激发学生思索、富于启发性和趣味性的问题导入;设计一些学生感兴趣、易于操作、有创意的活动和练习;安插一些引人入胜、拓展知识的地理小故事。

### (四)课程资源开发与利用建议

充分开发、利用地理课程资源,对于丰富地理课程内容、增强地理教学活力具有重要的意义。

**1. 建设学校地理课程基本资源库**

通过调查,掌握学校地理课程资源的情况,分门别类建立地理课程资源档案,并逐步建立基本的地理课程资源库。

教科书以及教学所需的地图库、地理挂图、地理模型、地理标本、实验器材、图书资料、电教器材、教学软件、教学实践场所等,都是学校重要的地理课程资源。其中必备的教具、设备和教学用图有:地球仪、三球仪、等高线地形模型、幻灯机、投影机、岩石和矿物标本、东西两半球图、中国政治地图、世界地形图、本省(自治区、直辖市)地图、本县(市)地图、世界地理景观图片、中国地理景观图片。

应注意地理课程资源的积累和更新。除添置必要的地理教学图书、设备、软件外,还可以自制各种地理教具、学具,开发各种地理教学软件,不断扩大地理课程资源库的容量,提高地理课程资源库的质量。有条件的学校可以配备地理专用教室、地理园等,以适应社会发展、科技进步和地理教学自身发展的需要。

**2. 利用学生学习的经验资源**

教师要结合学校的实际和学生的学习需求,充分利用学生自身的经历和体验。

教师应鼓励和指导学生组织地理兴趣小组,开展野外观察、社会调查等活动;指导学生编辑地理小报、墙报,布置地理橱窗;引导学生利用学校广播站或有线电视网、校园网传播自编的地理节目。教师应尽力在课堂教学中充分运用学生的这些学习和实践成果。

**3. 开发社会地理课程资源**

校外地理课程资源丰富多样。学校所在地区的各种自然和人文地理事物,都是学校地理课程资源库的重要组成部分,包括青少年活动中心、图书馆、科技馆、气象台、天文馆、博物馆、展览馆和主题公园;科技单位、大专院校和政府部门;广播、电视、报刊等信息媒体;区域自然景观和人文景观等。要加强与社会各界的沟通与联系,寻求多种支持,合理开发利用校外地理课程资源。

要创造条件组织学生走进大自然,参与社会实践,开展参观、调查、考查、旅行、夏令营、冬令营等活动;也可邀请有关人士到学校进行演讲和座谈;有条件的地区可创造地理实习基地。

**4. 利用计算机网络资源**

有条件的教师可以从计算机网络上获取各种适用于地理教学的电子资源,如地理文字资料、地理图像、地理视频、地理动画、地理书刊、电子教案等。网络资源的特点是形式多样、数量巨大、获取方便、内容新颖、成本较低,是地理教学极为重要的资源库。教师还可以借助网络资源丰富教学方式方法,引导学生主动利用网络资源学习地理。

教师在开发、利用地理课程资源时,要注意所选资源的科学性、思想性、适宜性,充分、合理、有效地利用现有课程资源,积极开发新的课程资源,提倡校际地理课程资源的共建和共享,为创造生动、丰富、有效的地理教学活动服务。

# 第二节 课程标准解读

## 一、初中地理课程的地位和特点

### (一)初中地理课程的地位

根据《义务教育地理课程标准(2011年版)》的内容,初中地理课程是一门旨在帮助学生掌握基础的地理知识,获得基本的地理技能和方法,了解环境与发展问题,增强爱国主义情感,初步形成全球意识和可持续发展观念的必修课程。

初中地理课程的学习有助于学生感受不同区域的自然地理、人文地理特征,从地理的视角认识和欣赏我们所生存的这个世界,从而提升生活品位和精神体验层次,增进学生对地理环境的理解力和适应能力;有助于学生形成正确的情感、态度与价值观及良好的行为习惯,初步培养学生应对人口、资源、环境与发展问题的能力。这必将为国家乃至全球的环境保护和可持续发展培养活跃的、有责任感的公民做出积极贡献。

### (二)初中地理课程的特点

#### 1.区域性和综合性是初中地理课程的显著特征

初中地理课程的区域性表现在将区域地理作为主体内容,为学生提供了综合性学习的载体,让学生感知地理环境,引导学生"学习对生活有用的地理",开阔学生的视野,培养学生的地理学习兴趣、全球意识及热爱祖国、热爱家乡的情感,使学生初步树立可持续发展的观念。

地理课程和地理科学讲授、研究的地理环境由大气圈、水圈、岩石圈、生物圈所构成,是地球表层各种自然现象、人文现象有机组合而成的复杂的综合系统。综合系统中的各个地理要素互相联系、互相影响、互相渗透,且当综合系统中的某一个地理要素发生变化时,其他地理要素也会随之改变。

#### 2.初中地理课程的思想性、生活性和实践性

地理课程的区域性和综合性是地理课程独特的特点,而思想性、生活性和实践性也是地理课程的特点,但不是独特的特点,其他学科也可以有这些特点。

##### (1)地理课程的思想性

地理课程的思想性在以下两个方面的表现较为显著。

①地理课程蕴含热爱祖国、热爱家乡等思想教育内容。

②地理课程具有环境教育和可持续发展等核心论题。

培养学生热爱祖国、热爱家乡的情感,这是地理课程的光荣传统。将保护环境和可持续发展思想战略作为课程内容的一条主线,把所有的课程内容串联起来,是地理学科的特色。

**（2）地理课程的生活性**

地理课程的生活性表现在课程内容紧密联系生活实际，突出反映学生生活中经常遇到的地理现象和可能遇到的地理问题，这有助于提升学生的生活质量和生存能力。这是由于地理课程有利于增强学生的生活能力，更大程度地满足学生的生存需要，能够帮助学生正确地认识、比较、选择生活环境，提高应对未来生活的生存能力。

**（3）地理课程的实践性**

地理课程是一门实践性很强的课程，含有丰富的实践内容，例如地理观测、仪器操作、社会调查、乡土地理考察等。地理课程的实践性对于培养学生的各种地理能力极为有利。实践活动可以培养学生的观察力，使学生积累地理表象，丰富其地理感性知识。

## 二、初中地理课程的内容设计

地理课程内容选择及其体系结构的设计，应建立在人地关系、区域系统的基础上，做到基础性与现代性的统一，知识掌握与能力发展的统一。从地理课程内容的选择、组织来看，需要以可持续发展为主题，以人地关系协调为主线，紧扣人口、资源、环境、发展等重大问题，培养学生正确的人口观、资源观、环境观和发展观。初中地理课程要求学生掌握基础地理知识，获得基本的地理技能和方法，了解环境与发展问题，增强爱国主义情感，初步形成全球意识和可持续发展观念。结合地理科学的发展，地理课程的构建可从四个侧面入手：①地理事物的空间分布及其原因。②地理事物之间的相互联系以及地区差异。③地理事物发展变化的规律。④人与地理环境的相互关系、内在机制和发展变化。

初中地理课程应当设计成学生喜爱的课程，对生活实际和今后发展有用的课程，充满着自然奥秘和科学情趣的课程，沟通学生与大千世界的课程。

新课程标准关于课程内容的设计，并不追求地理学科知识的系统性和完整性，而以人地关系协调为核心，以重要地理问题为切入点。关于地理技能学习方面，新课程标准只是列出了一些基本地理要素、基本地理技能，其余技能均由地理教材编写者和教师选择。关于地理区域学习方面，新课程标准只是规定了少数区域，其他区域均由地理教材编写者和教师选择。

## 三、初中地理课程的基本理念

### （一）学习对生活有用的地理

地理课程选择与生活密切相关的地球与地图、世界地理、中国地理和乡土地理为基础知识，引导学生在生活中发现地理问题，理解其形成的地理背景，提升学生的生活品位，增强学生的生存能力。

**1. 初中地理教学要选择与日常生活密切联系的知识**

"与日常生活密切联系"是指学生掌握了这些地理知识和地理技能，可以用来解释生活中的现象或解决生活中的问题。例如在气温日较差很大的青藏高原，牧民们往往穿一个胳膊可以露出来的"不对称"的大袍；在炎热的阿拉伯地区，人们喜欢穿白色宽松的长袍；在我国北方地区的寒冷的冬季，人们喜欢穿深色的皮毛制服。又如我国内蒙古草原的牧民多住蒙古包，黄土高原的居民住窑洞，北方居民房屋内有土炕，南方炎热地区的少数民族民居以竹楼为主。这些均可利用地理知识来解释。

用地理知识理解和解释生活现象可以提高学生的生活情趣，有助于学生学会欣赏不同地方的生活，提高自己的生活品位。

如果学生能够用他们在地理课堂上学到的知识和技能来解决现实生活中的地理问题并指导自己的生活，其学习的就是"对生活有用的地理"。

**2.初中地理教学要与人们的生产活动密切联系**

生产活动，特别是农业生产活动与地理环境密切相关。了解和掌握农作物的生长习性和各地地理环境的特征，可以避免不必要的损失与浪费。如在暖温带地区要引进茶树必须考虑冬季极端气温过低的问题。只有采取一定的措施，保护茶树过冬，才可以获取一定的经济效益。

**3.初中地理教学要有助于提升学生的环保意识**

随着人们对环境问题认识的加深，地理教学对提高公民的环境意识发挥着越来越重要的作用。地理课不仅能帮助学生树立保护环境的意识，还能帮助学生建立起环境价值观等新的价值观念，为全民行动建设美好的"地球村"做贡献。

## （二）学习对终身发展有用的地理

地理课程引导学生从地理的视角思考问题，关注自然与社会，使学生逐步形成人地协调与可持续发展的观念，为培养具有地理素养的公民打下基础。

**1.地理课程内容要选择能够帮助学生形成"地理的视角"的知识**

"地理的视角"是指从地理学的角度看待问题和思考问题。初中阶段不要求学生有很专业的地理视角，但是要求学生遇到问题时，能够联系地理课程所学习的内容与方法进行分析、判断。能够帮助学生形成"地理的视角"的知识主要有两方面：一是地理基础知识，二是地理的观念。在初中地理课程中，与"地理的视角"有关的知识和观念主要包括人与环境相互影响的观念、因地制宜的观念、初步的环境伦理观念、可持续发展观念、全球化观念等。

**2.地理课程内容要选择有助于学生提高人文素养的知识**

人文素养中最重要的是爱国主义精神，而地理课程在这方面更具有独特优势。同时，地理知识中所涉及的大量自然美、社会美的内容，能够丰富学生的精神世界，培养其审美情趣与自身内在美的气质。爱国主义的知识、地理美育的知识都体现了"对终身发展有用的地理"。

**3.地理课程内容要选择培养学生地理学习意识和地理学习能力的知识**

与地理学习意识和地理学习能力有关的知识是对学生终身发展有用的知识。地理学习的意识就是在遇到新的地理事物时，马上想到要去了解、要去探索，也就是能够主动学习地理。

地理学习能力包括从各种地理知识载体获取信息的能力，领会地理信息的含义并将其表达出来的能力，发现地理问题的能力，处理与运用地理信息的能力，在新的环境下灵活使用所学知识的能力，进行地理分析、综合和判断的能力，独立思考的能力，进行地理选择和地理决策的能力等。

在初中阶段，有目的、有层次地交给学生一定的地理学习方法，不仅对学生的地理学习有重要的作用，还对学生高中地理的学习以及以后终身的学习都具有重要影响。

### (三)构建开放的地理课程

地理课程着眼于学生创新意识和实践能力的培养,充分重视校内外课程资源的开发利用,着力拓宽学习空间,倡导多样的地理学习方式,鼓励学生自主学习、合作交流、积极探究。现代开放式地理课程具备以下基本特征:

**1.综合性与复杂性**

无论是地理现象,还是地理过程,无论是我们可以直接认识的,还是间接认识的,都可以作为地理课程资源。因此,地理课程资源具有综合性特征。同时,由于地理环境的组成要素与影响因素以及变化过程存在着区域差异,各地的地理课程资源各不相同,这形成了地理课程资源的复杂性特征。地理课程要充分重视校外课程资源的开发利用,形成学校与社会、家庭密切联系,教育资源共享的开放性课程,从而拓宽学习空间,满足多样化的学习需求。

**2.实践性**

地理环境要素中,有的是显性的,如地形、植被;有的则是隐性的,如部分气候要素;有的变化剧烈,如火山、暴雨;有的变化则极为缓慢,如风化等地质作用。但是,在某段特定的时间内,这些变化所处的状态都是能观测到的,有的甚至可以预见到。这就决定了地理课程资源的实践性特征。课程资源这一特征要求我们教学时要紧密联系实际,把课程与生活、生产实践结合起来。如了解有关地球运动的知识之后,就能初步解释正午太阳高度的季节变化。

**3.生成性**

课程资源包括预设性资源与生成性资源。生成性资源指通过课堂教学中师生互动、生生互动、师生与文本对话等活动,在课堂上即时产生的课程资源,也称动态生成资源。同时由于这些资源是即时生成的,相对教师教学准备的资源(预设性资源)而言,人们称之为生成性资源。

生成性资源的种类很多,有内生性的,也有外生性的;有显性,也有潜在的。我们认为,主要的生成性课程资源有内生性的和外生性的。内生性的是指通过师生对已有课程资源的进一步挖掘而形成的新的课程资源,如对某一地理过程或事物的不同认识就形成了一定的生成性资源。师生、生生之间的讨论都可形成生成性资源。外生性的是指通过对已有资源以外的资源的挖掘而形成的课程资源。学生已有的经验与体会是重要的外生性资源。

地理课程资源从教科书扩展到学校地理课程资源与社会地理课程资源;学习场所从教室扩展到家庭、社区及其他空间;学习时间从课堂延伸到课下。所有这些以及学生学习方式的开放、学习媒介的开放、评价方式的开放都说明地理课程是一门开放的课程。开放性的另一种表现是灵活性。这种灵活性包括课程结构的重构性、课程内容的生成性、课程实施形式的多样性。

### 四、初中地理课程的培养目标

初中地理课程的总体目标是掌握基础的地理知识,获得基本的地理技能和方法,了解环境和发展问题,增强爱国主义情感,初步形成全球意识和可持续发展观念。

这个总目标是一个宏观的、综合的、粗泛的目标。为了进一步明晰这一目标,课程标准从"知识与技能""过程与方法""情感、态度与价值观"三个方面进行细化,但这三个方面在实施过程中是一个有机的整体,不能机械、教条地进行分割。

### (一)地理课程目标概述

课程目标是学科课程对学生在培养与发展方面所期望达到的程度。在《义务教育地理课程标准(2011年版)》中,除了说明课程总目标外,还包括"知识与技能""过程与方法""情感、态度与价值观"三个领域的分目标。

对于地理教师而言,课程目标既是制定课时教学目标与编写教案的重要依据,也是课堂教学策略与教学行为的遵循依据。它不但凸显了基础教育新课程培养目标的总精神,而且涵盖了地理课程的内容范畴与认知要求。

### (二)地理课程目标与教学目标的关系

地理课程目标是教育部按照国家规定的教育方针对地理教育提出的总要求,对地理教学提出的基本规范,是全国各地中学地理教学都应遵循的统一标准。

地理教学目标是地理课程目标的具体化。它既是地理教学的出发点,也是地理教学的归宿或者说是教学的灵魂,支配着整个教学过程,规定着教学的方向。它是教师在课程目标要求下依据课程内容"标准",详细定义、描述的课时结束时的预期教学效果。这种预期效果主要是通过学生学习结束后的表现反映出来的。地理教学目标是对地理教学预期的学生学习结果的描述,也就是对地理教学活动后学生应该发生的知识、能力、情感、态度等的变化所进行的表达。

### (三)地理课程总目标解析

#### 1.掌握基础的地理知识

就地理课程知识范畴而言,基础的地理知识包括地球与地图、世界地理、中国地理与乡土地理的知识;就知识本质而言,基础的地理知识包括空间分布、空间差异、空间联系、空间演化;就知识分类而言,基础的地理知识包括地理陈述性知识、地理程序性知识、地理策略性知识等方面。基础地理知识是奠基的、主干的、具有生长点的地理知识,也是对生活有用、对学生终身发展有用的地理知识。掌握基础地理知识,就要重视地理表象与地理概念的形成。而要形成地理表象与地理概念,就要运用"先行组织者"策略,关注地理感知过程;就要循序渐进,从对地理事实的了解升华为对地理特征、地理成因、地理规律的认识;就要活化知识,不仅"会学"基础地理知识,而且"会用"基础地理知识。

#### 2.获得基本的地理技能和方法

知识与技能是一对孪生兄弟,它们相互依存,不可或缺。一个学生仅记住一些死知识而缺乏技能,其知识结构是不健全的。地理技能和方法属于方法论范畴,它具有实际的操作功能,不仅可以被运用于地理知识的学习过程,而且可以被运用于地理知识的应用领域。获得基本的地理技能和方法的过程,对于提高学生的实践能力与创新能力及探究能力是十分有益的。

#### 3.了解环境与发展问题

义务教育地理课程总目标要求地理课程能够让学生了解当代的环境与发展问题。目前人类所处的生存环境极其复杂。自然环境面临由全球气候变化而引发的各种接连不断的灾害。臭氧空洞、生物多样性遭到威胁、水土流失与荒漠化、自然资源短缺等问题日益严重。人文环境则面临人口爆炸、民族矛盾、地区冲突、癌症肆虐、污染加剧、食品安全等问题。同样,当今社会存在各种发展问题,例如区际经济差异悬殊、资源利用不合理、产业结构老化、城乡结构不合理、地区结构不平衡、地域文化流失、区域生态恶化等。了解这些问题对于培养21世纪思想活跃且具负责精神的公民是十分重要的。

**4.增强爱国主义情感**

如果说历史课程是按照"时间线索"来叙述祖国的来龙去脉,从而培育学生爱国之心的话,那么地理课程就是根据"空间特征"来描绘祖国的风貌景观,从而激发学生的爱国之情的。地理课程要向学生展示一幅真实、生动的中国地理画卷,既要深情介绍壮丽河山、富饶物产,又要坦诚揭示国情之殇、问题所在。比如,在讲述我国气候优越性时,也要讲季风气候的弊端;在歌颂三峡工程伟大成就的同时,也要指出工程对生态造成的不利影响;在宣扬我国"地大物博"的同时,也要有自然资源"总量大、人均少"的忧患意识。我们不能认为讲问题有悖于爱国主义教育,而实事求是讲问题恰恰是对祖国的热爱与负责。

**5.初步形成全球意识和可持续发展的观念**

这一课程目标的提出具有时代精神与战略眼光,其内涵是要培养具有国际视野与竞争合作精神的一代新人。全球意识是一种将研究对象放到全球背景下考察的思维方式,具有将宏观思维与微观思维相结合的特点。目前,要解决人口、资源、环境与发展问题,必须走可持续发展的道路。可持续发展的观念已经成为现代公民必备的地理素养。地理课程肩负着培养学生这一"意识"与"观念"的光荣任务。

# 第二章　地理教学知识

## 考情分析

本章内容重在理解与应用,主要考查教学方法、教学技能、教学媒体等相关知识及其运用,考查题型主要为简答题和材料分析题。考生需要理解相关的教学理论,并能够结合教学情境进行具体分析。

## 考点精讲

## 第一节　地理教学方法

### 一、地理教学方法概述

#### 1.地理教学方法的概念

地理教学方法,是指在地理教学过程中,教师和学生为实现地理教学目的,根据特定的地理教学内容,而采取的教与学相互作用的一系列活动方式、步骤、手段和技术的总和。

#### 2.地理教学方法的分类

对目前情况下中学地理课堂教学采用的方法进行分类,地理教学方法大致可分为以语言传递信息为主的方法、以直接感知为主的方法、以象征符号认知为主的方法、注重学生实践活动的方法、注重学生探究学习的方法和注重学生合作交流的方法六大类。

表2-2-1　地理教学方法的分类

| 方法 | 内容 |
| --- | --- |
| 以用语言传递信息为主的方法 | 讲授法(包括讲述法、讲读法、讲解法)、谈话法(包括启发式谈话法和问答式谈话法)、读书指导法、板书笔记法 |
| 以直接感知为主的方法 | 演示法、参观法等 |
| 以象征符号认知为主的方法 | 地图法、"纲要信号"图示法等 |
| 注重学生实践活动的方法 | 调查法、观测法和实验法等 |

(续表)

| 方法 | 内容 |
| --- | --- |
| 注重学生探究学习的方法 | 发现教学法、案例教学法等 |
| 注重学生合作交流的方法 | 合作学习法、讨论教学法、角色扮演法等 |

## 二、常见的地理教学方法

### (一)讲授法

讲授法是教师通过口头语言向学生讲述、讲解、讲读地理知识,发展智力的教学方法。它是目前地理课堂教学中普遍使用的重要方法。

#### 1.讲授法的优缺点

讲授法的优点:①信息量大,教师可以在短时间内将系统完整且逻辑清晰的知识传授给学生。②能启发学生的思维。教师通过设疑、假设、联想等方式创设情境,通过提问引导等可启发学生的思维,使学生积极参与课堂。③适应性和灵活性强。讲授法基本不受教学条件、课型等的限制。

讲授法的局限性:①采用讲授法,学生大多被动接受知识。如果一节课仅采用讲授法,会忽视学生的主体地位,容易影响学生学习的积极性和主动性。②采用讲授法,不能使学生获得直接经验,在一些地理教学中效果不佳。③讲授法不利于学生学习能力的培养和地理技能的掌握。

#### 2.讲授法的注意事项

①有明确的教学目标,突出重点。②把握讲授内容的科学性、思想性和系统性。做到讲授逻辑清晰、知识结构严谨、条理分明,语言表达规范、准确、精练,衔接过渡自然、前后呼应。③注意讲授的启发性、艺术性和趣味性。根据学生的特点,讲授要注意启发学生的思维,激发学生的兴趣,深入浅出、通俗易懂。④注意与其他教学方法融合,恰当运用板书、板画、多媒体、演示、实验等直观辅助手段。

### (二)谈话法

谈话法即回答法,指教师通过问答的形式引导学生对问题进行回答。谈话法有问答式和启发式两种类型。

问答式谈话法是"一问一答"的教学方式。启发式谈话法是教师提出问题,需要学生思考后再回答。

#### 1.谈话法的优缺点

优点:①有利于检查教学效果,及时获得反馈,以便针对教学中的不足,及时补充和改进。②利于突出重点和突破难点,利于教师调控教学。③具有一定的引导作用和探究性。教师启发性的、问题链式的提问,推动学生思维逐步深入,使学生逐步获得知识。

缺点:占用时间多、参与人数少,不能发现每个学生的问题。

#### 2.运用谈话法应注意的问题

①问题设置的目的和问题结论的作用要明确,避免无效提问。

②问题要明确、具体,避免出现让学生无从回答和产生歧义的问题。

③问题设计的难度要循序渐进,可以问题链的形式进行。

④问题要有针对性,且能顾及大多数学生的学习情况。

⑤教师要发挥主导作用、把控课堂。教师要能够应对学生回答,及时调整问题,引导学生思考,调控教学过程,不被学生牵引,不偏离教学内容。

### (三)演示法

演示法是教师展示各种实物、直观教具,或者进行示范实验,使学生获得地理事物感性认识的方法。

在地理教学中运用的直观演示,主要有地理挂图、图片、照片等的演示;地理实物、标本和模型的演示;幻灯、视频、电影的演示;计算机模拟演示;地理实验的演示(地图的演示已归类在以象征符号认知为主的方法中)。

优势:这些直观演示手段,有的反映了地理事物的直观形象,能体现地理事物的特征等;有的具有立体感和动态感,画面多、容量大,能激发学生学习地理的兴趣;有的能再现地理事象发展变化的过程,揭示地理原理、成因,因而在地理教学过程中具有独特的作用。

运用演示法应注意以下几点:①和讲述法、讲解法、谈话法等以语言传递信息为主的方法紧密结合起来运用,注意各种方法的穿插和渗透。②演示的时间要及时,根据教学进程在适当的时候展示,并及时撤下,以免学生提前或迟迟地沉湎于演示中非关联内容的细枝末节。③演示的内容一般要选择教学中的重点或难点内容,以利于教学重点、难点的解决;演示内容的地理性要强,避免演示的重点内容过多的是其他学科的内容。④演示必须突出地理事物的主要特征,防止学生把注意力分散到次要或无关的问题上去。⑤演示各种教具或实验,在数量上和时间上要注意适量。除了专门组织学生观看电影、电视或实验演示课以外,一般每堂课的演示不宜过多。此外,演示和学生的操作、练习也要密切配合。

### (四)参观法

参观法是教师根据教学任务要求,组织学生到自然界或社会场所,通过对自然、人文地理事物的直接观察而获得知识的方法。

内容:地理教学参观的内容很多,如对山川湖海、名胜古迹、植物园、动物园、博物馆、工厂、矿山、商场、港口、道路、农场、乡村等各种自然或人文地理事物的观察、参观。

优势:参观法以大自然、人类社会为活教材,能打破课堂和教科书的束缚,扩大学生的视野,是理论联系实际的重要方法,其主要目的在于到大自然和社会实践中去感知直接知识、验证间接知识。

运用方法和注意事项如下。

采用参观法时,需要明确参观的目的和要求,制订出参观的计划和步骤,注意收集必要的参考资料。

在参观前,教师要教给学生观察的顺序和方法,尽量发挥学生多种感官的作用;参观过程中,教师要引导学生把注意力集中到重点观察对象上,把感知与理解结合起来,从多方面观察、认识对象,要尽可能地鼓励学生自己独立观察,做好参观的记录;参观结束后,要指导学生写好参观报告或总结,也可通过讨论、谈话等多种形式,让学生把观察到的现象与书本知识联系起来,使参观真正起到让学生获得感性知识,以及验证、理解、掌握有关知识的作用。

## (五)地图教学法和图像教学法

### 1.地图教学法

地图教学法是指教师通过地图(包括地球仪)、剖面图和其他示意图,传授地理知识、培养学生读图用图技能、发展学生记忆能力和空间思维能力的教学方法。

指导学生阅读地图时,教师需要求学生由看懂地图到熟悉地图(在头脑中形成地图表象),由熟悉地图到能分析、运用地图,逐步做到"观其'图'而知其'地',知其'地'而求其'理'"。

地理教学与其他学科教学相比,其显著的特点之一就是运用地图进行教学。地图不仅是教材的重要表现形式和教学的最主要的直观教具,还是用以教学的最重要的方法之一。地图教学法的作用如下。

**(1)帮助学生获取各种地理事物的空间分布知识**

利用地图可以帮助学生理解、掌握教师讲授的各种地理事物的地理位置,获取分布知识。掌握地理事物的空间分布,是学好区域地理的基础和前提。讲授一个国家或地区时,应首先确定其地理位置,然后说明它的自然和人文地理各要素的分布及其规律。地图教学法在帮助学生树立空间概念,加深对地理事物的空间理解,获取各种地理分布知识方面有很大作用。

**(2)有助于学生获取对各种地理事物和现象的感性认识**

地图、示意图等直观、形象,可以表示各种地理事物的分布和形态,利于学生获得感性知识,掌握地理知识。

**(3)有助于学生了解地理事物和现象的相互联系及其规律性**

用地图教学法进行教学,直观、简明,有助于阐明地球表面各种地理事物和现象的分布、结合及相互作用的规律性,使学生获得地理理性知识。

**(4)培养学生的观察、想象、思维能力及读图、用图能力**

运用地图教学法,教师引导学生通过观察和想象,把各种地图符号具体化;引导学生通过分析,把各种地理事物和现象联系起来,找出它们之间的关系和发展变化的规律,有利于学生观察力、想象力和思维能力的发展。与此同时,学生的读图、用图能力得到发展。

**(5)可以使课本中的文字阐述具体化,便于教学**

地图与文字相比,有较强的表现力,使课本中的文字阐述具体化,便于学生理解和记忆,同时省去教师很多不必要的描述,便于教学,提高教学效率。

### 2.图像教学法

地理图像教学是通过运用地理图像的方式进行教学的方法,是地理教学中一种非常重要的教学方法。地理图像包括各种地图、景观图、统计图表等。

图像教学的特点:①直观性强。可以通过图中的图形、颜色、图像等反映地理事物。②呈现信息量大。可以反映各种地理要素信息及要素之间的关系等。③利于能力培养。学生从图像中提取各种信息、综合分析各地理要素等,有利于培养信息提取能力和综合分析问题的能力。

### (六)实验教学法

地理实验教学法是指学生在教师指导下,通过实验得出结论,从而完成既定学习任务的教学方法。

优势:在中学地理教学中,实验教学法是使学生获得地理知识的重要手段之一。实验教学法可以使学生获得一定的直接经验,使学生受到规范的实验锻炼,更重要的是使学生认识到在科学研究中实验是获得科学结论最为重要的途径。

#### 1.地理实验教学的开展、分类和设计要求

教学中可以利用实验导入新课,创设学习情境,突破重难点等。

按照实验的性质,可将实验分为演示实验(利用地理实验器材,采取演示手段,使学生获得对地理事物的感性认识,如物体水平运动的方向发生偏转的演示实验)、探究实验(由教师或学生提出问题,学生设计实验方案,自己动手进行实验,同时教师给予指导)和观察、测算、制作类实验等。根据实验地点,可将实验分为课内实验和课外实验。根据使用仪器和材料的不同,可将实验分为真实实验(如沉积物的分选实验)和模拟实验(如用计算机模拟大气运动、水循环和流水侵蚀地貌的形成等)。

地理实验设计的基本要求是简易性、针对性、典型性、直观性和启发性。

#### 2.地理实验教学法的意义(优势)

在地理教学过程中,可尝试将"实验教学"引入地理课堂。地理教学中的实验类似于理化生课程中的实验。实验教学能将抽象的知识转化为易于理解的内容,使学生易于掌握有关知识和技能;能培养学生的观察力、想象力、动手能力、创新能力、分析和解决问题的能力等;利于使学生养成实事求是和严谨认真的科学态度,掌握科学的方法。适度、适时地将实验教学引入课堂,对提高教学质量和激发学生学习兴趣也会起到重要的作用。

演示实验,如演示地球的运动,通过制作仪器和课件、操作演示,可培养学生的观察能力、分析和思考问题的能力、动手制作能力和正确运用现代教育技术的能力。抽象的知识,如地球的运动、洋流的形成、大气的运动、风的形成等,如果结合一些实验,会有助于学生对知识的理解。学生通过亲自动手或亲自观察实验现象所得到的认识具体、深刻。设计一定的实验情景还有利于培养学生的探究欲望。

探究实验,如城市风的形成,一般过程为:实地调查与观察→实验分析→获取信息→整理信息→学生相互讨论→师生共同探究→得出结论。实验可使学生更好地理解、记忆和掌握知识。实验的锻炼有利于学生掌握解决问题的方法。在这个过程中,学生的实地观测、考察、调查和社会访问能力,地理信息的搜集与诠释能力,地理环境条件的分析与研究能力,运用所学地理知识分析、解决实际问题的能力,实验探究能力等得到培养。实验中的生生合作、师生合作、师生与社会的交往与合作,可培养学生的交往、合作与发展能力。

#### 3.地理实验教学需要遵循的原则

(1)开放性

地理实验教学的开放性体现在:在实验的设计上,要紧密联系生活;在实验内容上,要以现行教材为标准,又要充分发掘课内外的教学资源;在实验形式上,要力求发挥学生的主体性,让学生在实验中进行探究学习和合作学习。开放性学习要求学生自主设计实验,制定实验步骤并得出结论。

**(2)科学性**

实验教学一方面要求教师科学设计实验活动,另一方面要求教师要引导学生科学地学习。教师在进行实验教学时,首先要有明确的实验目的与要求;其次要依据教学的规律和学生的特点,进行恰当的引导与组织,引发学生思考和讨论;最后引导学生得出准确的实验结论。

**(3)可操作性**

实验教学中所设计的实验要简单易操作。因为实验本身不是教学的目的,地理实验的目的是让学生通过实验去掌握地理知识和地理规律。

### (七)发现式教学法

发现式教学法是指教师通过提供适于学生进行知识"再发现"的问题情境和教材内容,引导学生积极开展独立的探索、研究和尝试活动,以发现相应原理或结论,从而培养学生创造能力的方法。发现式的教学策略主张教学过程是在教师的指导下,学生发现知识规律的过程。教师在教学过程中仍始终起着主导作用。

发现法教学过程程序:提出问题→进行假设→验证假设→总结提高。

发现式教学法的优点:①培养学生探索问题和发现规律的主动性。②让学生在课堂上探索和发现地理规律和原理,不仅使学生认识到地理是一门对生活有用的科学,引起他们的地理学习兴趣,而且通过学生的发现式学习,能培养他们的观察力、想象力和思维能力,增强其记忆。③利于学生掌握科学探索的方法。

发现式教学法运用的注意事项:①向学生提供确凿、丰富的地理事实材料,完备他们解决地理问题的知识储量。②创设情境,使学生"身临其境",积极探索。③加强教师启发指导。④该方法一般适宜用地理事实等来解决地理问题的课题内容。⑤可与其他教学方法相结合。

### (八)案例教学法

案例教学法遵循理论联系实际的原则,根据教学目标和教学内容的要求,在教学过程中引入案例(案例就是以一定的媒介,如文字、视频素材等为载体,内含丰富教育教学问题的实际情景),引导学生自主地运用知识,对具体的案例进行深入剖析、思考、辩论,让学生自主地在特定教学情景中发现问题、分析问题、解决问题,是培养学生综合能力的一种开放式教学方式。其操作流程为"提出案例→分析案例→拟订方案→归纳总结"。

**1.案例教学法的步骤**

**(1)提出案例,以例激趣**

所选的案例应该能揭示普遍性的地理规律,使学生轻松地理解、掌握基本原则。

**(2)分析案例,以例说理**

在组织学生进行案例分析时,教师可以根据案例的不同,组织学生采用多种形式进行。

①个人思考。对案例内容较少,相关知识和规律较容易或学生生活中多见的案例,以学生独立思考的形式完成规律分析。

②分组讨论。有些案例内容复杂,涉及的地理现象、规律和原理容量大,可以通过分组讨论的方式,组织学生进行广泛的交流和讨论;同时对于一些开放性和拓展性的案例,也可以让学生形成不同的结论,然后进行辩论与探讨。

③现场情景模拟。对于一些实践性较强的案例,可以组织学生进行实地的观测或通过地理实验来获得对地理规律的认识,从而让学生对地理规律有最直接的感性认识。

(3)拟订方案,以例导行

在经过案例分析以后,要求学生找出问题的实质,提出具体的解决方案。

(4)归纳总结,自行反思

教师的总结可以简要概括原理和规律,也可以对讨论过程中出现的问题给予正确的分析和评论,使学生从中受到启示。同时,教师也可以在总结过程中引申出其他相关问题,为学生课后进一步学习留下空间,也可以提出与下一课有关的新问题,启发学生对已推出的规律进行再思考,激发学生探索新知识的兴趣。

在教师总结以后,学生的总结反思是非常重要的环节,是学生学习能力升华的重要阶段。这个环节不仅要对案例所呈现的问题和解决方法进行总结,更重要的是要揭示案例中包含的理论和原理。学生还可根据教师的总结,重新回顾案例的提出、讨论和方案拟订阶段,找出自己对问题思考的不足之处。

### 2.案例教学法的优缺点

案例教学法的优点:案例教学法能够为学生提供一种真实的环境,提供进行问题分析的素材和机会。大量案例学习可使学生进行更多的技巧训练,提高其分析问题、进行辩论等的技能。案例教学法还能够培养学生的分析能力和批判精神。

总之,案例教学法有利于学生理解、掌握和巩固所学知识;促使学生分析、解决问题和交流表达等,利于学生思维能力的发展和综合素质的提高;使得学生易于参与,能够调动学生的积极性和主动性;利于提高教学效率和教学质量。

案例教学法的局限性:①需要教师有调控课堂的经验和能力,也需要学生有较广的知识面和一定的分析能力;②案例教学的时间调控难度大,需要事前准备案例素材,花费时间较多;③案例教学受教学内容的制约。

## (九)讨论法

讨论法是学生以小组或班级的形式,在教师的指导下为解决某个问题而进行探讨,辨别是非真伪,以获取知识的方法。讨论法可以开阔思路,集思广益,取长补短,既能体现教师的主导作用,又能体现学生的主体作用。

### 1.讨论法的程序

讨论法教学活动包括自学讨论活动和分组讨论活动。

自学讨论活动的教学程序:提出要求→独立自学→讨论交流→启发指导→练习总结。

分组讨论活动的教学过程程序:提出议题→组内讨论→观点辨析→师生评价→归纳总结。

分组讨论法是当前新课程极力推崇的一种教学方法,体现了学生的主体性,具有师生互动、生生互动等交往特点,是培养学生批判性思维的一种方法。

### 2.讨论法的优点

在地理教学中运用讨论法,学生既是信息的接收者,又是信息的发现者,因而改变了学生在课堂教学中的地位,能充分调动学生的学习积极性和主动性。为了证明自己的观点,学生会主动地、积极地去准备材料,搜集资料,进行思考。

讨论法有助于培养学生的批判思维能力,使学生学会从不同角度考虑问题。讨论法能够有效地培养和提高学生思维的敏捷性、灵活性和独立性,还能够使学生在讨论和阐明自己观点、质疑对方的观点等过程中提高口头表达能力。

课堂讨论主要是学生与学生之间的互动,可以发挥集体的教育功能,使学生在共同的讨论之中共同进步。组内和组间讨论增加了每个学生发言的机会,锻炼了学生交流和讨论的能力。在交流讨论之中,学生之间相互启发,深化或修正其原有的观点和想法,可形成虚心听取并接受他人意见的好习惯。课堂讨论可以加深学生的记忆,提高地理课堂教学的效果。

### 3.运用讨论法教学应注意的问题

①讨论的问题要有主题、有价值、难易适中,要能够使学生通过讨论获取知识。

②教师要为讨论问题的设置铺垫好背景知识,便于学生全面把握知识。

③在讨论的过程中,教师要掌控方向、把握时间,保证效率。

④教师要发挥主导作用,进行启发、引导、修正、概括、归纳和总结,使学生通过讨论获得完整而正确的知识。

### 4.讨论法中教师的工作

在进行课堂讨论交流前,教师要做的工作包括:第一,结合学生实际,进行合理分组。一般来说,最好在地理课堂上采用相对固定的小组的形式。在确定小组人员组成时,要考虑到班中学生之间的具体差异,让学生在合作中可以取长补短,如将性格内向的学生与外向的学生分在一组。每组以4~6人为宜,人数过少,讨论氛围不浓,难以形成热烈的讨论局面,导致小组内任务的分配和执行出现困难;而人数过多,易导致个别成员插不上手、说不上话,被冷落在旁。第二,准备讨论的问题。讨论的问题要求准确具体、用词恰当,不可偏离课程标准和教学目标,要和课堂教学知识紧密相关。讨论主题要表述明确、精练,难度适中,与学生的生理、心理特点相适应。如果难度过大,讨论就无法深入,也就失去了讨论的意义。

在课堂讨论过程中,要全面落实"学生主体、教师主导"的基本思想。教师在课堂讨论中要注意引导学生围绕课题中心发言、讨论;要鼓励学生大胆发言,普遍发言;要及时发现并处理讨论过程中出现的各种问题,如讨论现场比较沉闷,及时查找原因并做出调整。教师可旁敲侧击,侧面引导;或设疑引思,提出新问题;或诱导学生发问,起到点醒、催化的作用。同时,教师还要注意巡视,防止有些性格内向的同学没有参与到讨论中,鼓励小组内其他同学倾听他们的想法,也要防止各个小组讨论时偏离主题。

讨论结束后,教师要及时组织小组汇报。全班同学进一步互相讨论交流,相互借鉴、相互启发、相互补充,有利于拓展思路、发展思维,有利于小组合作精神的发挥。最后,教师进行总结评价,总结学生的讨论结果。对于一些开放性问题学生可能会有多种答案,但这是合理的。评价应以鼓励和肯定为主。

### (十)角色扮演法

角色扮演法是新课程倡导的一种教学方法。在地理课堂中,角色扮演一般适用于偏重人文地理的内容。角色扮演的主题一般适用于以下两种情况。一是用于学生由于主客观因素不能全面看待的带有争议性的知识。例如,对南水北调工程的看法,可让学生分别扮演"调出区"和"调入区"居民,阐述不同观点。二是用于带有很强的说理性或学生觉得枯燥无味的抽象知识。如"水污染"教学,学生可扮演人物角色,也可扮演地理事物角色。

一般来说,初中学生的抽象思维能力弱,表演欲望较强,而高中学生的理性思维较强,表演欲望不是很强,因此,角色扮演教学可多用于初中学生。

### (十一)情境教学法

情境教学,是充分利用形象,创设典型场景,激起学生的学习情绪,把认知活动与情感活动结合起来的一种教学方式。情境教学法的核心在于激发学生的情感。

**1.创设情境的途径**

①生活展现情境。生活展现情境就是从生活中选取某一典型场景,作为学生观察的客体,并以教师语言的描绘,鲜明地展现在学生眼前。

②实物演示情境。实物演示情境即以实物为中心,略设必要背景,构成一个整体,以演示某一特定情境。

③图画再现情境。图画是展示形象的主要手段,用图画再现教材情境,实际上就是把教材内容形象化。

④音乐渲染情境。音乐能把听者带到特有的意境中。选取的乐曲与教材的基调、意境以及情境的发展要对应、协调。

⑤表演体会情境。情境教学中的表演有两种,一是进入角色,二是扮演角色。"进入角色"即假如我是xx;扮演角色,则是担当某一角色进行表演。学生自己进入、扮演角色,会使其对角色产生亲切感,并加深内心体验。

⑥语言描述情境。以上所述情境创设途径都是运用了直观手段。情境教学十分讲究直观手段与语言描绘的结合。在情境出现时,教师伴以语言描绘,会对学生的认知活动起一定的导向作用。语言描绘使情境更加鲜明,从而激起学生的情感,促进其进入特定的情境之中。

**2.情境教学法的步骤**

第一步:创设情境。情境的创设要考虑到学生的年龄特点和教学内容的特点,李吉林把情境分为实体情境、模拟情境、语表情境、推理情境等不同类型。

第二步:引入情境。教师把全体学生都引入到情境中去,或直接于情境中开展活动,或于情境中细心体验、感受。

第三步:启发讲授。教师根据学生在情境中的活动情况,做必要的点拨、讲解。

第四步:走出情境。情境中的活动完成后,教师要及时地把学生的思维从情境之中转向情境之外,对情境中的活动以及从情境中所取得的感受加以总结。

### 3.情境教学法的利弊

情境教学法的优点：将学生带入一个生动具体的场景，学生在教师的引导下身临其境，有利于激发学生的认识兴趣，充分调动学生学习中的情感因素，使其产生情感共鸣，促进学生智力与非智力心理因素的同步协调发展；有利于调动学生的积极性，体现学生的主体性，增强学习效果；富有启发性，增加学生的感性认识，利于学生理解和掌握知识，培养学生分析问题、解决问题等多方面的能力；具有开发学生创造力的潜在价值，如注意形象思维的训练、审美教育中的"创造美"等等。

缺点：非常消耗课时；经常创设情境有一定困难；实际效果与预期往往有差距。

### （十二）启发式教学法

启发式教学，就是根据教学目的、内容、学生的知识水平和认知规律，运用各种教学手段，采用启发诱导办法传授知识、培养能力，使学生积极主动地学习，以促进其身心发展。

启发式教学，对于教师的要求就是引导转化，把知识转化为学生的具体知识，再进一步把学生的具体知识转化为能力。

很好地运用启发式教学方法，能够激发学生的自主学习热情，提高其学习兴趣；对解决问题的方法的探索，能够激发学生的创造热情，培养其创新能力，从而培养学生分析问题、解决问题的能力。

难度较大或者较简单的学习内容，则不需要用此方法。启发法相对于讲授法来说教学时间一般要长一些。在有限的教学时间内过多采用启发法，有时可能会完不成教学任务。

### （十三）探究式教学法

探究式教学是指教学活动以问题为中心，学生在教师指导下通过思考、分析，提出解决问题的方法，并通过自己的活动找到答案的一种教学方法。

教师在学生学习概念和原理时，只给他们一些事实（事例）或问题，让学生自己阅读材料，独立探究，自行去发现问题、分析问题和解决问题，从而获得知识并培养发明创造的能力。在教学过程中，教师充分利用新奇、怀疑、困难、矛盾等引起学生的思维冲突，促使学生自己动脑，去发现探索。这种教学方法适用于地理概念、地理原理、地理规律的教学。教学中教师先呈现概念、原理的例证，使学生利用先前习得的知识去解决新问题，通过新问题的解决进一步发现新的规则并习得解决问题的策略。

在地理新课程教学中开展探究式教学对教师的教和学生的学十分有益。学生亲身体验现有知识的创造经历，既让学生感到学习地理是一件有意思的事情，又让学生体验到学习地理的乐趣，提高他们运用地理知识解决现实生活中地理问题的能力。

探究式教学法的局限性：①探究式教学适合程序性知识和策略性知识的教学，同时也必须在学生有一定知识储备的前提下，方能顺利进行知识的迁移。很多教学内容会很难，甚至不可能被设计成一整套探索发现过程供学生学习。②教学耗费时间太多，往往很难在有限的时间内完成大量的教学任务。③探究式教学法对待学生个别差异的适应性不强，不同智力水平、不同基础的学生，采用同一发现方案，效果不是最佳。因此，探究式教学法只适合地理学科的部分内容的教学，并且必须要与其他教学方法配合使用，才能收到良好的教学效果。

### （十四）多媒体计算机辅助教学法

多媒体计算机辅助教学是多媒体技术与计算机辅助教学相结合的产物，既具有"以学生为中心""因材施教""反馈及时"的传统优点，又具有多媒体表现力丰富、操作简便的特点。

多媒体计算机辅助地理教学的优越性如下。

（1）多媒体可以存储大量的地理事实材料，并可快速检索和提取，方便实现信息的比较和叠加。

（2）多媒体有很强的显示功能，几乎可以灵活地显示各种信息。

（3）多媒体有很强的模拟仿真功能，可以形象直观地演示地理过程。

（4）多媒体有很强的逻辑分析功能，可以帮助学生清楚地分析问题，形成较好的思维方式。

（5）有利于培养学生的发散思维。

（6）多媒体网络有利于个性化学习的实现。

（7）多媒体可通过友好的交互方式，创造和谐的学习环境，增强学生的参与性，增强学生的学习效果。

（8）多媒体可提供有趣的学习方式，大大提高学生学习和运用地理知识的兴趣，使学生变被动学习为主动学习。

该教学方法的注意事项：多媒体只是用来辅助教学，因此不能喧宾夺主，要为教学目的服务，要与教学内容紧密联系；展示的现象和事实要有助于学生理解、能说明问题，不能是形式主义的；演示时要做分析提高，不能只停留在表面现象上。教师只有准备充分、目的明确、方法得当、思考周密，才能得心应手地利用多媒体计算机辅助教学，收到良好的教学效果。

在中学地理教学中，我们要充分地根据教学内容和教学目标，在有限的教学时间里，选择合适的教学方法，进行高质量的教学。

# 第二节　地理教学技能

## 一、导入技能

### （一）导入的作用

在地理课堂教学中，导入环节很重要，所谓"良好的开端是成功的一半"。导入方式是在深入钻研教学内容、明确教学目标和分析学生认知特点的基础上而确定的。为使学生明确学习目的和教学内容，调动其学习的积极性和主动性，形成其寻求答案的迫切心理，使学生更好地理解和掌握知识，导入的设计很重要。一般导入的作用包括以下四个方面。

**1. 集中注意**

导入的主要任务是让那些与教学无关的活动得到抑制，使学生专心于教学活动、集中注意力，为学生转入学习的兴奋状态创造条件。

案例：在讲述"常见的天气系统"时，教师可做如下导入：我们在收听收看天气预报时，可能会听到主持人这样说，"受高压系统的控制，未来几天，某地会出现秋高气爽的天气；受冷锋系统控制，某地会出现大幅度的降温"。这其中的"高压系统、冷锋系统"是什么意思？为什么受高压系统控制会出现秋高气爽的天气？为什么受冷锋控制就会大范围降温？这些问题就涉及我们这节课要学习的天气系统的内容。

### 2.引起兴趣

导入时，教师提供新颖的学习内容，创设新奇的、引人入胜的学习情境，容易使学生产生新奇感，引发学生强烈的学习欲望。另外，地理教师如果能够结合学生的所见所闻，结合生产、生活实际，并把学生将要学习的知识、掌握的技能与将来的工作、学习需要联系起来，与家乡、国家或人类发展联系起来，就可以激发起学生学习的动力，使学生对地理学习产生浓厚的兴趣。总之，导入的目的就是用各种方法把学生的内部积极性调动起来。

### 3.建立知识间的联系

导入的设计，要在充分了解学生原有地理知识与能力的基础上，对这些知识和能力加以运用，建立新知识与旧知识之间的联系，达到温故而知新的目的。建立新旧知识之间联系的方法很多。例如，地理教师可以从复习旧知识入手，设计一系列问题，通过提问学生已学知识及问题的逐步深入，把旧知识与新知识联系起来，并顺势引入新课教学。教师也可以在对学生已有知识进行概括的基础上，引入新课教学。

案例：在讲述"三圈环流"时，教师可以采用如下导入方式：大气的运动有小、中、大三种尺度。在前面我们已经学习了中、小尺度的大气运动形式。我们已经知道，通常所说的穿堂风就是小尺度的，而海陆风、城市风等都是属于中尺度的。那么大尺度的空气运动是怎样的呢？从这节课开始，我们就学习大尺度的大气运动，即全球性的大气运动，包括三圈环流和季风环流。这节课我们先来学习三圈环流。

### 4.进入课题

在导入的过程中，教师要给学生指明学习任务，有时也需要介绍学习方法和思路，使学生明确学习目的，把他们的内部动机充分调动起来，发挥他们学习的积极性和主动性。导入的内容要与课堂教学的中心问题相联系。同时，只有使学生自然地进入新课题，才能发挥导入的作用。教师如果只关注导入形式的新奇而不注意新旧知识间的联系，就会把学生的注意力引向不重要的问题，影响课堂教学的效果。

## （二）导入的基本要求

### 1.具有较强的目的性和针对性

一切教学活动都是为了实现教学目的。每节课都有具体的教学目标，而一节课的所有教学活动都以教学目标为出发点和最终归宿。导入方式的选择要为最终实现教学目标服务。导入要使学生明确这节课要学习的内容是什么，通过学习达到什么目标。地理教师在选择导入方式时，要紧密结合所要讲的教学内容、学生特点等实际情况。

案例：在讲述"地球运动"时，教师可采用如下导入方式：我们小时候就常听人们说"太阳大，地球小，地球绕着太阳跑"。毛主席也有诗词提到"坐地日行八万里"。这些说明地球不仅是不断运动的，而且有自转和公转两种运动形式。那么,地球自转和公转各有什么特点,具有哪些地理意义呢?这节课我们就来学习这些知识。

#### 2.具有一定的启发性和趣味性

导入是课堂教学的开始环节,它的重要作用就是导入新课。富有启发性的导入,可以使学生一上课就能开动脑筋、积极思考,有利于后面知识的理解与掌握,使课堂教学进入良性循环状态。教师在设计导入时,应尽量使所提的问题能起到引起学生思考的作用。但引起学生思考是在学生有兴趣的前提下进行的。因此,导入方式要具有一定的艺术魅力,并不是简单地运用笑话、故事等,而要在内容和形式上吸引学生,引起他们的学习兴趣,从而达到导入目的。

案例:在讲述"太阳辐射对地球的影响"的内容时,教师可做如下导入:没有太阳,就没有今天的地球。太阳辐射对地球的影响可以说是无处不在。"蜀犬吠日"不知道大家听过没有。这说的是,蜀地的狗平时很难见到太阳,偶然见了,就像见了生人一样,会不停地叫。这主要是因为四川盆地是我国太阳年辐射总量最少的地区。这节课我们就来具体学习这些知识。

#### 3.具有科学性和简洁性

地理课堂教学的重要任务之一是使学生掌握必要的地理知识。它的成功需要确保地理知识及课堂其他知识的科学性。进行导入时,地理教师所选择的内容必须科学合理、准确无误。同时,教师的表述也很关键。教师要用规范的、专业性的语言进行阐述,切忌干巴、生硬。导入的本质就是要找到知识之间联系的紧密结合点。它的作用是使学生较自然、顺利地进入新知识的学习。导入只是一个过渡环节,不宜占用过多时间,而繁杂的导入容易加重学生的负担。因此,导入一定要简单明了,衔接自然,使学生尽快进入学习状态。

#### 4.符合学生的身心特点

导入要达到吸引学生注意力、引起学生的学习兴趣、使学生较快进入积极主动的学习状态的目的,还必须在设计时充分考虑学生的年龄特点、心理特征、地理知识基础、生活经验以及兴趣爱好等各方面的特点。只有从学生的身心特点出发,才能设计出适用于学生的、易被他们接受且喜欢的导入方式。

### (三)导入的基本类型

地理课堂教学导入的方式多种多样,关键是要精心设计、灵活运用。地理课堂教学中常用的导入方式有以下几种。

#### 1.复习导入

复习导入法又叫"温故导新法",它是通过复习已经学习掌握的地理知识,承上启下,根据与本节所要学习的知识点之间的联系导入新课,也是地理教学中最常用的方式。

地理教师通过挖掘新旧知识之间的联系,由学生的旧知过渡到新知,既有利于降低学生学习新知识的难度,使他们尽快进入学习状态,又有助于学生明了前后知识之间的联系,构建起较系统的知识体系。

例如,在学习"全球性大气环流"时,先向学生提问什么叫热力环流,然后出示多媒体课件呈现简图,在此基础上转到新课内容三圈环流,使学生能够从简到难、循序渐进地学习新课。

## 2.情境导入

在教学过程中,创设与教学内容相关的真实情境,让学生在真实情境中学习知识,不仅有利于知识的学习,而且可以培养学生用所学知识解决实际问题的能力。

教师在导入新课时可以根据教材特点,创设一定的情境,渲染课堂气氛,让学生置身于特定的情境之中,深入体验教材的内涵。通过故事、新闻视频、音乐、图片等创设情境,还能提高学生的学习积极性,拨动学生的心弦,激发他们的热情。

### (1)生活情境导入

在导课时从学生生活实际出发,从学生身边的地理事物或地理现象出发,根据学生的心理特征和各种知识之间的内在联系,提出带有悬念的问题来导入新课,能够激起学生的兴趣和求知欲。

例如,在学习"人口迁移"时,可以结合身边的人口迁移现象进行导入。

### (2)故事情境导入

地理教师可以从地理学科的发展史、时事报道、名人的传记中寻找与教学内容联系密切的地理素材来导入新课。它不仅能够引起学生学习的兴趣,还有利于学生问题意识、思维能力的培养。

例如,在学习"洋流"内容时,利用"二战"中德国潜艇借助洋流穿越直布罗陀海峡而未被英军发现的故事导入。

### (3)模拟情境导入

在学习新课之前,先引导学生观察实物(如矿石)、地理模型(如地质构造)、地理景观图、地图和地理图表、投影、电视、多媒体等,引发学习的愿望,再从观察中提问,让学生从这些问题出发,自然而然地过渡到新课学习。这种导入方式叫模拟情境导入,较为直观形象,且可以调动学生的多种感官,有利于他们对一些抽象性、空间性强的地理知识的理解。

例如,通过展示不同的农业景观,提问不同农业的形成原因,引出"农业区位因素及其变化"的内容。

## 3.目标导入(直接导入)

所谓目标导入教学,就是在上新课之前,列出这节课所要达到的教学目标,让学生对所学的内容和要达到的目标有一个清晰的认识。在新知识学习之前,地理教师可以呈现教学目标,在学生明确、认同教学目标之后进入新课的学习。地理老师呈现的教学目标在表述上要具有明确的导向性,能够突出一节课的重点和难点,具有可操作性和可测量性。例如,教师在讲"大气受热过程和大气运动"时,可以直接列出要掌握的教学内容和要达到的教学目标。

## 4.问题导入

问题导入法是通过提出问题,设置悬念,吸引学生的注意,抓住学生的内心,激发学生的兴趣。它能结合教材重点,把教材中最能吸引学生兴趣的内容用设问存疑的形式诱导学生,给学生以极大的悬念,紧扣学生的心弦,激发他们的好奇心。例如,在学习"气象灾害"时,在展示某次灾害新闻后,可以提问学生对气象灾害种类和影响等的了解。

以上是常用的几种导入方法。地理课堂教学的导入形式灵活多样,但大部分导入最终都转入建立悬念、提出问题等,以激起学生的好奇心和学习欲望,也就是通过创设问题情境而导入。这正是新课程所提倡的。

## 二、提问技能

### （一）提问的基本过程与功能

**1.地理课堂教学提问的基本过程**

地理课堂教学提问的基本过程包括设计问题、引入问题、陈述问题、倾听问题、评价问题五个阶段。

设计问题就是地理教师根据教学要求，科学地设计出需要学生在课堂上回答的问题。引入问题就是地理教师通过创设问题情境，提醒学生将要提出的问题，让学生做好回答的心理准备。陈述问题就是地理教师根据教学内容提出问题，并对问题做一定的说明。倾听问题是地理教师在学生回答问题时，要仔细、专心倾听，保证对学生的回答情况准确掌握。评价问题就是地理教师对于学生的回答不能无动于衷，要给予适当的评价，对正确的回答要肯定；对错误或是不完整的回答，应组织其他学生纠正错误或进一步补充，以明确正确答案。

**2.提问的功能**

（1）激发学生的学习动机和兴趣

地理知识所涉及的范围非常广。所以地理教学很容易激发学生的学习兴趣，而巧妙的提问无疑是激发学生学习兴趣的催化剂。在提问时，教师围绕学习的主题首先提供给学生生动的地理事实材料，然后提问"这是什么、在哪里、是怎样的、为什么"等问题，把学习的要求转化为生动具体的问题，使学生产生解决问题的欲望，并带着问题去思考和探究。生动的问题就像磁石一样吸引着学生，使他们对地理学习保持着浓厚的兴趣，并把注意力集中到课堂上来。

（2）发挥学生的主动性，活跃课堂气氛

在地理课堂教学中，教师如果能边讲述边提问，或者提出问题让学生讨论，甚至让学生就某个问题展开辩论，就有利于集中学生的注意力，发挥学生的主动性和能动性。

案例：在学习"环境保护"这节内容时，涉及三个问题：全球气候变暖、臭氧层空洞、酸雨的危害。而随着我国对环境问题的重视，学生从小就在接受着关于保护环境的教育，所以学生对相关知识的了解远比教师想象得要多。在这种情况下，教师上课如果还是按部就班的"一支粉笔，一张嘴"，就会引起学生反感。聪明的教师会在课堂上设置一系列问题，让学生参与进来，充分发挥学生的主观能动性。

（3）增进师生的交流

在地理课堂教学中，师生之间存在大量的知识信息和情感意向的交流。实现师生互动、双向交流的方法有很多，其中最有效的方式就是进行恰当的课堂提问。一个好的教师往往很注重和学生的互动，而不是唱"独角戏"。一个恰到好处的提问，会增进师生间的认识和情感。因此，教师应尊重学生，注意提问的态度、方法和技巧，使师生交流畅通，营造和谐的课堂气氛。

（4）获取反馈信息，随时调控教学

通过课堂提问，教师可以从学生的回答中了解学生对地理知识的接受程度，检查学生对重点和难点内容的掌握情况，探明学生知识理解上产生错误的原因，反省自己教学中的不足和缺陷，然后及时调整，以利于以后的教学活动。比如，当学生反应活跃，发言积极，回答也正确时，说明教学顺利；当学生普遍反应迟钝，回答问题不全面、不够准确时，就需要教师换一个角度或换一种方式去启发、引导、讲解。提问获得的教学反馈，往往是教学的最有效评价，也是下一步教学方向的最好指导。

**（5）复习巩固所学的知识**

提问是复习巩固所学知识的主要教学方式。在每节课上课之时，教师针对上节课所学知识提出几个问题，然后让学生作答。这样既可以巩固上节课的知识，起到承上启下的作用，又可以让学生的注意力马上回到课堂上来。在整节课结束后，教师提出一些与本节教学内容相关的问题，可以检查学生的知识掌握情况，并起到巩固的作用。

## （二）提问的基本类型

根据提问的内部联系可以将提问分为总分式提问和递进式提问两种。

### 1. 总分式提问

总分式提问又称牵引式提问。它将一个大问题分解为若干个小问题，且这些小问题本身互不牵连，而分别与大问题相扣。先回答诸多小问题，再综合探索大问题。其特点是"以大领小，从小到大"。这种提问方式符合学生从具体到抽象、从个别到一般的认识规律，不仅能使学生体会到课文内容组成部分之间的有机联系、各部分的作用，而且锻炼了学生分析综合的思维能力。

### 2. 递进式提问

递进式提问又称层次式提问或台阶式提问。它是指将几个连贯性的问题由易到难依次提出，前一个问题是后一个问题的基础，后一个问题是前一个问题的深化，就像攀登台阶一样，步步升高，使学生思维逐步深化的提问方式。

## （三）提问的注意事项（基本要求）

### 1. 提问要有启发性

地理教师的课堂提问如果具有启发性，就能充分调动学生的学习自觉性和积极性，引导学生进入主动学习的状态，融会贯通所学的知识，提高他们分析问题、解决问题的能力。

### 2. 问题要明确且难易适中

地理教师的课堂提问，一定要针对教学内容的重点和难点，而且提问不能有知识性错误，表述尽量直截了当、具体明确，绝不可模棱两可、含糊不清。

地理教师所提的问题一定要适合学生的知识、能力水平，要难易适中。

### 3. 科学把握提问的时机和对象

问题是有层次的，是随着教学进程的进行而不断深入的，而学生对于问题的接受也是逐步进行的。在恰当的时候提出适宜的问题，才能显示提问的魅力，才能发挥其应有的作用，才能有效促进地理教学活动的开展。

我国实行的是班级教育，而提问要让班上每一个学生都能积极思考。因此，提问一定要面向全体学生，再根据学生的个别情况，选择学生回答，要让每一个学生都有机会参与到问答的活动中来。

### 4. 提问形式要多样，鼓励学生发问

学生学习应该是在轻松、愉快的气氛中进行的，而地理教师多样化的提问，使学生有一种新鲜感，能够激起学生的学习欲望，起到好的教学效果。

地理教师也要鼓励学生积极思考，不断提问，使学生养成爱学习、爱思考、爱提问的行为习惯，以培养学生的创新精神，发展他们的创造性思维。

## 三、结束技能

### 1.地理课堂教学结束环节的功能

**（1）归纳整理，使知识系统化**

在阶段性学习过程进行之后，恰当的结课可以帮助学生做一番简要的回忆和整理，理清知识脉络；便于学生把握知识重点，使学生容易从复杂的教学内容中简化、提取进而储存信息；还有利于学生把新的知识点"同化"到已有的"认知结构"中去，使新旧知识系统化，形成一个"点—线—面"结合、纵横交错的知识体系。

**（2）巩固强化，使学生把握关键知识**

在一节课或一个教学内容结束时，教师针对教学内容，采取有效的方式进行归纳和总结，可以帮助学生删繁就简，把握关键点，有利于学生对知识的理解、记忆和运用。

**（3）获得反馈信息，检查教学效果**

在一节课或一个教学内容结束时，教师利用最后一段时间通过提问、练习、完成各种类型的作业、测验、学生口头总结、实践活动等方法，检测、检查教师教的效果及学生的学习效果。这个过程就是一个强化反馈的过程，也是学生知识、技能、能力水平等得到提高的过程。通过反馈，教师可以全面地了解教学效果，为实现有效的课堂调控和改进下一阶段的教学提供依据。

**（4）拓展延伸，促进学生思维发展**

在一堂课或一个教学内容结束时，教师利用设疑启发、讨论探究或布置资料查阅、实践活动等，留下悬念，埋下伏笔，促进学生深入思考，进一步激发学生继续学习的积极性，使学生产生强烈的求知欲，使学生的学习活动不因为课堂教学的结束而结束。

好的课堂结束语，可以拓展知识、延伸课堂、促进学生思维发展、培养学生解决问题的能力和创造性思维的能力。

### 2.地理课堂教学结束环节的类型

地理教学中常用的课堂结束类型有以下几种。

**（1）总结型**

这是一种最常见的课堂结束形式，是指教师引导学生动脑、动手、动口，用简明的评议或文字、专业用语、图示、列表等形式归纳总结所学新知识的规律、结构或主线，以揭示知识内在联系或逻辑关系的结束方式。

这种归纳总结绝不是简单地重复教学内容。它应该是在课堂教学结束前较短的时间内，由教师或学生用精练的、有条理的语言概括、总结课堂的重点、难点和关键点，并将所学内容加以梳理的过程。

这种结课能理顺学生认知的思路，使学生头脑中构成完整的知识体系，加深学生对所学内容和学法的理解和感悟，培养其综合概括能力。总结应具有提纲挈领、全面准确、简明扼要的特点，起到巩固强化的作用。

**（2）悬念型**

在课堂结束时，教师故意留下悬念，使学生置身于"问题情境"中，唤起学生浓厚的学习兴趣和强烈的求知欲，使其形成"我要学"的求知心理状态，也为由教师对学生的单方面传授转向教师与学生的双向交流创造了有利条件。

在课堂教学结束时，如果教师巧妙设置强烈的悬念，就会使学生产生想继续探究的强烈愿望，引发学生带着问题继续探究学习新的内容，为后续教学奠定良好的基础。

**（3）比较型**

许多地理事物和地理现象都是既具有相关性，又具有相异性。中学地理教材的基础知识包括大量相关的地理概念、地理事物、地理特征、地理分布规律及基本原理等。例如，"向斜与背斜""潜水与承压水""气旋和反气旋"等概念相关却比较抽象，难理解；又如，"河流的水文特征与水系特征""天气和气候""地形和地势""城市地域形态和地域结构""土地和土壤""市场距离和经济距离"等概念相近但含义不同；再如，温带季风气候、亚热带季风气候、热带季风气候的成因与特征相关等。在对这些知识的学习过程中，学生们常常会觉得不易分辨或感到抽象难以记忆掌握，以致在描述、解答问题时张冠李戴，答非所问。

在地理课堂教学结课时，教师若能恰当地运用比较法，能使学生获得清晰的地理概念、规律、原理，掌握新学的地理知识的同时对旧知识进行巩固。所以，这种对学生所学知识进行综合对比，找出其异同的课堂结束方法能使学生更准确、更深刻、更系统地理解并掌握知识。

**（4）趣味型**

在一堂课结束之际，正是学生们产生疲劳感、注意力易分散之时，此时教师通过设计符合学生年龄特点且与教学内容紧密联系的辩论、游戏、表演等活动来结束一堂课，能帮助他们从倦怠的情绪中解放出来，缓解课堂教学的沉闷，松弛学生的紧张情绪，唤起他们主动参与的激情，使学生在轻松、愉快中巩固所学内容，达到"寓教于乐"的目的，收到事半功倍的效果。

**（5）考查型**

考查型，即教师在课堂教学的最后时间段里，根据教学目标、教学重点内容，提供思考题或限时训练题，通过练习来结束课堂教学的方式。这也是一种较常见的地理课堂结束形式。

考查型结课，通过教师精心设计相应的练习题，在课堂结束前几分钟，用提问、板演、讨论或测验等手段实施练习，重新把学生的思维拉回到了课堂教学的重点内容之中，既能使学生巩固所学知识，提高教学效果，又能及时掌握学生们的学习情况，反馈教学中存在的问题。

运用这种方法时，时间的安排必须要合理，且考查形式和训练题型也应是灵活多样的。它主要是通过不多但很典型的题目考查来进行的。对于学生的反馈，教师要做出及时的、公正的评价，不失时机地给不同层次的学生以充分的肯定、激励，以提高学生学习的积极性和综合思维能力。

**3.地理课堂教学结束技能的基本要求**

**（1）紧扣教学目标**

课堂教学既然是一个有机统一的整体。教师在实施教学的各个环节时，尽管在不同的阶段应有不同的侧重，也都是建立在总的教学目标基础之上的。无论什么形式的结课设计，最终必须紧紧围绕教学中心,服务于教学目标,服务于课堂教学的有效性。

**(2)高度概括,重点突出**

结课是强化重点、巩固记忆的重要环节。这就要求结课时要简明扼要,突出重点,便于记忆。如果是口头语言总结,就必须做到语言清晰、精练、准确,以加深学生对所学知识的理解和记忆。如果是文字语言(板书、板图,包括幻灯映像等),就一定要提纲挈领地揭示知识结构、展示教学重点,层次清楚,一目了然。

**(3)揭示知识联系,形成知识体系**

地理课堂总结的目的之一是揭示知识之间的联系,构建学生的认知结构,形成知识体系。教师在总结时特别要注意把握教材整体结构,按照知识的内在联系,前后沟通、内外联系,把凌乱的知识点串联起来,经过精心加工而得出系统化、简约化、有效化的知识网络,帮助学生在大脑中形成条理清晰的知识体系和完整的认知结构。

因此,教师在总结时应做到:①熟悉知识要点及各个知识点之间的联系;②熟悉所授知识在整个教材中的地位和作用;③能清晰、直观地揭示地理知识之间的内在联系。

**(4)方法灵活多变,调动学生积极参与**

课堂教学结课的方式多种多样,因而教师要根据教学内容尤其要根据学生的身心特点和需要,因文因人而制宜,对结课的方式方法加以选择,灵活运用,不断创新,而不可拘泥死板。

课堂教学的主体是学生。结课过程应该立足于调动学生的积极性,引导、鼓励学生参与获取知识的思维过程,也应该充分体现学生的主体地位。设计巧妙而又灵活新颖的结课,可以激活学生思维,激发学生参与的热情,维持学生学习的动力,真正起到巩固强化、启迪思维的作用。

应当注意的是,课堂教学是一个有机整体,应构成整体和谐之美。课堂教学的结束也要做到自然妥帖,切不可为结课而结课。结课如果形式过于花哨而主题作用不大,就显得牵强附会了。

**(5)具有激励性和启迪性**

结课预示着课堂教学内容即将结束,故教师应根据周密筹划的授课进度与内容,或设悬断课,或抒情言课,或设计多角度的变式训练,使学生将学到的地理知识应用于问题解决之中。这时,对学生在学习过程中一个规范的表述、一个有价值的问题、一个有创意的小发现、一个有新意的分析方法,乃至一个小小的进步,教师都要给予及时的表扬和鼓励,使学生获得成功的体验,进一步激发学生学习的积极性和主动性。

同时,课堂结束时的问题设计、悬疑设置,一定要有开阔视野、激活思维、启迪智慧的功效。这样才能再度激发学生的学习欲望,让学生课堂上的学习热情延续到课外,鼓励学生走出课本去探索生活中的地理知识。在应用地理知识的过程中,学生还能加深理解,并巩固、扩展知识,形成多种地理技能。

**(6)首尾呼应,相对完整**

"首尾呼应,相对完整"主要表现在两方面:第一,在地理课堂的新授课中,很多教师会采用设置悬念的方式导入以激起学生的学习兴趣,那么结课时一定要注意与导课问题相呼应,形成课堂教学环节的整体性,避免让导课问题"悬而未决",导致一节课"有头无尾"。第二,课堂结束时,教师对知识的整理归纳要与课题相呼应,点明课题与各知识点的关系,以使教学内容显得系统连贯,从而构成课堂知识的完整性。

**(7)适时适度,紧凑合理**

教师结课时既不要费时太多、拖沓冗长,也不要潦草结尾或实施"拖堂"、打疲劳战。一般情况,课尾结课时间安排3~5分钟,因课而异。总之,结课要适时适度,紧凑合理。

## 四、组织技能

### (一)地理课堂教学组织的功能与构成

**1.地理课堂教学组织的功能**

**(1)组织和维持学生注意力**

中学生的有意注意逐渐发展,无意注意仍起主要作用,情绪易兴奋,注意力不稳定。为了有效地组织学生的学习,教师必须重视随时唤起学生的注意力。

上课开始时,学生的注意力往往还没有集中到课堂上。这时候教师可通过提问复习上一节课的重点内容或讲一段短而精又与教学内容有关的趣事作为开场白,将学生的注意力转入课堂中。

当讲课过程中发现学生注意力分散时,教师应当转换话题,或暂停讲课,可以通过启发引导学生围绕课题进行讨论等各种方式调节他们的注意力。在讲到重点、难点部分时,教师要放慢语速,加重语气,提高音调,对关键词句适当重复,对难懂部分举例说明,以吸引学生的注意力。可见,正确地组织教学,严格要求学生,对唤起学生的注意力具有非常重要的作用。

**(2)激发学生的学习兴趣**

兴趣是认识某种事物或某种活动的心理倾向和动力,是进行教育的有利因素,对鼓舞学生获得知识、发展智能都是有用的。在教学中,教师根据地理学科特点、知识特点和学生年龄特点,采用各种教学组织形式,能够调动学生学习的积极性,使他们兴趣盎然地参与教学活动。

**(3)增强学生的自信心**

学生在过去的学习情境中愈成功愈有成就,自我感觉就愈良好,情绪也就愈佳,持续学习的动机也就愈强烈,自信心也就愈强。教师在组织课堂教学时,可以从不同学生的实际出发,分层次、因材而宜地提出学生经过努力后能够达到的目标和要求,为每一个学生都创造成功的机会,并及时地进行鼓励性评价,从而增强学生的自信心。

**(4)营造良好的课堂气氛**

课堂气氛是整个班级在课堂上情绪和情感状态的表现。只有积极的课堂气氛才符合学生求知欲旺盛的心理特点。从教育角度看,生动活泼的教学气氛,会使学生大脑皮层处于兴奋状态,易于全身心地投入学习,更好地接受知识,并且使所学知识掌握牢固,记忆长久。

教师通过行之有效的课堂组织方式和艺术手法,引导学生沉浸在课堂所规定的情感气氛之中,使教与学的双方感情交流通畅,引导学生以满腔的热情投入到学习中,增强学生的思维活力,提高课堂教学效果。在课堂教学中教师如能紧扣教学内容,穿插生动有趣的故事、传说、见闻等,寥寥数语就能起到活跃课堂气氛的作用。

### 2.地理课堂教学组织的构成

**（1）提出要求**

在课堂教学过程中,教师要不断地对学生提出要求,一方面,可以维持课堂秩序;另一方面,可以不断集中学生的注意力,使学生了解每个教学环节和教学步骤的意义,推动课堂教学过程的顺利发展。提出要求不仅要告诉学生该干什么,而且要告诉学生为什么要进行这种活动,怎样进行这种活动,以及在时间和纪律等方面的要求。

**（2）安排程序**

在提出要求后,教师有时还需要进一步向学生说明进行某项活动的详细程序,以便使学生大体上遵循相同的步骤去完成同一项任务,在同样的时间内达到一个共同的目标。讲解和说明这些程序时,教师可以在提出要求后即做出整体说明,或在学生活动过程中逐步进行解释,也可以两方面兼顾。

**（3）指导和引导**

在学生活动过程中,有时还需要教师不断地指导和引导。指导是侧重于对学生操作方法和动作方式的肯定或矫正,可以保证学生及时了解该怎样行动,从而训练基本技能。因此,教师指导应多用于学生观察、自学、练习等方面。引导侧重于对学生思维的启迪和注意力的转移,以保证学生思路通畅及教学过程的连续性。教师引导应多用于学生听讲、观察、讨论等方面。

**（4）鼓励与纠正**

鼓励与纠正是教师对学生学习活动效果的一种反馈,是对学生期望心理的一种回应。及时的鼓励与纠正,一方面可以强化对课堂教学的组织;另一方面,可以维持学生的主动性和积极性。鼓励与纠正的时机应选择在学生活动产生一定效果后,过早易使学生自满或自卑,削弱学生的积极性和进取心;而过迟又易使学生的期望落空,导致注意力的转移。因此,鼓励与纠正都要有即时性和迅捷性,而且应该密切结合。

### （二）地理课堂教学组织的类型

在地理课堂教学中,教学组织的类型很多,且每位教师习惯采用的方式也不同。这里从指导性组织、诱导性组织两方面说明教学组织的类型及应用。

#### 1.指导性组织

指导性组织就是在教学过程中教师指导和组织学生进行一些学习活动的行为方式。比如,组织学生观察地图、模型,组织学生讨论等。它主要包括以下几种类型。

**（1）组织学生自学**

新课程理念强调学生是学习过程中的主体,而教师只是学习活动的组织者。在教学过程中,教师应当把培养学生的自学能力作为课堂教学的重要目标,教会学生读教材的方法,培养学生提取信息和处理信息的能力,要鼓励学生自己在学习中发现问题。当学生提出有价值的问题时,教师应该因势利导,引导学生通过自主学习的方式解决。这样可以使学生积极地参与到学习过程中,提高学习效率和教学效果。

**（2）组织学生听讲**

组织学生听讲,一方面指组织学生认真聆听教师在课堂上的讲授过程;另一方面指能够使学生及时领会教师的指令与要求,迅速地遵照教师的安排投入各项活动。

组织学生听讲一般有两种形式,一种是明令式,一种是间接式。明令式是指地理教师在教学过程中明确讲解知识点,讲明学习方法和具体要求等。间接式是指地理教师在教学中灵活地运用导入、提问、讲解和变化等技能,不断引起学生的兴趣,保证其注意力始终集中在教学主题上。

**(3)组织学生观察**

地理教学经常会运用观察和实践的教学方法。原因有两点:第一,地理教材中插入很多地图、统计图表,而这些是地理教学内容的另一种表现形式。有时,一节教学内容完全是从一幅或几幅图中提取信息。而且读图做题也是检测学生学习效果的一种常用的方式。这就要求教师注重培养学生的观察能力。第二,地理教学中有些内容比较抽象,脱离学生的生活范围。教师可以组织学生观察模拟动画、景观图、实验、实物(标本、野外考察等),使学生对地理事物产生表象认识,帮助学生理解记忆,同时,还能吸引学生的注意力,激发其学习兴趣,进而为进一步完成教学任务奠定基础。在日常课堂教学中,教师要充分利用地图、统计图表、景观图等,适时播放模拟动画,教会学生观察这些图表的方法。

**(4)组织学生进行课堂讨论交流**

课堂讨论交流是在教师指导下,学生积极主动思考,同学间互相讨论、交流,共同探究地理问题,从而掌握地理课堂教学知识的过程。课堂讨论交流是一种引导学生积极参与的独特的教学模式。它使每个人都有机会参与学习活动,表达自己的思想,促使学生积极地思考问题,发表观点,彼此启发,相互补充,对问题做出总结和概括。这样,学生就变成了知识的主动探求者,而不是被动地接受知识,还可以活跃课堂气氛。

**(5)组织学生练习**

练习是课堂教学中的一个重要环节,能够帮助学生记忆和巩固所学知识,训练学生应用知识的能力,还可以检测教学效果,对学生进行评价,及时获取反馈信息。课堂练习有口头练习和书面练习两大类。

口头练习适合在课堂教学过程中随时插入进行,主要是针对前一部分知识的要点进行。口头练习应该设置一些答案简明、可迅速回答的习题,比如选择题、判断正误题,可以组织个别学生参与,也可以是全体学生参与。

书面练习一般放在一节课的结尾,内容主要是针对当堂课的教学内容。其练习和检测的知识面相对口头练习要宽,学生参与也比较广。书面练习的设计要有一定的综合性和灵活性,按照从易到难的顺序排列,并估计好所用的时间和题量。书面练习既要检测学生基础知识的掌握情况,又要考查学生迁移知识、运用知识的能力。

**2.诱导性组织**

诱导性组织是指在教学过程中,教师用充满感情、亲切、热情的语言引导、鼓励学生参与教学活动,用生动有趣、富有启发性的语言引导学生积极思考,从而使学生顺利完成学习任务。

**(1)热情鼓励**

热情鼓励这种组织方式既适用于成绩好的学生,又适用于成绩较差或不善于表达思想的学生。比如,后两类学生回答问题一般都不积极,而这时教师要给予鼓励性语言,如"勇敢一点,说错了没关系,有时犯错会促使人进步",或在提问时用亲切柔和的语调说,"大胆一些,说出你的想法就可以了"。当学生回答不准确或词不达意时,教师应先肯定他们的优点及部分正确的回答,然后可以鼓励说,"我知道你心里明白,但是不能准确地表达出来",接着适当地提示,使他们能够较好地表达自己的思想。对于完全不能回答问题的学生,教师要委婉地进行处理,比如说:"如果你再仔细考虑一下,我相信你能回答这个问题。"经过这样不断的鼓励和引导,学生会积极参与到教学活动中来,并乐于完成学习任务。

**(2)设疑激发**

促使学生产生疑问,引起学生学习的欲望,是调动学生的学习积极性,促使学生深入思考问题的一种好办法。设疑激发的关键是教师要善于提出问题,特别是针对要求学生掌握而学生的理解又比较肤浅的内容,教师要设法使学生产生疑问。当学生要求解决矛盾的积极性被调动起来后,教师紧接着要使学生学会思考,学会运用理论和科学的地理思维去求得矛盾的解决。

### (三)地理课堂教学组织技能训练的原则

**1. 了解学生,尊重学生**

教师根据学生不同的兴趣、爱好和个性特点,用不同的方法进行教育和管理。对不善于控制自己的学生,要多督促和指导,使他们学会管理自己;对有思想情绪的学生,要采用提醒、鼓励的方法。教师对学生进行管理时要尊重他们的人格,坚持正面教育,以表扬为主,激发积极因素,克服消极因素。

**2. 注意方式,把握时机**

组织课堂教学绝非一次性行为。围绕不同的教学内容、不同的教学环节或教学步骤,教师要多次组织课堂教学。因此,在设计教学时,地理教师应充分考虑各教学环节中组织课堂教学的恰当形式并把握好时机,及时组织教学。

**3. 明确目的,教书育人**

教书育人是课堂组织的重要任务。通过课堂组织,教师要使学生明确学习的目标,热爱地理科学知识,形成良好的行为习惯。在地理教学中可渗透德育因素。在传授科学知识的同时,对学生进行情感、态度与价值观的教育对课堂教学的组织十分有利。在教学中,教师严谨的治学态度、精湛的教学技艺、高度的责任感,对学生都有言传身教、潜移默化的作用,会影响学生的学习态度和纪律行为。

**4. 灵活应变,因势利导**

教师要对课堂上所发生的意外情况迅速做出反应,及时采取恰当措施,因势利导,把不利于课堂教学的学生行为引导到有益于学习或集体活动的方面上来,恰到好处地处理个别学生的问题。

## 五、"三板"技能

广义的板书设计,包括板书、板图和板画,在地理课堂教学中简称"三板"。"三板"技能是地理教师必备的教学基本功。

### (一)地理板书技能

地理板书是教师课前经过深入研读课标,根据教学目标认真构思、反复推敲、精心设计,然后运用文字、符号、图表等形式在黑板上呈现出来的教学要点和讲授提纲。

## 1.地理课堂教学板书的基本类型

### (1)根据地理课堂教学板书的主次分类

①主板书

主板书也叫基本板书和中心板书,能够反映地理教学内容的结构及其表现形式,是整个课堂板书的骨架,一般保留于课堂教学的全过程。

②副板书

副板书也叫辅助板书,是提示有关零散知识的板书,是根据课堂教学需要和学生反馈随机出现的板书,是对主板书的具体补充或辅助说明,一般随课堂教学进程的发展随写随擦或择要保留。

### (2)根据地理课堂教学板书的具体表现形式分类

目前,经常运用的板书基本上可以归纳为六种形式。

①提纲式(纲目式)板书

提纲式板书是最常见的板书形式,以文字为主,指教师按讲解的顺序,把教学内容分层次、简要地在黑板上列出。这种形式的板书大多数情况下相当于教学提纲,优点是提纲挈领、条理分明、层次清楚、简洁明了、重点突出,教学思路清晰,使学生思路明确,便于学生抓住要领和掌握知识体系。"地球的形状和大小"内容的板书可以设计为如图2-2-1。

一、地球的形状:
1."盖天说"—"天圆地方"
2."浑天说"—"天之包地,犹壳之裹黄"
3.麦哲伦环球航行—证实"大地球形说"
4.现代宇宙观测研究—证实地球的真实形状是不规则的球体
二、地球有多大:三个基本数字
1.地球平均半径:6371千米
2.地球赤道周长:约4万千米
3.地球表面积:5.1亿平方千米

图2-2-1

②框架式(结构式)板书

这是一种以文字表述为主并用线条或符号把文字组成一定框架结构,体现出地理事物组成和内在联系的整体性鲜明的板书形式。它通常能把比较抽象的地理理性知识具体化,具有概括性、直观性的特点,利于突出地理事物和地理要素之间的相互联系、逻辑关系。

利用该板书形式利于发展学生的形象思维和逻辑思维,同时便于学生理解、记忆,利于学生掌握地理知识结构,利于提高学生综合分析问题的能力。"中国的水资源"内容的板书可以设计为如图2-2-2。

图2-2-2

③表格式(对比式)板书

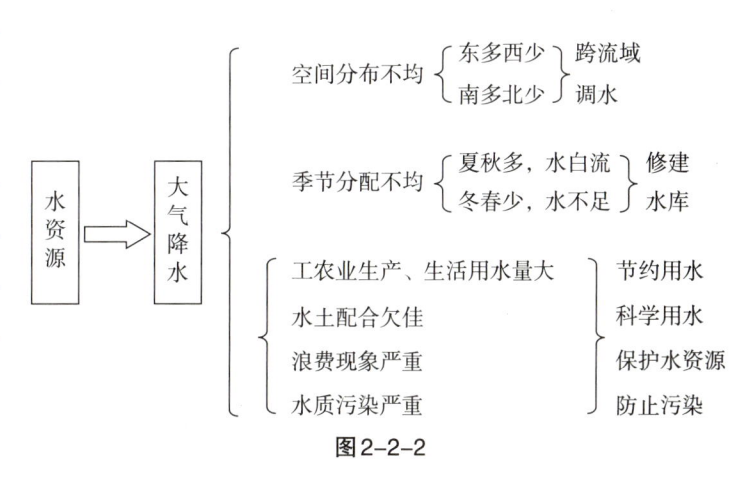

这是一种用表格组成的以文字表述为主的板书形式,特点是形式简明、条理清楚、内容扼要、对比

性强。教学内容可以明显分项,对比性很强又比较容易用简单的词语概括时,使用表格式板书效果较好。利用表格式板书利于培养学生的比较、归纳能力和学习主动性,利于学生掌握地理事物或地理区域之间的差异性特征。"经线与纬线"内容的板书可设计成如下形式。

| 项目 | 纬线（圈） | 经线（圈） |
|---|---|---|
| 形状特征 | 圆圈 | 半圆 |
| 指示的方向 | 东西 | 南北 |
| 长度分布 | 赤道最长,往两极越来越短 | 每条经线长度都一样 |
| 纬度范围 | 0°~90° | 0°~180° |
| 0°线 | 赤道 | 本初子午线 |
| 划分半球的界线 | 南北半球的界线：赤道 | 东西半球的界线：20°W和160°E经线圈 |
| 数量特征 | 无数 | 无数 |

图2-2-3

④联系式（线索式）板书

该板书是教师按照教材知识本身发展演变的方向、过程,或探求问题的途径与过程等,用线条、箭头、文字等元素将其前因后果、来龙去脉展示出来,帮助学生理清发展方向和逻辑关系的一种板书形式。这种板书形式的特点是思路清晰、化繁为简、概括性强、逻辑性强、直观性强,能够揭示地理事物之间的联系,利于发展学生的逻辑思维能力。"世界原料宝库"部分内容的板书可设计为如图2-2-4。

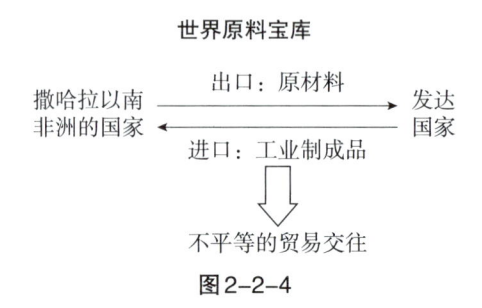

图2-2-4

⑤图解式（图示式）板书

图解式板书将文字和地理略图或地理示意图有机地结合起来,以图配文,以文释图。这种板书图文并茂、形象直观,利于形象地展现地理事物的特征、分布及其相互联系等,能有效地激发学生的学习兴趣,提高学生学习的积极性和自学效果,促进其抽象思维能力的发展。该板书需要一定的板图和板画功底,使用时比较复杂,占用时间也较多。"中国的地势"内容的板书可设计为如图2-2-5。

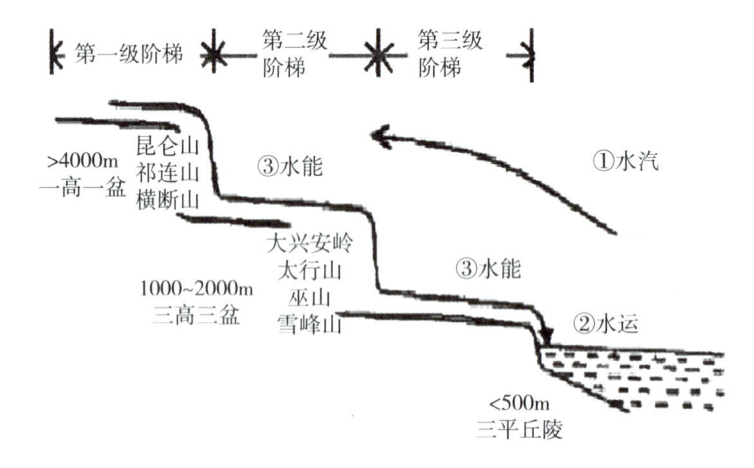

图2-2-5

**2.板书的功能**

**(1)明晰思路,突出重点**

板书能够通过一定的表达格式记录下教学内容的逻辑顺序和教学进程,对学生的思路有指导和调节的作用,使学生定向注意和定向思考。学生利用板书指示的认知思路,可以优化理解教学内容,突破重点。板书可以帮助学生掌握教学内容的要点、脉络和体系,还可以帮助学生巩固教学内容。教师可以通过板书把重点内容用简明扼要的文字体现出来并加以具体化。板书长时间给学生以视觉刺激,利于突出教学重点。

**(2)构建框架,增强记忆**

课堂上教师所讲授的知识有其内在的逻辑层次。仅仅用口头语言表述,会使学生难以全面准确地掌握知识体系。而板书则提纲挈领地反映了教材内容,且部分与部分之间、部分与整体之间的关系,都可以从板书上清晰地反映出来,使学生头脑清晰。

板书还可以将用教学口语不足以表达的部分知识、教学内容的疑难部分及重点部分显示出来,及时补充足量的教学信息。另外,学生边听、边记,眼、耳、手、脑多种感官同时调动,互相协调,有助于学生理解记忆教学内容。心理学研究早已证明,学生的视听配合,能使其注意力保持更持久,理解更充分,从而强化其信息记忆。

**(3)激发兴趣,启发思维**

板书可以使学生通过视觉而获得知识信息,从单一的听觉刺激扩大到视听刺激,并将视听刺激巧妙结合起来,从而使学生的注意力得到集中。学生视觉和听觉的交互使用,可以避免长时间单纯运用听觉的疲倦。具有直观性特点的板书,能够将复杂的教学信息浓缩成简明的、富有艺术性的符号构图。这样可以极大地引起学生的认知兴趣和其他一系列积极的心理活动,激发学生的学习兴趣。

优秀的板书可以充分体现教材的层次性、系统性和逻辑性。教师通过书写文字规范、条理清晰、层次分明的板书,可以潜移默化地影响学生的思维。在长期的教学活动中,板书这个知识的"导游图",可以逐步培养学生良好的分析、整理、综合、归纳和概括的能力,从而提高学生的逻辑思维能力。

**3.板书设计的原则**

**(1)科学性**

地理板书设计一定要讲求科学性。科学性是板书最基本的要求。地理板书的科学性主要体现在内容的科学性和形式结构的合理性两个方面。一方面,板书内容的科学性主要指板书所表达的地理知识必须是准确无误的。另一方面,地理板书中的各种文字、符号、图表要精心设计、反复推敲,力求准确精练,并按一定的形式组合起来。板书内容所呈现的形式结构必须能合理、简明、直观地表达各种地理原理、地理联系等。这是板书科学性较高层次的要求。

**(2)整体性和针对性**

地理板书的设计是为一定的教学内容和教学目的服务的。因此,板书设计要针对教学实际整体考虑其信息、作用和形式。一方面,板书要保证教学内容的完整性,要具有整体感。板书是一个整体,是对教学内容的浓缩,应充分反映教学内容的脉络,勾勒出教材的整体框架,使学生看了板书就能掌握教材的中心和重点。另一方面,板书信息量要适中,内容深度要适宜。板书信息量过大、过于复杂,学生会看不懂,也不便于操作。板书过于简单,又不能充分体现教学内容,不利于学生掌握地理知识。总之,板书设计要从课程标准、教材实际和学生实际出发,整体规划,有针对性。

**(3)启发性**

启发学生思维,发展学生智力,培养学生分析问题、解决问题的能力应贯穿课堂教学的每一个环节。地理板书的启发性主要体现在两方面:一是板书内容设计要有启发性;二是板书的形式布局要有启发性。因此,教师必须认真钻研分析教学内容的实质及内在联系,构建科学的知识框架,设计出合理的结构,培养学生分析、比较、推理、归纳、综合地理知识的能力,启发学生积极思考并进行逻辑推理,以提高学生的理解记忆能力。

**(4)美感性**

地理教学板书要力求美观大方,具有艺术性,给学生以美的感受,可以吸引学生的注意力,激发其学习动机和兴趣,充分发挥板书的示范作用,从而对学生起到潜移默化的影响。板书的美感性体现在:一是内容美,要求内容完善益智,字、词、句要准确无误,少而精;二是形式美,要求文字工整流畅、大小适度,结构布局合理得体,符号清晰美观等,使人赏心悦目。

**4.地理板书设计的基本要求**

**(1)文图准确,主次分明,突出重点**

文图准确体现了板书内容的科学性,是地理板书设计的最基本要求,以确保准确无误地向学生传递地理信息。主次分明,突出重点是板书的又一基本要求。板书是教材内容的高度精练和浓缩,应特别注意要体现教学的重点和难点,做到详略得当,主次分明。

**(2)形式多样,条理清晰,布局合理**

确定好板书的内容后(即写什么),还要考虑板书的形式和布局(即怎样写)。地理教师应该根据教学内容的特点,并结合学生的实际情况,采用不同形式的板书并时常变换或交替综合使用,同时做到条理清晰,层次分明。板书布局要合理,体现为部位恰当,篇幅适当,布局均衡美观。

**(3)书写(绘画)规范、流畅,示范性强**

板书不单是一种教学方法和手段,也是教书育人的重要途径。字如其人,教师工整、规范的板书书写,折射出一个教师认真、严谨、求实、创新的教学态度、工作作风和精神风貌,它会潜移默化地对学生产生良好的示范作用。因此,板书文字书写的规范性和示范性决不可忽视。

## (二)地理板图、板画技能

地理板图、板画技能是指在备课过程中根据教学内容的性质及课堂需要,精心设计,然后在实际课堂教学中凭借记忆和熟练技巧,用简单的工具和简易的笔法把复杂的地理事物、地理过程和地理分布等,在黑板上边讲边绘制成简略地理图画的一种教学行为方式。板图、板画也是地理教学语言,是地理教学常用的、突显地理特色的教学手段,在地理教学中占有重要地位。

**1.地理板图、板画的基本特点**

**(1)简便实用**

板图、板画以简单的笔画按需绘制,所画的内容切中要点、一目了然。板图、板画勾画简单,能够突出讲授的对象。

（2）用笔简练，绘制迅速

地理板图、板画笔法简练、绘画迅速、以快取胜，利于教师边讲边绘。

（3）讲绘同步，记忆深刻

利用课堂板图、板画边讲边绘，可使讲授的内容具体化、形象化，使精练的语言描述与形象的勾画协调统一，能使学生在观察中获得准确的地理分布知识和掌握具体的地理过程，收到事半功倍的效果。

（4）讲练结合，发展能力

地理板图、板画简单易学。学生模仿绘画略图，可以复习巩固知识，加深记忆，培养能力。板图、板画内容精练，可代替大量语言，有利于讲练结合。

**2.地理板图、板画的作用**

（1）简化原图，突出要点

地理板图、板画用简单的笔法简化原图，把复杂的地理事物和现象简单明了化，并使所要表现的地理内容鲜明醒目、一目了然，有助于学生直观地理解一些不易观察到的地理事物和现象，便于学生理解记忆。但要注意地理板图、板画只写意不写实。

（2）揭示事物的内在联系，化难为易

运用地理板图、板画进行教学，有助于教师的口头讲授，也可以使学生从复杂的地理事物间抓住本质，揭示其内在联系和规律，便于学生理解记忆。同时，学生难以理解的地理现象也可以借助板图、板画演示，实现化难为易。

（3）边讲边绘，展示过程，变静为动

许多地理事物都有其发生、发展的运动过程，其间存在着复杂的因果关系，仅依靠教师口述学生难以理解。但是，如果教师边口述、边有层次地借助板画展示动态过程，讲画同步进行，就有助于学生感知和理解地理事物的运动和变化。例如，讲解地形雨时，教师一边讲一边在黑板上画出地形雨的动态形成过程。

（4）启发诱导，发展智力

地理课堂教学中运用板图、板画，不仅能够帮助学生理解和巩固地理知识，还可以发展学生的智力。例如，在分析区域气候的成因时，通过逐步绘出区域的位置、风带、地形和洋流等，能够起到启发学生的作用。学生通过观察、分析、综合等，能够锻炼地理思维能力。

（5）集中注意，强化记忆，培养技能

地理课堂教学中教师边讲边绘板图、板画，使静止的图动起来，使讲授的内容更加具体化和形象化，可以集中学生注意力，充分调动学生的视觉、听觉等感官活动，强化学生记忆。同时，板图、板画可以减少教师不必要的语言，节省时间，实现精讲多练。学生通过记笔记的形式抄绘地理板图、板画，既强化了记忆，又培养了绘图的地理技能。

**3.地理板图、板画的基本类型**

（1）地图

简略地图是地理板图的主体，主要是各类地理事物和现象的分布图，常用类型有政区轮廓图、山河分布图、自然带分布图、气候类型分布图、各种资源分布图等，便于学生学习地理事物现象和事物的分布。

**（2）示意图**

示意图多为展示地理现象和地理事物变化规律或过程的示意图。常见的有天气系统示意图、水循环示意图、太阳直射点的移动示意图等。

**（3）模式图**

模式图是表示一些地理事物分布的特定表现形式，大多为理想模式。它与实际地理事物分布有所差异，主要是帮助学生掌握地理事物分布的一般规律，如世界表层洋流分布模式图、气压带风带分布模式图、气候分布模式图、自然带分布模式图等。

**（4）剖面图**

剖面图主要指剖析地理事物的水平分布规律、垂直分布规律、内部构造等地理规律的板图，如地质剖面图、地形剖面图、大气剖面图、河湖海断面图等。

**4.地理板图、板画的基本要求**

**（1）科学性**

科学性是地理板图、板画的最基本要求。为了突出地理特征和便于操作，可以在绘图过程中将板图、板画适当加以简化或夸张，使其带有一些随意性和浪漫主义色彩，但任何操作都应以不损害板图、板画的科学性为前提。板图、板画应形象准确，比例适当。如世界各大洲的轮廓图，可以简化成一些三角形，但不能简化成方形；赤道穿过非洲的中部而不是北部等。

**（2）地理性**

地理教学中设计板图板画，应围绕地理教材中的重点、难点、疑点、关键点，以突出板图板画在课堂教学中的必要性。如等高线地形图与实际地形对照图，既有鲜明的地理性，又有不可或缺的必要性。

**（3）简速性**

简速性是地理板图、板画的主要特色。在设计过程中，应尽量降低难度，节省时间，力求方便、实用、高效，以利于普及。地理课堂教学受教学时间的限制，因此板图、板画的绘制要迅速，用笔要简练。这要求板图、板画设计要抓住特征，突出重点。例如，用几条简单的折线表示黄河或长江的水系示意图，用同心圆弧表示地球内部的圈层构造等，既简练易操作又能说明问题。

**（4）美观性**

地理板图、板画的绘制在符合上述基本要求的同时，还要考虑其美观性，要求线条自然流畅、布局整齐合理、整体协调。地理板图、板画给学生以美的享受，可以激发学生的学习兴趣、调动学生学习的积极性、增强学生记忆的深刻性和持久性。

**（三）地理课堂教学"三板"技能的训练**

**1.板书技能训练的原则**

**（1）处理好板书内容与形式的关系**

地理板书的设计，应做到内容重于形式，形式服务于内容。形式必须依据教材内容设计，不能一味追求形式美而使板书内容表达不准确、遗漏，要在保证知识的系统性和完整性的前提下考虑最优的表现形式。

**（2）处理好板书与讲解的关系**

板书作为课堂上教师的书面语言，与教师的讲解一起共同完成教学任务，故二者相辅相成、彼此联系。在教学过程中，有时可以边讲边写，有时是先写板书后讲解，有时是先分析讲解后归纳成板书。这要根据教学需要，把握书写板书的最佳时机，力求更好地服务于教学。

**（3）处理好板书设计与运用的关系**

板书设计是教师在备课时根据教学内容、教学目标事先设计好的，而在实际的课堂教学过程中可能会出现一些问题，如有时事先设计的板书较多，但板面较小不够写或时间不够用来不及写等。这就要求教师在实践中不断积累总结经验，必要时还要在上课前进行试写，设计出最符合教学实际的板书，或者教师在课堂上要根据教学实际情况，适当地灵活调整预先设计好的板书。

**2.板图、板画技能训练的原则**

**（1）重视课前设计**

在教学过程中，采用什么样的板图、板画既科学美观又能收到良好的教学效果？在课堂上，什么时候呈现和怎样呈现地理板图、板画才能与讲解协调一致，才能把板图、板画运用得恰到好处？这都需要教师在课前进行精心设计，认真考虑，达到胸有成"图"。

**（2）与语言配合，边讲边绘**

地理板图、板画在课堂上的运用要边讲边绘，讲绘同步，同时给予学生听觉刺激、视觉刺激和动觉刺激。

**（3）正确示范，讲练结合**

在地理课堂教学过程中，地理教师在自己边讲边绘板图、板画的同时，也可以要求学生模仿绘制这些地理板图、板画。学生在自己动手绘制板图、板画的过程中，既可以加强对地理知识的理解记忆，又可以培养绘图能力。实践证明，这种讲练结合的方法，是提高教学质量，帮助学生巩固知识、掌握技能的重要途径。

## 六、地理学习任务单的设计要求

地理学习任务单的设计在外观上要布局合理、美观，具有艺术美感，能够吸引学生。在地理学习任务单设计中，任务内容要不拘泥于教材；任务数量要适中；相关任务提示和要求要明确清楚；任务难度要由浅入深、循序渐进，可以利于学生开展自主、合作和探究学习。

设计地理学习任务单时可以考虑以下几方面。

**1.学习任务具有情境性**

将真实情境结合在学习任务中，能有效吸引学生参与学习任务，增强其情感体验。好的任务情境能够激发学生的学习热情，唤起其求知欲，帮助学生实现形象与抽象、实际与理论、感性与理性及旧知与新知的沟通和转化，从而使学习和理解变得容易和有趣。

### 2.在任务探究中完成教材内容的学习

学习任务的设计重点放在强调学习方法和学习过程上,引导学生进行探究性学习。为学生的主动学习和发现知识提供条件和帮助,使学生在完成学习任务的过程中形成地理概念、掌握地理原理,完成新知识的学习。

### 3.学习任务的形式具有多样性

学习任务形式多样且具有创意,有利于提高学生完成任务的积极性,也符合多元智能理论,有助于发挥不同学生的潜在智能,培养学生的多样智能。

### 4.学习任务的难度具有梯度性

学习任务难度递进,符合学生由感性到理性的认知过程,以及由表及里、由浅入深的认知规律。

### 5.学习任务的操作要求具体、明确

在学生对地理学习方法的掌握还比较欠缺时,教师要关注学习任务设计的细节方面,任务的指导语要做到具体、明确,并具有可行性。

## 七、地理调查

地理调查是以抽样测查或提问等方式搜集资料,在此基础上作出可科学的分析、判断、推理,以认识地理事项及其规律、原理的学习与研究活动。地理调查对学生科学思维、社会实践能力及社会责任感等的养成,都有重要意义。

### 1.地理调查的内容

地理调查的内容主要有土地利用状况调查、环境质量调查、人口状况调查、工农业生产条件与布局调查、城乡建设调查、市场经济调查、资源开发利用与保护调查、环境承载力与潜力调查等。

### 2.地理调查的步骤

(1)调查选题。确定地理调查的对象和研究课题,针对课题查看相关资料。

(2)拟定调查提纲。调查提纲一般包括:课题、地点、对象、时间、调查目的、调查准备工作、调查项目、内容调查总结。(设计调查清单。调查清单包含调查步骤、分组安排、调查任务等内容)

(3)做好准备工作。准备调查过程中需要的图文资料和文具、专用仪器等工具。为了调查工作顺利进行还需要进行小组分工,确定联系方法、组织纪律、突发事件的处理方法等工作。

(4)制定调查预案。任何活动尤其是野外调查一定要设置预案,保证任务的完成及人身的安全。

(5)开展调查。依据调查项目和内容展开调查研究工作,组织访问,开调查会或座谈会。参加地理调查的学生,以组为单位,依据调查提纲逐项进行,认真做调查记录。

(6)整理材料。对调查所得的材料要及时加以整理。整理材料的过程中,若发现资料不足或不清楚,需进行补充调查。

(7)写调查报告。根据调查所得的材料,围绕课题,实事求是地写出调查报告。

### 3.地理调查的意义

①有益于学生对地理知识的理解和运用。

地理调查对正确理解地理知识具有十分重要的意义,可以为课堂上和书本上抽象的知识提供极为

生动形象的例证和解释,可以丰富学生的地理表象和地理感性认识,可以使学生通过运用地理知识解决问题而看到地理知识的价值。

②有益于学生地理知识的扩展和地理技能的发展。

地理活动可以使学生在一定范围内和一定程度上接触地理事物和现象,有利于学生将理论与实际相联系、开阔地理视野、拓展知识领域、提升地理技能。

③有益于学生掌握地理学习的过程与方法,培养学生的能力。

地理实践活动使学生有机会亲身对周围的地理环境进行观察和研究,能够培养学生观察、分析地理事物的能力,也能够培养其搜集和处理信息、资料的能力。同时地理实践活动的实践性强,对地理仪器的操作等可以提升学生的动手能力、探究能力等。

④有益于培养学生的非智力因素,升华情感、态度与价值观。

地理实践活动可以锻炼学生的表达交流、团结协作、解决问题及克服困难等方面的能力,利于培养学生的非智力因素;可以加深学生对自然环境、人文环境的认识,激发其探究地理问题的兴趣和动机,使其形成求真、求实的科学态度,提高地理审美情趣;利于增强学生的环保意识,使其形成正确的人地观。

# 第三节 地理教学媒体

## 一、地理教学媒体的概念、类型与功能

### (一)概念

地理教学媒体就是在地理教学活动中储存和传递地理教学信息的工具。地理学科研究对象的复杂性使得地理教学必须依赖一定的地理教学媒体,才能顺利完成地理教学任务,提高课堂教学质量。

### (二)类型

地理课堂教学媒体的分类方法很多,根据不同的分类标准,可以分为不同的类别。按使用的信息符号来分类,可以将地理课堂教学媒体分为语言符号媒体(包括印刷、语言、板书媒体等)和非语言符号媒体(包括板图、板画、地图、电视、电影等);按先进程度划分,可将教学媒体分为传统教学媒体(模型、标本等)和现代教学媒体(录音机、投影仪、计算机等)。

### (三)功能

总体来看,地理教学媒体的功能主要有以下几个方面。

(1)有利于学生形成地理表象,促进对地理知识的理解和记忆。

在地理教学中,地图、图片和地理模型等地理教学媒体易于使学生的注意力集中,并能清楚地看清

地理事物的空间分布位置,对于地理知识的理解和记忆都有益处。比如,地图可以向学生提供各种地理事物的正确位置、相互联系等,利于学生形成空间知觉和想象能力。地球仪、地理模型具备较强的直观性,有利于学生空间知觉和有关地理概念的形成。美观的地理图片能引起学生对有关区域地理的兴趣,提高学习效果。

(2)有利于创设问题情境,培养学生的地理思维能力。投影、幻灯、录像等地理教学媒体不仅可以为学生提供感性材料,让他们认识地理事物,还可以展示地理事物的丰富性,为学生的学习创设问题情境,启发他们的思维。

(3)有利于调动学生的学习积极性,形成师生互动的局面。教学媒体具有吸引注意力的作用。生动的画面和形象、动画、特技效果、声音效果、清晰的信息等,都会激发学生的学习兴趣,引起学习动机,促使学生积极思考,主动参与教学。

(4)有利于提高地理教学质量和教学效率。现代地理教学媒体内容丰富,形式多样,可以在较短的时间内,向学习者呈现和传递丰富的信息,并调动学习者的各种感官,使学习者容易接受和理解。

(5)有利于地理教学方式的多样化发展。地理教学媒体,尤其是计算机类地理教学媒体,还有利于实现个别化教学、特殊教育、远程教育等,丰富地理教育和地理教学的方式。

## 二、常见地理教学媒体的使用

### 1.地图、图表的使用

在地理教学的媒体中,地图、图表尤为重要,使用也最为普遍。它最大的特点是形象、直观。使用地图是地理教学的典型特征。地理教学中的地图主要有地理挂图、教材地图、地图册、填充图等。图表主要有统计图、剖面图、联系图、表格等。

正确使用地图,便于使教师把握教学进程,易于使学生的注意力集中,并能清楚地看清地理事物的空间分布位置,对于地理知识的理解和记忆都有益处。

在新课程标准下,作为一名合格的高中地理教师,必须具备扎实的运用地图、图表的基本功。在地理教学中,运用地图、图表一定要做到以下几方面。

**(1)选图恰当,紧扣主题**

无论是选用地图还是图表,都要首先考虑紧扣教学主题,使它能够与教师的讲解相互照应,便于学生建构地理知识体系,利于学生地理知识的掌握与读图、用图能力的培养。同时,用图要繁简得当,一般一堂课内要选用一幅主图(主要指区域地理教学时,整堂课始终展示的地图),再配以一两幅辅图,总数不宜过多。

**(2)挂图位置得当,便于教学**

运用地图、图表教学时,要事先做好挂图的准备工作,包括要注意教室内光线的角度,挂图位置的高低;挂图的布局要合理、美观,一般主图挂在左边(如果教室光线角度不合适,可以进行适当的调整),辅图挂在右边,并留出板书的位置;悬挂要适时,以免分散学生的注意力。挂图也可采用不同的悬挂方法,如"重叠悬挂法""平行悬挂法"等。

### （3）指图准确，语言恰当

教师在指图讲解时，身体应直面学生，以免挡住学生的视线；正确地运用指图杆，指图必须"点、线、面"清晰分明（点：如指具体的城市一定要指准确；线：如指河流要顺着河流的流向进行；面：如指国家要沿着其轮廓范围进行）；指图的速度要做到快慢适中，同时要注意"讲"与"指"同步进行，讲解时语速要适中，并与学生的观察、思考、记忆相结合。

### （4）用图讲解方法得当

用图讲解要注意运用地图挂图和讲授课文的密切配合，可以是以讲解课文为主配合用图，也可以是以观察地图为主辅以课文讲解，要注意地图种类不同、学生年龄不同，采用的讲授方法不同，同时，要注意主图和辅图、地图挂图和学生地图册之间的配合运用。

## 2.地理标本、地理模型的使用

### （1）地理标本的使用

地理标本是地理课堂教学中使用的最传统的媒体，它因为能够使学生真实感受地理事物和现象的本来面目、有助于学生形成正确的地理概念而被长期使用。

在地理课堂教学中，标本能够帮助学生真实地了解地理事物和现象，使学生容易形成对事物的感性认识，比其他教学媒体让学生产生的印象更深刻。需要注意的是，在选用标本时，要针对地理教学内容，选择容易辨认的、具有代表意义的典型标本。教学中标本的展出，要根据教学需要和标本的性质来确定，一般是随着教学的进行按顺序展出，但从管理的角度而言也可以在橱窗中展出。

### （2）地理模型的使用

地理模型是地理教学中的立体教具，直观性很强，使学生既可以通过视觉，也可以通过触觉感知地理模型所传递的地理信息，对学生形成某些地理表象的作用很大。在揭示地理事象内部结构和相互关系、表现地理事象立体形象时，地理模型优于地理图像。它对于学生掌握地理知识、获得地理技能、提高地理能力具有重要的作用。

地球仪是地球的模型，是学生学习地理最早接触的立体教具。学生在学习和掌握有关地球的一些事实与概念时，都需要使用地球仪。

随着科学技术的发展，采用先进的声、光、电技术组成的、有声有色的机电一体化演示教具，对提高地理教学效率、推动教学改革发挥了重大的作用。

## 3.地理图片的使用

地理图片主要包括景观图片和素描图片。它应该是较为简单、廉价的直观教具，可用来向学生展示地理景观，帮助他们形成某些地理表象，引起他们的兴趣，增强教学效果。

地理图片的内容丰富，色彩、构图美观，能够引起学生的兴趣。但教师一定要注意图片与地理教学主题的相关性，应该选用一些地理特征明显的照片。

在搜集和使用地理图片时应注意以下几点：①自行搜集的景观图片要注有地名、注记和主要信息，以保证图片的科学性。②要把握好展示图片的恰当时机，并作必要的说明。③在课堂上使用图片时，要选择有助于突出教学重点的适量图片，数量不宜太多。④图片使用时应让全班学生都能看到。

### 4.计算机多媒体的使用

前面所介绍的地理标本、模型、图片等都是传统的教学媒体。而现代教学媒体即电教媒体具有传递信息量大、传播速度快、表现力丰富的特点，因而具有普遍的实用性。电教媒体中计算机多媒体的功能最强大，能够表现地理环境的广域性及复杂性。多媒体在地理教学中的优势主要体现在以下几点。

**（1）可以演示学生无法观察到的地理现象，增强学生对地理事物的感性认识**

由于区域差异的存在和学生生存空间的限制，学生对许多地理事物和现象缺乏直观表象，如大多数学生没有见过冰川、地热现象、热带雨林、沙漠等，城市学生对农、牧业景观和许多农副产品缺乏必要的了解，内陆学生对海洋和海岸景观感觉陌生。针对这种现象，多媒体的使用可以帮助学生理解各种地理事物和现象，增强其对地理事物的感性认识，使其形成地理表象。

**（2）帮助学生学习地理概念、地理原理等理性知识**

由于地理事物的广远性、复杂性、综合性，学生难以进行广泛的观察和深入的体验，这样不利于学生对地理概念的掌握和地理原理的理解。因此，地理教师在进行讲解时，可利用多媒体技术将地理事物的内在联系、地理现象的原理等直观、形象、动态地展示出来，丰富和深化教学内容，有利于学生对理性知识的掌握与理解。

**（3）创设问题情境，激发学生的思维和求知兴趣**

利用多媒体可以通过动画演示等，创设出生动有趣的教学情境，不仅能激发学生的兴趣和求知欲，还可通过提问等启发他们的地理思维，同时帮助学生建立空间概念、发展其想象思维能力和立体思维能力。

**（4）设计多种学生活动，使学生更多地参与课堂**

运用多媒体可以满足地理教学中学生更多地参与教学活动的需要。多媒体可以营造出充满创造性的学习氛围，实现因材施教，使学生成为课堂的主体。

**（5）提高地理教学效率**

使用多媒体等现代媒体进行教学，可以提高单位时间内信息的传递数量。同时，多媒体教学可化难为易、化繁为简、化深为浅、化抽象为具体，大大缩短认知过程，使学生易于接受和快速掌握知识。这样大大提高了教学效率。

此外，多媒体可以反复演示、模拟等，使学生有身临其境的感觉，教学效果比较理想。

在地理课堂上运用多媒体时要注意：①要突出实效。教学媒体是传播教学信息的桥梁，是为一定的教学目的服务的，使用后一定要注意了解其使用效果是否达到预定目标。②内容要精简，讲解要充分。多媒体的使用，以能够说明问题为目的，不一定要数量多、篇幅长，一般情况下需要教师进行充分讲解，有时也可以指定学生解说。③要提出问题。使用电教媒体前，教师应向学生提出一些问题，且设计的问题应该是与多媒体紧密相关的内容，便于引导学生抓住多媒体展示中的主要内容。

# 第四节 地理教学评价与反思

## 一、地理教学评价概述

### (一)地理教学评价的含义

地理教学评价是根据一定的地理课程目标和地理教师工作职责,运用多种科学可行的方法或手段系统地搜集、分析、整理信息资料,对地理教学活动中的要素、过程以及结果进行价值判断,从而为学生全面发展、地理教师专业发展和地理教育改革发展,提供服务和决策的过程。

### (二)地理教学评价的功能

**1.促进地理教师专业发展的重要途径**

**(1)引导地理教师树立正确的教学观**

教师是否具有正确的地理教学观,直接影响其教学质量和教学方向。教师的教学行为在一定程度上反映其教学思想与观念。通过教师对教学目标的设计、教材的分析与组织、教学方法的运用、教学媒体的选用、教学过程的设计与调控等外显的教学行为,可以评价其教学思想与观念,从而引导教师树立正确的教学观。

**(2)促进地理教师提升教学水平**

科学合理的教学评价,可以准确及时地为地理教师提供反馈信息,从而引导教师发现教学中的问题和不足,适时地调整教学进度,改变教学方法等,进而提升地理教学水平。

**(3)促进地理教师参与教学改革**

教学评价对教学具有导向功能。科学的评价标准可以使地理教师有意识地在教学目标的设置、教学计划的编排、教学方法的运用以及教学媒体的选用等方面进行改革,可以带动地理教师对教学技能进行积极的探索。

**2.促进学生不断发展的重要策略**

**(1)促进学生改进学习方法**

教学评价可以使学生对自己的学习效果有所了解,从而判断其学习目标是否切合实际、学习方法是否正确、自己还需要进行哪些努力,从而促进学生确立进步目标、端正学习态度、改进学习方法,最终达到预期的学习目的。

**(2)鼓励学生全面发展**

教学评价对学生的学习具有导向功能。教学评价不仅关注学生对地理知识与技能的理解和掌握情况,还关注学生在学习策略、实践能力、情感态度等方面的进步。全面化的评价内容和方法有利于鼓励学生全面发展。

## 二、地理课堂教学评价的内容

### 1.教学目标

对地理教学目标的评价参考如下。

（1）教学目标设计合理。课堂教学目标符合课程标准要求、教材内容特点和学生的接受能力。课堂教学目标具有全面性，包括知识、能力、价值观等。

（2）地理教学目标表述明确具体。课堂教学目标陈述使用意义较为单一的行为动词，具有可观测性、可操作性。

### 2.教学内容

对地理教学内容的评价参考如下。

（1）教师正确理解教材，教学内容系统、科学、准确；熟悉教材内容，理解其在全章节中的地位与作用。

（2）教学内容难度适中，丰富充实。教学内容符合课程标准的要求，符合学生的年龄心理特征，既紧扣教材，又不拘泥于教材，有适度的扩展和延伸。

（3）教学内容注重学生地理技能的训练、情感态度的培养和价值观的教育。

（4）教学内容突出重点，抓住关键，突破难点。

（5）教学内容新颖，理论联系实际。

### 3.教学方法与手段

对地理教学方法与手段的评价参考如下。

（1）教学方法选择恰当，运用灵活。

（2）注意发挥学生的主体作用。教学过程中注重启发诱导，充分调动学生学习的积极性和主动性。

（3）板书、板画、板图设计规范，运用熟练。

（4）能够合理选择地理直观教具，并能灵活应用。

（5）能熟练运用现代地理教育技术。

### 4.教学过程

对地理教学过程的评价参考如下。

（1）课堂教学结构设计合理，思路清晰，符合知识的内在逻辑体系和学生的认知规律，且教学环节主次分明。

（2）师生互动，积极性较高。师生间的信息沟通交流充分，情感交流融洽；教与学双方情绪饱满，课堂气氛活跃；教师能正确处理来自学生的反馈信息，调控得当。

（3）注重对学生意志、气质、性格等个性品质的培养。在课堂教学中教师应鼓励学生克服学习困难，培养其刻苦和坚定的意志品质，锻炼学生的自制能力，培养其遵守纪律的良好品质。

### 5.教学基本功

对地理教学基本功的评价参考如下。

对教师教学基本功的评价包括对教学语言的评价,对教学推进技能(如课堂导入技能、新课讲授技能、课堂提问技能、教学反馈技能、课堂总结技能、"三板"技能等)及教学方法和教学媒体选择与运用的技能等的评价。

#### 6.教学效果

对地理教学效果的评价参考如下。

(1)按时完成规定的教学任务。教学容量适度,且课堂效率较高。

(2)达成课堂教学目标。学生较好地掌握了地理基础知识和基本技能,其各种能力得到了较好的培养,情感、态度与价值观得到了一定的发展。

(3)使学生对地理学科产生较为浓厚的学习兴趣。

### 三、地理试卷的设计

#### (一)地理试卷设计的基本程序

地理试卷设计的基本程序是确定目的、制定目标、明确内容(可采用双向细目表)、设计试题。试题设计主要包括:确定题型、编制具体题目(草拟试题)、审核拼卷和卷面设计(组卷)、确定评分标准。

#### (二)地理试题的编制技术

##### 1.客观性试题的编制技术

地理测验常见的客观性试题有选择题、填空题等。

(1)选择题

选择题编制的要领和原则:①目标明确;②取材合理、具体、有针对性;③题干的表述准确、精炼;④题干与选项之间的分割和连接要恰当;⑤干扰项要有迷惑性,正确选项要具有隐蔽性;⑥正确答案随机分布。

编制好的干扰项的方法:①针对学生的易错点设计;②干扰项与题干相关且相互之间不矛盾;③干扰项本身不能有形式和逻辑错误,尽量使用教材上的语言或真理性的措辞;④干扰项在形式、结构和内容复杂程度上与正确选项保持相似。

(2)填空题

填空题的编制技术:①题意明确,限定严密,答案唯一;②填写内容应为关键性词语,如重要的地理名称、地理分布、地理数据等;③避免照抄原文,应重组文字;④空白长度大体一致,不随答案文字多少而长短有别,以免对考生起提示作用;⑤一题中的空白数量不宜太多;⑥空白尽量放在句中或句后,不要放在句首。

##### 2.主观性试题的编制技术

主观题的特征是考生可以自由作答。这类题目一般应包括材料情境中的开放性问题、综合测试中的论述题、活动课程中的活动设计等。

主观性试题的编制要领:①突出学科重点内容,全面考核学生的地理学习水平;②创设问题情境,避免照搬教材,问题与情境结合,强调知识应用;③选用恰当的行为动词陈述试题内容,避免使用"是什么""在哪里""有哪些"等词语编制问题;④语言表述清晰、明确,避免产生歧义。

### 3.客观与主观兼容——材料情境试题的编制技术

地理材料情境题是一种由以前的问答题演变而来的,兼含选择、填空、简答、读图、论述等多种题型和功能的复合式题型。这类题目设计灵活,角度多变,多以当前社会生活中的重点和热点问题为背景,题目立意注重对"对生活有用""对终身发展有用"的地理知识与技能的考查。

地理材料情境题的编制要领:①整个试题构成一个相对完整的中心。②选择的情境材料以教学目标为依据,与课程目标相符。③尽可能采用不同形式的情境材料编制试题,如地图、表格、景观图等。④试题数目应与背景材料的长度相匹配。材料长、试题少,会造成时间的浪费。材料过短,则不易分析问题。⑤设问形式多样化,而设问层次应有渐进性。

## 四、地理教学反思

### 1.概念

教学反思就是教师自觉地把自己的课堂教学实践作为认识对象而进行全面深入的冷静思考和总结。它是教师用来提高自身业务水平,改进教学实践的一种学习方式。

### 2.教学反思的意义

教学反思有利于促进教师的专业发展,是教师进行课程改革的首要条件,是提高教学行动研究质量的前提与保证。

①反思代表了教师专业发展的一种新观念。

反思使教师认识到专业能力的提高不能依赖外在的指导,教师自己可以通过具体教学环境中的反思和教学行为的调整得以成长。反思本身就是一种在职教育,它还是始终贯穿教师这一职业的终身教育。

②反思提供了教师发展专业能力的新方法。

反思不仅具有理论指导意义,同时也提供了研究与实践相结合的具体方法。反思不是简单的教学经验的总结,它是伴随整个教学过程的分析和解决问题的活动。

③反思开辟了提高教学质量的新途径。

主流的反思性教学的特征是突出教学的情境性、过程性、评价性和反馈校正性,其为教育和教学改革提供了一种新思路。

### 3.教学反思的内容

教学反思的内容包括教学态度和行为、教学策略、学生的学习过程、教学反馈、教学计划和教学评价等。教学反思的书写内容应该从以下几方面进行。

（1）成功之处

教学的成功之处可以是教学过程中达到教学目的的做法,教学方法的成功应用过程及其创新,教学过程中引起学生积极反应的措施,等等。教师需要思考自己的教学行为,总结自己的教学经验,为以后的教学提供参考,并不断完善教学。

（2）不足之处

教师需要对教学中的不足之处进行反思和剖析,吸取教训,在以后的教学中进行改进。

（3）教学机智

教师进行教学反思时需要将课堂教学中产生的教学机智及时记录下来，如师生瞬间产生的灵感或随机应变的处理问题的方式等。

（4）学生创新

学生是课堂学习的主体，会有自己的独到见解。将其记录下来，并应用到以后的课堂中既能拓宽教师的思路，成为补充以后教学的丰富材料，又能激励学生。

（5）再教设计

教学反思中教师应该静下心来，总结摸索教学规律，思考改进教学的方法，思考更好的问题解决方式等。这样教师就对课堂教学进行了再设计，做到了扬长避短、精益求精，为下次教学做准备的同时也将教学水平提升到了一个新高度。

**4.写教学反思的注意事项**

教师在进行教学反思时，需要做到两点：一是自觉自愿，要充分认识到反思的重要性；二是要紧扣教育教学实际或案例。教师写教学反思时需要注意的事项包括以下几点。

（1）注意反思的"落脚点"

教师要找准反思的"落脚点"。首先，要做好教学能力和风格的自我反思并明确反思的目标和方向。其次，反思要结合教育实际，实事求是，因地制宜。

（2）注意反思的"系统化"

教师只有进行系统的反思、实践，如反思要涉及教学理念和教学思维等，才能提高整体教学能力，提高自己的教育思想境界。

（3）注意反思的"实践性"

反思的目的是改造教学实践，在实践中体现其价值，因此反思要为教学实践服务。

（4）注意反思的"发展性"

反思不仅是对教学实践的反思，还包括对反思的再反思，反思后的再学习，学习后的再反思等。

教师应坚持进行教学反思，形成对自己教学活动经常性反思的习惯，更好地监控自己的教学行为，从而改善教学行为。反思是教师成长的必由之路。

# 第五节　教学材料分析题的作答思路与技巧

## 一、考情分析与作答策略

**1.考情分析**

考题第29、30题为教学材料分析题，常考的内容为教学方法分析、提问或问题设计分析、课程理念、教学设计或过程评价等。

### 2.作答流程

作答流程参考如下：①看题目要求即问题，分析问题和考点；②带着问题去阅读材料，对材料有一个整体的认识，找到问题解答需要分析的内容部分；③结合相应的材料内容、知识进行具体分析；④进行作答表述。

### 3.作答策略

（1）认真审题，分析题干要求，确定相应的考查知识点。例如，问题"结合材料，指出该结课的不足（2018年下）"中考查的要点是结课，具体考查材料中教师应如何进行结课，即结课的要求或注意事项。作答时需要围绕这些知识进行分析。

（2）认真阅读分析材料，结合材料和相关知识进行具体分析。大部分问题需要结合材料内容进行分析，所以需要去挖掘、分析材料。同时，还需要结合相关知识进行分析。

（3）严格按照题干要求作答。根据题目要求，大多数情况下，作答时都要结合材料进行分析、说明、简述等。这时答案一定要有对材料的解读，要结合材料进行分析，不能单单直接罗列生硬空洞的知识点，否则就不符合题目要求。

（4）根据分值可以推断答题要点数量。问题后面括号里的分值可以帮助我们推测答题时有几个要点或方面。例如，根据问题"王老师在上述教学片段中采用了哪些教学方法？（3分）"推测至少有三种教学方法。

（5）作答时分条分点，做到有条理。例如，对于问题"结合材料，举例说明王老师的试题设计体现了地理学科的哪些特性？（9分）"的作答，可以先指出体现的地理学科的特性，然后举例说明并总结，作答如下。

①生活性。整个试题的设计，以某国际学校学生谈论中国的旅游手册为背景，涉及旅游地的传统民居——窑洞、天气现象——梅雨、人口等，还涉及学生爸爸的出差地（广州）的骑楼建筑，说明地理与人们的生活密切相关，充分体现了地理知识来源于生活。

②区域性。试题的设计以中国为背景，涉及黄土高原的窑洞、长江中下游地区的梅雨天气、广州的骑楼建筑、南北方传统交通的差异等，说明无论在世界范围内，还是在中国范围内都存在区域差异，不同区域的地理环境不同，充分体现了地理学科的区域性特征。

③综合性。试题的设计内容既涉及气候、地形等自然地理要素，又涉及人口、民居、交通等人文地理要素，涵盖内容广泛，且这些要素间相互联系、相互作用，体现了地理学科的综合性特征。

### 4.作答举例

下面题目选自2018年下半年的材料分析题。

下面是裘老师在"巴西"一课的结课实录。

裘老师滚动播放了整节课出现过的精彩图片画面，包括巴西利亚总体规划图及各种寓意深刻的建筑物景观图片，并配以欢快的桑巴舞曲，同时在屏幕下方投影出本节课的作业，他深情地说："这是多巧妙的构思、多精巧的建筑啊，这是巴西的能工巧匠们智慧的结晶，正如巴西人所乐意承认的那样，巴西是幸运的。它拥有世界上最大的雨林，伴有可爱的蓝色海湾，山林中有黄金和蓝宝石，江河中有大自然撒下的钻石。它拥有免受飓风和地震袭击的有利位置，以及能生长任何一种你能想象出来的果品的土壤。然而巴西人更乐意承认的是'巴西最有价值的财产是巴西人民'。正是勤劳而勇敢的巴西人民使巴西在发展的道路上越过了一个又一个的激流险滩,创造了'巴西经济的奇迹',使巴西成为发达的发展中国家。让巴西人民尽情地狂欢吧,也让我们在这欢快的桑巴舞曲中结束今天这节课。"

问题:结合材料,简述该结课的作用。(6分)

【作答分析】

问题是简述材料中教师的结课发挥的作用。

作答时,需要结合材料中裴老师的结课过程,分条回答。每一条,先简要说出结课的作用,如"有利于升华学生的情感""有利于加深学生对所学知识的印象"等,再根据材料简述,如"感受世界文化的多元化,增强对巴西的了解和兴趣"等。

【作答参考】

该教师的结课主要是通过多媒体展示以及情感升华的方式进行的,作用如下。

①有利于升华学生的情感。教师通过图片、音乐的展示和生动形象的描述能够让学生再次感受巴西的自然、人文特色,感受世界文化的多元化,增强对巴西的了解和兴趣。

②有利于加深学生对所学知识的印象。教师的总结生动形象,涉及巴西的自然特征及人文特征,能够让学生回顾本节课所学的知识,加深印象。

③有利于激发学生的地理学习兴趣。教师结课的方式新颖,其中多媒体演示配合极富感染力的描述,能够激发学生学习地理的兴趣,让学生感受到地理的魅力。

## 二、教学方法类型问题的作答技巧

教学方法是考试经常考到的内容,主要考查内容有教学方法的类型、作用或优势、实施步骤等,需要考生重点掌握。这里我们介绍一下教学方法类型问题的作答方法。

### 1.考情分析

考试中常见的地理教学方法有讲授法、谈话法、讨论法、问题式教学法、图像法、演示法、多媒体辅助教学法、合作探究法、案例教学法、实验法等。这些方法一般都不是单独存在的,而是相互交织在一起,我中有你,你中有我。

### 2.作答方法和形式

(1)作答方法

作答时需要按照问题要求作答。如果问题要求结合材料说明或举例说明教学方法的,则需要结合材料说明,即指出具体是哪个教学内容和过程,师生活动方式如何,采用了哪种教学方法。如果问题是直接提问材料中采用的教学方法或只要求指出材料中的教学方法,则只需要答出主要的教学方法即可。

(2)作答形式

作答时按教学方法逐条回答。每条先给出教学方法,然后结合材料具体分析,即简单概述材料中的师生活动内容和教学内容,指出相应的教学方法。

### 3.教学方法的判断

这里我们可以通过教师组织教学和学生学习的活动方式来判断采用了哪些教学方法。

## (1)关键词法

在探寻活动方式的过程中,可以凭借一些关键词等关键内容较为容易地判断出所采用的教学方法。这种方法称为关键词法。

在材料所给的教学片段中寻找关键词,如材料中出现了"讨论"二字,那么一般有讨论法;出现"探究"二字,那么一般有探究法;出现"小组、分组"等,一般体现了合作学习法。

## (2)活动分析法

如果运用关键词法的效果不太明显,则需要根据对师生活动的分析判断教学方法,这种方法称为活动分析法。这里要注意分析教师和学生的课堂行为和活动,尤其要注意教学片段中括号里的内容。

材料所给的教学片段中如果出现师生来回的对话,一般运用了谈话法。

出现比较明显的教师描述、解释和说明的内容,一般运用了讲授法。

出现教师呈现某种图像、学生读图等活动,一般运用了图像法。

出现了比较明显的教学案例分析活动,如以什么为例介绍什么教学内容、分析解决问题,一般应用了案例教学法。

出现教师用多媒体或教具、模型等向学生演示模拟的活动,一般运用了演示法。

出现教师播放视频、多媒体课件等,一般运用了多媒体辅助教学法。

出现教师利用问题整合相关学习内容进行教学,一般运用了问题式教学法。

### 4.举例说明

下面题目出自2020年下半年的材料分析题。

下面是李老师在"独占一块大陆的国家"一课中的教学片段。

……

师:(展示课件)我们来看一下澳大利亚的位置和范围,大家会选择定居在哪里呢?

生:我选择在东南沿海,因为沿海地区降水多。

生:我选择在沙漠,因为矿产资源丰富。

……

问题:材料中教师采用的教学方法是什么?有什么好处?(8分)

【作答分析】

题目给的材料片段比较短,因此可以从中找到的教学方法不多。考虑本题的分值(8分),本题的主要答题内容是该教学方法的好处。材料中,主要展示的教师的提问和学生的回答,故可确定教师采用的是问题式教学法。由此,接下来只需要总结问题式教学法的优点即可。

【作答参考】

教师采用的教学方法是问题式教学法。

好处:①设计良好的问题能够调动学生学习的主动性和积极性,激发学生的自主学习热情,增强其学习兴趣,吸引学生的注意。②解决问题的过程能够培养学生的逻辑思维能力、创造能力,以及分析问题、解决问题的能力。③有利于加强师生间的交流,营造良好的课堂气氛。

## 三、课程理念类型问题的作答技巧

### 1.考情分析

考试中,该类问题通常的考查方式是给出某一教学片段,提问教学片段中落实了哪些课程理念,或者是如何落实某一课程理念的。

该类问题所涉及的课程理念基本取自《义务教育地理课程标准(2011年版)》中的"课程基本理念",考生需要对这部分内容足够熟悉。

### 2.作答分析举例

下面以2017年下半年的材料分析题为例,分析如何对这一类型的考题进行作答。

下面是陆老师对"众多的人口"一课的课后教学反思。

(1)注重学情分析,引导学生关注生活中的地理。如就"人口多的利与弊"进行探究,就"计划生育政策对自己家庭的影响"进行讨论。

(2)注意帮助学生理解人口的基础知识;培养学生读图用图、分析计算等能力;使学生正确认识人口国情,形成可持续发展和人地协调的观念。

(3)注重引导学生通过"自主学习""合作探究"等多种方式进行学习。自主学习环节,学生主动构建知识,而不是机械地记忆;合作学习环节,学生相互启发、交换意见,对问题的认识更加深刻,归纳整合不同的意见并进行汇报,发散思维、语言表达、思辨能力等都得到了提升。

(4)分组及评价:每组6人,共9小组,按座位编号,便于记录、管理;小组内按探究人、记录人、发言人进行角色分工;设定学生互评、自评。

(5)适时追问、引导,既保持学生思维的连贯性,又突破难点。

(6)课堂教学流程为:创设情境导入新课→自主学习认识基础→合作学习探究问题→探究成果展示呈现→师生评价解决问题→课堂检测即时评价→拓展延伸启发思维。教学过程与预设基本吻合。

问题:根据材料,举例说明陆老师的教学落实了哪些地理课程理念。(6分)

【作答分析】

《义务教育地理课程标准(2011年版)》中的"课程基本理念",其内容主要有三条:学习对生活有用的地理,学习对终身发展有用的地理,构建开放的地理课程。作答时,需要结合材料内容,逐一对照这三条进行分析。

【作答参考】

①体现了"学习对生活有用的地理"这一课程理念。如陆老师引导学生关注生活中的地理,让学生对"人口多的利与弊"进行探究,就"计划生育政策对自己家庭的影响"进行讨论,通过选择与学生生活息息相关的话题,让学生体会地理在生活中的作用,发现生活中的地理问题。

②体现了"学习对终身发展有用的地理"这一理念。在教学过程中,陆老师注意帮助学生理解人口的基础知识,正确认识人口国情,形成可持续发展和人地协调的观念。这样利于培养学生作为未来公民需具备的地理素养,利于学生的终身发展。让学生通过"自主学习""合作探究"等方式进行学习,利于培养学生的自学能力和探究能力。这些能力都是对学生未来发展有用的,体现出教师在教学中对学生

未来发展的关注。

③体现了"构建开放的地理课程"这一理念。陆老师在教学中,不仅讲解书本的知识,还让学生讨论"计划生育政策对自己家庭的影响"等话题,同时通过合作探究、小组讨论等形式进行教学。教学资源是开放的,学习方式也是开放的,均体现了"构建开放的地理课程"的理念。

## 强化练习

1.阅读材料,回答问题。

下面是李老师关于"气温的差异"的教学片段。

师:(展示广州和哈尔滨的人们欢度春节情景的图片,图A内容为春节期间广州的花卉,图B内容为春节期间哈尔滨的冰雕)春节是中华民族的传统节日,请同学们认真观察两幅图片,并思考问题:①广州和哈尔滨两地的气温有何差异?②同样是在冬季,两地的气温为什么会有这么大的差别呢?

学生通过教师提供的我国两大城市的各月均温信息和中国地图,分析出广州和哈尔滨两地的气温差异。在此过程中,学生深刻理解了我国的南北气温差异。

问题:

(1)材料中教师使用了哪种教学方法?结合材料对此教学方法进行评价。(12分)

(2)使用这种教学方法的步骤有哪些?(8分)

2.阅读材料,回答问题。

下面是朱老师关于"世界的气候类型"一课的教学片段。

活动设计:如何准备出国行囊?

情境创设:世界气候类型是多样的,大家今后到国外留学、旅游、工作时,就不能一味按照我们本地的气候来安排生活了。所以,今天我们就来一次"模拟出国旅游"活动,了解世界气候。

出国前要准备行囊,要带些衣物和日用品等。准备哪些衣物和日用品呢?

活动过程:

1.按小组抽签去国外旅游或留学(签上注明什么时候去,逗留的时间,去的地方)。

2.教师通过PPT为学生提供学生所到地区的降水、气温的资料。

通过PPT展示的资料如下。

①1961—2010年世界各地气温、降水量月均值(新加坡、哥本哈根、布宜诺斯艾利斯、雅典、伦敦、东京等地的气候数据)。

②衣物及生活用品(羽绒服、衬衫、遮阳伞、手套等)。

3.学生活动(小组讨论)如下。

(1)首先要清楚所到地区的位置,利用世界政区图查找,结合世界气候类型分布图判断当地的气候类型。

(2)再利用前面所学的气温曲线和降水量柱状图的知识,对气候资料进行处理分析(利用气候数据绘制气温曲线和降水量柱状图),并判断出气候类型的特点。

(3)选择衣物、日用品。

(4)如果所提供的衣物、日用品不够,可以自己再添加,如太阳镜、沙滩鞋、防晒霜等。

4.小组汇报、展示、交流(略)。

问题:

(1)结合上述片段,说明朱老师是如何落实"学习对生活有用的地理"这一课程理念的。(10分)

(2)说出朱老师使用的教学媒体,并简述其主要作用。(10分)

## 参考答案及解析

1.【参考答案】

(1)材料中教师使用了案例教学法。

案例教学能巩固所学理论知识,能够加深学生对地理知识的理解,能够充分调动学生的积极性和主动性,有利于培养学生的创新精神和创新能力,增强学生的主动交流能力,开阔学生的视野,并且有利于提高教师的教学质量和教学水平。但由于案例教学法需要提前准备案例素材,花费时间较多,其应用受到一定限制。

(2)案例教学法的操作步骤:①提出案例,以例激趣;②分析案例,以例说理;③拟订方案,以例导行;④归纳总结,自行反思。

2.【参考答案】

(1)在初中教学中,"学习对生活有用的地理"很重要的一点就体现在"要选择与日常生活密切联系的知识"方面。

①朱老师在教学中,创设"为出国旅行准备行囊"的情境,引导学生注意生活中的地理问题,使学生认识到生活中要用到地理知识。

②在课堂上,通过世界政区图和世界气候类型分布图查找旅游目的地所属的气候类型,学生可以对著名旅游城市和世界气候分布情况有更深入的掌握。学会灵活应用不同类型的地图的方法,这有助于学生以后的生活。

③对于气候特征的学习,学生根据数据绘图,既是对前面知识的复习,又为描述气候特征提供了直观的工具。根据气候特征选择衣物等,与生活实际结合,很好地锻炼了学生的地理思维能力,落实了"学习对生活有用的地理"这一课程理念。

(2)朱老师使用了PPT、地图和统计图表等教学媒体。

PPT的作用:可以满足地理教学中学生更多地参与教学活动的需要,使学生成为课堂的主体,同时可以提高单位时间内信息的传递数量,易于使学生快速掌握知识。

地图的作用:易于使学生集中注意力,并能清楚地认识地理事物的空间分布位置,更好地理解和记忆地理知识。

统计图表的作用:绘制统计图能让学生更加清晰、直观地感受到数据的含义,激发学生的学习兴趣,并能锻炼学生阅读、分析图表的能力。

# 第三章　地理教学设计

## 考情分析

本章内容主要考查教学目标、教学过程要点或主要教学环节的设计，考查题型为教学设计题。考生应该掌握如何分析教材，以及如何设计教学目标和教学过程。

## 考点精讲

# 第一节　地理教学设计概述

### 一、地理教学设计的概念和基本特征

#### 1.地理教学设计的概念

地理教学设计就是地理教学实施之前，地理教师以"地理课程标准"为依据，以促进学生有效进行地理学习为目的，以现代教学理念为引领，以相关教学理论和学习理论为指导，针对具体的地理教学内容而进行教学目标制定、教学内容组织、教学方法设计和媒体选择，安排地理教学各个环节的过程。

#### 2.地理教学设计的基本特征

（1）地理性

地理学是研究地理环境及人类活动与地理环境相互关系的科学，具有综合性和区域性两个显著的特征。因此，地理教学设计要把探寻地理事物的发展变化规律，用可持续发展思想来指导和阐明人和地理环境的关系作为地理教学设计的灵魂，充分体现"地理性"的特征。

（2）继承性

地理教学设计的继承性，主要表现为对传统优秀教学设计的传承、保留，对国外先进教学设计的引用、吸收，对其他学科教学设计的借鉴、渗透。地理教学设计正是在继承的基础上，不断地完善和丰富起来的。

（3）创新性

随着社会的发展和时代的进步，地理教学也在不断变化和进步。这就要求地理教学设计不断被创新。

（4）实践性

地理科学具有很强的实践性。地理课程强调地理学习的实践性，让学生学习对生活有用的地理，注重联系实际生活，关注地理问题，重视培养学生解决实际问题的能力。因此，地理教学设计需要体现出地理的实践性特点。

（5）多样性

地理教学设计受到地理教学活动各个要素的制约和影响。由于地理教学活动的诸多要素情况复杂，无论是教学目的、教学内容，还是教学方法等都是丰富多样的，因此地理教学设计也是灵活、多样的。

## 二、地理教学设计的阶段

地理教学设计主要包括四个阶段，即分析阶段（包括课标分析、教材分析、学情分析、设计理念四个方面）、设计阶段（包括教学目标设计、教学方法设计、教学媒体设计、教学过程设计四个方面）、评价阶段（包括形成性评价、反馈、教学反思）和修改阶段（教学再设计）。地理教学设计是个系统工程，是一个不断反馈、修正的过程。教师资格考试考查的是教学目标和教学过程的设计，因此主要涉及教学设计的前两个阶段。下面简要介绍前两个阶段。

### 1.分析阶段

背景分析阶段是十分重要的环节，是定位设计教学目标、确定教学实施方案等的前提。

（1）课标分析

课标分析需要对课程标准中的课程性质、课程理念、课程目标、课程内容、课程实施等内容进行详细分析，从整体上把握和领会课程标准。在具体的教学设计中，还要对教学内容对应的课程内容标准的要求进行研究。

（2）教材分析

教材分析的目的是明确教学内容及其意义，把握教学内容的逻辑关系和呈现形式，确定教学重难点，并为教学目标和教学方法的确定提供依据。

（3）学情分析

学情分析是分析学生现有的学习水平、学习能力和已有经验、心理特点等。学情分析既是教学设计的基础，也是教学实施的依据。

（4）设计理念

设计理念环节需指出教学设计所遵循的基本理念。设计理念指教学设计者所追求的教学信念即对教学的基本观点和看法。

### 2.设计阶段

（1）教学目标设计

教学目标设计是在课标分析的基础上，结合教材分析和学情分析等，进一步将课程目标细化，转化为具体的、具有更强可操作性的教学目标。

**（2）教学方法设计**

根据教学内容、学情等情况，教学设计需要设计合适的教学方法，以取得较好的教学效果。

**（3）教学媒体设计**

根据教学内容需要、学校教学条件和学生特点等选择教学媒体，以更好地辅助教学。

**（4）教学过程设计**

教学过程是教学设计的主体，其主要内容是教学的实施过程。

# 第二节　地理教学设计的构成要素

这里的地理教学设计主要针对的是新授课的教学设计。下面介绍了教材分析（包括教学重难点）、学情分析、教学目标的设计、教学方法和媒体的设计、教学过程的设计等内容。

## 一、教材分析

### （一）教材分析的内容

进行一节内容的教学设计时，教材分析一般包括以下几方面。①分析本节知识在教材中的地位和作用，与前后知识之间的联系。②分析本节知识的组成和结构，知识之间的联系，确定重点、难点。③分析本节知识在教材中的表述方式。④结合课程标准和学情，确定本节教材的知识要求、能力要求和思想教育要求等。

### （二）教学重难点的确定

#### 1.教学重点

教学的重点是指与教学目标关系密切的教学内容，其往往是教材内容中最基本、最核心的概念性知识和原理性、成因性、规律性知识，具有理论性和概括性强的特点，能帮助学生举一反三，促进知识迁移，是学习其他地理知识的基础。

教学重点的确定依据及方法如下。

**（1）认真研读地理课程标准**

课程标准中规定的课程内容要求是学生学习地理课程必须达到的基本要求，其往往也是教学的重点。如关于"亚洲的自然环境"的内容，课标要求是"运用地图和其他资料，归纳某大洲地形、气候、水系的特点，简要分析其相互关系"。所以，"亚洲的地形、气候和水系特点及其之间的关系"应列为教学重点。

**（2）分析教材内容的影响范围**

内容影响范围广泛、与其他知识有广泛联系、迁移性较强的知识，多为教材的重点。例如，关于地图的基础知识和基本技能是阅读地图必须掌握的内容，是学习地理知识的基础，是学生作为一个合格建设者必备的地理文化素质。所以这部分教材内容是教学的重点。

（3）分析教材内容承担的教学任务

教材各章节内容大都承担着教学任务，而承担着不可替代的特殊教学任务的内容则大多为重点。它们在教材中的篇幅较大且设置有专门的探究性活动等。

**2.教学难点**

教学的难点是指学生在学习中感到困难的教材内容。教材中的难点有的是知识难点，有的是练习难点。对于学习水平、学习能力不同的学生，教学难点可能不同；教学设施不同，教学难点也不同。教学难点具有相对性。确定教学难点既要根据教材的难易程度，又要考虑学生、学校的实际情况。

教学难点的确定可以从以下几方面去考虑。

（1）内容庞杂、需要大量记忆的地理知识

这类知识多为地理事物的名称、地理分布、地理数据等知识。这些知识主要集中在区域地理中。

（2）内容抽象、学生无法亲自感知的理性知识

这类知识有地球的运动、区域气候的分布和特点、区域的地形特点等较大空间范围内的地理事象特征等。

（3）知识层次较深、学习时需要更多知识铺垫的知识

有些地理知识涉及层次较深，需要较多相关知识的铺垫。如中国四大地理区域的划分涉及中国的地形、气候、人文等知识的铺垫，所以这部分内容为教材的难点。

一般而言，每一章或节都有重点，每个课题、每一节课都有重点。对于不同的课题，教材的重点和难点有时候是重合关系；有时候是分散关系；也有的只有重点，没有难点。

鉴于中学地理教学中重点、难点的多样性，教师一定要在掌握地理课程标准的要求，深入钻研教材和深入了解学生实际情况的条件下，正确确定教材和教学的重点和难点。

## 二、学情分析

学情分析一般从学生的知识情况、心理特点与已有经验三方面进行。

**1.学生的知识情况**

学生已有的地理知识，是其进一步学习的基础。只有了解学生已经懂得了哪些知识，其知识掌握的程度如何，才能在后面的教学中做到有的放矢，才能设计出更适合学生的教学方案，才能帮助学生有效地掌握新知识。

了解学生的知识基础，首先要了解学生已经掌握了哪些与本课教学内容有关的地理知识及对这些知识的掌握程度。其次还要了解学生学过哪些与本学科相关的知识，如文学、历史、物理、化学等方面的知识。最后预测学生学习某部分教学内容时会有什么困难，并分析原因，找到解决问题的方法，使学生准确有效地掌握新的知识。

**2.学生的心理特点**

心理特点是指学生在学习过程中的学习兴趣、学习动机、学习态度等心理因素。这些心理因素对学生的学习活动具有重要影响。是否具有稳定的学习兴趣直接影响学生学习的效果。学习动机是推动学

生学习活动的内部动力,能够长期对学习产生影响。充分关注学生学习态度的差异有助于因材施教。

不同年龄的学生学习兴趣不一样。初中生学习兴趣的可塑性、波动性都比较大,他们对于"新、奇、乐"的材料感兴趣。但高中生的学习兴趣就具有一定的稳定性和持久性,他们对一些深刻的、具有现实意义的问题感兴趣,如人口、资源、环境问题等。

不同年龄的学生认知特点不同。中学生正处于由具体形象思维向抽象逻辑思维的过渡阶段。初中生的思维以具体形象思维为主,对直观的地理事象感兴趣。高中生的抽象逻辑思维进入成熟期,辩证逻辑思维迅速发展。因此,教师在教学活动中应该从具体事物入手,引导学生思维由具体形象思维逐渐向抽象逻辑思维过渡。

不同年龄的学生学习能力不同,因此教师需要掌握学生学习能力的差异,针对学生的实际情况,采取相应的策略。

学生的心理特点可以采用"心理测量表"(根据学生实际情况自行设计内容)来测量,也可以采用观察、谈话等方法来获得。

**3.学生已有的生活经验**

学生的经验深刻地影响着他们的思维方式、态度和行为。因此,必须了解学生的日常生活经验等。这样不仅有助于教师在处理教学内容时做到详略得当、主次分明,还有助于教师在教学中联系学生的实际生活经验,激发学生的学习兴趣,拉近学科知识与学生之间的距离,让学生学习对生活有用的地理。

在地理教学中,教师要充分重视对学生的知识、经验、心理等情况进行分析,选择恰当的教学方法。

## 三、教学目标的设计

教学目标的设计是地理教学设计中必不可少的一个环节。

**1.地理教学目标的功能**

(1)导向功能

教学目标具有导向功能。教师根据教学目标对教学活动进行设计并实施教学。教学目标制约着教学设计的方向,决定着教学的具体步骤、方法和组织形式,帮助教师自觉控制教学活动的全过程,具有"导学、导教、导测评"的导向功能。

(2)控制功能

教学目标预先就规定了教学活动的大致进程,对教学活动起着控制作用。教学活动展开的过程也就是教学目标落实的过程。一切教的活动和学的活动都要紧紧围绕教学目标的实现来进行。同时高层次的教学目标对低层次的教学目标具有约束力。

(3)激励功能

教学目标为学生提供了自己的学习目标,对学生的学习具有激励作用,能够激发学生对新的学习任务的期望和达到学习目标的欲望,从而调动学生学习的积极性和主动性。

(4)评价功能

教学目标全面、具体、可操作性和可测量性强,不仅有助于控制教学过程,而且能够为教学评价提供依据,保证教学评价的效度和信度。

## 2.地理教学目标的分类

关于教学目标分类的理论有很多,如美国的泰勒、布卢姆等都提出过教学目标分类的理论。其中,芝加哥大学著名心理学教授布卢姆创立的教学目标分类理论影响较大。在我国,地理教学中常用的教学目标分类理论大多参照布卢姆的分类方法,即把课堂教学目标分为认知、技能和情感三个领域。

### (1)地理教学认知领域的教学目标

地理认知领域的教学目标是以学习地理知识和开发学生智力为主要任务的教学目标。该目标按学习水平从低到高可以分为认识、理解和应用三个层次。每个层次与具体的行为和一定的行为动词相对应。地理教学认知领域的教学目标见表2-3-1。

表2-3-1 地理教学认知领域的教学目标

| 学习水平 | 具体行为 | 行为动词 |
| --- | --- | --- |
| 认识 | 学生能够记住以前学过的地理材料,如能说出世界6大板块的名称,说出季风的定义 | 说出、描述、举例、列举、识别、知道、了解、指认、确定等 |
| 理解 | 学生能够运用语言、文字、图像等说明和解释重要的地理概念、原理、模式,如归纳自然资源的基本特征 | 解释、说明、比较、理解、归纳、判断、区别、预测、收集、整理等 |
| 应用 | 学生能够运用已经知道和理解的地理概念、地理原理等,说明同类地理事物和现象,分析和解决地理问题,如运用准静止锋的概念,分析长江中下游梅雨形成的原因 | 应用、运用、计算、设计、撰写、总结、评价等 |

### (2)地理教学动作技能领域的教学目标

通常一个人的动作技能是从最初的模仿开始的,经过不断试验,逐步能够独立完成一个连贯的动作,最后达到创新动作的水平。因此,地理教学动作技能领域的教学目标可以分为引导下的反应、机械化和创新三个层次。每个层次同样对应具体的行为和一定的行为动词。地理教学动作技能领域的教学目标见表2-3-2。

表2-3-2 地理教学动作技能领域的教学目标

| 学习水平 | 具体行为 | 行为动词 |
| --- | --- | --- |
| 引导下的反应 | 学生在教师的指导下,通过模仿和尝试表现有关行为。这时的动作是不连贯的和不熟练的。如在教师指导下,利用等高线地形图绘制地形剖面图 | 制作、使用、复制等 |
| 机械化 | 学生能够独立完成一个完整的动作,而且表现得连贯娴熟。如学生能够熟练运用温度计观测和记录气温 | 操作、观测等 |
| 创新 | 学生根据动作完成中形成的悟性、迁移力和创新力,创造出新的动作行为或处理材料的方式。如学生用乒乓球自己制作地球仪 | 设计、发展、制造等 |

### (3)地理教学情感领域的教学目标

情感就是个体对外界刺激做出的肯定或否定的心理反应,会直接或间接影响人的行为。学生的情感、态度与价值观是学生心理发展的基本内容,而促进学生的心理发展是地理教学的基本目标。根据地理学科的特点,可以将地理教学情感领域的教学目标分为接受、评价和性格化三个层次。地理教学情感领域的教学目标见表2-3-3。

表2-3-3 地理教学情感领域的教学目标

| 学习水平 | 具体行为 | 行为动词 |
| --- | --- | --- |
| 接受 | 学生愿意接受或注意某一现象,如学生能认识到环境保护的重要性 | 描述、指明、找出、把握、选择等 |
| 评价 | 学生在接受的过程中,通过自己的判断,形成对某个现象的价值观,并表现出一定的坚定性。如学生坚信自己不使用一次性木制筷子是为节约森林资源、保护环境做贡献 | 说明、比较、归纳、坚持、改变等 |
| 性格化 | 经过内化,学生把对事物的价值观纳入自己的世界观、人生观中,从而转化成自己的性格特征,进而约束自己今后的行为。如学生树立了可持续发展的观念,形成了正确的环境伦理观,并能自觉参加到保护环境的实践活动中 | 建议、表现、实践、提议、应用、解决等 |

**3. 地理教学目标陈述的方法**

这里介绍常用的行为目标陈述法。

行为目标陈述法的特点是用可观察和可测量的行为动词来陈述目标。我国目前地理课程标准中对各章节目标的陈述就是以行为目标方式来规定基本要求的。行为目标陈述的"标准"构成包括四部分:前置限定、行为动词、主题内容、后置限定。前置限定规定学生行为产生的条件,包括方法限定和程度限定,前者如结合或运用(读)图(资料、数据)、举例(提出证据、联系实际)等,后者如初步、准备、简单等。行为动词皆具可观察性、可测量性,如分析、说明、指出、绘出等。主题内容是学生行为的对象。后置限定是行为动词对于主题内容做到什么程度的进一步限定,如特征、优势、差异、概况等。

例如,课程标准的表述为"运用世界气候分布图(前置限定)说出(行为动词)主要气候类型(主题内容)的分布(后置限定)"。

**4. 地理教学目标设计的课标分析**

设计教学目标时要对课标的内容标准进行目标解读,可先将内容标准进行分解。如《义务教育地理课程标准(2011年版)》中关于"认识大洲"的内容标准要求为"运用地图和其他资料,归纳某大洲地形、气候、水系的特点,简要分析其相互关系"。其中,"归纳、分析"是核心要求,属于行为动词;"运用地图及其他资料"属于行为条件;"某大洲地形、气候、水系的特点"属于认知内容。

根据行为动词可将课标内容标准要求的目标分为不同类型(认知、操作和体验性目标)和不同水平。表2-3-4是代表不同认知水平的行为动词。

表2-3-4 不同认知水平的行为动词

| 认知水平 | 行为动词 |
| --- | --- |
| 了解 | 说出(地理事实)、描述(地理现象)、指出(地理位置)、举例、列举(地理事物)、识别、知道、了解、指认、确定等 |

（续表）

| 认知水平 | 行为动词 |
| --- | --- |
| 理解 | 解释（概念）、说明（规律）、分析（成因）、比较（差异）、理解、归纳（特征）、判断、区别、预测、收集、整理等 |
| 应用 | 应用、运用、讨论、计算、设计、撰写、总结、评价等 |

绘制、观测、搜集、模拟等属于操作性目标的行为动词。观看、体会、接受、形成、养成等属于体验性目标的行为动词。

**5. 地理教学目标设计举例**

地理教学目标设计需要从课标分析、教材分析和学情分析三个方面出发。我们以"亚洲的位置和范围"的教学内容为例设计教学目标。

**（1）课标分析**

关于此节内容，《义务教育地理课程标准（2011年版）》的内容标准要求为："运用地图等资料简述某大洲的纬度位置和海陆位置"。

课程目标中的相关表述是"了解家乡、中国和世界的地理概貌，了解家乡与祖国、中国与世界的联系""掌握阅读和使用地球仪、地图的基本技能；掌握获取地理信息并利用文字、图像等形式表达地理信息的基本技能""通过各种途径感知身边的地理事物和现象，积累丰富的地理表象；初步学会根据收集到的地理信息，通过比较、分析、归纳等思维过程，形成地理概念，归纳地理特征，理解地理规律""尊重世界不同国家的文化和传统，增强民族自尊心、自信心和自豪感，理解国际合作的意义，初步形成全球意识"。

通过上文对课标内容标准及课程目标的表述，可确定本节教学目标中基本的知识与技能目标，即运用地图等资料简述亚洲的地理位置，培养读图、分析和归纳的能力。认识区域首先从地理位置和范围开始，描述大洲的地理位置一般从半球位置、经纬度位置和海陆位置三个方面描述，这些属于认识区域的方法，属于过程与方法目标。情感、态度与价值观目标为初步形成全球意识，通过了解亚洲，热爱亚洲。

**（2）教材分析**

本节是学生学习区域地理的起始篇章，在初中地理知识结构的形成中具有承上启下的作用。本节内容可以帮助学生复习上册所学的大洲、气候等知识，同时为后续学习其他地区和国家的地理知识提供了基本的方法和策略。本节内容分为"雄踞东方的大洲"和"世界第一大洲"两部分，包含了亚洲的半球位置、海陆位置和经纬度位置的内容，亚洲作为世界第一大洲的范围、面积及分区的内容，以及亚洲的位置和范围对自然环境和人类活动的影响等内容。教学重点是亚洲的地理位置和亚洲是世界第一大洲的原因。教学难点是描述大洲地理位置和范围的方法。教材用文字、地图、数据和图片等展示了这些内容，帮助学生认识我们所在的大洲的位置和范围，以及不同地区自然环境和人们生活的差异。

**（3）学情分析**

七年级学生经过半年地理知识的学习，已经掌握了一定地理基础知识，具备了基本的读图能力和简单分析、归纳地理信息的能力。但学生是第一次认识区域，所以在教学中要引导学生读图、析图，总结、归纳认识区域的思路与方法。

根据以上分析,我们可以确定教学的三维目标如下。

知识与技能:

①运用地图等资料说明亚洲的地理位置,包括半球位置、经纬度位置和海陆位置。

②了解亚洲是世界第一大洲并运用资料说明原因。

③了解亚洲的地理分区。

④培养读图、分析和归纳的能力。

过程与方法:通过对亚洲地理位置和范围的学习,归纳运用资料描述大洲位置和范围的方法。

情感、态度与价值观:培养对我们所在的大洲——亚洲的热爱之情。

**备考点拨**

教学目标设计几乎每次考试均会考查。考生最好进行教学目标设计的训练。

设计教学目标时注意选择简单、明了、便于理解的"可观测"的外显化的行为动词;注意行为的主体为学生;注意目标的全面性。

## 四、教学方法的设计

在前面,我们已经介绍了几种常用的地理教学方法。为了使教师、学生和教材等教学因素更有效地结合起来,地理教师还必须依据教学目标和教学内容的要求,精心选择教学方法,并将各种教学方法灵活运用于地理教学。

地理教师在选择教学方法时要从许多方面加以考虑,主要需考虑以下几个方面。

### 1.地理教学的目的和任务

教学方法是为实现一定的教学目的和完成一定的教学任务服务的。不同的教学目的和任务需要不同的教学方法去实现和完成。因此,地理教学的目的和任务不仅是确定教学内容、考虑教材配置的主要依据,也是选择地理教学方法的重要依据。

例如,某节课以训练地理绘图技能为教学目的,其教学方法就可先选用讲解、演示的方法说明基本要求,然后再选用练习法、实践法让学生训练,以达到掌握绘图技能的目的。

### 2.地理教学内容及呈现的特点

地理教学内容是制约地理教学方法的重要因素。地理教学内容广泛,而对于不同的教学内容,应选择恰当的教学方法。

例如,系统地理知识概念、规律和原理多,教师可采用讲解法、启发式谈话法、实验演示法等,这样利于学生理解知识。区域地理知识地名多、数据多,区域性和综合性强,需要地理表象支持,变化性强,故教师可以选择地图法、以比较为基础的讲述法和谈话法、"纲要信号"图示法等,还可借助多媒体网络技术等使学生了解区域最新动态。这样有利于学生建立丰富的地理表象,掌握地理事物的空间概念。而对于乡土地理,教师可采用野外考察、社会调查等和课堂教学相结合的方法。

此外,教师在教学中应多多引导学生利用地图、图表、图片和网络,以及通过实地调查、考察等参与收集、整理、分析地理信息的活动,培养地理信息的收集加工能力。

#### 3.学生的实际情况

学生是教学活动的主体。教师的教最终是为了学生的学,故所选择的教学方法要适应学生的基础条件和个性特征。首先,要考虑学生的年龄特征。不同年龄段的学生心理特点不同,接受知识的方式和能力有一定的差异。其次,要考虑学生的知识掌握情况和兴趣特点等。

初中生的依赖性比较强,无意注意占主导地位,以具体形象思维为主,因此初中地理教学较多运用讲述法、谈话法和直观的教学方法(如操作、观察演示等)。

高中生思维的抽象性、概括性、组织性和批判性等大大加强,对地理事象的本质和一些深刻的、具有现实意义的地理问题感兴趣。因此教师可采用讲解法、探究法、案例法、实验法等,鼓励学生独立操作、观察和思考。

#### 4.地理教师的自身素养

在地理教学中,地理教师是教学活动的组织者和引导者。任何一种教学方法,只有适合地理教师的素养条件,能为教师所理解和掌握,才能发挥作用。因此,地理教师的某些特长、某些弱点和运用某种方法的实际可能性,都应成为选择教学方法的重要依据。

例如,有的教师语言表达能力较强,形象思维水平较高,可以用生动形象的语言把地理事物和现象描述得生动具体,然后从所讲的事实出发,由浅入深地讲清地理原理或规律。该类教师依据这一特长,可以多选用以用语言传递信息为主的方法。

地理教师选择教学方法时,只有根据自己的实际能力,扬长避短,采用与自己条件相适应的教学方法,才能达到理想的教学效果。

### 五、教学媒体的设计

由于教学媒体的选择已成为改进教学的有效手段,媒体的选择和利用成为整个教学设计中一个不可缺少的组成部分。地理教学媒体选择的依据如下。

#### 1.媒体的功能

每一种教学媒体都有区别于其他媒体的优势。语言是最古老的听觉媒体,是教师教学最具生命力的媒体;黑板价格便宜、使用方便、受控性强、重点突出等优势使其经久不衰;地图反映地理事物的空间分布,是地理的第二语言;投影、幻灯片能增加学生的感性认识,使学生形成地理表象,利于创设问题情境,引起学生的学习兴趣;影视是视觉与听觉的结合,为学生提供了近似身临其境的感性的"替代经验"。计算机多媒体具有多种优势,利用前景广阔。

#### 2.教学目标

教学媒体的选择与设计,应以教学目标为导向,如教学中需要帮助学生加强理解、建立逻辑联系和空间关系等时,宜采用动画、录像、电视、电影、多媒体等教学媒体。

#### 3.教学内容

教学媒体的选择、设计与相应的教学内容、教学方法有着直接的联系。教学内容与方法在一定程度上影响着教学媒体的选择。

#### 4.学生的认知水平

地理教学媒体的选择与设计,应始终以学生为中心,考虑学生的认知水平。

#### 5.教师的能力

地理教师使用媒体的能力是不同的。如有的教师地理语言表达能力强;有的教师善于运用地图;有的教师具有速绘、设计和运用地理板图及图表的能力;有的教师选择、运用地理直观教具的能力较强等。

#### 6.教学设施

教学设施既是教学方法选择的依据,也是教学媒体选择的依据。地理教学媒体的数量、质量等存在区域、校际差异。

## 六、教学过程的设计

### (一)教学过程设计的环节

地理教学过程设计(教学环节设计)是地理教学设计的重要组成部分。教学过程设计主要包括新课导入、新课讲授、巩固练习、课堂小结和作业布置设计。

#### 1.新课导入

新课导入其实就是在新课开始时,教师通过创设情境吸引学生的注意力,激发学生的学习兴趣和学习动机,为教学活动的开展做好准备和铺垫。

常用的地理新课导入方法包括直接导入、复习导入、情境导入、问题导入等方式。这些在前文中已经有所介绍。

下面列举两种类型的导入。

情境导入:在学习"海陆变迁"的内容时,可以展示某地在地质时期的海陆变迁资料,创设情境,导入海陆变迁这一课题。

问题导入:在学习"人口与人种"时,可以展示不同人种及其所在地区的相关资料,然后提问世界上主要有哪些人种,不同人种在世界上分布有何特点等,让学生带着疑问进入新课学习。

#### 2.新课讲授

新课讲授运用问题式教学的方式,既能发挥教师的主导性,又能发挥学生的主体性。

通过对教材、学情、教学目标等进行分析确定知识点和相应的教学方法后,针对某个知识点,可以按照以下四个步骤进行具体的教学设计。

(1)创设问题情境

教师通过播放视频、展示图文资料、演示或操作实验、引入案例、讲述故事、结合实际生活等方式创设情境,与学生互动,激发学生的兴趣,引发学生的思考。

此时,学生同步进行观察、听讲、思考等。

(2)发现并提出问题

教师需要提出针对核心知识学习的问题,注意精心设计有效的问题(问题设计可以参考前面对教学提问技能的介绍)。

除了教师直接提问,还可以通过教师引导学生发现并提出问题。

（3）分析问题

此环节,可以组织学生合作学习,进行探究,讨论交流等,之后展示成果。

期间,教师进行指导点拨。

（4）解决问题

教师对问题的分析过程进行点评并总结,也可以和学生一起总结,得出结论,解决问题。

### 3. 巩固练习

经过新授环节,需及时了解学生的学习掌握情况,也需要让学生针对所学内容及时加以练习和运用,以便让学生加深印象,更加牢固地掌握知识。所以巩固练习环节很重要。巩固练习环节往往根据教学目标和教学重点等去设计。

巩固练习的设计可以利用教材中给出的内容或方法,也可以利用教材之外的内容或方法,一般可利用归纳比较、绘图填图、首尾呼应、联系实际、迁移运用等方法进行巩固设计。

巩固练习能够帮助学生巩固并运用新的知识和技能,同时考查学生的学习效果。

### 4. 课堂小结

结课是教师在一个教学内容结束或一节课的教学任务终了时,有目的、有计划地通过归纳总结、重复强调、实践活动等引导学生对所学的新知识、新技能进行及时的概括、巩固、应用,纳入原有的认知结构,从而形成新的完整的认知结构,并为以后的教学做好过渡的教学行为。

结课要紧扣教学目标、教学重点和知识结构,根据学生的知识掌握情况及课堂教学情境,选择合理的结课类型、恰当的结课呈现形式。此外,知识点总结完成后,也可针对学生在本堂课的表现进行总结评价。

课堂小结要注意系统性,形成完整的知识体系;注意持续性,即小结是教学的新起点,要深化知识,延伸思维,发展能力,升华情感;注意简练性,做到语言简洁,效果突出。

### 5. 作业布置

课后作业是课堂教学的课下延伸。布置课后作业,对于巩固和消化课上所学知识,形成技能技巧,培养学生独立学习的能力,是十分必要的,也是提高教学质量不可缺少的,应认真对待并科学有效地做好。

作业可以是应用拓展本节课的内容,也可以是预习下节课的内容;可以是搜集查阅资料、调查信息,也可以是动手操作、探究、讨论分析等;可以自主完成,也可以合作完成等。

在作业设计里面,最好能够让学生进行知识迁移,发展学生搜集分析资料的能力和运用知识解决问题的能力等。如在学习完"自然灾害"后,让学生课下搜集资料,分析本地有哪些常见的自然灾害等。

## （二）设计意图

考题中的教学过程设计题目要求给出每个环节的设计意图。设计意图一般可以参考各个环节的作用。

### 1.新课导入

导入方式不同,设计意图不完全相同,但一般需要激发学生的兴趣和求知欲,引入新的课题。

### 2.新课讲授

一般情况下,新课讲授整个过程中每个局部的教学都需要达成一定的具体的教学目标,包括掌握某个知识、学会某个技能、培养某种能力、达成某种情感目标等。设计意图一般需要说明要达成什么教学目标,为什么这样设计能够达成,即可说明采用某种教学方式的作用和意义。

### 3.巩固练习

设计意图一般为巩固并运用新的知识和技能,同时考查学生的学习效果等。

### 4.课堂小结

设计意图有让学生概括、巩固、应用所学内容,形成完整的知识体系,深化理解、延伸思维、发展能力、升华情感等。

### 5.作业布置

不同作业类型有不同的设计意图,包括让学生巩固并运用新的知识和技能,或培养学生的自学能力、搜集获取地理信息的能力、解决实际问题的能力等。

## (三)教学过程设计举例

### 1."地球仪"一课的教学过程设计

环节一:新课导入

2015年5月12日15时05分,尼泊尔(北纬27.8度,东经86.1度)发生7.5级地震,震源深度10千米。该地震引起了全世界的震惊和同情。如果你们是救援小组,需要了解地震发生地区的具体情况,并迅速定位地震发生位置,该如何做?

设计理由:通过新闻导入,吸引学生注意力,激发其学习兴趣,同时让学生将地理知识与生活实际相联系,将"学习对生活有用的地理"这一课程理念融入课堂。

环节二:新课讲授

一、地球的模型——地球仪

通过地球仪人们可以了解地球的全貌,研究地球表面地理事物的位置及分布状况。下面大家首先学习一下地球仪。

1.地球仪的定义

【教师活动】出示地球仪并展示给同学们看。

【提问】仔细观察地球仪并动脑筋思考,地球仪与真实的地球有哪些主要的不同?

【学生回答,教师补充】

(1)地球仪是地球缩小的模型。

(2)地球仪有底座,球体被固定在支架上。

(3)球体能绕一根斜置的轴转动。

【提问】根据自己对地球仪的理解,用自己的语言试着给地球仪下个定义。

【教师小结】地球仪是人们按照地球的形状,并且以一定的比例把它缩小而制成的地球的模型。在地球仪上人们用不同的颜色、符号和文字来表示陆地、海洋、山脉、国家和城市等地理事物的位置、形状、大小和名称。

设计理由:通过直接观察地球仪、谈论地球仪,能够让学生对地球仪形成直观的认知,加深印象。这也凸显了地理学科的特色。

2.地球仪的相关概念

【学生自学】学生阅读教材资料,在地球仪上找到地轴、赤道和两极,并找出它们的特点。

【师生总结】教师按地轴→两极→赤道的顺序解释:地轴是地球自转的绕转轴,实际是看不到的。(引导学生观察地球仪上地轴的放置是倾斜的)南极、北极是地轴与地球表面相交的两点,一般上方为北极点,下方为南极点。赤道是与南、北极点距离相等的、与地轴垂直的大圆圈。

【引导】地球仪在日常生活和学习中有什么作用?

学生讨论后,强调:地球仪是用来帮助人们认识地球的模型,也是地理学习和研究的一种工具。

过渡:我们再观察一下,地球仪上还有什么呢? 还有我们要学习的经线和纬线。

二、经线和经度

1.经线

【教师活动】展示地球仪,在地球仪上指出经线但不说出定义,请同学们概括什么是经线。

【学生概括,教师补充】在地球仪上,连接南北两极半圆形的弧线叫作经线,又称子午线。

【活动】请同学上讲台来用准备好的彩线标示经线。

设计理由:利用彩线等教具,能让学生直观形象地认识有关经线的知识,增强学生的学习兴趣。

转承:在地球仪上可以画出无数条经线,为了区别这些经线,我们给它们确定了不同的度数,也就是我们常说的经度。

2.经度

【教师引导】首先我们要找到一条0°经线,所谓"万丈高楼平地起",那么0°经线在哪里? 它经常被人们叫作什么名字?

【教师活动】展示有关格林尼治天文台的图片。

国际上规定:通过英国伦敦格林尼治天文台旧址的那条经线为0°经线,又叫作本初子午线。

【学生活动】在地球仪上查找格林尼治天文台的位置,并在地球仪上标示出0°经线(本初子午线)。

经度是从0°经线开始的,其度数变化有什么规律? (教师引导学生自西向东转动地球仪观察)

【师生共同总结】按规定0°经线以东称为东经,用"E"表示,0°经线以西称为西经,用"W"表示。

经度的变化规律就是从0°经线向西和向东到180°经线,经度逐渐增大。

【学生活动】

在地球仪上找出30°E、30°W、150°W、150°E这几条经线。

【教师引导】观察30°E和150°W、30°W和150°E这两组经线都有什么特点？它们是不是分别构成了经线圈？任何一条经线都可以找出与之相对应的一条经线和其构成一个经线圈。每个经线圈都可以把地球分为两个均等的半球。同学们想想看哪个经线圈最适合作为划分东西半球的分界线？（学生讨论）

【师生共同总结】以20°W和160°E这两条经线所组成的经线圈，作为划分东西半球的界线。因为这个经线圈大部分通过的是海洋，这样就避免了把非洲、欧洲一些国家分在不同的半球上带来的不便。

承转：知道了经线的定义及特点后，我们可以看到地球仪上还有许多跟经线相垂直的线，它们被称为纬线。

三、纬线和纬度

1.纬线

【小组讨论】把学生分组。小组内共同观察地球仪，完成下面任务。

（1）讨论什么是纬线，纬线有什么特点？

（2）在地球仪上画出两条纬线。

（3）经线和纬线有什么不同？同时完成下面表格。（表格呈现时单元格内的内容为空白）

| 分类 | 经线 | 纬线 |
| --- | --- | --- |
| 定义 | 地球仪上连接南北两极并与纬线垂直相交的线 | 顺着东西方向环绕地球仪一周的圆圈 |
| 形状 | 半圆 | 自成圆圈 |
| 长度 | 长度相等 | 长度不等，赤道最长，由赤道向两极递减，两极成点 |
| 作用 | 指示南北方向 | 指示东西方向 |

设计理由：教师采用对比法进行教学，将经线和纬线的特点通过表格对比，能够让学生深刻地认识二者的特点，更好地掌握本课的重难点。

2.纬度

【教师提问】0°纬线就是我们早已认识的赤道。纬度是从0°纬线开始的，其度数变化有什么规律？最大的纬度是多少度，在什么地方？（学生观察地球仪回答）

教师小结：纬度的大小是由赤道向南北两极递增的。最大的纬度是90°，位于北极和南极两点。

承转：细心的同学会发现纬度以赤道为中心呈南北对称，那么怎样区分两条度数相同的纬线呢？（学生思考并回答）

【教师小结】我们把赤道以北的纬度叫北纬，赤道以南的纬度叫作南纬。

【学生活动】在地球仪上找出30°N、30°S的纬线。同桌之间一方任意指示一条纬线，请另一方读出或写出该纬线的纬度。（教师强调纬度的正确写法）

【教师提问】如果我们要选择一条纬线把地球平均分为两个半球，选择哪条纬线作为南北半球的分界线最为合适？为什么？（学生思考并回答）

【教师小结】以赤道为界,把地球平均分为南北两个半球。赤道以北是北半球,赤道以南是南半球。

【学生活动】教师手拿若干标有纬度的卡片,请同学任意抽取一张。同学们根据卡片上注明的纬度,按规律站成一排(教师可自己手持赤道的那张卡片,协助同学一起完成这个活动)。站好后,每位同学说出自己所在的半球名称。

设计理由:将知识的学习融入游戏活动中,寓教于乐,提高学生对地理学习的兴趣。

环节三:巩固练习

2015年5月12日15时05分,尼泊尔(北纬27.8度,东经86.1度)发生7.5级地震,震源深度10千米。地震引起了全世界的震惊和同情。如果你们是救援小组,需要了解地震发生地区的位置,请以小组为单位利用地球仪,合作找到此次地震的位置,并读出受破坏较为严重的城市加德满都的经纬度。

设计理由:学生通过本节课的学习解决课堂之初的疑问,达到首尾呼应的效果,同时也能检测学生对知识的掌握情况。

环节四:小结与作业

结束语:学习地球仪和经纬线是为了让我们能更好地认识我们所生存的这个地球。课后查找我们在生活中有哪些地方可以应用到经纬线。

**2."美洲"一课的教学过程设计**

环节一:新课导入

以哥伦布发现"新大陆"即美洲的故事进行新课导入。

教师:大家知道哥伦布吗?他是意大利的著名航海家,以发现"新大陆"闻名。事情其实是这样的。1492年,哥伦布在寻找自欧洲向西到达亚洲的航路中到达了美洲,但误认为美洲就是亚洲。10年后,意大利航海家亚美利哥·韦斯普奇到达美洲并证明该地不是亚洲而是一块"新大陆",并向全世界宣布。为表彰他的功绩,人们便以亚美利哥的名字将新大陆命名为"亚美利加洲"。这就是"新大陆"和美洲的由来。下面我们就一起来了解一下美洲这块"新大陆"。

【设计理由】故事导入可以引起学生学习的兴趣,调动学生的积极性,使其迅速进入课堂教学情境。

环节二:新课讲授

1.美洲的地理位置

教师展示美洲地图,请学生描述美洲的地理位置(经纬度位置、半球位置、海陆位置)及南北美洲的划分和范围。

学生阅读地图,并交流总结。

小结:美洲东临大西洋,西临太平洋,北临北冰洋,主要位于西半球,以巴拿马运河为界分为南北美洲(经纬度位置略)。以北美洲为例,北美洲南临墨西哥湾、加勒比海,南面与南美洲以巴拿马运河为界,西北隔白令海峡与亚洲相望,东北隔丹麦海峡与欧洲相望。

【设计理由】让学生通过读图直观地了解某一地区的地理位置,掌握地理位置的分析方法;培养学生的读图习惯,提高学生的读图技能。

2.中美地峡和巴拿马运河

教师通过让学生阅读地图,找到中美地峡、巴拿马运河和西印度群岛的位置。

探究活动:巴拿马运河开通的意义。

学生分组探究讨论,教师指导,得出结论。

结论:沟通了大西洋与太平洋,大大缩短了两洋之间的航程。

【设计理由】探究活动可以培养学生的探究意识和能力。

3.北美洲和拉丁美洲的国家和居民

教师呈现地图等相关资料,让学生总结北美洲的主要国家、人种和语言并了解拉丁美洲的由来、范围、主要国家、人种和语言。

学生通过资料自学,并总结归纳上述内容。

学生代表发言。教师指点并总结归纳。

【设计理由】通过让学生结合资料自学,调动学生学习的主动性;锻炼学生获取信息、独立思考和归纳概括的能力。

环节三:巩固提高

教师提供填图、填空等相关练习题,进行课堂检测。

学生在填图册上填充关于美洲的地理事物,并完成其他练习题。

【设计理由】检测学生的课堂学习效果,使学生巩固本课所学内容。

环节四:小结与作业

小结:教师带领学生回顾总结本课内容。

作业:学生课后搜集美洲主要国家,如美国、加拿大、巴西等国家的相关资料,分析其地理特征,在下节课进行分享。

【设计理由】通过让学生搜集资料,锻炼学生搜集信息、整理信息、表达信息的能力,将地理知识延伸到课堂外,开阔学生的视野。

# 「强化练习」

阅读关于"澳大利亚"的资料,按要求完成教学设计任务。

**材料一** 《义务教育地理课程标准(2011年版)》课程内容中"认识国家"的标准要求:"在地图上指出某国家的地理位置、领土组成和首都。根据地图和其他资料概括某国家自然环境的基本特点。"

**材料二** 某版本教科书中关于"澳大利亚"的部分内容。

## 澳大利亚

**独占一块大陆的国家**

澳大利亚是大洋洲面积最大的国家,也是世界上唯一独占一块大陆的国家。它位于太平洋和印度洋之间,由澳大利亚大陆和塔斯马尼亚岛等岛屿组成,面积774.1万平方千米,居世界第6位。2009年,人口达2188万。其中白色人种约占90%,他们大多是英国移民的后裔,其余主要是来自亚洲的移民及其后裔,以及少量原住居民。城市人口约占总人口90%以上。英语为通用语言。

> **大洋洲**
>
> 大洋洲包括澳大利亚、新西兰,以及新几内亚岛(伊里安岛)和太平洋上的波利尼西亚、密克罗尼西亚、美拉尼西亚三大群岛。它的陆地面积约占全球陆地总面积的6%,是七大洲中面积最小、分布最零散的一个洲,也是除南极洲外人口最少的一个洲。

澳大利亚大陆地势低平、起伏和缓,平均海拔仅300余米,自西向东分为三大地形区。

西部高原区宽广低缓,海拔一般为200~500米,约占大陆总面积的60%。这里沙漠广布,著名的艾尔斯巨石成为高原上的一大奇观。

中部平原区面积约占大陆总面积的25%,海拔多在200米以下,最低处的北艾尔湖湖面低于海平面16米,以此为中心的广大平原,称为澳大利亚大盆地。这里地下水丰富、分布广泛,在盆地低洼处开凿深井,地下水可自动流出,因此又称为"大自流盆地"。自流井水中矿物质含量较高,不宜灌溉农田,但可供牲畜饮用。

东部山地区面积约占大陆总面积的15%。大分水岭全长约3000千米,大部分海拔800~1000米,澳大利亚最大的河流——墨累河发源于此。在大陆东北部海岸外,有举世闻名的大堡礁。

要求:

(1)设计本课的教学目标。

(2)根据设计的教学目标和教材的内容,设计教学过程要点(包括教学环节、教学内容、教师活动、学生活动、设计意图)。

### 参考答案及解析

(1)教学目标:

【知识与技能】

①能够说出澳大利亚的地理位置、领土组成、首都、主要城市。

②了解澳大利亚地形和气候的分布、特征。

③说出澳大利亚特有的动物及其存在的原因。

④通过读图,说出澳大利亚人口和城市分布的特点、农牧业和工矿业的特点及其与自然环境的关系。

【过程与方法】

①通过读图、识图来学习澳大利亚的地理特征,提高从地图中提取有用信息的能力。

②通过合作探究分析澳大利亚人口和城市分布的特点、农牧业和工矿业的特点及其与自然环境的关系，提高探究与合作交往的能力。

【情感、态度与价值观】

通过探究澳大利亚人与环境的关系，初步形成正确的人地观和可持续发展的观念。

（2）教学过程：

环节一：新课导入

教师播放澳大利亚旅游宣传片：澳大利亚拥有很多独特的动植物和自然景观，是一个奉行多元文化的移民国家，为什么澳大利亚会有那么多古老的动物呢？

【设计意图】利用视频导入，创设情境，激发学生学习兴趣。

环节二：新课讲授

一、独占一块大陆的国家

教师出示大洋洲政区图，让学生看图描述澳大利亚的地理位置和领土组成。

学生：大部分在10°S和40°S之间，南回归线穿过中部，属于热带和南温带。位于南半球、东半球。西北面与亚洲相邻，东濒太平洋，西临印度洋，南与南极大陆遥遥相望，是世界上唯一拥有整个大陆的国家。其领土组成有澳大利亚大陆、塔斯马尼亚岛和附近的一些岛屿。

教师出示澳大利亚地形分布图请学生读图：通过小组合作在图中找出澳大利亚有哪些地形？这些地形分布在哪里？地形分布有什么特征？

学生：地形特征为地势低平，起伏和缓，自西向东分为三大地形区，包括澳大利亚西部高原区、中部平原区和东部山地区。

【设计意图】通过地图与小组合作，培养学生读图、析图与合作交流的能力。

教师出示澳大利亚地图，让学生在图中找出艾尔斯巨石和澳大利亚最大的河流墨累河，明确西部高原的基本范围和大自流盆地的位置及大自流盆地的结构；找出基本上呈南北延伸的大分水岭，并明确其海拔；找出大堡礁并阅读书中相关资料。

学生自主学习三大地形区的特征。

【设计意图】通过自主学习，使学生形成独立学习的好习惯，提高其自学能力。

教师出示澳大利亚气候类型分布图及澳大利亚人口、城市分布图，请学生合作探究澳大利亚的气候类型有哪些，这些气候分布在哪，气候分布有什么特征。

学生合作探究，并派代表回答问题。

教师进行点评。

师生共同总结：澳大利亚气候类型多样，有热带雨林气候、热带草原气候、热带沙漠气候、地中海气候、温带海洋性气候、亚热带湿润气候；较湿润的气候分布在东部和南部，向西逐渐过渡到草原气候和沙漠气候；气候呈半环状分布。

学生探究澳大利亚人口与城市分布的主要特点，以及人口、城市分布与气候之间的关系。

教师引导，得出结论：澳大利亚地广人稀，人口与城市集中分布在东部沿海地区。因为东部沿海地区气候温暖湿润。

二、古老的动植物

教师出示谜语:前腿短小后腿大,尾巴长长当支架,孩子装在口袋里,澳洲草原是它家。请同学们猜一猜这是哪一种动物?

学生:袋鼠。

教师:非常正确,袋鼠被视为澳大利亚的象征。除了袋鼠,澳大利亚还有很多其他的野生动植物,被称为"世界活化石博物馆"。请同学们阅读资料,并谈一谈澳大利亚有哪些古老的特有动物。请同学们列举,我们一睹它们的"芳容"。

学生一一列举。教师用多媒体展示这些动物的图片。

教师:为什么澳大利亚有如此众多古老原始的生物呢?

教师提示学生联系大陆漂移假说的有关观点思考。

三、后起的发达国家

探究活动一:"骑在羊背上的国家"

教师:澳大利亚被称为"骑在羊背上的国家",为什么它的养羊业会如此发达呢?它在自然条件上有哪些有利的方面?

学生讨论探究,派代表回答。

师生共同总结:地势低平,草场面积辽阔,气候适宜,地下水丰富。

探究活动二:"坐在矿车上的国家"

教师介绍我国进口澳大利亚铁矿的情况,出示澳大利亚矿产及工业分布图。

学生探究澳大利亚成为"坐在矿车上的国家"的原因。

学生读图,找出澳大利亚主要的矿产及工业部门。

【活动】选择游澳大利亚要去的城市。

学生利用地图选择并说明理由。

师生共同总结澳大利亚主要城市的特征:悉尼——澳大利亚最大的城市和港口;堪培拉——澳大利亚的首都;墨尔本——澳大利亚的第二大城市和文化体育中心。

【设计意图】通过合作探究等活动,激发学生的兴趣,调动学生的积极性,达到良好的课堂教学效果。

环节三:巩固提高

教师课件展示课堂练习题,学生完成课堂练习。

【设计意图】帮助学生查漏补缺,并了解学生对课堂所学知识的掌握情况。

环节四:小结与作业

小结:师生共同总结本节课知识点。

作业:"做个精明的农场主",从地形、气候、水源角度考虑,在澳大利亚建牧场,你会建在何处?说说你的理由。

【设计意图】小结帮助学生梳理知识。课下作业培养学生运用知识的能力,使其加深对本节知识的理解与记忆。

# 中公教育·全国分部一览表

| 分部 | 地址 | 联系方式 |
|---|---|---|
| 中公教育总部 | 北京市海淀区学清路 23 号汉华世纪大厦 B 座 | 400-6300-999 / http://www.offcn.com |
| 北京中公教育 | 北京市海淀区学清路 38 号金码大厦 B 座 910 室 | 010-51657188 / http://bj.offcn.com |
| 上海中公教育 | 上海市杨浦区锦建路 99 号 | 021-35322220 / http://sh.offcn.com |
| 天津中公教育 | 天津市和平区卫津路云琅大厦底商 | 022-23520328 / http://tj.offcn.com |
| 重庆中公教育 | 重庆市江北区观音桥步行街未来国际大厦 7 楼 | 023-67121699 / http://cq.offcn.com |
| 辽宁中公教育 | 沈阳市沈河区北顺城路 129 号（招商银行西侧） | 024-23241320 / http://ln.offcn.com |
| 吉林中公教育 | 长春市朝阳区辽宁路 2338 号中公教育大厦 | 0431-81239600 / http://jl.offcn.com |
| 黑龙江中公教育 | 哈尔滨市南岗区西大直街 374-2 号 | 0451-85957080 / http://hlj.offcn.com |
| 内蒙古中公教育 | 呼和浩特市赛罕区呼伦贝尔南路东达广场写字楼 702 室 | 0471-6532264 / http://nm.offcn.com |
| 河北中公教育 | 石家庄市建设大街与范西路交叉口众鑫大厦中公教育 | 0311-87031886 / http://hb.offcn.com |
| 山西中公教育 | 太原市坞城路师范街交叉口龙珠大厦 5 层（山西大学对面） | 0351-8330622 / http://sx.offcn.com |
| 山东中公教育 | 济南市工业南路 61 号 9 号楼 | 0531-86557088 / http://sd.offcn.com |
| 江苏中公教育 | 南京市秦淮区中山东路 532-2 号金蝶软件园 E 栋 2 楼 | 025-86992955 / http://js.offcn.com |
| 浙江中公教育 | 杭州市石祥路 71-8 号杭州新天地商务中心望座东侧 4 幢 4 楼 | 0571-86483577 / http://zj.offcn.com |
| 江西中公教育 | 南昌市东湖区阳明东路 66 号央央春天 1 号楼投资大厦 9 楼 | 0791-86823131 / http://jx.offcn.com |
| 安徽中公教育 | 合肥市南一环路与肥西路交叉口汇金大厦 7 层 | 0551-66181890 / http://ah.offcn.com |
| 福建中公教育 | 福州市八一七北路东百大厦 19 层 | 0591-87515125 / http://fj.offcn.com |
| 河南中公教育 | 郑州市经三路丰产路向南 150 米路西 融丰花苑 C 座（河南省财政厅对面） | 0371-86010911 / http://he.offcn.com |
| 湖南中公教育 | 长沙市芙蓉区五一大道 800 号中隆国际大厦 4、5 层 | 0731-84883717 / http://hn.offcn.com |
| 湖北中公教育 | 武汉市洪山区鲁磨路中公教育大厦（原盈龙科技创业大厦）9、10 层 | 027-87596637 / http://hu.offcn.com |
| 广东中公教育 | 广州市天河区五山路 371 号中公教育大厦 9 楼 | 020-35641330 / http://gd.offcn.com |
| 广西中公教育 | 南宁市青秀区民族大道 12 号丽原天际 4 楼 | 0771-2616188 / http://gx.offcn.com |
| 海南中公教育 | 海口市大同路 24 号万国大都会写字楼 17 楼（从西侧万国大都会酒店招牌和工行附近的入口上电梯） | 0898-66736021 / http://hi.offcn.com |
| 四川中公教育 | 成都市武侯区科华北路 62 号力宝大厦北区 3 楼 | 028-87018758 / http://sc.offcn.com |
| 贵州中公教育 | 贵阳市云岩区延安东路 230 号贵盐大厦 8 楼（荣和酒店楼上） | 0851-85805808 / http://gz.offcn.com |
| 云南中公教育 | 昆明市东风西路 121 号中公大楼（三合营路口，艺术剧院对面） | 0871-65177700 / http://yn.offcn.com |
| 陕西中公教育 | 西安市未央区文景路与凤城四路十字西南角中公教育大厦 | 029-87448899 / http://sa.offcn.com |
| 青海中公教育 | 西宁市城西区胜利路 1 号招银大厦 6 楼 | 0971-4292555 / http://qh.offcn.com |
| 甘肃中公教育 | 兰州市城关区静宁路十字西北大厦副楼 2 层 | 0931-8470788 / http://gs.offcn.com |
| 宁夏中公教育 | 银川市兴庆区清和北街 149 号（清和街与湖滨路交汇处） | 0951-5155560 / http://nx.offcn.com |
| 新疆中公教育 | 乌鲁木齐市沙依巴克区西北路 731 号中公教育 | 0991-4531093 / http://xj.offcn.com |
| 西藏中公教育 | 拉萨市城关区藏大中路市外事办东侧嘎玛商务楼二楼 | 0891-6349972 / http://xz.offcn.com |